好教育成就好孩子

房超平　著
黄建海　秦九歌　评

解密熊孩变学霸的45条法则

作家出版社

编写体例简介

思想引领 专业支持

学界视点

专栏评论名家

揭示支撑案例的教育理论和教育智慧

鲜活灵动 真实有趣

典型案例

教育实践专家

源自家庭和学校教育实践，都有极强的针对性

对标国际 激活思维

国外经验

旅美哈佛才女

介绍西方教育环境下的成长体验与感受

强化实操 注重应用

实践策略

教育实践专家

说明现实应用中家长、老师应关注的事项

说明：为了方便读者阅读和思考，本书均按照“三位一体”的思路进行创作（如上图所示），即每一章的每一节内容都是由一篇来自教育实践的典型案例和三篇不同视角的解读文章构成，以便读者能够在汲取案例教育智慧的同时，深入思考案例背后的教育哲理，并能在教育实践中灵活应用。

目 录

为孩子营造成长的氛围，激发孩子的活力，挖掘孩子的潜能，拓展孩子的视野，放大孩子的格局，让孩子站在巨人的肩膀上，逐步走到世界舞台中央，父母和老师就能远离“熊孩”的痛苦。

第三章 “教”出来的熊孩子 / 115

天下本无“熊孩”，是后天不当的教育将孩子“教”成了“熊孩”。显然，少儿期是“熊孩”的诱发期，稍有疏忽和不慎，就会导致孩子的野蛮“熊性”滋长，“熊孩”便会不请自到。

第四章 在试错与改错中成长 / 185

没有不犯错的孩子，关键在于如何对待孩子的问题和错误。给孩子留足反思的空间和机会，善于发现每一个孩子的闪光点，设法提高每一个孩子的自信心，就能有效拒绝“熊孩”，就能让孩子在试错与改错中不断成长。

青春期是“熊孩”的高发期。以“无错推断”为原则，站在孩子的立场上思考问题，做孩子的知心朋友和精神领袖，就能把问题转化为孩子进步的动力，就能摆脱“熊孩”的烦恼，“青春不叛逆”就一定能变成现实。

即便由于各种主客观原因，“熊孩”不期而遇，父母和老师也不必那么担心。找到孩子问题的症结所在，激励孩子放下包袱、轻装上阵，给孩子创造自信心不断成长的机会，“熊孩”也能华丽转身，“学渣”也可“弯道超车”。

没有“熊孩”的困扰，并不意味着孩子会有学习的高峰体验。只有以创造性学习和自主性学习，把该是孩子的学习任务放心、大胆地交给孩子，让孩子掌握科学的方法和策略，才能彻底告别“熊孩”，走向学习之巅。

好孩子的成长“路线图”
——自序

深圳某重点高中优秀学生小宇读了“‘抄’出好成绩”等案例后，对案例中的小伙伴羡慕不已：“如果我爸爸像案例中的家长一样，我的学习会更快乐，成绩也会更好。”

陕西师范大学部分教育专业硕士听完我的“爸爸，我彻底戒掉网瘾啦”等案例报告后，不由自主地赞叹：“内地与沿海地区家长的观念差距太大了，确实需要转变。”

与企业家朋友黄先生交流完“妈妈，我想和男朋友一起去旅游”等案例后，他不无遗憾地说：“要是我父母也能这样对待我，我就考上名牌大学了，也会成为人们羡慕的儒商。”

家长赵先生根据我的建议，用“家庭聚餐我做主”的办法对孩子开展教育后，取得了明显的效果：孩子不仅不再自私，而且变得更宽容、更有礼貌，也爱学数学了。

香港某投资集团董事长吴先生在听我介绍“七个三十分钟，她向数学落后说拜拜”等案例过程中，多次激动地插话：“如果有机会，您一定要给我的孩子多些指导。”

在澳大利亚某中资银行担任高管的龚女士对我的孩子的“从‘黑马’到黑马”等学习逆袭案例耳熟能详，时常在短信中直言：“我女儿处于青春期，应该交给你来管教。”

在澳门教育暨青年局组织的分享会上，与部分中小学校长交流完“发明数学定理，我能！”等案例后，一位年纪较大的校长刘女士给我留下了这样一个纸条：“内地教育原来比澳门教育和我们想象的好很多，值得澳门教育同人学习。”

深圳某重点高中张老师在我的指导下上完教改课后，把课堂实录发给我（系“我是‘李大钊’，请大家关注当下的中国现实”案例的素材），并留言：“原以为《百家讲坛》只会出现在电视节目里，没想到还能出现在教改课堂上。这对师生都是享受。”

乍一看“四十多天自学胜过六年多系统教育”等案例的标题，资深媒体评论人黄先生觉得有“标题党”的嫌疑，但读完相关案例全文之后，却发出这样的感叹：“这些案例的情景是真实的、可信的，并且可以在其他孩子身上复制。”

陕西某重点高中主管业务的张副校长在陪同我参加完对该校老师的课堂交流与培训后，在微博上写下了这样的评论：“房校长对我校老师的培训效果十分明显……他的‘以学论教’的观点对我的影响非常深刻。”

浙江杭州市知名校长、特级老师骆女士用“‘低位’与‘高位’并具的视角”对有关案例予以点赞：“案例中的每个字似乎都是从基层‘长’出来的。同时，这些从最底下长出来的文字却又有一定的高度，渗透着科学的思考。”

全国校长会理事长徐先生读了这本书的部分案例后，夸张地说我是个“怪才、鬼才”：“他的鬼与怪就在于，总能从平常的教育教学情境中发掘出出乎意料的东西来。这些‘成果’深刻、锐利，直达本质，让人惊叹不已。”

深圳教改专家、原市教育局副局长唐海海观察了我在某重点高中推进的“我也能编高考题”等教改课后，深有感触地说：“这样的实践和探索使知识本位、定式课堂的现状相形见绌，是课堂教学‘行为建模’有深度的尝试和突破。”

……

在回忆这些略带鼓励性质的语言和情境时，我的脑海里总会浮现另外一些痛楚的画面，同为普通学生、家长和老师，由于教育思路和方法的不同，陷入了完全不同的窘境：一个又一个充满厌学情绪的“熊孩”，一个又一个对教育逐渐失望的家长，一个又一个对“熊孩”无可奈何的老师……毋庸置疑，当教育改革被迫在理想与现实之间寻求平衡，在进取与妥协中持续推进的大背景下，好教育就成为更多家长、老师甚至学校孜孜以求的目标。本书中的案例和解读也许会给处于困境中的家长和老师带来新的希望，这也正是创作本书的目的所在。

在我看来，好教育应该使孩子更聪明、更健康；好教育应该让孩子学习好、格局大；好教育应该给孩子乐观、自信的品质；好教育应该为孩子领导力和创造力的形成奠定扎实的基础。这样的好教育一定能够超越应试：既可以使优秀学生更上一层楼，也可以把“熊孩”转变为“学霸”，使问题学生充满正能量。根据我对好教育的理解，本书试图以如下结构呈现对好教育的美好期待，也为孩子们绘制一张成长的“路线图”：幼儿期，让孩子远离“熊孩”，保持好奇心；少儿期，让孩子拒绝“熊孩”，逐步走到世界舞台中央；青春期，让孩子摆脱“熊孩”，跟“叛逆”说“不”；高中期，让孩子告别“熊孩”，走上创造性学习之路。

每一个孩子都天真可爱，每一个孩子都是天生的学习者。让孩子享受快乐的童年，在游戏中发展孩子的智力，在教育中放大孩子的格局，就不可能有“熊孩”产生的“土壤”。本书第一至第二章的十三个案例和解读，期望能为家长和老师们揭开远离“熊孩”的谜底。

天下本无“熊孩”，是后天不当的教育将孩子“教”成了“熊孩”。显然，少儿时期是“熊孩”的诱发期，稍有疏忽和不慎，就会导致孩子的野蛮“熊性”滋长，“熊孩”便会不请自到。本书第三到第四章的十四个案例和解读，与家长和老师们一起探讨“熊孩”的成因,以及解决孩子成长过程中诸多问题的有效途径。

青春期是“熊孩”的高发期，“青春不叛逆”成为多数家长和老师的奢望。难怪部分家长和老师不时发出这样的感叹：这孩子没救了。果真如此吗？本书第五至第六章的十二个案例和解读，设法为家长和老师们分忧解愁：即便“熊孩”不期而遇，也不必那么担心——只要方法对头，“熊孩”也能华丽转身，“学渣”也可“弯道超车”。

没有“熊孩”的困扰，并不意味着孩子能享受学习，有高峰体验。即便部分成绩优秀的孩子，也摆脱不了为学习而学习的被动局面，甚或把学习沦为分数的奴隶、排名的工具。如何以创造性学习和自主性学习，重拾学习信心，促进方法转变，使孩子的潜力充分爆发？本书第七章的六个案例和解读，也许能帮助家长和老师们找到答案。

为了让读者更清晰地阅读本书，本书的每个篇章都由提要、案例和解读三个板块组成：提要部分呈现了每个篇章的核心观点，以便读者抓住文章的关键和实质；案例部分以鲜活、灵动的内容，针砭教育时弊，切入家庭和学校教育的关键问题，并给出了合理、有效、可行的解决方案和对策；解读部分从学术分析、国外经验和实践应用三个维度，揭示了支撑案例的教育理念和教育智慧，试图帮助家长和老师举一反三解决与案例类似或相关的问题，引导家长和老师改进自身的教育行为。特别是，在西方环境中成长的哈佛大学才女秦九歌的“西式”分析和建议，与《南方教育时报》特约评论员黄建海先生和作者本人的“中式”思考和解剖，既有文化背景不同导致的教育行为的变化与差异，又有先进理念的碰撞和融合，有利于进一步更新家庭和学校教育观念、改变家庭和学校教育实践。

为了使现代教育理念以一种亲切、崭新的面孔面对读者，案例部分以家长和老师在日常教育实践中遇到的棘手问题的解决为线索，强化了故事性、趣味性和可读性，以期使本书的观点能够直抵读者心灵。而为了使读者理解案例背后所隐含的教育理念和教育智慧，解读部分则以案例的经验或教训为切入口，直面家庭和学校教育的诸多现实困境，强化思想性、专业性和引领性，以期引发读者对案例教育意义的高度关注，放大案例的教育意义。

我们相信，只要家长和老师能够按照本书所给出的路径开展教育，好教育就会在伴随孩子成长过程中释放出巨大能量；孩子就一定能成为自主学习、自我管理的主人，就一定能在内驱力的推动下成为家长和老师眼中的好孩子。即使偶尔出现“熊孩”的迹象或可能，也能从容应对，及时纠偏。一言以蔽之，“开明的家长＋智慧的老师＋有效的方法”＝好教育。好教育一定能成就好孩子。

据此，本书秉持“相信孩子，就能创造奇迹”的信念，突出“问题学生全面转化、优秀学生超常发展”两个主题，关注“孩子自主提升、家长有效引导、老师科学施教”三个维度，强化“中美比较、思行比较、远近比较、优差比较、苦乐比较”五个比较，直面“丧志、叛逆、代沟、网瘾、早恋、厌学、自私、打架”等青春期面临的八个难题，以求实现以下十个愿景：每个孩子都喜欢读书、喜欢学校；每个孩子的心灵都得到悉心呵护；每个孩子都成为学习的真正主人；每个孩子都告别“叛逆”；每个孩子都具有领导力和创造力；每个孩子的缺点和问题都能转化为他们持续进步的动力；每个学校和家庭活动都蕴含教育价值；家长和老师对孩子的每个批评都能变成建议；每一节课都能成为科学家诞生的摇篮；知识、学习和思维的魅力成为每一个孩子学习的内在动力。

我们期待着，能通过本书的“45个案例＋ 45×3个解读”，推出45个教育法则，引发45×n个教育同人的共鸣，帮助45×n个家庭摆脱教育困境，启迪45×n个家长和老师成为孩子的成长导师，转化45×n个“熊孩”为“学霸”。

房超平

2017年1月28日凌晨于深圳

第一章

放大的问号：让孩子更聪明

【本章导读】

幼儿园的孩子处于智力发育的关键期。让他们更聪明、更健康、更活泼，是每一位家长、每一名幼教工作者高度关注的话题。以强化问题意识为导向，本章的五个篇章分别从游戏课堂、故事新说、趣味数字、科学观察、生活天地等维度，呈现了促进幼儿思维力、记忆力、注意力、想象力、观察力等智力发展的新思路。

1

寓教育于游戏中

【提要】

●对于儿童而言，游戏是最好的教育。

●游戏之于儿童，是与生俱来的本性，是促进生命成长的内在需要。

●有计划、科学地组织儿童开展游戏，可以养育儿童的身心，灵活儿童的机能，增长儿童的见识。

●要采取更多的办法，把课程特别是孩子觉得枯燥无味的课程学习转化为游戏。

●儿童游戏最重要的问题是，如何把握好游戏的度，既能让儿童从中受到教育，又不至于沉溺于游戏。

●作为孩子的第一任老师，家长一定要千方百计保护孩子游戏的权利，能与孩子一起游戏尤佳。

【案例】

别样的抢凳子，另类的聪明术

导读：幼儿园尤老师通过改变游戏规则，反复变化奖励物品——糖的品种，把孩子们习以为常的“抢凳子”游戏，变成了有趣的逻辑思维训练活动，也让孩子们在一次又一次看似简单重复，但每次都变化了思考角度的快乐游戏中，不知不觉增长了智慧，提高了能力。

抢凳子是幼儿园小朋友非常喜欢的游戏。然而，就是这个孩子们司空见惯的游戏，却在幼儿园尤老师的精心设计下，起到了培养儿童思维多项性的作用。

在设计这个游戏时，尤老师把这个游戏原来的规则做了两处简单的修改：

一是把原来的一部分孩子能抢到凳子，另一部分孩子抢不到凳子的规则，改为左右两边抢，每个孩子都可以抢到凳子，只是抢到的位置不同而已，即一部分孩子能抢到左边的凳子，而另一部分孩子只能坐到右边的凳子。

二是把原来的对抢不到凳子的孩子进行适当“处罚”（如表演节目等）的规则，改为抢到不同位置的孩子给予不同的物质奖励，以免抢不到凳子的孩子受到冷落。

谈到更改这个游戏规则的目的时，尤老师一语中的：一是要求小朋友能分清楚左右方位；二是通过奖品种类和数量不同，将思维“包袱”设计其中。

第一轮游戏开始之前，尤老师告诉孩子们，凡是抢到左边的小朋友可以得到两块糖，而抢到右边的小朋友只能得到一块糖。

为了让小朋友分清楚左与右的概念，尤老师先根据人的生活习惯，让孩子们根据右手拿筷子的道理，分清楚左右方位。说完这个规则后，有两个孩子举手说，他们拿筷子的手跟别的小朋友不一样，不知道怎么分清楚左右。尤老师心想这两个孩子肯定是左撇子。情急之下，尤老师急中生智，在黑板两边分别写下左、右两个字，让孩子认真识别。顺便把识字的内容融入游戏过程中。

游戏开始后，由于孩子们都觉得两块糖比一块糖好，因此都努力去抢左边的凳子，抢不到左边凳子的孩子们一个个垂头丧气。

然而，令孩子们意想不到的是，尤老师的“包袱”这时呈现出来了：抢到左边的孩子得了两块水果糖，而坐到右边的孩子则得到了一块巧克力糖。

看到抢到右边的小朋友拿到了一块巧克力糖，抢到左边凳子的小朋友不干了：“老师，怎么这样呀？为什么他们得到的是一块巧克力，而我们只得到了两块水果糖呀。这不公平。”

尤老师笑眯眯地说：“呵呵，水果糖和巧克力糖都是糖呀。”

有个调皮的孩子不满地小声嘀咕道：“比赛前，你也没有说清哪边是什么糖。”

尤老师不慌不忙地回应道：“你们也没有问老师，都是什么糖呀。”

这个孩子不服气地说：“这次不算，应该再抢一次。这一次，老师要说清楚才行。”

抢到左边的其他小朋友也齐声迎合：“对，这次不算，应该再抢一次。”

“他们不同意，那咱们就再抢一次？”尤老师对着右边的小朋友试探道。

得到右边小朋友的允许后，尤老师让孩子们准备第二轮游戏。

“老师，别急，先说清楚是什么糖。”还是刚才那个不服气的孩子的声音。

“抢到左边的得到两块巧克力，而抢到右边的只能得到一块巧克力。”尤老师对游戏规则做了补充说明。

孩子们不知道尤老师又设计了个“包袱”：抢到左边的兴高采烈的孩子得到的是两块小巧克力，而抢到右边的不那么开心的孩子得到的是比两块小巧克力合起来还要大的一块大巧克力。

抢到左边的孩子又感到上当了，这些孩子只得又与尤老师争论起游戏规则存在的问题。

抢凳子游戏不得不又一次重复进行，尤老师也不得不再次明确游戏的规则：抢到左边的得到两个巧克力，没有抢到左边的只能得到一个巧克力，而且两边巧克力的大小是完全一样的。修改完游戏规则后，尤老师还补充问了一句：“大家对游戏规则还有没有不懂或修改的？”

孩子们都赞同游戏规则后，抢凳子游戏再次开始。

同样的，这次游戏依然有“包袱”：抢到左边的孩子们得到是两块普通品牌的巧克力，而没有抢到左边的孩子们则得到一块孩子们喜爱的名牌巧克力。

“又上当了。”左边的孩子们哀叹道。

“为什么你们不把规则搞清楚，就急于开始游戏呢？”尤老师看似半开玩笑半认真地说。

……

从糖果种类的不同，到糖果大小的不同；从糖果品牌的不同，再到糖果成分的不同……“抢凳子”游戏就这样持续进行了一个上午，孩子们对这个游戏乐此不疲：在享受游戏带来的快乐的同时，对数的质和量的关系的理解越来越深刻，思考问题的维度也越来越多。

【解读】

这样“起跑”更持久

保卫儿童游戏的权利

黄建海

这个案例的精彩之处就在于，将幼儿常见的游戏精心设计成一个内容丰富、思维多元的游戏活动。从教育学原理来分析，可以用一句话来概括：游戏是最好的教育。游戏之于儿童，是与生俱来的本性，是促进生命成长的内在需要。不管家庭或学校是否允许或组织孩子游戏，儿童都会因地制宜自发地开展各类游戏活动，不以大人的意志为转移。因此，幼儿园必须和家庭联手，对游戏潜在的教育价值和意义加以利用，有计划、科学地组织儿童开展游戏，在游戏中养育儿童的身心，灵活儿童的机能，增长儿童的见识，达成一定的教育功效。此外，游戏还有一个好处，就是让儿童懂得了群体的力量、秩序与规则的作用，进而启蒙儿童的合作精神与契约精神。

柏拉图认为，幼儿之教育，当具游戏之性质。福禄培尔认为，游戏不仅培养和增强儿童的体力，而且肯定地持续不断地增长他们的智慧和道德的力量。因此，他奉劝家长们：“母亲啊，培养儿童游戏的能力吧！父亲啊，保卫和指导儿童的游戏吧！”可问题是，现实中众多家长和老师总是以“不务正业”为由，将孩子与生俱来的游戏权予以剥夺，粗暴干涉或者强行制止。当代中国，家庭和学校在游戏与知识、体能与分数之间一定是嫌弃前者褒扬后者。然而，这种态度是犯了天大的教育错误。正如信原良久所说，让孩子尽情地去玩，自由地去“淘气”，这才有利于他们智力的发展，以及对空间位置关系识别能力的提高。

儿童游戏最重要的问题是，如何把握好游戏的度，既能从中获得有益的教育价值，又不至于沉溺于游戏。而这就要看家长和老师的能耐了。现实世界总有家长善于利用游戏启蒙儿童，帮其寻找到自我发展的长处和潜能的增长点。他们不仅鼓励儿童游戏，还经常与孩子一起游戏，或创造更多游戏的机会。遗憾的是这样的家长和老师少之又少。否则，也用不着教育专家们费那么多口舌。

把游戏转化为学习

秦九歌

游戏是人的本能，可以帮助小孩甚至成人热爱学习。从启蒙教育到中学甚至到大学，美国都试图把游戏贯穿到教育中。我小的时候，美国就有一个很有名的、教孩子学语言的游戏软件。很多时候，玩电子游戏是在跟虚拟人物沟通，可以把其转化为学语言的过程，因此完全可以把游戏延伸到语言或者其他课程的学习中。

既然孩子们喜欢游戏，我们完全可以采取更多的办法，把很多课程特别是孩子觉得枯燥无味的课程转化为游戏。比如，因为很多小孩子乘坐地铁时读言情小说，我的一个朋友就在琢磨写与 SAT（美国大学入学考试）有关的小说，想方设法把这种考试用的单词都编进小说里，试图用这种轻松的阅读小说的方法，让阅读者学会其中的所有单词。除了学习语言以外，国外二十岁左右搞创业的年轻人都喜欢连续几十个小时参加一种用电脑编程、叫作 Hackathon 的聚会，并时常在编程过程中形成自己的产品，有的朋友甚至把做出的产品卖给 Facebook、谷歌或其他大公司。对于这些人而言，除了交流想法外，已经把游戏玩到了极致，也从中学到了很多东西。

我觉得，这个“抢凳子”的游戏，在国外教育中抓的重点可能会不一样。如果在国外玩这个游戏，可能在游戏之前会给孩子们五分钟时间，并告诉他们这是提问时间，请孩子们把与这个规则有关的问题全部提出来，并予以解答。我看这个案例，认为有点骗小孩的感觉——到游戏结束时，小孩才觉得上当受骗了，这是一种很不好的感觉，会让孩子们很失落。因此，一定要考虑到孩子的心理承受能力。换句话说，就是做事情不能投机取巧。虽然这是游戏，目的是让孩子的脑子转得快，但是我们也要注意把游戏规则给孩子们讲清楚，或者让孩子参与到游戏规则的制定中，而不是大人包办一切。

如果孩子喜欢打电子游戏，老师和家长没有必要制止，更不必感到恐慌，完全可以把这个动机转化为正能量——把打电脑游戏转为对编程的热爱。我妈妈很害怕我弟弟迷恋电脑游戏，在他三四岁时就买了编程系统。这样的话，到他会打游戏的年龄时，就已经成“黑客”了。到那个年龄，他看到游戏就知道这个游戏

是怎么编出来的。他可以直接进入游戏的操作软件，把代码一改就完成了游戏的通关过程，这样打游戏就没什么意思了。久而久之，孩子就只愿意创造自己的游戏，而不是打别人的游戏，因为打别人编的游戏，一定不会有自己创造的游戏有成就感。

让孩子的“起跑”更有力、更持久

房超平

我曾经把一句名言做了修改，即把“不要让孩子输在起跑线上”，改为“让孩子的‘起跑’更有力、更持久”。而要让“起跑”更有力、更持久，靠的绝不是提前让孩子学了多少知识，而是通过孩子喜闻乐见的活动，促进孩子思维力的有效发展。在不影响娱乐性的前提下，通过改造儿童最喜欢的游戏活动，提高游戏的教育性，就能达到这样的目的。显然，这个案例中的游戏活动，就达到了促进思维发展的目标。

人的思维有很多特性，比如独创性、多项性、批判性等，这些特性说起来好像很抽象，但是都可以在游戏过程中对儿童进行训练。这个案例就充分地说明了这一点。在游戏过程中，老师或家长不妨给儿童设计一些“陷阱”（设计这些“陷阱”并不是要欺骗儿童，而是通过“陷阱”的设计引发思维冲突）。设计了“陷阱”之后，下次儿童再思考问题时就不会那么单纯了，就会考虑如何避免这个“陷阱”。当然，游戏规则不能由老师“一言堂”，完全可以让孩子参与进来，和孩子一起制定。

从游戏和教育的关联度上看，儿童玩游戏是为了追求快乐，老师或家长让孩子参与的目的则是为了达到某种教育目的。这样各取所需：儿童玩得快乐，教育目的也达到了，这样的游戏是最有价值的游戏。现在的各种电子游戏，很少设计教育的元素，过于简单化，是一种低端的游戏。高端的游戏应该把思维力、想象力这些发展儿童智力的因素渗透其中，从而实现在游戏中发展儿童思维、提升儿童智慧的终极目的。

此外，老师习惯于从抽象的、单纯的数字入手，教孩子认识数字，学习数学。事实上，孩子认识数字、学习数学时，可能对具体的事物、与生活有关联的数学会更感兴趣。按照常规的数学教学方法，孩子只能简单地理解一比二小或者二比一大，却并不理解实际生活中两个物品和一个物品之间没有可比性的道理。因此，在幼儿园乃至小学低段，数学教学必须真正和游戏、生活结合起来，在游戏中渗透教育内容，在游戏中渗透生活道理，在游戏中增长孩子们的智慧。我相信，这样的教学设计才符合孩子的认知规律。当然，如果是单纯的没有进行教育设计的游戏，没有任何教育价值，是毫无意义的。这里的教育设计并不单纯指学习内容，更多的是指能够影响孩子身心健康发展，尤其是促进孩子思维力、想象力、观察力、注意力和记忆力发展的活动。

作为孩子的第一任老师，家长一定要千方百计保护孩子游戏的权利，能与孩子一起游戏尤佳，因为这样做，不但方便家长把教育内容渗入其中，而且有利于密切的亲子关系和孩子乐观、自信品格的形成。当然，未必所有的游戏都刻意设计教育内容，一切游戏和教育活动都应以促进孩子发展的动力更为持久为基本出发点。

2

张开想象的翅膀

【提要】

●孩子的表达欲望是一种先天存在，关键是如何将这种欲望引向积极而有益的方面。

●在课程设计的时候，一定要把让每一个孩子开口说话作为基本目的，创造条件让孩子们乐于开口。

●对于孩子而言，故事本身的意义，要远远低于参与故事接力的意义。

●如果家长没有时间陪孩子讲故事，那么为孩子创造更多交流的机会就是必须的。

●想象力具有一定的基础：在一定前提下，原有的认知或经历能够引发孩子的无穷联想。

●要让孩子成为真正的“故事王”，必须让孩子学会讲自己的故事。

【案例】

“龟兔赛跑”新说

> 导读：幼儿园冯老师让孩子们根据自己的想象，把“龟兔赛跑”这个耳熟能详的故事，改成龟儿子与兔儿子赛跑的新故事。在老师的提示和大家的帮助下，孩子们以故事接龙的方式，你一言我一语，非常兴奋地创编了一个与原来故事过程和内容完全不同的新故事，语言表达和思维能力也得到了充分发展。

在孩子还没有上幼儿园前，年轻的爸爸妈妈要么出于望子成龙的急迫心情，要么迫于孩子的强烈要求，都会给孩子讲很多有趣的童话故事。

上了幼儿园以后，非常爱听故事的小朋友会发现，老师们讲的故事，爸爸妈妈很早就讲给他们了。怎么办？经过认真思考，某幼儿园的冯老师想出了一个新的活动方式——故事新说。通过这种方式，让孩子们把以前自己听过的故事改编成新的故事。

想好了活动的安排后，冯老师就说给孩子们听：“宝贝们，龟兔赛跑的故事大家都听过多次，很多宝贝还能把这个故事表演出来。今天，老师想给大家讲一讲，龟儿子和兔儿子赛跑的故事。老师开个头，聪明的宝贝可以接着老师的继续讲。大家说，好不好呀？”

“好呀。”孩子们兴奋地齐声回答。

“那好，老师开始讲了。”在孩子们的期待下，冯老师讲了起来，“龟爸爸和兔爸爸的赛跑结束三年后，龟儿子和兔儿子都慢慢长大了。想起爸爸的神威，龟儿子向兔儿子发起了挑战：‘你爸爸和我爸爸比赛时，你爸爸输给了我爸爸。因此，我也要和你比一比，也想赢了你。怎么样？敢不敢比一下？’兔儿子说：‘我爸爸输给你爸爸后，他感到非常惭愧，并时常提醒我，不要想着跟那些不如自己的朋友比赛’……接下来谁讲？”

“我说”，“我说”……孩子们纷纷举起了小手。

“这样好不好？大家一人说一句，后面的人接着前面的人说下去。”冯老师指着一个穿红衣服的小姑娘说，“从你开始。”

“龟儿子缠着兔儿子说：‘我就要和你比嘛，因为我想赢你。你们兔子不会不敢和我们乌龟比赛了吧？’”

“兔儿子谦虚地说：‘不是不敢跟你比，是比赛赢了也不光彩，因为我们各有所长。’”

“龟儿子不同意兔儿子的说法，他很傲慢地说：‘不敢比就不敢比呗，还说赢了不光彩。’”

“接下来怎么说呀？”一个男孩子着急地问上一个孩子。

“动脑筋想一想呀。要是你是兔儿子，你生气不生气呀。”这个男孩子提醒道。

“听了龟儿子的话，兔儿子非常生气，实在受不了啦，只好同意与龟儿子比赛。”

“没有办法，兔儿子只好说：‘比就比，谁怕谁呀？’”

“比赛开始了。发令员一声枪响，兔儿子一下子就飞跑出去了。”

“龟儿子却慢腾腾地往前爬。”

“兔儿子跑的时候，想起了爸爸的叮咛，再也不敢大意了，一路上跑得飞快。”

……

“老师，我不知道怎么接了。”一个小女孩急得哭了起来。

“宝宝，没关系。不要急呀。想一想，兔儿子那样想，龟儿子怎样想呀。聪明的宝宝一定能接下去的。”冯老师提示道。

“龟儿子心里想着，哼，别看兔儿子开始跑得快。我爸爸说，他半路上肯定会睡觉。”

“跑到爸爸睡觉的树下时，兔儿子想起了爸爸的劝告。”

“想到这里，兔儿子再也不敢在树下睡觉了，很快就跑到了终点。”

“龟儿子爬到兔爸爸睡觉的树下，没有看到兔儿子，就呜呜地哭了。”

“龟儿子哭的时候，嘴里还不停地说：‘爸爸给我说，兔爸爸在这里睡觉，兔儿子也一定会在这里睡觉。这不是骗我吗？’”

“看自己跑不过兔儿子，龟儿子就赖在那里不跑了。”

“龟儿子不跑了，是不是就不比啦。”这时候，另外一个小女孩问冯老师。

“你觉得呢？”冯老师反问道，“要是一个人不比了，比赛就停了，还算比赛吗？”

“哦。我知道了。”说完，这个小女孩接着讲故事，“裁判员猴子宣布兔儿子比赛获胜，还要兔儿子去领奖。”

“但是，兔儿子没有去领奖，因为兔儿子记得爸爸的话，自己觉得赢了龟儿子也不光彩。”

“比赛结束了，兔儿子看到龟儿子很不开心。”

“兔儿子走到龟儿子面前说：‘跑步你肯定比不过我了。可是，我游泳也比不过你呀。’”

“听兔儿子这样说，龟儿子开心地笑了。”

“从此，龟儿子和兔儿子成了好朋友。”

虽然孩子们在说的过程中，时断时续，但在冯老师的提示、鼓励和其他小朋友的帮助之下，还是把这个新的故事说完了。

“宝宝们说得真好。大家给自己鼓鼓掌吧。后面没有说的宝宝能不能从头再说一遍。”看孩子们热情很高，冯老师指着一个高个子的男孩说，“这一次，你当老师，从你开始讲。”

在冯老师的鼓励下，这个男孩装着冯老师的腔调，开始讲故事。

接着，其余的孩子又像上次一样，说起了龟儿子和兔儿子比赛的新故事。当然，在说的过程中，与上一组孩子讲的情节也有很多不一样的地方。

后来，冯老师为了让更多的小朋友参与进来，就让一部分小朋友说，让另外一部分小朋友在教室中间进行表演。

孩子们对这样的故事新说非常喜欢，一直说个不停。

一个小时的时间，就这样不知不觉地过去了。

【解读】

让每一个孩子成为“故事王”

在故事接力中让孩子学会开口说话

黄建海

“龟兔比赛”是一个经典故事。生活中，我们常常见到这样的情形，孩子逼着父母讲故事，可是很多父母因故事早就讲过不知多少遍了，而显得不胜其烦和黔驴技穷的样子。本案例帮家长、老师和孩子找到了一个新思路——故事新说。只要是经典，即使是讲过数遍的故事，不断地演绎、改编，照样可以讲得十分精彩，照样可以引发孩子的兴致。再者说，让孩子由听众变为改编故事和讲故事的主人，主动参与进来。这个案例看上去是一堂再普通不过的活动，但它却给予了我们很多教育的启迪。

阿德勒认为，每个孩子都有追求权力、地位等优越感的欲望。这就是我们常说的支配欲、孩子王等。不管是好是坏，这个欲望都是一种先天存在。关键是如何将这种欲望引向积极而有益的方面。事实上，在孩子的成长过程中，很多家长和幼儿老师都严重忽视了这一点，导致孩子们表现出暴虐、霸道，或自卑、孤傲等特征。怎么样的优越感才是有益的呢？阿德勒的观点是：符合社会利益。将孩子与生俱来的对优越感的追求，引导到正确的方向，即社会利益，是父母和幼儿老师的共同职责。那么怎样引导孩子追求社会利益呢？最有效也是最可行的方式，就是鼓励孩子参与集体活动，通过大家一起合作来完成一件又一件事情。而对于幼儿来说，在集体互动中训练和提升语言能力至关重要，接力故事新说，就是极好的案例。

孩子语言能力的差异，不能简单地将其归因于天赋之别。依照阿德勒的观点，如果一个孩子没有对社会生活广泛的参与，如果他只在封闭和隔离环境中成长，那么他的语言能力一定会受到阻碍和延迟。而开口讲故事，尤其是接力式，是一种十分有益的语言训练方式，值得在幼儿园普及推广。值得注意的一点是，在课程设计的时候，一定把让每一个孩子开口说话作为基本目的，创造条件和机会让孩子们乐于开口。家长或老师不要代替，更不要粗暴地制止孩子说话，即使有的孩子讲得结结巴巴或文不对题。这里特别适用伏尔泰的那句名言，尽管他是说给成人听的，孩子的世界更应如此："我不同意你的观点，但我誓死捍卫你说话的权利。"父母或者老师要注意察言观色，一旦孩子流露出想说话的举动时，就要不失时机地让孩子发声。否则，孩子丧失了说话的机会，就等于失去了一次与外界联系和交流的机会。

然而，对孩子语言权利伤害的事情，在现实的学习生活中屡见不鲜，甚至可以说是普遍存在。有的孩子说话胆怯，或者战战兢兢的样子，大体上都是在儿时受到伤害，留下很深的心理阴影所致。至于有先天语言障碍的孩子，就更容易遭受这方面的伤害。口吃的孩子就是最大受害群体。千万别随便取笑。语言作为孩子彼此之间相处交往的工具，是获取社会情感和公共责任感的基础。通过故事接力这样的课程，锻炼和提高孩子的语言能力，就是这么重要。

对于孩子来讲，故事本身的意义，要远远低于参与故事接力的意义。也就是说，即便孩子没有弄懂故事的含义也无关紧要，重要的是参与到故事新说中来，这比单从故事中获取所谓的道德教育要有价值得多。而故事新说比单纯地重复一个现成的故事，更能提高孩子的语言能力。这正是这个活动的意义所在。语言能力是孩子获得社会情感，逐渐树立社会利益观念的前提。设法让孩子开口讲话，不是个可大可小可有可无的事，而是事关孩子人格是否健全的大是大非问题。因此，本案例的意义不仅在于如何讲好一个故事，帮助孩子理解故事的大致含义，还在于通过与其他小朋友和老师的一起交流中，实现与别人合作，与他人一起完成一件事情。

说到这儿，笔者提请家长和幼师朋友注意，在开展类似的活动时，应最大可能让每一个孩子都参与进来，特别是那些不善言谈、怯于开口，或对公共事务不热心的小朋友，要想方设法让他们多参与到这样的活动中来。

“讨论式”交流收获多

秦九歌

这个案例让我感触良多。其实，让孩子开口说话的方式有很多，不一定局限于故事新说。我记得，小时候我经常跟我父母一块儿看电影，每次看完电影，我们至少有半个小时的时间进行讨论，讨论的话题包括电影里有些什么样的人物，他们之间有什么样的关系，这个电影要达成一个什么目的，等等。经过很长时间以后，我已经习惯于这种讨论、交流的方式，以至于到现在，看完电影后，我也会跟朋友一起交流这些话题，要么是做人可以像影片里的某个人物一样，要么就是这个事情不应该像电影里的某个人物那样处理。

有一次，我妈让我看了一个小女孩被绑架的故事。看完这部电影后，我妈要把这个电影里面涉及的内容与日常生活联系起来，和我一起讨论故事里的情节，讨论如何防止被绑架，包括不要跟陌生人到偏僻的角落去，不能上陌生人的车，等等。直到现在，我看任何娱乐节目或者在享受游戏的过程中，都会尝试着在里面找出可以学习的东西，即便没有任何营养的电影，我还是会在剧情当中吸取我要学习的东西。

我弟弟现在只有七岁，但外人很难看出他只有七岁，因为他可以和你坐在一起长话连篇，并且说得头头是道，有时还会把你说的问题和漏洞一针见血地指出来。究其原因，一是我妈妈每天睡觉之前都会陪我弟弟讲故事，二是我妈妈给我弟弟建了一个读书群，让他跟他的小伙伴们在读书与分享中找到乐趣。有时候，我妈妈还会让他们把他们读的段子表演出来，这样孩子可以更具体地理解书里所说的概念，把自己的感情跟书连在一起。很多时候，我妈妈会把他往读书俱乐部里一丢，然后，他就跟这个俱乐部的小朋友们一块儿读书、打闹、交流。因此，如果家长没有时间陪孩子讲故事，可以设法为孩子创造氛围，让孩子多与别的孩子交流。

在经典故事再创作中培养孩子的表达能力

房超平

发展孩子的语言能力和想象能力都非常重要，因为语言是思维的载体，想象是创造的根基。这个案例对于培养孩子们的语言能力和想象能力都有很好的启迪作用。

在语言发展的关键期，提高孩子的语言表达能力，一是靠听，二是靠说，但主要是靠说。怎么让孩子开口说话，是值得每一个幼儿老师和家长认真思考的问题。这个案例给每个幼儿老师和家长提供了一个范例：通过孩子对经典故事的再创作——用自己的嘴巴创作，就能激发孩子说的欲望。按这个思路，任何一个能让孩子开口讲话的设想都有助于培养孩子的语言能力。比如，让孩子回家后模仿其他小朋友的腔调，进行模拟表演；让孩子说出幼儿园的所见所闻；让孩子参与家庭活动的讨论等等。这样做都有助于提高孩子的语言表达能力。

想象力必须具有一定的基础。这个基础就是在一定前提下，原有的认知或经历能够引发孩子的无穷联想。从龟到龟儿子、兔到兔儿子，就能引发孩子对原有的龟兔赛跑的认知进行新的联想。同样，从狮子到老虎，从黑猫警长到孙悟空等角色变换，都会引发孩子对以前形成的故事的新的联想。因此，这个案例对培养孩子想象力的启迪作用无疑是很大的。老师和家长不妨根据孩子年龄的变化，从角色变换，延伸到时空变换（比如把寒冷冬天变成温暖春天，把原始森林变成海底世界，把远古时期变到未来世界等）、因果变换（比如把农夫救蛇变成蛇救主人，把盲人摸象变成象群议人，把掩耳盗铃变成孩子护铃等），以及内容变换（把保护动物变为动物自保，把环境污染变成环境改造，把鹦鹉学舌变成人学鸟鸣等），创新故事新说的形式和内容，进而在这个过程中让孩子学会求异思维。家长们也可以与孩子一起创新看图说话——让孩子对着图片说自己的看法（而不是家长根据图片上的解释进行说教），并根据孩子的叙说，适时提出问题，与孩子进行互动，启发孩子进行更多的思考。

我觉得，每个孩子都可以成为“故事王”。当然，故事王也可以“分级”。要成为初级“故事王”，孩子必须能复述很多故事（当然是孩子听父母、老师讲过的故事），这就要求，父母和老师多给孩子讲故事，并创造机会让孩子复述故事。比如在家里来客人的时候，让孩子讲故事，从而让孩子获得成就感。要成为真正的“故事王”，必须让孩子学会讲自己的故事，或者把原来的故事换个主题、人物、内容再说一遍，或者把身边有趣的事情用自己的语言表达出来。显然，这个案例使上述设想成为可能。

3 保护孩子的问题意识

【提要】

●孩子们的问题，科学家都不敢轻言否定，家长和老师更不应该忽视它们。

●孩子们停止追问并不是好事，因为这容易形成思维定式，进而泯灭孩子的创造性。

●对于孩子们“顽皮”式的提问，大人们无视的后果十分严重：一旦孩子们停止了提问，世界就很可能失去一位未来的科学家。

●孩子的学习和居住环境要符合孩子的特点，要能引导孩子学习。

●老师和家长要善于向孩子学习，要敢于承认在某些方面确实不如孩子。

●家长要采取多种办法鼓励孩子学会提问题，提更好的问题。

【案例】

地图前的“贪婪”

导读：汪老师给教室挂地图的举动引起了孩子们的好奇。于是，汪老师灵机一动，利用这个机会，给孩子聊起了有关地图的知识，从地图的作用、首都的含义，再到五角星的形状、五星红旗的升起，问题、思考与解决成了这次活动的主旋律。

汪老师正在和幼儿园大班的孩子们一起布置教室。

看到老师拿了一张中国地图准备往墙上贴，班上的小朋友都围了过来。

一个小朋友好奇地问道：“老师，你贴的是什么呀？”

“这不是中国地图吗？有啥稀奇的。”一个看起来很调皮的男孩不屑地说。

汪老师觉得教育的机会来了。于是，她把孩子们叫到面前说：“大家都来看看。刚才，那位小朋友说这是地图。谁知道，什么是地图呀？”

“地图就是告诉大家，从哪儿到哪儿怎么走呗。”汪老师的话音刚落，那个调皮的小朋友就大声喊道。

“说得好。那你能不能告诉老师，从深圳到北京怎么走？”汪老师望着这个机灵的孩子问道。

只见这个孩子一边用手指着地图，一边念念有词地说：“这是深圳，这是北京。从深圳到北京，就是从这儿到那儿。”

“从这儿到那儿，地图上有路吗？”汪老师接着问。

“可以坐飞机飞过去。”这个孩子看起来很有办法。

汪老师循循善诱：“只有‘飞’一种方式吗？”

“还可以坐火车去。”另外一个小朋友抢着回答。

“坐火车怎么去呀？”汪老师继续问。

“老师，我知道。”刚才抢着回答问题的小朋友边说边指地图上的铁路线，“从广深铁路可以到广州，再从京广铁路从广州到北京。”

这时，其他小朋友一个个都打开了话匣子：“可以坐汽车到北京。”“还可以自己骑自行车去北京。”“也可以跑马拉松跑到北京。”

看孩子们说得头头是道，汪老师换了个话题问：“谁能告诉老师，这些从深圳去北京的方法哪一种更好呢？”

听汪老师这样问，孩子们七嘴八舌，说个不停：有的说，飞机走得快更好，节约时间；有的说，坐火车或汽车可以沿途看风景，而且更省钱；有的说，跑步可以锻炼身体，对身体好。

就在讨论快要结束的时候，一个小朋友瞪大眼睛看到了地图上北京的位置有一个五角星，就举手问：“老师，这个五角星是干吗的呀？”

“啊？你还认识五角星？告诉老师为何叫五角星？”汪老师故作吃惊。

“这个简单,五角星不就是因为有五个角呀。”这个小朋友仰着小脸自豪地说。

“你知道的还真不少。”汪老师鼓励道，“那你能说出五角星在地图的什么位置吗？”

这个小朋友挠头表示不会。正当汪老师要给孩子提示时，一个站在后面的女孩子举手要发言。

得到老师的允许后，这个女孩说：“五角星在北京的位置，北京是我们中国的首都。我想，五角星就是代表我们的首都北京。”

这个孩子回答完了后，汪老师带头鼓起掌来，孩子们也把羡慕的目光投向这个女孩。

“首都是什么意思？”掌声停息后，汪老师进一步问道。

“首都就是我们国家最重要的城市。”这个女孩不假思索地回答。

“我看不是，别的国家怎么没有五角星，难道别的国家没有首都？”这是前面那个调皮的男孩的声音。

听到这句话，孩子们一下子安静了，都瞪大眼睛盯着汪老师。只见汪老师笑眯眯地说道："这个问题老师也不知道。回去大家自己慢慢想一想，或者问问家长，也许以后就明白了。"

"宝贝，别急。老师还想和大家一起讨论讨论。"看孩子们有点不高兴，汪老师别出心裁，一连问了几个相关的问题："大家想一想，我们升旗用的红旗上是不是有五角星？有几个呀？大小一样吗？我们升的红旗是什么旗呀？"

"红旗上，有五个五角星。"

"五个五角星，一个是大的，四个是小的。"

"红旗是我们中国的国旗。"

……

孩子们争先恐后。

"老师，我明白了。"汪老师和孩子们都把目光聚集到刚才回答问题的那个女孩脸上，"因为我们中国的国旗上有五角星，所以我们国家的首都才会用五角星。"

掌声，又是一阵热烈的掌声。

"宝贝，这个连老师也搞不懂的问题，你都弄明白了。你真聪明。"汪老师趁热打铁，"老师还有搞不清的问题，看看哪个宝贝还能帮助老师，给老师当当老师。"

听老师这样说，孩子们都跃跃欲试。

看到孩子们都盼望着给自己当老师，汪老师心里乐开了花："那我可要拜几个师父啦。有谁知道，除了幼儿园升旗外，哪里还能看到国旗？"

"老师，我来帮助你。我在天安门广场看到升国旗。"

"我知道，运动员得了冠军会升国旗。"

"我看到电视上，航天员叔叔到太空时拿着国旗。"

"国家领导人访问外国时，华侨叔叔、阿姨们手里都举着国旗。"

"还有，在索马里护航的解放军军舰上也有国旗。"

"电视上的南极长城站里也有国旗。"

……

孩子们一个个都绞尽脑汁，巴不得都成为老师的老师。

"宝贝们，你们真是太厉害了，每个人都能当我的老师。"看孩子们如此兴奋，汪老师进一步启发道，"大家能不能总结一下，在什么情况下，我们会看到国旗呀？”

“有咱们中国人的地方，就会有国旗。”

“我到国外去，也要带着国旗。”

“为国家争了光，就会升国旗。”

“我也要为国家争光，要让国旗为我升起。”

……

孩子们你一言我一语，各抒己见。就这样，不知不觉中四十多分钟过去了，汪老师和孩子们都感到意犹未尽。

【解读】

保护孩子的好奇心

好问是孩子认识世界的驱动力

黄建海

看图说话是幼儿喜闻乐见的一种自然行为。这个故事利用的就是这一原理。它的巧妙之处在于，将看图说话与幼儿好察好问好思好学好争等学习生活品行统合在一起。其中，好问是关键，是幼儿认识世界的第一驱动力。幼儿不仅贪吃贪睡，也贪玩贪问。

《诺贝尔奖获得者与儿童对话》一书通篇充满着孩子们心目中的问题。科学家都不敢轻易否定这些问题，教育工作者就更不应该忽视它们。孩子的问题，看似趋向于一个单一的答案，因为只有得出这样一个唯一的说法，孩子或许才能停止追问。不过，停止追问未必就是好事，因为这容易形成思维定式，泯灭孩子的创造性。正如阿克塞尔·哈克所说，孩子的提问尽管有随意性和不确定性，但是儿童总是能提出重大的问题。对于这些问题，家长、老师乃至科学家未必能马上回答；一时不知道如何回答，可以暂缓回答，千万不可随意否定或拒绝。因为，问题是孩子心智成长的发动机。

孩子的问题大人如果不好回答的话，孩子们自然会想办法去解决。在老师与孩子们的互动中，在孩子们的激烈争吵中，就会不断接近问题的本质。孩子们提问还有一个特点，就是打破砂锅问到底。对于孩子们“顽皮”式的提问，大人们躲闪、反问、玩游戏是不够的。正确的做法是，对于孩子提问的执着，大人要认真对待，而不是敷衍了事。否则后果十分严重：一旦孩子在某一个时刻，停止了提问，世界就很可能失去一位未来的科学家。

关于这个故事的衍生意义，我想谈谈绘本阅读的价值。看图说话，按图索骥是孩子最拿手的本领，绘本作为看图说话的升级版，深受儿童喜爱。阅读绘本，营造温馨的环境，给他们读文字，和他们一起看图讲故事。他们会在听故事中品味绘画艺术，在欣赏图画中认识文字、理解文学，从而产生让心灵愉悦、让精神提升的美妙体验。这也是绘本之所以成为国际公认的“最适合幼儿阅读的图书”的缘由。

让孩子的“家”更符合孩子的特点

秦九歌

这个案例让我想起了二十世纪初法国有一组很有名的、做房屋设计的工程师。他们通过一些心理实验发现，孩子房间的桌子、椅子、画等物品会直接影响这个孩子以后的发展。比如，房间里面放了很多画，孩子以后可能有很高的艺术天赋。房间里面放了钢琴，他可能就有更多的音乐天赋。小时候，我们家经常换地方，除了带几箱子书外，其他东西很少。每次搬家，房子再紧张，也会想办法安排一个书房——房间里有一个很大的窗户，可以让阳光直射进来，除了书和座椅，什么也没有。所以，我从小特别喜欢读书。我的同学到我家后，都会到书房里面挑一本书读。所以，这个故事讲的要抓住任何教育时机，特别是环境造成潜意识的激励孩子学习的方式，是非常有道理的。

我看到国内的教室跟国外有很大的区别。国内都是桌子面向老师这一个方向或者说面向黑板。除此之外，墙上很少挂东西。国外的教室一直到初中、高中，孩子的椅子都是有轮子的，可以来回活动。老师经常会让孩子改变队形，队伍不是一条一条，而是一组一组的，做活动、做作业甚至考试都是一对一对参加。八个椅子拼在一块儿成一个圆圈。所以孩子平时画画讨论的时候，都是看着孩子而不是看着老师。

在国外的教室里面有一个非常软的地毯，通常是放在教室最中间。早上一进来没上课，大家都在地毯上轻松地赖着，老师进来的时候我们还在躺着，很多时候老师也拿一本书过来跟我们一块儿躺着读书。教室的墙面都是五彩缤纷，书柜都是不同的颜色，挂着各种各样的画。按老师的科目来，比如英语老师挂的就是莎士比亚等作家的名言；数学老师就挂趣味数学，有很大一张纸，同学们把它翻开，就可以学习了。孩子的学习环境非常放松，因此孩子的学习很快乐。

在国外，家长不让孩子上学，孩子会跟家长闹，就算生病了还要装着自己没有生病。所以完全是不同的学习氛围，整个环境都是鼓励孩子学习的。即便马上要准备考大学了，也就是非常紧张的情况下，孩子还是会有一个很大的教室，墙上面全部用白板涂的漆，孩子任何时候都可以往上写，写完后可以擦掉。每一个桌子旁边有一块小黑板，你有问题的时候可以写到黑板上举起来，可以让孩子充分地投入到学习中。

学会提更好的问题

房超平

现在，国内中小学都开设包括主题学习在内的综合实践活动。从对孩子未来的发展看，综合实践活动可能比单科学习更重要。综合学习来源于实践，涉及各方面的知识,包含诸多要素。我们的老师常常会担心,万一自己组织综合实践活动,孩子问到的问题自己不会该怎么办。我的看法，老师不必把自己当成知识的权威。老师不会，孩子会了，孩子的兴奋度更高，参与感更强，因为孩子超越了老师。

虽然我们常说要“青出于蓝胜于蓝”，但似乎就是不愿意创造让孩子“青出于蓝胜于蓝”的机会。说得难听点，有点“叶公好龙”的感觉。这个目标很难变成现实的一个重要原因，就是老师担心孩子的问题挑战自己的权威，而全面打压那些试图超越自己的孩子，一旦孩子想超越老师、挑战权威，老师就会用“胡思乱想”的大棒打压孩子。这样的情况不但在幼儿园、小学存在，而且在中学阶段更为严重，造成了孩子年龄越大、年级越高，问题越少的怪象。究其本质，就是由于受传统思维的限制，老师和家长碰到孩子能搞清楚而自己不懂的问题时，会感觉自己没有面子。

我觉得，老师要善于向孩子学习，要敢于承认在某些方面确实不如孩子知道得多。因为现在的孩子跟以前的孩子不一样，以前的孩子掌握的信息比较单一、了解信息的渠道非常有限，可能没有老师掌握得多。现在的孩子获取知识的途径、方式比老师多。老师专攻某一学科，涉猎范围有限，而孩子学习的内容和范围十分宽泛。这时候，还强调“给孩子一碗水，老师必须有一桶水”的观念，显然已经过时了。所以，开展综合学习（包括本学科的主题学习）的时候，老师的思维要放开，要鼓励孩子大胆挑战权威、超越自己，创造条件让孩子产生高峰体验。而这是孩子产生学习内动力的重要原因。如果孩子每一堂课都能挑战甚至超越老师，不但孩子的学习动力会持久，而且“青出于蓝胜于蓝”的现象就有可能在课堂上发生。

老师应该想办法在课程设计上做文章，通过课程设计激发儿童的好奇心，千方百计调动孩子学习的兴趣和动力。这样做，看起来不一定与学习知识有必然的联系，但实际上这是在“曲线救国”——因为兴趣和动力比什么都重要。我们经常说“兴趣是最好的老师”，但却往往把“兴趣”这个最好的老师放在一边。如果我们每一个老师都高度重视这个最好的“老师”的作用，都能把孩子的积极性调动起来，就能让孩子的注意力慢慢得到培养，就能引导孩子自己思考、解决问题，“教是为了不教”的目的也能顺利实现。

从家庭教育的角度看，家长要高度重视生活对孩子的教育作用。下面三点建议可供家长参考：一是要让孩子多接近生活，亲近自然，产生对生活的热爱，对自然的好感，并从中学到很多幼儿园学不到的东西。二是要引导孩子喜欢新事物，培养对新事物的敏感性，从对新事物的观察和提问中，扩大对世界的认识。三是要鼓励孩子提问题，并尽可能自己去解决问题。必要时，可以通过亲身示范，让孩子学会提问题，提好问题。

4

幼儿也能搞懂代数知识

【提要】

●将类项与数字这两个最基本的数量概念统合起来，揭示类项与数字之间的关系，就能为幼儿进入数学王国搭建阶梯。

●未来的课堂必须给孩子提供数学家研究数学那样的机会。

●只要孩子有兴趣学习某些内容，即便老师们认为特别难的东西，孩子也不会觉得有多难。

●当老师和家长告诉孩子自己喜爱什么人，并且鼓励孩子也可以这么棒时，孩子就会暗自下决心向这些人学习。

●老师和家长总是用成人的逻辑，功利化地把学习和结果放在一起看。其实，对孩子而言，避免枯燥无味的学习才是最重要的。

●家长要尽可能引导孩子关注周边环境与数学有关的事情，要经常和孩子讨论生活中有关数的问题。

【案例】

“两个苹果加一个梨等于……”

> 导读：对于孩子来说，学习纯粹的数字不但枯燥无趣，而且单调乏味，难以激发孩子的学习兴趣。张老师把数字与孩子们日常生活中有关的事物结合起来，让数字有了灵性、有了活力，也让孩子们对数有了更多的认识，逻辑思维能力得到了同步发展。

幼儿园教室内，张老师正在与孩子们一起玩数学游戏。

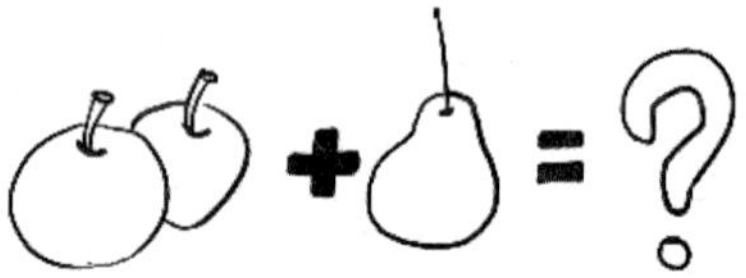

“两个苹果加一个梨等于什么？”张老师开门见山抛出了自己的问题。

“等于三。”一个小朋友想都没有想，就脱口而出。

“两个苹果和一个梨不能加。”反对的声音理直气壮。

“二加一就是等于三呀。”支持第一个小朋友的大有人在。

“是呀，苹果和梨怎么能加呢。”支持第二个小朋友的也不甘示弱。

看到孩子们争执不下，张老师说道：“看来大家观点不一样呀。支持第一个同学的观点请举手。”

听到老师举手的要求时，三个同学举起了手，见大家都不举手，其中的一个孩子又把举起的手放了下来，只剩下那两个刚才发言的同学依然高高地举起他们的小手。

“看来大多数同学都不支持他们的看法。大多数人认为正确的不一定是正确的。要是老师也认为，他们说的是对的呢？还有没有同学举手支持他们？”张老师扫了大家一圈，冷静地问道。

张老师说完后，超过一半的同学举起了手。

“你们怎么回事儿？明明不能加，就因为老师说他们是对的，你们都举手了。”

第二个回答问题的男孩有点沉不住气，气呼呼地嚷嚷道。

“呵呵，看来有些同学对老师太迷信啦。”张老师话锋一转，盯着那些举手的同学笑着说。

听到老师这样说，有的孩子又不由自主地放下了手，还有的孩子把手举起了又放下，不知如何是好。

“同学们，要不咱们听听他们是怎么想的，好不好？”张老师看着那两个回答是三的同学鼓励道，“你们大胆说说自己这样加的理由，不用担心。”

“老师，我是这样想的，两个苹果加一个梨等于三个水果。”赞成第一个孩子观点的孩子怯生生地说。

“说得太好了。”张老师大声表扬。

“老师，我不赞成。他说得不对。他没有听清老师的题目。”还是那个沉不住气的男生的声音，“如果老师的题目改成‘两个苹果加一个梨等于几个水果’，他说得就对了。”

“这个同学太可爱了，原来不是不能加，是老师的题目没有出好。”张老师把大拇指送给了这个纠正自己问题的男孩。

看孩子们频频点头，张老师拿出了两个苹果和一个梨，并在两个苹果上分别贴上一个字母 A，在梨上贴上一个字母 B 后，解释道：“假如我们把苹果用字母 A 代替，梨用字母 B 代替。两个苹果加一个梨可以说成什么呀？”

“老师，我知道。可以说成两个 A 加一个 B。”一个梳着小辫子的女孩慢悠悠地回答。

“这你都知道，你太厉害了。”张老师笑得合不拢嘴。

“假如水果可以用字母 C 来代替。那谁来说说，两个 A 加一个 B 等于啥？”张老师加大了难度。

“这还不简单，等于三个 C。”第一个回答问题的小孩马上回答。

“呵呵，你简直神了。快告诉老师，你是怎么想的？”张老师急切地问道。

“水果用字母 C 代替，老师的题目就变成两个 C 加一个 C 啦，苹果和梨都是水果。”这个孩子颇为得意地说。

“咱们变一下，两个巧克力加一个水果糖等于啥？”张老师把刚才的问题做了个简单的变化。

“老师，跟刚才的题目一样，还是不能加。”

“老师，要是把题目说成两个巧克力加一个水果糖等于几个糖就好算了。”

“老师，巧克力是字母A，水果糖是字母B，那么题目就变成两个A加一个B。”

“老师，如果糖是字母C，那么两个A加一个B就变成了两个C加一个C。答案就是三个C。”

孩子们纷纷举起了小手，根本轮不上张老师说话。

“你们这么厉害，我再出一个难一点的题目。”张老师故作深沉地说，“两把椅子加三张桌子等于啥？”

“老师，这还难呀。跟刚才的题目差不多。”

“老师，要是把题目说成两把椅子加三张桌子等于几个木制品就好算了。”

“老师，他说得不对。因为我们不知道，椅子和桌子是不是木头做的。”

“这还不简单，把题目再改一下，两把木椅加三张木桌等于几个木制品，不就得了。”

“这样改了以后，如果木椅是字母A，木桌是字母B，那题目就可以说成，两个A加三个B。”

“这样改了以后，如果木制品是字母C，那么两个A加三个B，就可以变成两个C加三个C。答案就是五个C。”

……

就这样，张老师领着孩子们反复做着这样的替换训练，直到活动时间结束为止。

【解读】

让数学融入孩子的日常生活

为孩子进入数学王国铺设台阶

黄建海

哈佛大学心理学家公布的一项研究结果显示，五岁的儿童在没有进行正规的教育或传授相关知识的情况下，他们也能自己掌握数字抽象概念和算术法则。一个心理学实验是这样进行的：两张卡片，一张上面画了一个点，另一张画了两个点。研究发现，孩子观察两种卡片的反应是有区别的。也就是说，婴儿是具有“多少”这样的概念的。从这个意义上说，孩子天生都是数学家。老师和家长所要做的主要是引导和发掘这些潜能，及时进行类项的区分、合并与运算等这些幼儿最重要的数学启蒙教学。这个案例将类项与数字这个最基本的数量概念统合起来，揭示了类项与数字之间的关系，为幼儿进入数学王国搭建了阶梯。

苏霍姆林斯基说：“数学的概念和规律从学习的开始阶段起就是认识、掌握世界和发展意识的重要手段。”为此，他建议，对待一到四年级的孩子，教数学最好是老师亲自出题，等他们对数学算题的本源和来历有了理解，再给他们布置现成的习题，到了更高年级就可以适当按照孩子亲手制作的形体，自编几何类习题；或依据生活生产实际自编方程类习题。而这些要求不可能在课程标准中统一体现，只能靠老师的创造性发挥。

学好数学还有一个诀窍，那就是尽可能将数学延伸到其他学科，与物理、化学等学科，甚至与孩子的日常生活建立紧密的联系。为此，帕夫雷什学校就数学、物理、化学等科目的书面创作作业拟定了一个体系。比如，通过数量计算，推断学校农场土壤如何科学施肥。无形之中，将理科各学科联系了起来。我读初中时上过这样一堂数学课，老师把我们带到运沙现场，做一个体积的计算，孩子亲自拉尺子，丈量数据。先算出沙堆的体积，然后根据沙子的比重，计算每车的运载量，再算出每天沙场的出沙量。这堂课至今令我印象深刻。我们时常发现有孩子为解应用题犯难，不是不懂数学公式和原理，而是缺乏生活经验，不理解应用题的要义。特别是生活中遇到实际问题时，束手无策，甚至经常犯常识性错误。这就是教育脱离了生活实际的典型表现。

针对孩子在数学学习中的创造性，贝尔特拉米提出：孩子应该及早地像数学大师那样去追求和进行大量的创造性思考活动，而不要让学校里那种无休止的练习把自己的头脑弄得僵化和贫乏。他认为，沉溺在许多无益的练习之中，正好是一种在无意义劳动掩盖之下的懒惰，这样做除了使人消磨意志之外别无其他作用。未来的课堂必须给孩子提供像数学家那样研究数学的机会。让孩子有机会探索研究数学问题，而不是一味地接受老师传授的数学知识，孩子单纯地做数学习题会使他们丧失创造性。

孩子也能写出高难度的数学论文

秦九歌

很多国家的小学一到二年级不开数学课程。他们认为，儿童在这个阶段学习数学是有困难的，因为数学对孩子的思维能力、抽象能力要求较高，如果这个年龄段学习数学，孩子不容易理解，很容易把孩子对数学的兴趣打压下去。然而，如果我们设计一些包含数学的游戏，情况就大大不同了。比如，幼儿园一个班有十五个孩子，可以让同学们自己尝试把大家分成五个组。孩子们并不知道这是学习数学。他们开始分组时，可能分得不好，每个组的人都不一样。老师可以提醒孩子，让孩子数一数每个小组的人数，然后，再让孩子们尝试把每个组的人都分成一样多。这个过程中，孩子们就学会了数学。这样的学习，比学一加二等于三难度大多了。但是孩子更愿意干这些事情。

关于数学学习，柏拉图的故事很有启发性。因为柏拉图就是教十一岁甚至比这个年龄更小的孩子，让这些孩子读他写的数学论文，甚至写数学论文。现在在国外，硕士、博士才能读懂他的数学论文——很抽象很理论化的东西。我在哈佛学的是哲学和计算机，还专门上了一堂有关柏拉图的数学的课。那些十二三岁的

孩子写的东西，我们要读三四遍才能读懂。就完全证明了这个故事所说的，只要是这个孩子有兴趣学某些内容，即便是老师们认为特别难的东西，他们也不会觉得多难。因为如果孩子们能理解相关概念，他们就会花时间去探索和思考，也能创出奇迹。

这个案例还有一个比较有趣的事情，就是这些孩子在一起学习的时候，老师对待不同孩子的态度——很少把学习优秀的孩子与反应比较慢的孩子进行比较。孩子最痛恨的一件事，就是老师和家长总是拿自己跟别的小孩比。因为这样做，反而会让孩子不思进取，甚至还会产生你喜欢他，还不如你养他好了的感觉。我妈妈经常说，我女儿越带越容易，因为越是到高年级，越能做好自己的分内事。包括初中、高中所有的考试，我妈妈连我的成绩都没问过，因为她知道我自己会对自己的事情负责。所以老师和家长真的需要做一些反思：平时我们是怎么处理我们自认为很小的事情的，老师、家长的态度对于孩子学习和成绩有着非常重要的影响。这其实是一种表达方式的问题。如果家长觉得某个孩子有需要自己孩子学习的优点，家长可以把自己的孩子带着跟那个孩子一块儿玩。在他们一起玩的时候，家长可以多表扬那个孩子的那个优点，这样可以给自己的孩子一些微妙的压力。比如，我妈妈经常带我跟那些学习特别棒的孩子一块儿玩，她还经常把报纸上非常有名的人的故事剪下来贴在我的书桌上，她在潜意识里就是鼓励我向他们学习。孩子希望得到老师和父母的爱和认可，当老师和家长用一种不同的沟通方式告诉孩子自己喜爱什么样的人，并且鼓励孩子也可以这么棒，孩子就会暗自下决心向这些人学习。

重要的是孩子愿意思考问题

房超平

以前，很多地方的教室里会挂两双鞋，一双皮鞋、一双草鞋，用这样的方法鼓励孩子学习。意思是说，认真学习的将来穿皮鞋，不努力学习的将来穿草鞋。但是现在如果还这样做的话，可能有同学会说草鞋很时尚，我喜欢穿。某种意义上说，老师和家长更多的是用成人的逻辑来思考孩子的学习问题，总是功利化地把学习和结果放在一起看。比如，你看看人家某某某学习怎么样；你认真学习能考重点高中、重点大学，你现在刻苦学习将来会赚多少钱。而孩子思考问题的角度是，虽然老师、家长讲的前途很重要，但与现在的学习没有直接关联，孩子们需要解决的问题是，怎么才能避免枯燥无味的学习。

其实，孩子经常产生各种各样的疑问，问题是什么与怎样回答都不重要，重要的是他愿意去思考问题，甚至愿意去思考这个问题带来的其他问题。所以，在设计教学任务的时候，老师和家长是不是可以多些让孩子思考的空间。当孩子们愿意思考问题时，他们的动力是无穷的，他们的潜能就会被激发出来。这对孩子们的思维能力和学习兴趣的培养是大有裨益的。

老师教育教学设计的立意高——让孩子对知识内在的逻辑产生强烈的思考意愿，才能达到促进孩子学习的目标。在教育设计中，很多老师往往只考虑知识本身的逻辑关系，很少或不考虑知识与孩子生活经验或未来生活的关联度，容易让孩子觉得学习索然无味。原因就在于，老师的设计没有让孩子对知识内容产生强烈的思考意愿。如果老师教育设计的立意很低，却想追求更高的目标，显然是不可能的。

“一加一等于多少”与“两个苹果加一个梨等于多少”的区别就在于，第一个问题孩子不用思考，只需要记住加法规律，都能马上回答。而回答第二个问题，孩子不但要知道“一加一等于多少”，还必须动脑筋思考“在什么情况下可以相加”的问题。解决了第二个问题，第一个问题就迎刃而解。这个简单的道理每个人都懂，但在具体教学过程中，很少有老师思考把第一个问题转为类似第二个问题的问题，总是不厌其烦地让孩子重复做与第一个问题类似的问题，至于孩子是否愿意这样做，老师则很少去思考。从本质上看，就是因为这种教育设计的立意不高。

回到家庭教育，我给出的建议有三点：一是家长要尽可能引导孩子关注家里和周边环境与数学有关的事情，比如，可以让孩子对家里的物品进行分类（分类标准由家长提供，或由孩子自己确定；也可以选择相关物品让孩子看看家里物品的图形；还可以在家里来客人时，让孩子对客人的男女人数进行统计，并分配他们的座位；并且可以带孩子观察餐厅里的桌子的形状和数量）。二是要经常和孩子讨论生活中有关数的问题，听取孩子对生活中的数的认识，比如，可以和孩子玩分物品游戏，然后和孩子讨论分物品要注意的事项等。三是不要提早给孩子教小学数学的内容，以免孩子因为过分抽象难以理解而失去对数学的兴趣，即便孩子能学会，也会由于自己学会了而出现在小学课堂不愿意学习、做其他事情的情况。

5

给孩子一双发现的眼睛

【提要】

●家庭科学教育无处不在，孩子的五官，随手可得的器物都可以成为教具。

●把糖果变为促成孩子教育的工具，孩子会把对糖果的简单追逐，上升到更富价值的生活品位的追求上来。

●老师和家长不把孩子当孩子，孩子就不会把自己当孩子。

●在科学教育中，孩子善于提出问题，就是最好的学习，就是最好的学习动力。因此，家长要把科学教育作为培养孩子学习积极性的好机会。

●抢答这种“快餐式”提出、解决问题的方式，不利于孩子思维力的培养。

●家长要多与孩子一起观察事物的细微变化，并引导孩子用自己的语言，说出观察到的变化和现象。

【案例】

"咦，糖去哪里了？"

导读：有心的杨老师把"糖放在水里化了"这个看似简单的现象，设计成了一次科学观察活动：先是把蔗糖溶解在水里，再把蔗糖溶液里的水用酒精灯蒸发掉，结晶出蔗糖。然后，让孩子们在仔细观察这个现象的基础上，饶有兴致地展开讨论，从而使孩子们对科学现象产生了浓厚的兴趣，也有效培养了孩子们的观察能力。

在幼儿园大班教室里，杨老师拿出两杯水放在桌子上，并提醒孩子们观察接下来的变化。

杨老师先用勺子从桌子上贴着"蔗糖"字样的小碗里舀出一勺蔗糖，放在其中的一个杯子里。然后，杨老师边用玻璃棒搅动杯子里的水，边自言自语道："老师把蔗糖放进去了。"

"咦，糖去哪里了？"一个细心的女孩轻声说。

"连这个都不知道，糖化了呀。"另一个女孩边说边用眼睛白了刚才说话的那个女孩一眼。

"孩子们，以后大家不要说化了，就说糖溶解在水里了。糖水以后也别叫糖水了，改叫糖溶液了。"杨老师看似漫不经意地说。

接着，杨老师又用勺子从一个贴着"食盐"字样的碗里舀出一勺盐放在另一只杯子里，边用玻璃棒搅动，边随口说道："我把食盐放在另一只杯子的水里了，大家看看又会发生什么样的变化。"

"啊，食盐不见了，溶解在水里了。"一个男孩大声喊道。

"你真是太聪明了，老师只说了一次，你就会模仿老师的说法啦。"杨老师夸奖道。

看老师表扬他，男孩冲着其他同学做了个鬼脸，脸上满是“得意”。

“既然同学们都这么聪明，一定会有人说出盐水该叫什么了。”杨老师看似随意地说。

“老师，我知道，盐水改叫盐溶液。”另一个孩子急匆匆地回答。

“大家都是神童呀。太了不起了。”看孩子们的热情如此高涨，杨老师继续问道，“那我就再考考大家，看看谁能看出这两杯水的区别？”

“没有区别，一模一样的。”孩子们摇了摇头，齐声回答。

“同学们，我希望我提出的任何问题，大家都能认真思考，然后再来回答。”杨老师的声音里似乎流露出些许的不高兴。

“老师，确实没有差别呀。难道你能看出它们之间的差别？”一个看起来很淘气的女孩对老师的说法不以为然。

“是呀，老师，两个杯子里的东西确实没有差别呀。”几个小朋友一起发声，支持他们的朋友。

“呵呵，难道其他同学能看出两杯水的差别？”杨老师笑着把目光放在那些苦思冥想的孩子们的脸上。

知道老师给他们“使坏”后，孩子们不但不生气，反而开心地笑了起来。显然，对于杨老师的幽默，孩子们已经习以为常了。

“既然看不出来，哪个同学能想办法把这两杯水区别开来？”杨老师试图把孩子们拉回到问题上来。

“老师，这还不容易，喝一口不就知道了。”这是一个男孩的声音。

“呵呵，你简直像个科学家，这么聪明的办法都能想到。”杨老师似乎并不想到此为止，抛出了一个新的问题，“那大家想不想把糖溶液里的糖变出来呀？”

“老师会变魔术？”孩子们都睁大了眼睛，望着杨老师。

“好，老师就给大家做个实验，把糖溶液里的糖变出来。大家可要仔细观察了。”杨老师说着就把糖溶液倒进烧杯里，然后放在酒精灯上加热。

“瞧，烧杯里的水冒泡了。”“快来看啊，水越来越少了。”“烧杯里出现白末末啦。”“那些白色的粉末是糖吗？看起来不像呀。”孩子们边观察实验，边奶声奶气地说着他们的观察结果。

“当然是糖了，杯子里除了水和糖，没有别的呀。”这是一个会思考的孩子的声音。

“说得太好了。老师佩服死你了。”杨老师的赞美之情溢于言表。

接着，杨老师话锋一转：“谁能把盐溶液里的盐，像老师一样变出来？”

“我能，我能。”孩子们齐刷刷举起了手。

“看来大家都是科学家。”杨老师边情不自禁地表扬，边指着后排靠墙不吭气的一个男孩说，“我看，还是让那个在墙角里的同学来说吧。来，孩子到前面来，给老师说说你是怎么想的。”

“嗯，把盐溶液放在烧杯里，用酒精灯加热，水烧干了，盐就出来了。”这个孩子边往前面走，边对着老师说。显然，他已经在多次实验中，学会了老师的实验用语。

走到老师跟前，这个孩子就要动手做实验。

“孩子，别急着动手。用酒精灯很危险，我们现在还不能自己做，等你们长大了，再做好不好？”杨老师边劝阻，边给出了解决方案，“你可以告诉老师，让老师帮你完成，好吗？”

随后，杨老师又重复刚才的实验把盐溶液的盐“变”了出来。

放学回家后，孩子们纷纷“考”起了自己的爸爸妈妈：“糖水叫什么？”“盐水叫什么？”“你能把盐溶液里的盐变出来吗？”“能把糖溶液里的糖变出来吗？”……好奇心驱使孩子们把爸爸、妈妈当成了继续探究的帮手，家庭也因此与幼儿园连在一起。

其实，在日常活动中，杨老师还经常让孩子们观察看似相同的物体之间的细微差别。比如，让孩子们观察比较两个瓶盖颜色略有不同、其他都一样的瓶子的差别。为了锻炼孩子们的观察能力，杨老师还在一只瓶子的盖子上用大头针戳上几个小洞，而在另外一个瓶子的底部贴上白色的胶带，等等。

进入小学后，杨老师班上的孩子观察事物的细致程度明显高于其他孩子。对此，杨老师只是淡淡地说了一句：“其实，我只是做了一个孩子教育的有心人。我做的这些事情，老师们都可以做到，家长们也不难做到。”

【解读】

观察是科学启蒙的开端

用“魔法”点燃孩子对科学的兴趣

黄建海

成人与幼儿互动，常喜玩物件“消失”的变戏法，有点像魔法。因为孩子们或多或少都听说过魔法之类的故事，对玩“失踪”有极大的兴致。可是，糖去哪里了，不再是变戏法，而是对少儿进行科学启蒙教育。通过魔法唤醒科幻；通过五官感知事物；通过思维辨识科学。这个故事就融合了上述多种科学素养。

家庭教育无处不在，孩子的五官，随手可得的器物都可以成为教具。日常琐事中随时随地都是教育的契机。人体五官各有所长，各有所用。教学亦可利用，尤其以观察最为重要。我每读一次《昆虫记》都会被法布尔极其细腻的观察、缜密的科学分析和形象的文学描述所震撼：“它们当中有捕食活食的猎手，有利用湿土造巢的建筑工，有梳理绒絮的整理工，有从叶片或花瓣上裁切材料的备料工，有用碎纸片做材料的建筑工，有搅和黏土的抹工，有给木头钻眼的木工，有打地道的矿工，此外，还有加工羊肠子薄膜的技工……啊，还有，可还有许多我不知道的。”

在这种常人眼里何其普通的昆虫，在法布尔看来却是何等的伟大。这一切都归功于法布尔的科学观察能力。当然，科学观察不同于走马观花。需要长期坚守与专心思考，需要经过长期专门的训练，才能养成科学观察的习惯。重视孩子进行糖溶解的观察与实验，就是培养孩子科学观察能力的重要途径。

对糖果之于孩子的关系，斯宾塞有自己的研究和实践。他进行过一次实验，把孩子分成两组。告知第一组的孩子，谁先到达目的地谁就能得到糖果。另一组没有告知。结果，第一组孩子一路领先，一个不落地到了目的地。而第二组孩子，拖拖拉拉，有的干脆半道退出。《格列佛游记》的作者乔纳森 · 斯威夫特说：“追求甜和光明，是人类最高贵的两件事。”——难怪糖果对孩子们有着如此大的诱惑力。斯特纳夫人认为，在孩子心目中，糖果的魅力不减，他们永远都会用更大的热情去追逐它。因此，斯特纳夫人相信，把糖果变成了促成孩子教育的工具，孩子会把对糖果的简单追逐上升到更富价值的生活品位的追求上来。

不要把孩子当孩子

秦九歌

关于科学教育，我有三个观点。

一是高度重视五官的作用。从幼儿园小孩子玩的捏土游戏，比如做饭、造泥人，甚至延伸到博物馆展厅。我很喜欢艺术，所以我经常到国内的博物馆参观。国内的博物馆大部分东西是视觉上的，有时候还放一个电影让你看一下，但都是放在玻璃柜后面的，摸不到、碰不到的。国外的海洋博物馆、科学博物馆都是开放式的展示。比如，有一个科学馆为讲解宇宙太空，地球引力多大，要在太阳上转多少圈，就会有一个大大的立体模型让孩子去摸爬，以自身去衡量太空到底有多大、多神秘、多威武。在这个过程中理解不同的星球与宇宙之间的微妙关系。讲海草和海洋生物的时候，老师就会用塑料做出假的海洋生物，让学生去触摸水母、鲨鱼的皮肤，感受它们的不同。进而联想到，为什么鲨鱼的肉不好吃。每个去过博物馆的孩子都可能猜测鲨鱼的皮特别硬，需要游得很快，所以肉肯定不好吃。这样，他可以自己想象出很多见解和答案。布置作业时，老师会专门提出要求，除了需要一个历史人物，需要一个可以动的之外，还需要孩子做一个吃的喝的，或者看得到的。一年下来，科学课最后一个作业是有的人去拍电影，有的人做饭。我记得小学的时候，有的孩子学的是耳朵里面不同的器官，他就蒸了一个耳朵蛋糕出来，那个耳朵蛋糕里面的不同模块就是模仿耳朵的骨头，大家吃的时候，他说你吃了什么骨头，用的都是拉丁语来称呼这些骨骼的名字。很小的时候就开始这样教育。

第二个观点是，不要把小孩当小孩。就是老师和家长不要觉得知识很高深，这么小的孩子不应该去教他。其实，这么小的孩子就应该学会用“溶解”这个词，而不是用“化”。原因就在于老师和家长不要把孩子当孩子看，老师和家长不把孩子当孩子，孩子就不会把自己当孩子，孩子就会沿着知识的线索学下去，甚至连老师和家长都不知道的东西他也可以知道。我弟弟现在才上一年级，但是他经常会跑来来问我很复杂的问题，比如宇宙里面的这个星球为什么不是在我们的星球系里面，这些星系的星球名字我听都没听过。

第三个观点是，家庭要高度重视科学教育。在国外，关于“糖跑到哪里去了”这个问题，家长可能会说我不知道，你来告诉我，并以此来激发孩子探究的欲望。从我了解的情况看，国内的家庭教育不重视对孩子的科学教育。面对孩子提出的可能挑战家长权威的问题，很多家长会直接把孩子的兴趣打入冷宫。而在国外，家长则要把其视为培养孩子学习积极性的好机会。因为国内的家长只考虑那些与考试有关的学科，殊不知孩子善于提问题就是最好的学习，就是最好的学习动力。

引导孩子善于观察周围的事物

房超平

人的智力结构由六个方面构成，思维力、想象力、观察力、记忆力、判断力、决策力。这六个力，观察力是很重要的。因为会仔细观察事物的人才能有一定的思维力，所以观察力是智力的起点。越是直观的内容，越要想办法培养孩子的观察力。在教学过程中，老师要善于引导孩子有一双敏锐的眼睛，善于发现问题的眼睛。培养观察力的实验有很多，比如，拿两个看起来一模一样的瓶子，让孩子看这两个瓶子的区别。很多时候，孩子对老师的问题会脱口而出，我们有些家长和老师很喜欢这样的孩子，觉得这样的孩子才机敏。而我觉得，脱

口而出的答案，不管是对的还是正确的，都是错误的，因为这样的答案是没有经过仔细观察和思考得出的答案。

为什么孩子会脱口而出呢？一是因为我们的文化中喜欢抢答这种“快餐式”的提出、解决问题的方式。二是因为老师设计的问题不需要经过观察和思考。如果老师每提出一个问题都不那么简单，孩子一定不会脱口而出。在教学设计中，老师设计带有比较、甄别之类的问题，就容易培养孩子的观察和思考能力。

此外，在教学设计中，要高度重视孩子的领悟能力（孩子越小，越要重视领悟能力的培养），领悟能力是人的思维活力的重要来源。比如，关于溶解这个概念，如果在化学课教的话，就比较困难，要讲半天，才能说清楚。但如果儿童在认识这个现象时，就把溶解这个概念引进去，时间长了，不用老师讲，孩子都知道溶解怎么回事了，因为他的领悟能力在起作用。换句话说，囫囵吞枣有时不见得就不正确，老师也不要试图把所有的问题都让孩子去解决，有些东西可以不解释，留下疑问让孩子去领悟。随着时间的延伸和认识水平的提高，这些疑问就会得到解决。

对于家长而言，更要关注孩子观察能力的培养。以下几点建议可供家长参考：一是多与孩子一起观察生活中的事物的细微变化，比如，太阳在早晚与中午的差别；植物叶子形态在早上和中午的差别；衣服干与湿的差别；也可以把一杯水放半天，看看杯子里的水位变化等。二是引导孩子用自己的语言说出自己观察到的变化和现象，并思考这些变化和现象的可能原因。在思考并回答这些现象的原因时，家长不要急于告诉孩子答案是什么，而是要引导孩子自己去思考。同时，要告诉孩子不要急于回答问题，而是自己先想明白了再来回答。三是让孩子动手感知物体的变化，比如，感知植物叶子的温度、动物皮毛以及汽车发动机盖子的温度等等，把眼睛观察和肢体感知结合起来。当然，要告诉孩子不能随便什么东西都用手去摸，以防孩子受到伤害。

第二章 既要学习好，更要格局大

【本章导读】

格局大的孩子学习有内动力，格局小的孩子则迫于外在压力被动学习。而格局大不大直接或间接与孩子的视野有很大关联。本章的八个篇章从创新亲子分享和家庭活动，扩大阅读范围，改革语文、数学课堂教学，以及提高合作能力、激励孩子挑战、强化习惯养成等方面，呈现了提升孩子格局的做法和经验。

1

在阅读分享中培养表达能力

【提要】

●坚持家庭读书，坚持读经典著作，孩子的人生一定不会差。

●家长要做孩子的忠实听众，让孩子扮演书中的角色，与孩子一同演绎书中的情节，交流书中的观点和看法。

●家庭辩论要教孩子学会用证据支持自己的观点。

●复述阅读内容不需要争辩，只需要提炼阅读内容的关键词和主要线索即可。

●陈述主要观点不仅要找出阅读内容的主要观点，而且要为这些观点找到相应的证据。

●围绕某一个观点展开辩论属于高级的家庭阅读分享方式，家长应该不遗余力践行。

【案例】

“家庭读书会让我爱上了读书！”

> 导读：家长老宋利用晚餐时间，通过分享、交流和辩论等方式，与孩子开展家庭读书会活动，改变了一般的亲子阅读不对等状态——大人为孩子而阅读，让孩子在活动过程中学会分享，明辨是非，扩大视野，也体现了平等与民主的价值观。

四年级学生小宋喜欢阅读，具有很好的表达能力。班主任程老师为了让更多的孩子爱上阅读，请小宋的爸爸老宋给家长们分享自己教育孩子的经验。

当程老师提出这个想法时，老宋满口答应的同时，希望老师允许他们一家三口一起去分享：“没有孩子和我爱人的参与，我分享的效果会大打折扣。”

看老宋如此真诚，程老师答应了老宋的要求。

应老宋的要求，家长会的主题确定为家庭读书会：分享中的创造力、采取的方式是家庭辩论赛，题目是家庭读书会有无价值。小宋是正方，老宋是反方，小宋妈妈是裁判。

小宋妈妈先宣布辩论规则：第一轮，正方和反方各自发言三分钟，阐明主要观点。第二轮，正反方驳斥对方的观点（每人发言总时间不超过十分钟）。第三轮，双方最终阐述观点。

第一轮发言的主要内容：

小宋：我认为，家庭读书会很有价值，主要有以下几个方面。一是促进阅读。因为每周五要分享交流，所以家庭成员每周都要事先读书。二是拓展视野。因为阅读的内容是多方面的，不单一，必然会开阔自己的视野。三是明辨是非。在家庭读书会上，每次都有辩论的环节，通过辩论能使我们明辨是非。四是增进理解。通过分享各自的不同观点，能让家庭成员进一步了解对方的看法。

老宋：我认为，家庭读书会毫无价值。主要有以下几个原因。一是阅读是个人行为，不需要大家一起读，何况家庭成员每个人的年龄差距较大、社会分工不同，阅读内容不可能完全相同。二是读书会上进行分享、交流和辩论更不值得，因为孩子和家长认识差距较大，没有共同语言，辩论也不是一个数量级的，孩子很难辩赢家长。

听完老宋的发言，小宋和妈妈互相望了望，然后吃惊地看着老宋，那表情仿佛是说：你怎么这样讲呀。程老师也是很震惊，不知老宋葫芦里卖的啥药。其他家长也多少有点蒙：这是在介绍经验吗？而老宋的表情却很坦然。

看着爸爸满脸轻松的表情，小宋这才意识到，自己的爸爸是在真刀真枪和自己辩论，不是做样子的。想到这里，小宋不由得有点小紧张。但为了体现自己的实力，小宋冷静下来，做好了应对的准备。

第二轮开始，老宋先发言驳斥：一、本来阅读就应该成为每个家庭成员的好习惯，不需要通过家庭读书会来促进；二、对于孩子而言，阅读面要广，但对于工作中的成人而言，阅读要更切合工作实际，阅读的范围不需要那么广；三、既然家庭成员的阅读内容不一样，感受和体验也完全不同，分享、交流、辩论就无法进行。四、家庭成员间的理解不一定要局限于对书本上的观点达成一致或相互交流，更多的是相互关爱，要增进理解也只能在生活方面多些交流。

家长们对老宋的发言给予热烈的掌声，看来，家长们中间赞同老宋观点的人不少。

小宋的发言同样非常精彩：一、虽然家庭成员工作岗位不同，应该阅读与自己有关的内容，但不应该把阅读局限于这一方面。即便是成人也有学习的必要。二、即便是阅读不同的内容，也可以在餐桌上进行分享、交流，通过分享、交流，既可以扩大自己的认识范围，也可以相互了解对方认识问题的态度。

小宋发言之后，老宋对自己的观点进行了辩护，同时反驳了小宋的新的证据。接着，小宋对自己的观点进行辩护，并反驳了老宋第二轮的发言。

第三轮阐述观点时，小宋振振有词地说：一、家长总以为我们是孩子，总以为孩子阅读的内容都应该是童话故事，而这些内容家长就不必去读。其实不然，我们阅读的范围可以是多方面的，就拿我来说，政治、经济、文学、科幻、军事、艺术的书籍都读过。当然，我也有自己的阅读爱好，比如，我喜欢读博弈论的书籍和文章，我写的关于博弈的文章，老爸和老师不一定比我写得好。二、除了本职工作外，家长教育孩子也是一项应尽的义务，难道你们陪我们读一点你们以前读过的书就不应该？何况你们换个角度读一读童话故事，可能会有不一样的收获呢。我老爸今天的辩论不是很诚实。我看到过他写的一篇关于重读某个童话故事对他工作的启发文章（这个时候，老宋的表情有点不自然）。虽然他的文章是发在朋友圈里的，但我在一个专栏网站看到了别人转载的这篇文章。三、我每次和老爸的辩论都是很认真的，而且他输多赢少。我承认，开始时，老爸是让着我的，虽然开始我还以为我真的赢了，但随着年龄的增大，我慢慢体会到老爸的良苦用心。但到四年级后，他不让我都难以驳倒我，而且与我辩论我比较擅长的方面时，基本上他是完败。今天的辩论，我一定会胜，因为这个话题我最有发言权。我相信，家长们会支持我的。而我之所以能赢了老爸，完全得益于家庭辩论会。四、增加家庭成员之间的理解在我们家里尤为突出。开始组织家庭读书会时，我老爸原来总和我老妈抬杠，说没有必要，理由一大堆。但现在他最积极，每周的主题都是他先提出来和我们协商；关于工作和读书的关系，我老爸以前也不认同我老妈的观点，总以为自己是多年的建筑工程师，不需要通过阅读提升自己。后来和我们辩论了一个关于现代建筑的审美这个话题时，自己查了不少书，才勉强赢了我。现在，他经常上网买这方面的书籍。

小宋的慷慨陈词结束后，看到老宋得意的笑容，小宋、小宋的妈妈和程老师才突然明白老宋真刀真枪和儿子辩论的真实意图：那就是通过这样的辩论，解除家长们存在的疑惑和担心。

“我就不用总结陈述了吧？”老宋面对程老师和小宋说，“我承认我是完败，但愿我的完败能唤醒各位家长对亲子阅读和家庭读书会的共鸣。”

这时分享会也接近尾声，家长们在会心一笑的同时，也对家庭读书会的价值和意义有了更深入的了解。

【解读】

为孩子奠定终身阅读的基础

做孩子的忠实听众

黄建海

家庭读书分享是家庭教育最常见也是最实用的一种方式。整个义务教育阶段，家庭教育之于青少年的成长至关重要，一个基本途径就是阅读，而家庭读书则是阅读的重要途径之一。说极端一点，一个孩子即便不上学，只要坚持家庭读书，坚持读经典著作，我也坚信这个孩子的人生不会差到哪里去。日本著名教育家铃木镇一就曾这样教导自己的孩子："你上学以后，不要去追求高分，刚刚及格就可以了，只要不留级就行。但是你一定要保证做好两点：一是要广泛阅读，十分爱书；二是一定要在某一方面有兴趣特长。"

美国两个著名家族的巨大反差更是彰显了家庭读书的价值：一个是以书香传家闻名的嘉纳塞·爱德华家族，这个家族八代子孙共六百多人。爱德华一世是一位博学多才的神学家、哲学家、道德家。他的八代子孙中有十三人当了大学校长，一百多人当了教授，十四人创建了大学和专科学校，六十多人当医生，一百多人当牧师，七十五人是军官，八十多人成了文学家。一人担任过副总统，一人做过大使，二十多人任议员，十八人成为报社、杂志的主编或负责人。这是一个人才辈出的家族。另一个以酒色出名的马克斯·莱克家族，八代子孙中，有七个杀人犯、六十五个盗窃犯、三百二十四个乞丐，因狂饮夭亡或成为残疾者的多达四百多人。

家庭读书的主要功能是启蒙阅读，帮孩子奠定终身阅读的好习惯。一旦喜欢上阅读，此后无论是家庭书屋、学校图书馆还是公共图书馆，都会成为读书的好去处。以书为伴、与图书馆结缘，就成了学习生活工作的日常行为，无须刻意为之。当然，也就受益终身。而作为一种促进家庭读书的手段，家庭读书分享首要的是读和分享，其次是长期坚持。读和分享容易做到，坚持就一定要讲究方式方法。特别是要注意呵护好孩子读书的自觉性和积极性。父母要拿出时间陪孩子一起读书，做孩子读书的听众和分享者，扮演书中的角色，与孩子一同演绎书中的情节，交流对书中的观点和看法。正如苏霍姆林斯基所说：“让学生看见了越出必修的大纲、教材的可能性，到浩瀚的知识海洋中去游泳的前景激励着他——青少年一心想要读那些书，这也就是激发阅读的兴趣。”

家庭辩论要有证据支持

秦九歌

我四岁出国，没有在国内接受过任何正规教育。但我中文沟通没有问题，汉语拼音也会，读“四大名著”没有问题，看电视也完全能理解它背后的那种韵味、诗歌和历史的含义。很少碰到在国外长大的人能比得上我的中文水平。这完全是家庭教育包括家庭读书会培养了我对中文的兴趣和能力。在家庭读书会上，我妈妈会选择一些有趣的话题，比如《复仇者联盟》，让我围绕这个主题收集历史、政治、文学、艺术等方面不同的中文书籍，再让我把读的段子演出来。因此，如果家长没有时间陪孩子读书，可以为孩子创造氛围，给他一些框架培养他这方面的兴趣。

我非常认同这个观点，辩论时要学会用证据支持自己的观点。我的一个好朋友是加拿大国家辩论队的。我去他家做客，就知道他这么牛的原因。他们家吃一餐晚饭，吃食物大概半个小时或四十分钟，但是餐桌上的谈话要三到四个小时。每天晚上都如此。他的辩论水平就是从小在饭桌上跟他爸爸斗嘴斗出来的。与他爸爸斗嘴的时候，只要他有反驳意见，他爸爸就会说，拿数据、拿资料来。他时时刻刻都想着怎么能够驳倒他爸爸的观点。因此，在这个过程中他学到了好多知识，他在朋友圈里被大家称为“百科全书”。

我们家的辩论同样强调辩论中证据的重要性。比如，我们家围绕关于支持希拉里还是支持特朗普展开了辩论。我上一年级的弟弟先发表意见：我讨厌特朗普，因为老师和同学都不喜欢他。这时，我爸爸引导他，不管是说特朗普好，还是说他不好，你都要注意以下三点：一是必须有足够的证据支持你的观点，比如要查看他说了什么，做了什么；二是不能别人说不好，你就说不好，你要用自己的头脑去判断，说出自己的观点；三是对什么是对的，什么是错的，要有自己的标准，不能盲目说对与错。此后，我弟弟回家再辩论时，就不再说老师和同学怎么说，而是说报纸上和网上的资料，并说自己认为哪些资料是真实的，然后引用这些资料来发表自己的看法和观点。

家庭阅读分享的三种方式

房超平

家庭读书分享应该至少有三种方式。学会这三种方式，应该做到渐次发展，螺旋上升。

第一种是较低级的分享，比如复述阅读内容。这种分享不需要争辩，只需要总结、提炼阅读内容的关键词和主要线索即可。当然，家长分享的过程，也是孩子学习分享的过程。我赞同一种观点，老师、家长分享的过程中，不要让孩子一定要认同自己的观点，而是要强调不同、强调差异，因为有了差异才有学习和分享的价值。

第二种是较复杂的分享，陈述主要观点应该属于这一种。陈述主要观点，不仅仅要找出阅读内容的主要观点，而且要为这些观点找三到四个证据。这些证据可以从阅读材料本身找，也可以从其他阅读材料中去找。要鼓励孩子多从其他阅读材料中为自己的观点找证据。当然，家长的示范是不可或缺的。同时，要学会赞扬孩子陈述观点的方法，这次孩子举了一个证据，得到家长的表扬后，下次孩子就会举两个、三个甚至更多的证据。

第三种复杂的分享，围绕某一个观点展开辩论属于这一种。这个案例的辩论就是如此。辩论中，家长和孩子可以各自持有不同的观点，按照大家事先约定的辩论程序来进行。开始时，程序可以简单一些，后来再逐步规范。在这个过程中，不仅仅是知识的分享和交流，而且总结能力、提炼能力、辩论能力、表达能力、创造能力等的提升和训练都包含在其中。

2

每个家庭活动都要承载教育功能

【提要】

●家庭既是学校又是社会。

●对于少儿来说，家庭是最理想的生活教育场所、教学做合一的主要课堂。

●所谓生活教育是指教育要以生活为中心。

●孩子付出劳动，给予奖赏很正常。

●给孩子足够的权利和空间，让他们在这个空间里不断提升领导力。

●要培养孩子的领导力，首先要提高孩子的自控力。

【案例】

“家庭聚餐我做主”

导读：在老师的指导下，小秦的爸爸把安排日常家庭聚餐的地点、菜单乃至开支的权力，交给了正在上小学三年级的儿子小秦，让小秦成为家庭的小主人。这个活动不仅提升了小秦的领导力，而且改掉了小秦自私、任性、挑食及不尊重老人等习惯，可谓一举多得。

三年级学生小秦是个娇生惯养的孩子，做任何事情只考虑自己的需求，而且比较吝啬，即便是对自己的父母也一样。家长采取了多种办法，都收效甚微。无奈之下，秦爸爸找班主任梁老师支招。

听了秦爸爸的诉说后，梁老师思考了许久，为这个家庭量身定做了一个家庭活动：“家庭聚餐我做主”，即让家长把原来每周末一次的家庭聚餐的权力交给孩子，让孩子选择餐厅，安排菜品，负责开支。但有三个条件必须满足：一是聚餐标准是人均不超过五十元，不能低于人均四十五元。二是点的菜必须家庭成员都喜欢，确保大家没有意见。三是点的菜必须吃完，不许剩菜。家里共有四口人，每次聚餐费用二百元。如果孩子的安排能达到以上三个条件，剩余的钱便奖励给小秦做每周的零花钱。

回到家后，秦爸爸把这个想法说完后，小秦有点畏难情绪：“爸爸，这个任务太难完成了，我干不了。”

老秦反问道：“你没有尝试，怎么就知道自己干不好呢？其实，这件事并不难。相信自己，你那么聪明，一定能干好。”

小秦不想干的理由很充足：“我的数学不好，这个账很难算呀。再说，让家里每个人都喜欢，也不可能呀。”

“呵呵，你多征求大家的意见，一定会想出好办法的；这个计算也没有那么难。再说，还有老爸帮助你呀。”老秦鼓励道。

“那好吧，我试试看。”在老秦的鼓励下，小秦愉快地接受了这个任务。

既然接受了任务，就得把事情做好。于是，从周一晚上开始，小秦就忙得不亦乐乎。这天晚上，完成作业后，小秦就在网上选餐厅，然后打电话询问地点、价钱，选择了一家自己比较喜欢的餐厅。

当小秦把自己选的这个餐厅说给大家时，妈妈首先反对：“怎么是快餐呢？快餐没有营养，我不喜欢吃，换个地方吧。”

妹妹也接着嘟囔：“这个餐馆，怎么没有汤呀？”

……

就这样，第一次订的餐厅，妈妈和妹妹不满意；第二次订的餐厅，爸爸不开心。直到最后，小秦只好央求大家：“由于是第一次干这个活，我没有多少经验，但下一次一定会安排得更好，请大家多谅解。”

最后，在小秦的百般协商和努力下，全家人终于达成了妥协。

单纯为订餐馆这件事，小秦先后忙碌了四五个小时。

终于到了周五晚上聚餐的时间了。

进了餐厅，小秦才发现真正困难的是点菜：每个人都坚持自己的想法，互不相让，让小秦莫衷一是。

看到这个情景，小秦急得哭了起来：“怎么这么麻烦呀？你们能不能互相让一让呀？”

“哭有什么用，想办法解决问题呀。”老秦边安慰小秦，边拿小秦平时的习惯进行对比，“想想自己平时到餐厅吃饭的那个劲儿，这也不好，那也不好。你就知道，爸爸妈妈多难做了。”

“不管你说啥，这活儿我不干了。”小秦居然耍起赖来。

看小秦这样，老秦拿出了撒手锏：“好，如果这样。从下周起，你就没有零花钱花了。”

听到这句话，小秦立马就蔫了：“那好吧。我再想想办法。”

在爸爸的提示下，小秦终于想出了一个好办法：干脆让家里其他人每人先点一个自己喜欢吃的菜，等到大家都点好了，自己最后再点菜。

然而，按照这个方案执行时，新的问题又来了：等大家都点完了，留给小秦的钱已经不多了：如果坚持点自己喜欢吃的菜，就留不下多少零花钱。

为了拿到零花钱，小秦只好点了一款自己并不喜欢吃的便宜菜。

菜端上桌后，小秦一改往日只顾自个儿吃东西的习惯，像个非常懂事的孩子，一会儿给爸妈加菜，一会儿鼓励妹妹多吃点、不挑食："吃饱了对身体好，营养搭配才能更健康。"对自己不喜欢吃的菜，小秦也硬着头皮吃得津津有味，以便给妹妹做示范，让妹妹多吃菜。

其实，秦爸爸心里最清楚：小秦这样做完全是功利在驱动：只为满足第二个条件，餐桌上不留剩菜，才算完成任务，才能拿到零花钱。

时间过得很快，两个月的八次聚餐活动，使小秦在各方面都有很大进步。"这个活动太好了！"老秦激动地告诉梁老师，"不但让孩子改变了自以为是、唯我独尊的毛病，而且还让孩子在不知不觉中懂得了尊重他人和忍让的道理，也让孩子学会了与他人协商和沟通，又改掉了偏食的坏习惯。同时，还把数学学习融合进去了。真是一举多得呀。"

【解读】

领导力培养从少儿抓起

教学做合一以生活为中心

黄建海

小案例里有大道理。全家人坐在一起吃饭，这个最常见的家庭生活场景，未必人人都注意到这原本是一个绝好的家庭教育机会。

我想从更广义的角度引申一下这个案例的教育意义，即：生活即教育。陶行知是杜威的学生，杜威先生提出“教育即生活，学校即社会”。陶行知将其引申为“生活即教育，社会即学校”。对少儿来说，家庭既是学校又是社会。所谓生活教育，一是指教育要以生活为中心。也就是教育本身就是生活，而不是为生活做准备。二是指教学做合一。陶先生说：“‘教学做合一’是以生活为中心，怎样做就怎样学，怎样学就怎样教。所有的问题，都是从生活中发生出来的。从生活中发生出来的困难和疑问，才是实际的问题；用这种实际的问题寻求解决，才是实际的学问。”

对于少儿来说，家庭是最理想的生活教育场所、教学做合一的课堂，而不仅仅是吃饭、睡觉的地方。因此，生活教育可以从每一个孩子、每一个家庭的教育做起。这个案例告诉我们，家庭的一景一物、一人一事都可视为对孩子进行教育的生活体验与人生感悟，都是生命成长和增进身心健康的必需。对孩子来说，家务就是教育的课堂，家长一定要善于利用。如今，家庭聚会、友情聚餐越来越多了，特别是生日聚会更是习以为常，何不利用这样的机会对孩子进行教育？

餐桌教育的意义还在于，把聚餐变成家人精神分享、文化分享、学习分享的机会。比如，有的家庭把每天一小时的晚餐时间称之为“晚餐论坛”。就像大人们通过聚餐来建立社会关系一样，家庭聚餐是子女参与社会活动的开端。家庭作为生活教育的第一课堂，家长是培养孩子生活能力的首任老师。一句话，生活教育的首要任务是回归家庭。

家庭项目的组织与训练是有效的教育活动

秦九歌

首先，家庭项目的组织与训练是一个非常好的教育活动。从个人经验看，我还在小学的时候，我们家的每次旅游，父母都让我来安排。每次出去玩之前，我得安排好去哪儿玩、住哪里，还有每个人的东西都是我准备。至于家庭聚会安排，那更是家常便饭。当然，刚开始做这些事情时，我会丢三落四，比如有一次泡温泉，游泳衣忘带了。但我父母会说，既然游泳衣忘了，那就没有办法泡温泉了。我们只好站在温泉旁边，看着别人泡温泉。有了教训，就不会再犯类似的错误。到了做大型聚会的年龄，我基本上不会出错。比如，初中毕业时的同学聚会，我就邀请了七十多个人参加，而且组织得非常好。事先，我得想好什么时间大家最方便，该请什么样的调音师，该租多大的场地，活动需要多少经费，怎样最省钱等。其实，家庭出游计划也好，大型同学聚会也好，都是项目组织。十三四岁能组织这样的大型活动，以后就可以有掌控场景的淡定。现在几百人的活动，我都可以组织得有条不紊。即便有漏洞的时候也不会慌张，就是因为我以前的活动中出现漏洞的地方很多，并且都在组织过程中学会了现场处置。

其次，孩子付出劳动给予奖赏很正常。在国外，从孩子开始走路时，父母会规定小孩做一些家务活，并告诉孩子这是自己该承担的责任，或者说为这个家庭所必须做出的贡献。家里任何人都不能吃白饭，想在家庭里生存，就必须做出贡献。当然，家长也知道孩子需要零花钱，但这个零花钱不是家长直接给的，而是自己承担家务活的报酬。如果孩子愿意承担更多的责任，家长会额外付“薪水”。

比如，我周五下午约同学们出去玩，他们说不行，每周五下午三点到四点必须洗盘子，没办法出来玩。我觉得，这不仅是劳动教育，也是责任心教育。社区也是很支持小孩劳动的。比如，十二岁开始，大家都出去骑车送报纸，社区里专门有一个儿童招聘区，有十三四岁的小孩可以干的事情。十六岁就可以打自己的一份工，十八岁以后家庭就停止资助，完全靠自己，父母就没有任何管孩子的理由。学校更是一样，从小学开始就会进行责任心教育，学校每年会找一批学生做回收大使，每天中午绑着回收站的绿色绑带，到每一个教室回收垃圾，然后倒到回收站去。虽然看起来是特别苦、脏的倒垃圾的活，大家都觉得是一种荣耀，所有学生都申请去竞争这个岗位。

最后一点，活动中可以提升领导力。这个案例一开始就告诉孩子，任何多余的钱都可以留着自己用，时间久了，就是对孩子领导力的锻炼。比如，在这个活动中，他可以跟家长或妹妹说，今天抱歉没有办法让你吃好，但我保证下次让你吃最好最满意的；为了满足所有人的需求，他可以牺牲自己的爱好，让大家先点菜；自己点便宜的不一定爱吃的菜，可以最大程度为自己结余零花钱等等。在国外学校，也有专门训练领导力的课程。比如，高中毕业那一年有一个毕业晚会，就要提前一年安排，组成策划组，完成下列组织工作：在学生群里协商晚会主题；按照主题定场地、联系明星；关于费用，学校要求学生赚钱或拉赞助，然后学校再匹配同样的钱。因此，学校要相信学生有潜力能做好事情，给他们足够的权力和空间，让他们在这个空间里锻炼自己，不断提升他们的领导力。

把孩子当成家庭的真正主人

房超平

很多家长和老师对领导力有误解，认为只有领导才应该进行领导力培养，不希望自己的孩子成为领导，所以没有必要给孩子培养领导力。其实，任何岗位，包括家庭成员都需要领导力。因此，没有领导力的孩子将来不可能成为社会所需要的人才。从某种程度上，领导力比学习更重要。但以前我们都忽视了。我们的学校教育和家庭教育更多地强调学习，而忽视学习之外的东西，比如，不重视领导力的培养，片面强调学习的重要性。其结果是，不但领导力没有培养，而且学习也搞不好，因为我们没有给孩子提供更多的表现机会。

我理解，领导力就是不令而行的能力。要培养领导力，首先，要提高学生的自控力，让学生做到自己控制自己。一个人自己管不了自己，是很难领导别人的。其次，在小学阶段，老师和家长可以多设计角色游戏，让所有的孩子承担适当的角色。在不同的角色体验游戏中进行领导力的培养。如果我们的教育教学活动中，都能把领导力培养的目标设计其中，让每一个孩子都具有一定的领导力就不是天方夜谭，特别是当一个班级中的每个孩子都具有领导力的时候，这个班级就可以做到不令而行。

现在，很多人强调财商教育。其实，这方面，家长也可以有所作为，可以把家庭的收入与支出跟孩子说清楚，让孩子提出对家庭支出的意见。到了初中后，甚至可以把每月的收支安排，交给孩子来决定，如果有结余，可以奖励给孩子一部分。但给孩子零花钱就不一样了，因为不管怎样，反正家长都是要给孩子零花钱的。给孩子钱的方式变了，效果就不一样。像这个案例，不仅包含财商教育，也有数学学习任务，而且数学学习的难度更大，超过了孩子的学习能力。家长完全没有必要担心孩子计算能力够不够的问题，因为如果孩子想要参与家庭支出计划的安排，为自己争取更多的费用，他总会找到解决问题的办法。

作为教育的重要内容，每一个家庭教育活动都应该考虑把孩子当成家庭的真正主人，让孩子成为活动的主角。这样做，不但有利于孩子领导力的培养，而且有利于孩子民主、自信的价值观的形成，家长应该不遗余力使其成为现实。

3

充分满足孩子的表现欲

【提要】

●《参考消息》是打开学生认识世界、理解天下的窗口。

●有可能的话，老师、家长不妨每天在固定的时间与孩子一起阅读《参考消息》。

●除了可以帮助提高阅读水平、展现孩子的能力外，阅读国际新闻还可以慢慢培养孩子对社会的责任感。

●不仅要开阔孩子的视野，而且要使孩子的格局变大，让孩子由世界边缘走到世界舞台中央。

●阅读就是搜集、整理、反馈、理解、呈现文章中正确的负责任的信息的过程，而呈现信息最能体现阅读的价值。

●家长、老师不能拘泥于课本上的那点文章，要把孩子阅读的视野推开、扩大，让孩子获得更多、更广的新鲜信息。

【案例】

《参考消息》的巨大魔力

导读：除了提供了解世界大事的新闻、资讯外，《参考消息》的多样性、前瞻性，也使得其成为阅读、学习的重要工具。班主任王老师通过给孩子们回忆自己以前阅读、分享《参考消息》的成就感和权威感，以及《参考消息》给自己成长带来的好处，鼓励孩子们养成阅读《参考消息》的习惯，从小关心天下大事。

这是小学五年级班主任王老师与本班学生对话活动的现场。

“那是一个物质匮乏的年代。没有电视、手机等传媒可以获取信息，《参考消息》是唯一可以了解外部世界，获取信息的途径。我对《参考消息》的特殊偏爱，就是从那时候开始的。”时隔三十多年，王老师在开场白时谈起《参考消息》还有深深的眷恋。

“《参考消息》也是我的挚爱。”听完王老师的这段话，语文老师黄老师深有同感，“它涵盖历史、军事、经济、科技等信息，可谓包罗万象，应有尽有。”

“我觉得，《参考消息》不仅仅是它自身信息量大带来的魅力，更重要的是，当时，我给我的同学们分享的时候，同学们仰慕、赞美的目光所带来的成就感。”王老师的声音，把在场的老师和同学们拉到了那个信息闭塞的年代。

那时，小王（王老师）正好上五年级，而小王的爸爸老王是生产大队的干部。

在那个一穷二白的年代，老王这个芝麻官没有带给年幼的小王多少好处，唯一带给他的诱惑，就是《参考消息》这个精神食粮。

除了《参考消息》上面的文章和消息深深吸引着小王外，还有另外一个因素促使小王天天阅读这些与自己看似没有多大关系，甚至有时候未必能读得懂的报纸：他的如饥似渴的同学们对信息的需要。因为小王的同学们没有获取信息的渠道，所以小王读完报纸上的文章以后，都会分享给他们。只有这样，他们才能得到这些他们无法得到的信息。

那时候，因为物流不够发达的原因，《参考消息》和其他报纸一样，经常不能按时送到生产大队。但不管有没有新的报纸能够读到，确切地讲，不管小王有没有新的消息要分享，也不论是否刮风下雨，同学们每天下午放学后都要围在小王家门前，等待小王给他们分享从报纸上读来的消息。特别是，如果因故哪天不能分享消息时，同学们失望的眼神更是让小王有一种说不出的感觉。

这不，前一天，小王刚给大家分享了"同志加兄弟"的阿尔巴尼亚人民在首都地拉那发生的事情。第二天四点钟不到，几个小伙伴就准时守候在小王家门前等待分享了——他们迫不及待地想得到昨天那件事情的后续消息。然而，小王没有像往日那样及时给大家分享从报纸上阅读得到的后续消息——因为小王生病、发烧了，没有力气给大家分享。

得到小王生病的消息后，小伙伴们都恨不能自己替小王生病。

这是多大的动力呀！也许，正是这种分享带来的快乐，才使得小王每天回到家后有力量克服饥饿的痛苦，想方设法去寻找并阅读《参考消息》。

"说实话，与其说是《参考消息》的内容吸引了我，不如说小伙伴们的需求吸引了我。这种在当时也许微不足道，但在今天看来却有巨大作用的分享体验活动，正是少年儿童阅读的重要动力之一。"回忆接近尾声时，王老师告诉他的孩子们这样一个简单的道理。

"看来阅读和分享《参考消息》，是扩大知识面的一个重要途径。我以后也要读《参考消息》。"

"我总结老师的提要：没有分享，就没有阅读。"

"怪不得，老师的文章写得这么好，表达能力这么强，原来都是因为他那时候经常分享的缘故。"

……

听了老师的回忆后，同学们七嘴八舌地议论起来。

"其实，那个时候是没有多少精神食粮的，所以《参考消息》成了扩大知识面的一种有效方法。”见大家讨论非常热烈，王老师进一步引导，“但今天不同了：现在不是没有信息，而是信息太多、太杂了，可以说令人眼花缭乱，而且信息来源多样化了。除了给大家带来筛选的麻烦以外，更重要的让大家缺少了分享的氛围。而分享不仅仅是把自己阅读的信息复述给大家那么简单，还需要对信息进行必要的分类、判别、归纳和整理，更重要的是在分享中还包含着分享者自己对信息的态度和看法，以及分享者和被分享者之间的情感交流和思想碰撞。因此，分享机会的缺失，对大家造成的遗憾才是最大的。”

“啊？接受了信息不能有效分享，也会对我们的学习造成损失。”同学们大吃一惊，“老师，您得给我们创造更多的分享机会呀！”

“大家都想分享是好事呀。”王老师显得非常开心，“至于办法嘛，就非常多了。比如，每节课前，大家可以用几分钟分享自己对相关学科学习的经验或本学科的进展。又比如，大家可以定期组织阅读分享会，比比谁知道的课外知识多。再比如，每次家里吃饭时，大家可以把自己阅读的材料或学校的见闻给家长们分享。还比如，周末或节假日，大家可以在社区里开展分享交流活动，与更多的人交换自己对事情的看法等等。最后，希望大家像老师一样，人人爱阅读《参考消息》，个个会分享世界大事。这里，我只是抛砖引玉，相信大家一定会想出更多更好的方法来。”

不知不觉中，对话会持续了一个多小时，同学们该放学回家了，但对话所引起的关于分享话题的讨论和交流，永远不会结束，这个班级同学对阅读和分享的兴趣也越来越高。

【解读】

把孩子带到世界舞台中央

让孩子们喜爱《参考消息》

黄建海

因为我和案例的主人公是同龄人，巧合的是我在中学时期也断断续续读过《参考消息》。特别是那个年代，农村中学手头可读的书极少，学校根本没有图书馆，加之《参考消息》在当时还被蒙上一层神秘的面纱，所以案例里的细节，我感同身受，历历在目。而我真正坚持长期阅读《参考消息》，是大学毕业之后的事。

《参考消息》是打开学生认识世界、理解天下的窗口。至今我清楚地记得中学时偶尔有机会读一两次《参考消息》的那种激动，神秘感油然而生。那种先睹为快的感觉，仿佛自己握有权威发布的话语权。进而对几家重要的通讯社产生莫名的崇敬感，觉得它们很了不起。世界这么大，天下竟有那么多奇闻趣事。我常常追悔莫及的是，那时可以读的东西实在太少了。父母没有引导孩子读书，老师也很少提醒。工作后，跟读者和学生打交道，总喜欢推荐《参考消息》。可是，恕我直言，这些年下来收效并不大。其实，《参考消息》是特别适合中学生阅读的一份报纸，因为它是一份小报，文章短小，信息量大，而且具有权威性。主要是第一手信源性文稿。无须占用太多时间，天下大事与世界趣闻即可一览无余。

多年来，《参考消息》一直是我了解最前沿、最全面、最权威、最及时报道国际新闻的渠道。《参考消息》还不时报道一些奇闻趣事、重大科学发现，以及一些短小的哲理文章等，读起来生动而深刻。因此，案例里提到的阅读《参考消息》对人生的影响，这一点我非常认同。这使我想起中国人的天下观。有一副对联很能说明这个现象：风声雨声读书

声声声入耳，家事国事天下事事事关心。

中学时为数不多的阅读，已经足以让我对《参考消息》留下深刻印象。与我在校园推荐《参考消息》不同的是，在社会上，《参考消息》有着广泛的读者缘。一位企业家是《参考消息》的“铁粉”，当年是这样与《参考消息》结缘的：那是在他上小学四五年级的时候，村小学和大队部紧挨着，各订有几份报纸，邮递员送报的时候如果没人，便从窗子丢进去。开始是偷偷摸摸溜进去看，后来，大人看见了也不责怪，于是他就大模大样地读够了再出来，几份报纸中，他最喜欢《参考消息》。他说，透过它，一个懵懂少年感觉到了外部世界的丰富多彩。从此以后，不论他走到哪里，有条件时就订一份，没条件就每天到报亭买一份或想法借借看，若是偶尔一两天没看着，心里总觉得少点什么。说起他与《参考消息》之间的交情，他一往情深地说：“它给予的比我付出的多过很多很多。”借这位企业家的话语，我再一次呼吁：为了孩子有一个大的格局，老师、家长不妨每天固定时间与孩子一起阅读《参考消息》。

在阅读国际新闻中拓宽孩子的视野

秦九歌

我不知道《参考消息》这份报纸。我只能与国外的学习国际新闻的经历相比。我们有一个课程就是专门关注社会的，涉及人类学和社会学等相关知识，比如国际关系、各国历史等。这个课程是所有孩子的必修课，而且高中毕业考试一定要考这门课。这个课程每个星期五会花很多时间去做。我考试时考了 106 分，满分是 100 分。超过的分数就是因为增加了新闻内容，老师给奖励的。比如，第一次世界大战某个生存者今天死亡，这就有可能是一个新闻话题。我会剪下来贴在一个小纸条上，写二百五十字左右的总结，主要谈这个新闻是什么内容，是哪份报纸、哪个日期刊登的，这篇报道与这次学到的第一次世界大战有什么关系等等。每交这样一篇文章，老师就会加一分。星期五课堂上全部用来展示新闻海报，并进行分享和交流，有的时候现场讨论会像讨论国家大事一样，只不过都是小孩子。讨论的时候，班上会分两个小组，一组支持这个观点，另外一组支持那个观点。学生们都非常喜欢这个课程。

新闻除了可以帮助学生提高阅读水平、展现自己的能力外，还可以慢慢培养这个孩子对社会的责任感。我们辩论队的朋友基本上不追明星，也没有一个超级迷电影的人。因为他们觉得这些事情对生活一点意义都没有。但是，他们能说出各个国家的总理。因为在长期的辩论中，对国际新闻和时事政治感兴趣了。我很多时候上朋友圈，就是为了看朋友转发的新闻，因为那是最尖锐最有冲击力的新闻。

我还要说的是，不管多大的孩子，学校和家庭都有责任教育他们了解国内国际新闻，知道世界以前发生了什么，以前发生的事情与现在的关系；知道现在发生了什么，会对未来有什么影响。必要的时候，要组织他们进行交流和分享，并通过讨论，让他们的思想产生碰撞，做到明辨是非。这样做，不仅仅会有益于开阔孩子的视野，而且使孩子的格局变大，使孩子由世界边缘走到世界舞台的中央。

把孩子带进阅读王国

房超平

从概念上来讲，阅读就是搜集、整理、反馈、理解、呈现文章中正确的负责任的信息的过程。呈现这个内容很重要。在呈现过程中，把阅读本来的价值体现了出来。我不知道老师和家长在让学生阅读过程中有没有让孩子呈现阅读的信息。为什么教学改革过程中，每节课上要让学生有呈现、表达和展示的经历，除了锻炼口才、提升演讲能力外，更重要的是通过分享让学生体验成功。

上海育才中学原校长段力佩实行的语文教学改革实验，在高中阶段只教《红楼梦》，却能提高学生的语文能力。从另外一个侧面告诉我们，阅读不一定非要读课本内容，只要是好的素材，都可以让学生阅读和分享。在具体的教学过程中，如果能设置给学生发布信息的机会，给孩子一个表现的机会，每天让孩子轮流发布信息，我们就会惊喜地发现，学生的知识面越来越宽广。让孩子有呈现的机会，可能比单纯教课本的效果好多了。孩子的组织能力、素材积累能力都能显著提高。

家长和老师一定不能拘泥于课本上的那点文字，要把语文课的视野推开、扩大，让学生获得更多的新鲜信息。换句话说，没有大量阅读就没有语文能力的提高，也没有学生素养的提升。特别是没有对当代时事的关注，学生就不可能有兴趣学好语文。经典要读，当代的重要事件和美文也不可不读，因为这些东西离孩子最近。如果一个语文老师能把学生带到这样的阅读中，这应该是学生最大的福分。

视野决定格局。从家庭教育角度看，每天吃饭，全家人每人可以发布一条新闻，这就会促使孩子关注重要新闻和世界大事。同时，在分享交流的过程中，让孩子的格局变大，学会用成人的眼光看世界。

4

激发孩子的学习内驱力

【提要】

●大目标有深层的意义：激发孩子的勇气和毅力，将孩子潜藏的能力和潜力释放出来。

●正是孩子们心中有追求伟大、完善和优越的希望图景的意识，才驱使他们形成对自然和世界原初的思考和想象。

●国外的小学数学并不简单，只是他们更关注生活罢了。

●学习流程必须以孩子的活动为主进行设计。

●老师、家长讲明白了，不等于孩子听明白了，而孩子听明白了，与孩子探究明白的效果也完全不同。

●家长支持教育改革，就是支持为孩子“装”上更强劲的学习“发动机”。

【案例】

“我选底薪不高，但有挑战性的工作！”

导读：小菲老师从学习目标、课堂流程、延伸阅读、课堂训练及课后反思五个维度创新设计数学课堂流程，尤其是学习目标依据学生层次进行分层设计，给学生提供与学习有关的日常生活延伸阅读素材，以及要求学生改编练习等创新思路，使课堂变成了学生思考、交流与提升的平台，激发了孩子们学习数学的极大兴趣。

小菲老师是在新一轮课程改革中成长起来的年轻老师。

虽然小菲不是特级老师，没有获得过市级以上的先进荣誉，也没有发表过多少论文，但她的课堂深受学生喜欢。究其原因，就是因为她在课堂上能充分尊重学生的真实需要、情感体验，积极构建平等、民主的对话语境，让学生与生活对话、与课程对话、与心灵对话，体现了以学生为本、以学习为本的教学宗旨，使学生的个性得到张扬，创造潜能得到发挥。

《生活中的平均数》一课就是小菲老师在课堂教学中的案例。

下面是小菲老师的课堂设计方案，这个方案共有五个内容：

一、学习目标

这节课的学习目标总共有三个：一是我能说出平均数的意义；二是我知道平均数的两个特征（公正性和代表性）；三是我能归纳平均数的计算方法。其中，第一个目标是基础性目标，要求所有学生通过自学达到；第二个目标是拓展性目标，要求所有学生在老师和同学的帮助下达到；第三个目标是挑战性目标，鼓励学有余力的同学课下完成。课后，小菲在旁边写下了批注：第二个目标尚有八个同学没有达到，课下得找他们去补课，下一节课，再让他们展示讲解有关内容。

二、学习流程

这节课的学习流程总共有五个环节：第一个环节，引入新课，出示目标。各

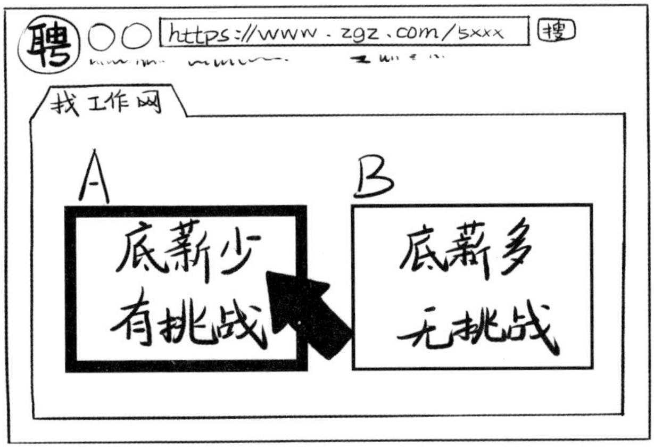

小组先计算本组几个同学和一名老师的平均年龄，引入新课，出示本节课的学习目标。第二个环节，个体自学，尝试解决。要求学生自己阅读教材和老师提供的素材，并尝试解决预习时老师布置的问题。第三个环节，小组交流，探讨问题。每个同学交流练习的结果，互相帮助，解决不懂的问题，并提出大家共同的问题。第四个环节，展示交流，质疑问难。每个小组派一个代表，展示本组学习的成果，提出本组的疑难问题，其他小组同学帮助解决。第五个环节，检测反馈，评价小结。出示检测单，当堂检测学习效果，并对本节课内容进行小结，主要总结平均数的特征和计算办法。

为了便于学生阅读，小菲的学习流程设计是以表格呈现的，其中有特别的栏目，那就是老师在各个环节中的任务。除第二、第三两个环节老师分别观察、参加两个小组的讨论外，其余每个环节老师分别观察、参加一个小组的讨论。

三、延伸阅读

这节课，小菲给学生提供的延伸阅读素材有三个：一是小组平均年龄计算方法；二是学校鼓号队参加区比赛时的评委计分规则和模拟打分表；三是两份企业招聘广告（含年薪和工作要求）。课后，小菲在旁边做了这样的备注：关于企业招聘广告的素材对学生来讲要求过高，下次再使用时，需要加一些注释。此外，延伸阅读素材可以鼓励优秀学生自己搜集、整理，这样会进一步调动学生的积极性。

四、训练评价

这节课的课堂训练并不是很多，共有五个练习题：小组平均年龄计算（含一位学科老师），感受平均数的代表性；鼓号队比赛规则讨论，感受平均数的公正性；鼓号队得分计算；应用平均数知识挑选合适的工作；根据今天所学内容，自编一道平均数应用题。

除了课堂练习外，小菲还设计课堂检测评价单，这则检测单上有五个题目，与课堂训练的内容基本相同：把课堂训练的五个题目做了简单修改。课后，在课堂检测内容旁，小菲写了这么一段话：80% 以上的同学前四道题都做对了，看来同学们对平均数的学习效果非常不错，但第五道改题的效果不是很理想，以后得加强改题训练。

五、反思总结

反思总结表格上记录的是小菲课后对本节课的反思与总结内容：既有学生表现的充分肯定以及经验的简要总结，也有问题的反思和总结。

关于课堂存在的问题，小菲写了四点：一是展示环节，学生展示的同质性内容过多，时间拖长了，需要进一步优化展示环节；二是还有不少同学编写练习题的质量不高，少数同学没有编写练习题，需要进一步加强指导；三是因为时间分配的问题，平均数计算办法总结不到位，下节课需要进一步补充讨论；四是五个学生自学有一定障碍，解决问题能力不够，需要课后加强指导。

在反思之后的表格里，小菲对每一点的反思内容都有比较详细的解决思路：一是展示环节要围绕“鼓号队比赛规则讨论”和“应用平均数知识挑选合适的工作”这两个关键内容展开。同时，在展示过程中，要适当增加学生的交流。二是改编习题要注意结合实际，不能与生活实际差距太大。三是平均数计算办法要在老师适当点拨的基础上，让学生小组进行讨论、交流，最后总结出计算规律。同时，下节课还要在课堂上进行适当的训练。四是对于五个自学有一定障碍的学生，要发挥优秀学生的作用，找五个小老师实行一对一帮扶。

此外，小菲老师还把一个学生解决企业招聘问题的感想写在了备课本上：老师，这节数学课太有意思了，原来生活中的数学学问真不少呀。今天的学习，我不但懂得了什么是平均数，还知道平均数在生活中如何应用，比如怎么安排作文比赛的裁判，怎么计算由很多裁判组成的评委的分数，怎么挑选有挑战性的工作。数学太有意思了。将来，我一定要挑选薪酬低但有挑战性的工作。

【解读】

挑战自我比获得成功更重要

有了大目标，就有了不竭的学习动力

黄建海

北京八中一位老师在课堂上以陈景润的故事，引出中南大学一位二十二岁的大三学生因破解数学难题“西塔潘猜想”而享誉国际数学界，并因此破格被该校聘任为教授级研究员的事迹，鼓励学生对费马猜想、叙拉古猜想等发起挑战。据说，消息发布后，学生反响热烈，有的立即就行动了起来。当然，这节课也只是开了个头，离真正地揭开“猜想”之谜还早着呢。但是这位老师始终对学生的热情保持赞赏。其实，老师的目的并非在猜想本身，而是要学生胸怀学习数学的远大目标，敢于向难题发起挑战。显然，“猜想”与本案例中的“平均数”不在一个数量级上，但折射出的教学原理是相通的：挑战成功与否不重要，重要的是必须有大目标。有目标就有不竭的学习动力。攻克一个个小目标，就是不断接近大目标。

有句话说，人小志气大，辛苦我不怕。这种现象是一种客观事实，它是可以从心理学或教育哲学中找到理论依据的，“人的心理总是充满着有活力、有目的的追求”。别看儿童年龄小，但他们心中同样有着追求伟大、完善和优越的希望图景的意识。正是这种对远大目标的追求，驱使他们形成对自然和世界的原初的思考和想象。小菲老师设计这堂课时是否意识到了这一点，我们不得而知。但从这堂课的结果看，的确在客观上起到了这样的效果。知识的获取似乎没那么难，也不显得多么重要。反倒是做出挑战性的选择更有价值。就像北京八中学生因“猜想”激起挑战欲一样，有了这种学习的内驱力，攻克一个个知识的小堡垒不在话下。

当然，大目标的作用不完全是务虚的，它的实际价值在于促成一个个小目标的实现。显然，登顶科学之巅的只能是少之又少的人。但这两者并不矛盾，在大目标的激励下，取得一个又一个小进步就是教育的成功。此外，大目标的设定还有一个更深层的意义，就是激发学生的勇气和毅力，一旦勇气和毅力等精神动力开始发挥作用，潜藏着的能力和潜力就会释放出来，学习能力就是这么来的。因此，在教学设计和具体的组织实施过程中，保护好学生的这种对大目标挑战的热情和勇气显得尤为重要。然而，在教学的现实中，并非所有的老师都意识到这一教育激励的机制，都自觉地一以贯之地坚持运用这一机制。他们可能更多的只是把一节课的目标设定在一个非常狭隘的具体的知识点上。

如果一堂课仅仅满足于知识点的获取，不再做拓展和延伸，持续学习的动力就会不断衰减。课后会立即将这一页翻过去。与此同时，轻易获得的成功很容易消逝，目标也随之消逝，动力也就没有了。所谓学习成绩表现一般的，大体属于这种类型。至于学习成绩差的，一个直接的原因，是因为他们长期处于班级或年级末位，彻底丧失了追求大目标的志向，内心的优越感没有了，行为也开始变得不可理喻。比如，喜欢搞小动作，惹是生非，严重的发展到旷课逃学，进而完全失去了学习的目标。

在做中学数学最有趣

秦九歌

这节课与国外的数学教学很接近，说明国内的老师也在想办法提高学生的学习兴趣。

谈到数学学习，国内很多人都觉得美国的小学数学很简单。其实，美国的数学学习并不简单，只是我们关注的角度不大一样。

先举一个国外一年级数学教学的例子。老师讲 10 以内的数字，一定会结合生活的实例，把数字的单位带上。如讲 5 这个数字，老师会这样讲：洗手间里有 5 个牙缸，这是第 5 个牙缸，每个牙缸的高度是 5 厘米。同样是 5 这个数字，老师通过洗手间的牙缸，让孩子从不同的角度认识数字：第一个 5 是数量词，第二个 5 与顺序有关，第三个 5 是高度。这样认识数字，对孩子来说并不简单，但由于与日常生活关系非常密切，容易引起孩子的兴趣，孩子学习数学的积极性就会很高。

再来看看国外老师怎么教给学生平均数。上课开始后，老师第一步会要求每个同学以英寸为单位测量自己的身高。第二步，每个小组把本组同学的身高数据收集起来，按由低到高的顺序好。第三步，再把各组的数据公布出来，让大家按照由低到高的顺序把全班同学的身高排列出来，并画出线图（按照横轴是由低到高的同学序号，纵轴是这些同学的身高）。第四步，让同学们看看在哪个身高范围的学生人数较多，估计全班同学的平均身高。第五步，计算班级同学的平均身高，并把平均身高的数值在线图上用红色的笔画一条线，让大家比较与平均身高的差距，体会平均数的含义。第六步，比较计算的平均身高与估算的平均身高的差距，进一步理解平均数。这样的课堂，每个学生都表现得非常兴奋。

我再举几个作业的例子。先列举代数方面的三个例子：（1）教室的课桌长大约是 120 厘米，这个数字是精确的吗？还是估算的？为什么？怎么证明？（2）4 个小朋友得到 3 袋水果糖的奖励，每个袋子里有 12 块，该怎样分配？（3）在下列三种条件下，6 个同学想尽可能平等地分享 31，请说明每一种情况下如何分享 31？条件 1：6 个同学想尽可能平等地分享 31 个气球；条件 2：6 个同学想尽可能平等地分享 31 块钱；条件 3：6 个同学想尽可能平等地分享 31 个蛋糕。再列举几何方面的三个例子：（1）正确地用一根纱线测量一个篮球的周长，然后放在直尺上进行度量。（2）用柱状图和简单的圆形图表示喜欢不同种类的蔬菜的同学的数量。（3）根据教室的数量和学校整体的位置，用图形、图表和图解法准备一份关于学校花盆的最佳位置和数量的报告。

上述实例说明，在西方的数学教学中，老师会尽可能把数学学习和布置的作业与孩子们的日常生活联系起来，让孩子们觉得数学就在生活中，是日常生活不可缺少的。这样的数学学习或作业不是那么枯燥，而且能够让学生产生学习的内动力。

给孩子“装”上强劲的学习“发动机”

房超平

这个案例的设计方案有两个突出特点：一是教学目标、教学流程改成了学习目标、学习流程；二是把反思总结作为一项重要内容放在方案中。

我觉得，教学设计应该注意以下两点：一是学习目标应该非常具体、可测，而不是过于抽象，否则展示给学生后，学生难以把握，也没有意义。如果学习目标不可测的话，就无法测量学生学习目标的达成度。二是学习流程必须要以学生的活动为主进行设计。至于老师的作用，我认为主要有三点：一是适时对学生探究和展示出现的问题进行指导。二是通过观察、参与小组讨论，把握课堂流程的节奏。三是课堂类型要根据学习的具体内容和学生的学习能力，或前置学习课，或问题解决课，或拓展延伸课，或把三种类型糅合在一起。

很多老师认为，自己讲三分钟就明白的事情没有必要让学生讨论十分钟甚至更长时间。其实，这里有很大的误区。关于小组合作，我的理解是，老师讲明白了，不等于学生听明白了，而学生听明白了和学生探究明白的效果也完全不同。何况，我们学生的合作意识并不明显。关于展示交流，我的理解是，当学生能够清楚表达自己的理解或看法时，说明学生对知识的理解和运用能力已经达到了很高的程度。有的时候，学生觉得自己理解了，但却说不清楚，原因就在于这种理解可能是片面的，并没有真正理解。当然，如果所有内容都要合作探究、展示交流，那肯定不合适，时间也不允许，因此，什么样的内容要合作探究、展示，如何把握好度，需要老师认真研究。

对于家长而言，一要坚定不移支持新的课程改革，因为支持教育改革，就是给孩子“装”上强劲的学习“发动机”。二要鼓励孩子进行展讲——因为展讲能提高孩子的记忆效益。可行的建议是，孩子完成作业后，如果有时间的话，家长一定要让孩子选择某个作业题，把完成作业的经过说给自己听。在孩子讲解的时候，要提醒孩子注意三点：一是要说自己解决问题的思路。二是要说解题的关键步骤。三是要说自己对题目涉及的概念、公式或原理的理解。确实时间不够用，每个周末也要抽出时间，让孩子尝试讲一讲。这样做，一定会加深孩子对知识的理解。

5

在比较中学会学习

【提要】

●孩子对老师，特别是那些自己感到敬佩的老师，有一种天然的情结，那就是，总想了解自己的老师。

●老师和家长越是善于向孩子敞开心扉，越能赢得孩子的好感，师生关系和亲子关系就越好。

●这样上写作课，最能吸引孩子的眼球：把全世界最有名的短故事筛选出来，并让孩子阅读。接着，给孩子分析短故事的结构。最后，要求孩子按照这个结构去写自己的短故事。

●总结独特的穿衣风格是作业，做一个裙子也是作业。这些很有创意的作业方式，让孩子们流连忘返。

●精读的另类解读：把同一话题的不同文章，或是把同一体裁不同主题的一组文章，呈现给孩子们，让他们进行比较分析。

●“文以载道”不是要老师、家长给孩子讲出文章的道理，而是要让孩子根据自己的生活经验和学习体会悟出文章的道理。

【案例】

“哇，老师写了四篇《家乡的桥》！”

导读：五年级语文老师小李自己写了与课文标题一样但类型不同的四篇文章，让孩子们通过分类比较学习不同类型的文章，并分组展示比较学习的效果。学习结束时，李老师要求孩子们模仿老师的四篇习作，选择其中的任何一种体裁写一篇与课文主题相似、内容接近生活实际的作文。这样的课堂学习极大地调动了孩子们学习语文的积极性，也把作家思维逐渐移植给了孩子们。

这是一节非同寻常的小学五年级的语文课。

小李老师组织孩子们这节课学习的文章的标题是“家乡的桥”。课文采取倒叙的写作方式：从作者离开家乡多年回到家乡后，看到自己当年天天上学必须赤脚蹚水经过的小河上新架起一座桥梁，深情回忆起当年的岁月和故乡的贫穷。然后，笔锋一转，写到现在“一桥通南北”，过往的行人再也不用蹚水过河，再延伸到兴建桥梁带来的小河两岸的巨大变化，力图通过一座桥梁带给家乡的变化，折射改革开放给中国农村带来的沧桑巨变。

按照常规授课方法，大多数老师会从字词句讲解入手，然后对这篇文章的结构进行分析，接着再讲文章的段落大意、中心思想、写作方法、修辞手段等。有的老师可能还会让学生进行表情朗诵或者角色扮演。

然而，小李老师却别出心裁，让这堂课显得与众不同：

首先，他给同学们发了四篇标题都是“家乡的桥”的文章，但每篇文章的体裁都不同，分别是说明文、诗歌、记叙文（与课文的倒叙写法不同，用的是顺叙）和散文。然后，按照事先分好的八个组，让每个组选择四篇文章的一篇与课文进行比较学习，这样每个相同比较学习的任务就有两个组共同承担。

接着，李老师让每个组派小组长通过抓阄的办法选出自己要比较学习的文章，抓阄结束后，李老师还让小组长采取自愿的办法，根据本组同学的个人兴趣选择合适的文章体裁与其他组协商交换，并最后确定每个小组所要比较学习的文章：

第二组和第四组是诗歌和课文比较；第三组和第六组是散文和课文比较；第一组和第八组是记叙文与课文比较；第五组和第七组是说明文与课文比较。

分组结束后，同学们迅速按照小组长的布置，先用十分钟时间每个人自己对两篇文章进行学习，并写出自己对两篇文章比较的看法。然后，小组长组织用十分钟时间集体交流和讨论，形成本组比较学习的共同观点。讨论结束时，本次讨论的记录员把本组观点写在黑板上。

课堂第三环节是展示学习环节，每个组派出一名组员，用两分钟时间展示本组的观点：

“我们组认为，诗歌和课文的表达方式各有优缺点，分别是……”

“我们组认为，诗歌言简意赅，寥寥数语就写出了桥的美感和意境，让人浮想联翩；而课文则把桥当成一个衬托，写出了家乡的变化及其深层原因。下面我们分别进行说明……”

“我们组更倾向于倒叙这种写法，因为……”

“对于我们初学写作文的同学而言，顺叙这种写法更容易些，理由是……”

“我们组认为，说明文和记叙文虽然都写的是桥，但写的重点不一样，说明文写的是……而记叙文写的是……”

“其实，说明文和记叙文都是从不同角度去写。如果这座桥确实结构独特、造型别致，就应该写成说明文。但这座桥很普通，不必写成说明文。而记叙文却不一样……”

“我们组认为，散文和课文无法进行比较，都是非常好的写法，都值得我们学习和借鉴。我们分别说说这两篇文章学习的体会吧……”

“都说散文‘形散神不散’，但我们组觉得，关键不在这里，就像这次老师给的这篇散文，似乎结构也很严谨，所以散文和记叙文的区别就在于……”

课程结束之前，两个同学（事先李老师已经按照学号顺序对每节课的点评员和小结的同学进行安排）对各组的展讲进行了点评，并分别谈了各自的收获体会。

李老师对学生的表现进行点评之后，布置了学习任务：“同学们，我给大家布置一个任务，希望大家课后，每个人选择一种体裁，写一篇《家乡的桥》。此外，还有一个挑战性任务，每个组选出一名同学对另外一个和本组比较的小组的观点（重点）、其他组的观点进行分析，写出自己的感受和体会，并由小组长组织讨论形成本组的观点。下一节课，我们将分享大家的文章和本组对各组观点的学习体会。希望大家‘青出于蓝而胜于蓝’，相信大家都能比老师写的那四篇文章更好，更希望下一个语文课堂上的范文是出自大家之手。”

“哇，那四篇文章都是老师写的，太棒了。我下课后，也要试一试，争取超越老师。”一名同学听完李老师的发言之后，不由自主地说出了同学们的心声。

课后，同学们都在按照自己课堂上的体会写《家乡的桥》：有的人把老师的记叙文做了修改，有的人仿照《赵州桥》一文写了说明文，有的人写了一首清新的五言小诗，有的人大胆写了一篇与同学友情有关的散文。还有一名把老师写的记叙文“建桥与不建桥”的争论片段进行了扩写，似乎写成了一篇议论文。

每组选出的代表也特别卖力，不但完成了写一篇《家乡的桥》的作文任务，而且把课堂上各组的观点进行了分析比较，很多小组还通过列表的方式进行详细比较。

课堂学习结束了，同学们的学习还在延伸。

【解读】

把作家思维根植于孩子心中

给孩子敞开自己的心扉

黄建海

这个故事与常态语文课堂情境相比，让人眼前一亮。几种写法对比教学，几种文体同时呈现，不能不说教学效率高。不但老师亲自操刀写作，学生的优秀作品也能入选课堂学习文选。既展示了老师的精美文采，又激励了学生的写作欲望。总之，这是一位有心的老师，有心就一定能把课上好。

学生对老师有一种天然的情结，就是总想了解自己的老师，特别是那些自己感到敬佩的老师，希望能看到或者听到他们直观地表达自己的内心思想，展示自己的作品。一种近乎朋友式的交流，而不仅仅是课堂上的正式交流。这也是学生对名师的一个要求，我想若是老师乐意这样做的话，肯定会起到良好的教书育人效果。老师主动将自己的内心世界向学生敞开，或自己的学术作品拿来与学生分享，可以拉近师生关系，增进师生友谊。老师大大方方地将自己是什么样的人，为人处世的原则和做派公开地展示给学生，更能赢得学生的信任和尊重。

在展示心路历程的过程中即使老师有所瑕疵，但只要是真心流露，学生都会坦然接受。诸多事实证明，越是善于向学生敞开心扉，越能赢得学生的好感，这样的师生关系一定会为教学增添正能量。苏霍姆林斯基在教学中，就喜欢将自己写的短文和诗作朗读给学生听。他说，这样做每每带给他一种愉快，而当学生亲耳聆听老师的心声，立即会产生一种抒发自我内心的冲动。

教学要充满创意

秦九歌

国内把这样的课堂当成样板，国外这样的学习是常态。这里，我讲一下国外的语文课是怎么上的。我们从小学到初中，写作课叫 Creative writing，就是创意写作课。每天上课时，老师会找一些比较经典的诗歌（或与单元文章体裁一样的其他文章）让我们阅读。之前，老师会给我们简单讲解诸如中国七言诗和国外自由诗的写作方法。然后，就让我们阅读，并在此基础上，自己去创作，去写不同的诗歌。学生可以根据老师提供的诗歌延伸写作不同类型的诗歌。我印象最深的是研究五百字以内的短故事单元。上课前，老师给我们找了很多经典文章，他把全世界最有名的短故事都筛选出来了，然后，老师给我们分析了短故事的模型，比如，短故事的共同点是什么，一开始都是怎么写的，然后写什么，最后会是什么样子。最后，要求我们按照这个规矩自己去写，或者模仿或者创造自己的短故事。语文课有时候也会教点语法，但大部分时间会用在创意写作课上，让学生探索不同文学作品的不同写作方式。写完后，就让大家分别讲自己写的文章。我觉得，那是我和同学们语文课最快乐的时光。

到高中以后，我们的英语课程（也就是国内的语文课）也开始教怎么写八股文，但是之前基本上不教这些。高中语文也分了很多不同的选修课，比如“幽默”选修课，老师提供的都是幽默的诗歌、朗诵、演讲等等，这门课程主要分析作品怎么能逗别人笑，归纳幽默类文章的共同点；有专门研究莎士比亚的选修课，还有梦幻世界的选修课；另外，专门有一门课程教学生学话剧。我觉得，高中阶段，主要是培养孩子对不同类别的文学的爱好和兴趣，与初中课程有一定的接轨。为了解学生的不同爱好和兴趣，老师学期开头会给我们一张纸，让我们写喜欢什么、不喜欢什么，这样方便安排选修课程。

国外的语文教学会把学习文章与生活联系起来，让学生觉得学习语文与生活的各个方面有很多联系。比如，《了不起的盖茨比》中有关于美国 1920 年左右很独特的穿衣风格，老师会引导学生把故事的情节和人物转化到裙子上，然后提示大家做一个裙子也是作业。很多不同的、很有创意的作业方式。反正最终目的就是为了分析这篇文章，了解文章想表达的意思，并把它运用在自己的日常生活中。我想，这应该就是学习语文的重要目的。

千万不要“种了别人的田荒了自己的地”

房超平

这样的语文课，让我们对精读有了另类的解读，也给了语文老师更大的想象空间，值得研讨和借鉴。我们不妨这样看精读：不是对一篇文章进行精细分析，而是把同一话题的文章用不同的体裁呈现出来，进而对这一话题文章的呈现方式进行比较分析。引申开来，可否对精读做出这样的新解：通过对同一主题不同体裁的一组文章进行比较分析，学习表现主题的方式和异同；或是对同一体裁不同主题的一组文章进行比较分析，学习表现手法的规律和异同。其目的只有一个，在这样的学习中，让孩子逐渐认识作家的思维方式，进而通过持续的类似文章的教学，把作家思维根植于每个孩子心中。

人们常常说“文以载道”。毫无疑问，这是绝对真理。但还有一句话，“一千个读者就有一千个哈姆雷特”。后面这句话的道理很直白，那就是，道理不是老师讲出来的，而是学生根据自己的生活经验和学习体会悟出来的。然而，很多老师对“文以载道”的理解和应用，就是把语文课变成了思想品德课，非要把文章中的道理讲给学生，而这些道理几乎无一例外的是照搬教学参考书上的观点，很少有老师本人的看法或观点。也有一些语文老师把语文课变成了科学课，或者把语文课变成了心理教育课。比如，在一次广受好评的说明文《锯齿》的公开课上，老师课堂的主要内容就是讲锯齿的结构、用途和发明原理，唯独缺少这类说明文的写作方法。这也是很多语文课的一个倾向：包罗万象，唯独把语文教学的根本任务丢了。形象的说法就是，种了别人的田荒了自己的地。

在不少语文课堂上，老师只管讲自己的感受，而不考虑学生的反应，或者极少关注学生的需求。有个比较有名的老师上《从百草园到三味书屋》一课时，自己讲得天花乱坠，甚至把自己拍的百草园和三味书屋的照片投影出来，以证明文章观点的正确，可谓用心良苦。但当我与学生进行交流时，一个学生是这么说的，老师说那个课堂很枯燥，但鲁迅上课还可以出去抓麻雀，我们上课敢吗？另外一个学生则是这么说的，从百草园的照片看，我觉得不咋样，比我们周边的植物园和小区的街心花园差远了，甚至连我爷爷家的农家小院都不如，老师还说这个百草园如何吸引人。因此，怎样拉近学生与文章的距离，让学生对文章产生情感共鸣，应该成为每一个语文老师的教学基本功之一。实在没有办法让学生产生情感共鸣的文章，老师完全没有必要把其作为精读文章。否则，只能是既苦了自己——穷尽手段引导学生，却无能为力；又害了学生——让学生因为不爱学习这样的文章，而丧失对语文学习的兴趣和信心。

在语文学习中，老师很少把当代最优秀、离孩子最近的作品让学生阅读或学习，更妄谈与生活相联系了。当然，这不意味着我反对经典阅读，但阅读经典起码应该和阅读当代、现代文章相结合。受许多主客观因素的限制，课本不可能把当前的优秀文章选进来，但这并不等于说老师可以在这方面无所作为。

在日常教学中，老师对文章学习的选择权很大，完全可以突破教材的限制，对教材中的文章也可以灵活处理，比如可以让学生自读，也可以引导学生阅读，不必每篇文章都拿来仔细研读。对此，可能有的老师不以为然，可能会发出这样的疑问：如果这样做，考试怎么办？其实，这样的担心实在是多余的，因为如果考试要考文章中的某些精彩句子或段落，老师只需把这些句子或段落印成“红宝书”，让学生临阵磨枪“背”下来即可。而如果不是默写这样的考试方式，老师就更不用对每篇文章都严阵以待了。至于字、词这些基本知识，只要老师组织学生学会查字典或看课文注释，再稍加运用就足矣。还是那句话，只要设法引导学生提高学习语文的兴趣，考试不是问题。

如果老师不能给学生更多阅读当代的优秀文章，家长们一定要想方设法创造条件，或与孩子共读，或给孩子推荐，让孩子尽量有时间阅读当代的文章或书目，使孩子的学习与生活贴切再近些，否则不但孩子的语文学不好，而且直接影响孩子的格局和境界。

6

好习惯——父母给孩子的最佳礼物

【提要】

●任何时候，学习都是孩子的天职，学习好才是孩子应尽的本分。

●真正的自主学习必然直抵知识世界的内核——事物的本质。

●相较国内而言，国外老师更重视培养孩子的思维习惯——他们常常会问孩子们："为什么？""还有没有别的方式？"

●国外孩子会在活动中思考这些问题：世界有可能变成什么样子？为什么？

●成绩优差的分化，主要与孩子的学习习惯有关，而学习习惯与老师和家长有着非常重要的关系。

●好的学习习惯必须有助于孩子用较短的时间取得较高的成就。

【案例】

“从懂事之日起，我每天都是这样的！”

导读：小张是一个非常优秀的高中生。谈起自己学习成绩好的原因时，小张并没有像其他同学一样，把其归因于老师的培养、自己的努力和方法的改进，而是把自己获得成功的原因归结为四个良好的习惯：按时作息、有效预习、张弛有度、精做作业。

在许多人眼中，小张是个绝顶聪明的天才，因为她在高中阶段先后获得数学、物理、化学等三个全国竞赛的一等奖。的确，不要说获得三个一等奖，就是获得其中任何一个一等奖，对于绝大多数高中生而言，都是梦寐以求的。因为这对一个高中生而言，意味着已经拿到了北京大学、清华大学等名牌高校的“通行证”。

然而，看了采访小张的报道后，同学们才恍然大悟；原来，小张取得优异的成绩，虽然与其天资聪慧不无关系，但更与其优良的学习习惯密切相关。

归纳起来，小张的好习惯有以下四个方面。

小张的第一个重要习惯是：按时作息。

在高中阶段，与小张同住一个宿舍的同学都知道，小张是睡觉最早的同学。每天晚自习之后，小张总是第一个回到宿舍，而且总是第一个做完休息前的准备工作，进入睡眠状态。一位同学这样说道：“一般情况下，她每天十点前一定会入睡，也就是，当我们回到宿舍的时候，她已经睡着了，而且睡眠质量特高。”

不但平时如此，就是在考试前后的紧张复习阶段，以及参加各种竞赛的准备阶段，小张都是如此。用小张自己的话说就是：“我不仅仅睡得早，而且起得早。从小到大，我每天都按时入睡，按时起床，非常有规律。包括周末、节假日甚至除夕夜我也会按时作息，到点就睡，从小学到高中，十年如一日。其实，这些习惯都是我父母严格要求的结果。人人都知道，时间的利用效益是第一重要的。但能不能提高时间利用效益，睡眠质量是关键。睡眠足够，头脑保持清醒，才能保证头脑每一分每一秒都高效运转。如果哪一天我没有睡好，心情会特别烦躁，第二天的学习效率会很差。”

小张的第二个重要习惯是：有效预习。

小张获得全国物理竞赛一等奖后，她的物理老师在向同学们介绍小张的学习经验时说，小张上课一般只听五到十分钟，其余时间都游离于课堂之外，不是在做练习，就是在思考问题。开始时，我还提醒她要注意上课认真听讲。后来，我才发现，她上课只听她不懂的内容，其余时间就把练习和作业全部做完了。因为只有允许她这样学习，她的学习效率才会更高。因此小张的优秀基本与老师无关，完全是由于小张有好的习惯。

小张的预习也跟别人不一样，一般分三种情况。第一次是学年系统预习。一般暑假前，小张会把下一年度的全部功课预习一遍，在这次预习中，小张就基本上知道哪些内容必须通过听课来搞懂，并在书上做了记号。第二次是周前阶段预习。就是周末用一到两个小时预习，把下周的主要学习内容再预习一次。第三次是课前适应预习。就是利用课前几分钟时间再看看这节课的主要内容，知道上课时该重点关注哪些内容。所有这些预习，对于小张来说，都是主动的，有着充分的灵活性。

由于有了良好的预习，小张的听课就不再是被动接受，而变成了一种欣赏、一种享受、一种评判，小张自己也就有了一份超然的洒脱与自信。就像她给同伴分享体会时所说：“时间不够、能力有限，不能成为逃避超前学习的理由。舍得挤出时间、匀出精力，在暑假时完成一年的预习，就能保证上课的高效率。”

小张的第三个重要习惯是：张弛有度。

在同学们眼中，小张绝不是个书呆子，而是特别喜欢“玩”：不到自习或上课时间，小张从来不进教室，总是在教室外面转悠。自习下课铃声一响，小张总是第一个离开教室。另外，她从来不会因为竞赛培训等理由，缺席体育、音乐、美术课。虽然小张看起来学习很轻松，但成绩却不输给任何人，究其原因，就是因为她非常注意时间的利用效率。

熟悉小张的同学都知道，小张有一句名言，“千万不要在自己不想学习的时间去学习”。说起她的这句名言，和她同宿舍的小李曾调侃道：“很多同学对小张说，我从来不想学习。按照你的意思，我们就不要去学习了。”但小张却非常认真地回应道：“那是因为你们前边的基础没有打好，学习没有乐趣。我相信，只要同学们能比较轻松地完成学习任务，他们一定会喜欢学习的。”

很多同学都说自己的时间不够，老师们也提倡学生学习雷锋的钉子精神挤时间学习。对此，小张不以为然：“我想，‘钉子’精神强调时间是挤出来的，因为雷锋每天要做自己的工作，没有那么多时间学习。而我们学生不同，天天在学校，主要任务就是学习，不需要挤时间学习。相反，我们要挤时间玩、锻炼、听音乐。因为只有这样，才能心情愉快，头脑清晰，才能有高效率。”

小张的第四个重要习惯是：精做作业。

教过小张的老师都说，小张没有认真完成作业的习惯。

平时，小张对每一道作业题都是看一看，想一想，最多用笔写一写，没有几道题能全部认真做完。在练习方面，小张还有一个特殊的爱好，就是特别喜欢改造习题：凡是遇到比较难的题目，小张总喜欢把题目改一改：或者换几个要素，或者增减几个要素。

当班上同学问到小张，为什么她从来都不认真完成作业，却能取得优异成绩时，小张的回应出乎所有人的意料：“按照老师的要求认真做完每一道题目，我肯定学不好。尤其对于理科学科而言，每道题的计算那么烦琐，计算出来需要时间。我觉得，这样的机械劳动对于提高学习效率没有多少好处，这样做，我的时间耗不起。可能我对认真完成作业，与其他同学的理解不一样。我以为，这道题我搞明白了，把相关知识点搞清楚了，能够搞清题目的意图，就是认真完成了。并不一定要按部就班，把答案完全写出来。”

对于同学和老师们担心的平时不写解题过程、不做完练习，会在正规考试中被阅卷老师因为过程不完整而扣分等问题，小张则是这样理解的：“解题程序写清楚就可以了，未必都要严格按照什么规范来做题目。再说，每道题都按规范去做也太累了吧。此外，解题规范，不需要通过每道题来训练，适量做一些就可以了。也可能是阅卷老师怕考生是抄袭的答案，才要求考生做题步骤完整。我觉得，解题并不一定每一步都要写得清清楚楚，只要让阅卷老师明白自己的思路，不要太简化了，就可以了。某种意义上说，老师对解题规范、程序太过于强调了，这对学生来说实在没有必要。我从来没有训练过什么解题程序，但考试成绩也不差呀。”

【解读】

好孩子不是教出来的

学会学习是硬道理

黄建海

近年教育界人士喜欢大谈学生的核心素养。自从教育部如数列出学生核心素养若干条以后，各地教育行政部门纷纷如法炮制，一时间各种素养铺天盖地涌来。然而，不论罗列多少素养条文，学习素养始终是学生最核心的素养。之所以强调这一点，是因为笔者隐隐约约地感觉到，有人正在借批应试教育，提倡素质教育之机，试图以所谓的才艺教育、音体美、科技教育冲抵学习的重要性。必须旗帜鲜明地指出，学习，任何时候都是学生的天职，只有学习好，才是学生真正应尽的本分。至于其他方面都是为学习服务，都是以学习为中心。早年的学校教育没有现在这么多名堂，人们习惯于把那些不好好学习的孩子说成是不务正业。本案例中，小张就是会学习的典范。从小张总结的几点经验看，好学的孩子还真未见得是老师教出来的，而更多是自我习得的。学会学习是成为学霸的硬道理。

学会学习与学会知识不同，传统课堂教学，或者当下的主流学校教学，大体上都是以学会知识为目的，距离学会学习相去甚远。就拿语文教学来说，学会学习，主要体现在学生具有较好的语言应用能力，即写作与表达能力。而写作与表达的前提是要有素材、思想和逻辑，而要有素材、思想和逻辑，就必须先有大量的阅读。阅读为素材、思想与逻辑提供原料。因此，语文教学，与其强调老师课堂设计、组织，课堂教学的艺术性和感染力，比如老师朗诵得多么好，口才多么出色，让学生沉醉于老师所谓的满堂灌中，直接交给学生多少个字词句和静态的知识点，不如不断鼓励和鞭策学生形成读书、思考、写作的习惯。这才叫真正的学习。尤其对高年级学生来说。如果以这样的标准衡量的话，当下的课堂教学，十之八九都算不上是真正的学习。学生的学习能力，难以借助现行课堂教学的一套得到提升。这正是中国学生在与国际学生比较中，自主性主观解题能力差的根本原因所在。因为我们的学生只学会了应试，只擅长解答标准化的客观题。根本没有学会自主学习，面对宏大的多要素组成的情境式综合性主观题，就显得有些束手无策。PISA 测试的结果一再告诉我们，中国学生的情境主观解题能力、综合科学素养以及饱满的人文素养等方面，明显落后其他国家和地区。而这些项目对学习力恰恰有更高要求。

一个真正自主学习的过程，所抵达的并非一堂课教学设定的某个知识点，也不受具体教学内容的局限，而是走向更深、更远、更高的境界。直抵知识世界的内核——事物的本质。这个过程收获的除常规知识外，还有学习者本人的态度、方法乃至于价值观等等。这一切统称为“学习力”——包括阅读力、思考力、判断力、理解力、运用力、表达力等等。

早在二十世纪九十年代，马尔扎诺就提出了未来需具备学习力的五维度学说，它们是：学习态度与感受；知识习得与整合；知识拓展与凝练；知识的有意义运用；心智习惯——高端学习机制的形成，即批判性、创造性学习力等。以此，作为衡量是否学会学习的标准，全面审视当下中国学校教学和家庭教育，恐怕与之相去甚远。

思维习惯比学习习惯更重要

秦九歌

相较于国内教育，国外教育并不重视上面的那些习惯。国外的很多孩子保留一辈子的习惯是出自于国外特有的教育体制。比如，老师会鼓励学生这样提问题：“为什么呢？”“还有没有别的方式？”久而久之，这就成为一种习惯。可能国内同人会说，这个是思维习惯。没错，国外不太注意国内所倡导的学习习惯。比如，这个案例所说的遵守作息规律、提前预习、张弛有度以及精做作业等，因为这些习惯不用去培养，所有的学生都会按时到校，都会提前预习，都有很多游戏和锻炼的时间，作业不会很多也可以选择去做。因此，国外的学校是从小学起就更加关注思维习惯的养成，以便为未来的学习、研究做好铺垫。

比如，小学语文课堂上，老师会要求学生用图画表达自己的想法，所以学生会画很多画，而每个人的画法肯定不同，这就培养了孩子的创造能力。如果是地理课，还会有这样的活动，学生要自己去研究，“土星上有多少元素分布”，如果把每个星球化为一个人，比如说“木星是个人”，学生要会表达木星有什么样的脾气，会有什么样的行动。学生还要去设计外星人，设计这个人必须要有科学依据，学生必须作为一个宇宙的探索员去研究每一个星球。这个星球上的人吸入什么？会产出什么？类似于人类吸收氧气，排出粪便和二氧化碳，草吸收二氧化碳再产生氧气，再进入生物链的循环。所有这些都是思维习惯。

因此，国外的孩子会在一个个活动中去思考这些问题：世界有可能成为什么样子？为什么？老师也会在其中引导孩子发现自己的优势，去思考自己在各领域会成为什么样的人。很多特别会提问的学生最后做了科学家。国外的教育可以让学生从小学起就确立这种思维习惯。

好习惯必须有助于提高效率

房超平

看了这个优秀学生的案例，反复回顾自己教学生涯中遇到的优秀学生，自然而然就想起了小张的物理老师说的那句话：好学生不是教出来的。好学生之所以好，是因为从小就在老师、家长的培养下养成了好的习惯。这句话也让我想到了与其有关的另外一个话题：“差生”是怎么来的？之所以对差生用引号，是因为差生这个名词容易引起歧义。因此，特别说明一点，这里的差生是指一定阶段成绩不太好的学生。

几经思考之后，有了一个大胆的假设："差生"是"教"出来的。理由有以下三点：一、每个人生下来后，并不存在谁优谁差的问题（虽然遗传因素对智力有影响，但这个因素并不是造成学生优差的主要原因。因为研究表明，95% 以上的人的智力差异是不大的）。因此，从一定意义上说，优差是后天分化的结果。二、成绩优差的分化，主要与学生的学习习惯有关，而学习习惯与老师（包括孩子的第一任老师——家长）有着非常重要的关系。三、学习成绩差距的不断扩大，主要是因为成绩相对落后的学生对学习兴趣的逐渐丧失造成的，同时与枯燥乏味的课堂教学不无关系。

谈起学生的学习习惯，我有一个观点，就是好的学习习惯必须有助于学生用较短的时间取得较高的成就。这样的习惯不用老师过多说明或要求，只要学生在运用过程中觉得有效，学生就会自觉运用，并逐渐变成一种习惯。比如，我曾给学生提出过做作业的"五不"习惯，学生就很容易接受。这五种习惯是：一是没有认真复习老师课堂学习的内容不做作业；二是做作业过程中不许翻看课本；三是没有形成完整的解题思路，不动手做作业；四是没有把本题的思路总结出来，不做下一道题目；五是没有对本题进行适当的改变不做下一题。学生之所以愿意接受我的这个建议，就是因为这个建议让他们能够做到举一反三，从而节省了他们的时间。当然，配合这个习惯，老师必须减少学生的作业数量。

不同的孩子有不同的习惯，家长不应一味要求孩子一定要学习别人的习惯，而应帮助孩子总结自己的良好习惯。对于小学阶段的孩子而言，家长更应像小张的父母那样，在关注学习成绩的同时，更加关注孩子良好习惯的养成，甚至有时要不惜牺牲暂时的学习成绩，而引导孩子养成良好的习惯（比如阅读的习惯、自己对自己的事情负责的习惯等），因为这是父母给孩子一生最佳的礼物。

7

站在巨人的肩膀上

【提要】

●坦承自己的缺陷与不足，并不是要蔑视老师、家长的人格，而是希望老师、家长在知识面前平视孩子，设身处地地站在孩子的立场上思考问题。

●三尺讲台并非老师专有的太师椅。

●鼓励孩子挑战老师的权威，并不意味着要否定师道尊严。

●孩子是要靠老师、家长的权威和能力去“征服”的。

●在孩子——可能的未来数学家面前，数学老师应该立志成为一名数学教育家。

●家长一定要鼓励孩子敢于质疑，勇于挑战权威，在课堂上大胆、踊跃发言，争取更多展现自我的机会。

【案例】

“你简直神了，老师没法跟你比！”

导读：新课改背景下，高中数学课堂出现了可喜的变化：学生根据老师提供的学习工具单，课前预习完成基本知识的学习。课堂上围绕关键问题和核心内容展开小组交流与合作，并通过展示、讨论形成与本节课相关知识的规律的认识和理解。最后，老师给出的挑战性练习，诞生了本堂课的四个小博士，使课堂学习达到了高潮。

这是某普通中学高一普通班的一节数学课，学习课题是二倍角三角函数的第二课时，执教的是一名工作不到三年的新老师。

这一堂课的基本流程包括六个环节：

第一环节，明确目标，说明流程。这个环节两分钟。在这个环节，老师出示了三个层次的学习目标：第一个层次是基础性目标，主要针对学习基础比较薄弱的学生，要求学生能说出二倍角正切函数和余切函数的公式，并能举例运用两个公式。第二个目标是拓展性目标，主要针对大多数学生，要求学生能说出二倍角正切函数和余切函数公式的推理过程，能比较这两个函数与二倍角正弦函数、余弦函数公式的异同，最好能举例说明两个公式的运用规律；第三个目标是挑战性目标，是针对学有余力的学生制定的，要求这些学生能改编或设计题目。在给出三个目标之前，老师还设计了预备知识的学习要求（比如，正切函数和余切函数的概念，二倍角的正弦函数和余弦函数的公式，两角和的三角函数公式等），说明本节课必须掌握的基础知识，并根据这些基础知识，给出了相应的预备知识练习。

第二环节，小组交流，拉齐基础。这个环节十分钟。进入这个环节后，老师打开幻灯片，出示了老师课前布置给学生，要求学生通过自主学习完成的练习。

除了预备知识的相关练习外，还有完全根据三个层次的学习目标设计的四个问题：一是写出上一节课学习的二倍角正弦函数和余弦函数的公式，并自编一道题，说明公式的应用规律。二是根据自学结果，运用上述两个公式和有关基础知识，推理出二倍角的正切函数和余切函数的公式，并能运用实例进行说明。三是根据二倍角的正切函数和余切函数公式，结合自己的学习基础，自己选择一道题或编一道题，说明两个公式的应用规律，要求是：选择的题目必须具有代表性，自编的题目必须具有挑战性，而且能说明编题的思路——是根据课本的例题或习题改编而来的，还是根据课外的练习改编而来，抑或是根据自己对公式的理解编写而来。四是鼓励学有余力的学生根据老师给出的与二倍角正切函数和余切函数有关的原来的高考试题，自己改编成一道题，并特别说明，如果哪个同学改编的题目把老师难倒了，那个同学就是当日的数学博士，老师可以拜这个同学为师。

然后，老师要求学生根据课前预习的情况，小组内交流预备知识练习和第一和第二两个题目，分享各自的学习成果。在此基础上，组内学得比较好的同学，和其他同学一起交流解决这些问题的思路，并帮助基础较差的同学解决疑难问题。确实本组同学都不会的题目，可以请教邻组的同学或是本学科的科代表。老师进行巡回指导，并帮助基础特别薄弱的小组解决疑难问题。这个环节结束后，老师根据巡视情况，对有关问题进行指点和归纳，强调注意问题。

第三环节，展示对话，重点突破。这个环节十五分钟，先是两个学生分别展讲两个公式的推导过程，老师不时提出问题，引导学生关注关键环节。接着，请两个同学分别用一个实例，说明两个公式的运用规律。老师邀请两个基础较差的同学对展讲过程提出疑问，以便让所有学生都搞清楚、搞明白。最后，科代表对四个同学的讲解进行点评，提醒学生必须注意的问题。

第四环节，强化训练，学会应用。这个环节五分钟，老师拿出一组试题，包括对公式的填空题，公式推导过程的关键环节，以及基本应用公式的题目，和一道相对简单的公式应用题。学生完成后，小组核对答案，纠正问题。老师根据巡回指导的情况，邀请两个同学对一个疑难问题和一个大多数学生出错的问题进行说明和解释，归纳疑难问题的解决思路和错误出现的可能原因。然后，提出建议：出错的同学把题目写在错题本上，并对题目进行简单的改造后，做出正确的解决步骤，写出自己出错的原因。

第五环节，尝试挑战，争当博士。这个环节十分钟，学生在小组内对第三题和第四题进行交流，并推选各组最具挑战性的问题，向老师发起挑战。最后，四个小组的题目挂在黑板上，成为当天的数学小博士。老师鞠躬对四个博士致意，然后非常认真地说：你们简直神了，老师不如你们，要向你们学习。接着，老师请本班博士的评价小组对四个同学的表现逐一进行点评，投票选出最优秀的同学，老师拜这个最优秀的同学为老师。接着，这四个同学分享编辑试题的类型和思路，呼吁同学们课下向他们发起挑战，谁率先解决问题，就把博士帽主动让给谁。

第六环节，小结提升，巩固意义。这个环节两分钟，按照学号顺序，两个学生对本节课的收获进行总结，说明各自的收获和体会（主要是自己和本组同学学习目标的达成情况，以及在达成目标过程中，本人和本组同学的感受和体会），并提出了对同学们的建议，包括课后应该注意的事项和下节课自学的内容。

这节数学课一环接一环，节奏非常快，同学们也都非常投入，自始至终保持着高昂的情绪。

【解读】

数学教育家才能培养出数学家

在不如孩子时，老师和家长要坦然面对

黄建海

就智商与天赋而言，老师不如学生，这话不假。因为在学生中间，的确有智商超群的，仅以智商而论，学生中有考取北大清华的，而当初老师只考取普通师范大学。这样说的目的是想提醒老师们注意：遇到学生有像案例中那样出色的表现时，可以坦然接受，因为这是事实。老师大可不必为此感到局促不安。

蒙田十分欣赏但丁的一句名言："我喜爱于怀疑，也酷爱于探究。"蒙田除了使自己从经典权威的阴影中解放出来外，还特别重视儿童怀疑意识的培养。他认为知识的形成不能用权威来取代。"凡是追随别人的，其所追随的，就一无所有。"他还说："让老师使学生拣选每一样知识，而不是依简单的权威及信任就予以接受。……让分歧的意见，陈列在学生的面前，如果学生有能力，就去加以选择；如果不能够，就让他停留在怀疑当中。"在蒙田看来："心灵在信任，在热衷于个性所企求的兴趣下活动，在权威的教学方式下，则成为被动的、消极的。"1993年诺贝尔生理和医学奖得主理查德·罗伯茨也深有感触地说：我鼓励所有的学生认真听讲并积极地向老师提问。学生要勇于批判自己的老师！

坦承自己的缺陷与不足，不是要蔑视老师的人格，而是老师在科学面前平视学生，设身处地地站在学生的立场上思考教学。重点考虑的是学生的学，而不是老师的教。尤其当代更关注教的背景下，更应如此。只有这样，教学才能达到默契，正所谓心有灵犀一点通。有些老师的课，之所以不受学生欢迎，就是不注意倾听学生的意见，犯了主观教条主义的错误。然而，教学毕竟不是老师个人的"一厢情愿"，而应该是老师与学生之间知识供给与需求的"情投意合"。

三尺讲台并非老师专有的太师椅。"以铜为镜，可以正衣冠"，学生就是那面铜镜，可以帮助老师从不同的角度去打量自我。学生老师角色互换，不时进行换位思考。不仅老师不会掉价，反而还会为老师的教学加分，为老师赢得学生的敬意加分。

挑战权威并不意味着否定师道尊严

秦九歌

在教育改革中，国内学习西方的经验，非常强调学生挑战老师的权威。但很多情况下，国内老师、家长或有关专家把这个经给念歪了：把挑战老师的权威当成否定师道尊严。其实，西方学校对尊重老师有非常严格的要求。

学生和老师的相处融洽与否是很重要的。在国外，学校不鼓励学生挑战老师的“权威”。我觉得，学生是要去征服的。国外对老师的要求是“会把视角放在学生上来教课”，学生“该玩玩”“该学学”，该学的时候，学生会静下来。老师也要有足够自信，去跟学生平等沟通。这样，学生才会听老师的话，老师也会有能力对学生人生进行引导。

在国外，经常能看到师生共餐的场面。我清楚地记得，有位体育老师跟学生相处极好，与学生互相称彼此为“哥们儿”。师生之间想要达到这种关系，双方都要付出很多很多。还有一位历史老师，人很友善。学生跟他学人学、学历史，他给学生很多空间，学生也觉得他的教学非常有趣，但是他的管理很严谨。在上课的第一天，他就这样要求学生：“课堂上有种神秘的东西存在，叫作‘安静狼’，我很友善，但‘安静狼’不是。”每次需要安静下来的时候，他就会提醒大家，然后比画出一个“安静狼”的手势，教室瞬间就会安静。这一招确实特别管用。在毕业典礼上台的时候，他教过的孩子会举起“安静狼”手势，像粉丝一样，让会场安静下来。老师就是用这种“无理取闹”有趣的方式，做到了对学生要求的宽严有度。

如果学生对老师有一点点不敬，或者不服老师管教、顶撞老师，小则通告家长，或课后、周末禁闭，大则校内停课禁闭。如果学生的语言含有威胁老师、恐吓老师的话，则会被送往工读学校。当然，也有老师错怪、冤枉了学生的时候。遇到这种情况，老师会向学生或家长道歉。但即使遇到这种情况，也不允许学生与老师顶撞、争吵，而是要通过合适的方式与老师沟通、协商。换句话说，即便老师错了，学生也必须尊重老师。

为未来的数学家创造条件

房超平

“老师不如你”这句话，是在告诫老师们：切不可以权威自居，切不可低估学生的潜能，切不可因为自己的局限和无知而阻碍学生的发展。在知识和人格面前，师生从来都是平等的。特别是信息技术飞速发展的今天，学生可以通过多种途径接受到老师不一定知道的新信息，至于新的信息获得方式，老师未必一定比学生了解得多，运用的灵活度更不一定比学生好。“老师不如学生”就更具有现实意义。

对于这节课而言，老师的任务是通过有效的教学途径和方式，让学生通过自主、合作和对话学习，在老师和同伴的指导与帮助下，明确相关公式在本单元知识中的重要意义和公式的推导过程，两个公式与以前所学知识、未来学习知识的联系，以及运用相关公式的规律。而学生的目标是通过上述目标的达成，学会概念的建立、运用和发展规律，对数学世界充满向往和好奇，甚至有人有可能因此而成为未来的科学家。

在未来的数学家面前，数学老师应该立志成为一名数学教育家（坦率地说，中小学数学老师成为数学家的可能性极小），因此，老师不应该在数学知识上就一定比学生强，而应该是在研究的基础上，了解数学家的思维方式，并通过卓有成效的教学，将数学家的思维方式潜移默化地移植给学生。即便不能成为一个数学教育家，起码也应该为学生成为未来的数学家提供正能量，这就要求，老师必须蹲下身来，平等对待学生，甚至树立向学生学习的意识，进而激励学生向权威发起挑战，千方百计地呵护学生的质疑、批判精神，而不是相反。一言以蔽之，在课堂教学中，老师要通过各种有效的途径，让学生站在自己乃至诸多数学家的肩膀上，领略数学的无穷魅力。数学学科如此，其他学科亦然。

对于家长而言，一定要鼓励孩子敢于质疑，勇于挑战权威，在课堂上大胆、踊跃发言，争取展现自我的机会。因为展现自己的学习过程，就能暴露学习过程中的问题，也就得到了老师和其他孩子指导、改正错误认识的机会。

8

合作比学习更重要

【提要】

●当班级所有成员由一个个自由任性的原子重新回归集体时，建设优秀团队的目标就有了实现的可能。

●中学生与集体总是一种若即若离的状态：如果班集体吸引力大一点，他们就会紧密团结在班级周围。反之亦然。

●学习是孩子自己的事情，不应该把学习与集体荣誉感挂钩。

●本书收集了唯一的班级建设案例，目的就是要告诉家长们，合作精神对孩子的成长至关重要。

●家长和老师不需要喊更多的口号、提更多的要求，只需要鼓励孩子把眼前的事情做好，就能激励孩子从小成功走向大成功。

●让孩子有足够的自信，就要选择孩子容易做好的事情，让他们把这些事情做好、做极致，然后逐渐迁移到别的事情上。

【案例】

从小事抓起，建设先进集体

导读：黎老师面对一群由熊孩子组成的“差班”，从一件小事——早操的管理入手，让孩子们逐渐明白了这样一个道理：大事由一件件小事组成，把小事做好，就能把大事做好。进而逐渐引导孩子们认识到合作团结的重要性以及自身蕴藏的巨大潜能，并最终把班级建设成优秀班级。

黎老师是某寄宿制普通初中的优秀老师。之所以优秀，是因为他带“差班”特别出名：每一次接手一个“差班”，都会在短时间内收到明显效果。

这不，这年九月，学校又把一个没人愿意带的班级交给他。据说，在黎老师之前，这个班级已经换了好几任班主任，但收效甚微。于是，学校领导又想到了他这个“差班”转化能手。

开学的第一次班级教育活动，就显示了黎老师的与众不同：与别的班主任不同，黎老师没有按照学校的要求，用一个下午的时间宣讲有关的纪律要求和班级的管理规定，而是仅仅用十分钟的时间，讲了十句话，便结束了他与学生们的第一次互动：

“今天的班级教育活动，我只想讲十句话。”黎老师的开场白非常简洁，“同学们，你们班是没人愿意担任班主任。我也是迫不得已，没有办法才‘打肿脸充胖子’，抱着‘临时抱佛脚’的态度试试看。因此，我现在还不是你们的班主任，因为我是‘赶着鸭子上架的’，这个‘鸭子’是不是会持久待在‘架子’上，只能‘骑毛驴看唱本——走着瞧’。这是我要给大家讲的第一句话！”

接着，他话锋一转：“第二句话，尽管这样，我还是希望我和你们能成为‘一伙儿’，我也相信，只要大家共同努力，我们就能成为‘一伙儿’。大家能证明给我看吗？”

得到学生的肯定回答后，黎老师继续说道：“第三句话，大家跟我成为‘一伙儿’有条件吗？当然有，这个条件就是，证明给我看，你们是最优秀的；证明给所有的老师和同学看，你们是最优秀的。但什么是最优秀的呢？我也说不清楚。”

卖了个“关子”后，黎老师说出了自己的真正意图：“第四句话，怎么证明你们是最优秀的？其实，我对最优秀的要求并不高，咱们就从明天的出操开始吧。我的要求很简单：按时出操，排队整齐。我相信你们能做好这些简单的事情。但前提是，不要让我督促大家起床，也不要让我给你们安排队形。”（注：黎老师所在的学校是寄宿制初中，学生都住在学校，每天早上都要整队上早操。）

说到这里，黎老师进一步强调：“第五句话，如果明天早上大家能做好这件简单的事情，我们就有可能是‘一伙儿’的。怎么样，大家有信心吗？”

回答当然是肯定的，黎老师提高了嗓门：“第六句话，按照学校的规定，今天所有班主任都要用一下午的时间开展入学教育。但我不想这样做，我也没有别的话讲了，可以结束了。但是这个时候，别的班级都在进行班会，我们不能来回走动，影响别的班级的教育活动。怎么办？你们打算做些什么呢？”

这时，班上的体育委员站起来说：“老师，我想组织排队。因为我想着明天早上能把那件事做好，以证明我们是最优秀的。”

黎老师赞许道：“好的。之后呢？”

“之后，就是回到宿舍把我们的铺盖弄好，我们的铺盖现在还乱七八糟地放着。”体育委员解释道。

“我的第七句话讲完了。现在讲第八句话。”黎老师在体育委员说完之后，继续说，“学校领导都说，我带的班都是最优秀的班级。现在叫我来接你们班。大家知道为什么吗？”

看同学们默不作声，黎老师哈哈大笑道：“原因很简单，学校领导认为你们一定会成为最优秀的班级。而我愿意接这个班，是因为我认为你们有成为最优秀班级的潜质。虽然很多人瞧不起大家，但是我还是来了。大家能给我这个信任吗？”

学生不约而同齐声说道：“老师，请您放心，我们一定会对得起领导和您的信任。”

“很好。明天早上将要见证这个奇迹。这是，我今天讲的第十句话。记着，不要让我做不该我做的事。大家记住了哪些事情是不该老师做的事情吗？比如，登记迟到、督促打扫卫生、安排座位、早操站队……诸如此类。怎么样？能不能证明给我、其他老师和同学们看？”黎老师继续“煽动”。

“能！”同学们的回答非常干脆。

这一次入学教育活动，应该是那帮孩子最开心的一次，原因很简单，本来要接受一下午的训话，结果不到十分钟就结束了。教育活动结束后，黎老师就忙自己的事情去了，同学们则在体育委员的带领下，进行队列训练和内务检查。

第二天早上，黎老师第一个来到了操场，与其他班主任不同的是，他没有跟着班级一起出操，而是自己一个人在操场里跑步。

这时，运动场入口处，传来了体育老师的喊声：“站住，这是哪个班的？班主任在哪儿？”

黎老师知道他的“那伙人”来了。

于是，黎老师走到运动场入口处，用“大拇指”给自己的学生点赞。

这一天的早操，是这个班级有史以来最好的一次。

上午的活动结束后，黎老师高兴地夸奖道：“‘人数最齐，到场最早，队伍最好，声音最亮。’体育老师‘四个最’的评价，就是对你们最优秀的高度肯定。”

看同学们人人都非常开心，黎老师挥了挥手，示意大家安静下来。接着，对学生的行为进行了鼓励和肯定：“我想讲两句话：第一句话，今天大家给了我也给了我们自己希望和信心。因为这件事情能做好，我相信别的事情也可以做好。但重要的是坚持，如果能把这个礼拜坚持下去，那就能证明给其他老师和同学，你们是最优秀的。第二句话，如果这个礼拜，老师们没有投诉大家违反纪律的事情。那就证明，我们确实是最优秀的集体。我带的班级之所以是最优秀的班级，是因为我从来不管这些本该属于同学们自己能做到的事情，而这样我才有时间和精力操心身心健康和学业发展的大事。如果大家能给老师留点这样的时间，我就有信心，让这个班级成为最优秀的班级。怎么样？大家能做到吗？”

“能！”同学们的声音非常洪亮。

接着，黎老师让学生自己讨论有关的规定和纪律公约……

一周之后，班级第一次获得学校“优秀班级”称号，受到学校领导的表彰和肯定。

就这样，一周接着一周，这个班级逐渐变成了学校的优秀班级。

【解读】

合作精神是孩子的必备素质

从群体回归集体

黄建海

“十句话”加“第一节早操”，就踏上了甩掉“差班”帽子的征程，听上去有点夸张，可事实就是如此。问题的本质不在“差生”与“差班”，而在班主任老师治理班级的思想理念、手段和方法。十句话逐级递进，自信、自律、自觉、自主，最后达成强大的班级凝聚力。表面上看，整个过程波澜不惊，可每位同学都被每句话感染、鞭策和激励着。全班同学不再是一个个游离于班集体之外的自由任性的原子，而是回归集体：集体荣誉感与自律、自主相呼应，建设优秀班级就是顺理成章的事。

学校班级建设不仅关系到班风学风，也直接关系学生成长和身心健康。再说直白一点，事关每一位学生的切身利益。毫无疑问，风气不好的班级，升学率一定不高。常见的班级管理模式无非这样两种，一种是信赖学生，发动学生，依靠学生进行自主管理。学校解放年级，年级解放班主任，班主任解放学生。另一种管理模式恰恰相反，学校给年级加压，年级给班级加压，班级将量化到每一个学生。强调对学生日常行为规范的量化管理。学生干事忙得团团转，被各种无聊的数据搞得晕头转向。每天上报，每周总结公告，晨会上通报表扬或批评。实质效果却不咋样。

班级管理归根结底是学生的自我教育，不同的学龄段，有不同的心理生理特征，活动设计应因内容、形式不同而有所差别。尤其是中学的班级管理是个难点。必须认清初中生这个群体的特殊性。他们不是年龄比较小的小学生，也不是年龄较大的高中生。初中生的最大特点是他们正处于懵懂的青春期，心理脆弱，情绪敏感易走极端，与集体是一种若即若离的状态。如果班集体吸引力大一点，他们就会紧密团结在班级周围；如果班风差，置身其中他们往往会自暴自弃，时间久了就会变成年级不受待见的差班，就连他们自己也会自我厌恶。同时，他们对异性交往有强烈要求，性意念趋于活跃。初中生开展活动，主要目的是促其保持健康向上的情绪和阳光豁达的精神面貌。适宜的项目有：让学生担任小学生的小导师，或者组织开展好各种主题班会，内容紧紧围绕责任、尊重、宽容、怜悯、诚实等。在集体活动中实现异性之间的大方自然的接触，释放体内过剩的荷尔蒙。

个体学习与团队荣誉感无关

秦九歌

关于这个话题，我没有发言权，因为国外学校没有类似的要求。

首先，打扫卫生完全不是学生的责任，跟学生一点关系都没有，除非在绿色能源队或其他环保社团才会有这样的要求。关于清洁卫生只有一点，就是要有垃圾分类的意识，把垃圾扔到正确的垃圾桶里：可以回收的垃圾、可以放到后花园的垃圾和其他的垃圾桶。学生有这样的习惯，把自己的垃圾按照不同的类别丢进不同的垃圾桶里，对其他的没有任何要求。当然，客观地说，国外的学生从小就养成了良好的卫生习惯，不论个人卫生还是公共卫生，都会非常注意。学校和老师不需要过多强调这些东西。

其次，国外没有班级的概念，也不会有整齐划一的要求和评比，因为这不符合人的成长规律——每个人都是不同的。所以，国外就不会评所谓的优秀班级了。我记得我上学的时候，学校只有一个优秀学生组成的天才班，充其量是这些学生有个性、有活力，但也不会因为这个班级多么优秀。当然，学校也会搞一些激励性的比赛活动，但非常少。比如，学校会搞为癌症患者或者为了某种目的的捐款活动，在这样的活动中，学校就会让所有的班在一起拼，会这样激励班级，某某班首先开始捐钱，某某班捐得最多，等等。除此之外，学校不会组织进行其他的团体比赛或个人比赛。

此外，关于集体荣誉感，我的印象中，唯一的集体荣誉感就是校队比赛时才会有。国外的学生在校队比赛时会特别疯。每次别的学校要来打比赛，学校会免费给所有的学生发放入场票，甚至为了鼓励学生，会把最后一节课上少一点时间，让所有学生都去体育场观看。比赛的时候，会有一大堆啦啦队在跳舞，把所有学生的情绪都调动起来。几乎所有的大型体育活动都是这样，甚至学生会跟着学校的运动队去别的学校观看比赛。所以，体育也是学生非常喜欢的部分，只要跟别的学校打比赛，所有学生的脸上都是学校的校色。但平时所有的事情都是学生自己的事情，特别是在学习上面，基本上没有任何所谓的荣誉感。因为学校不会进行排名，所以学生也不知道谁是好学生，谁是坏学生，更不知道哪个班级成绩好，哪个班级成绩不好。

相信团队的力量

房超平

这是本书中收集的唯一的班级建设案例。收集这个案例的目的很简单，就是要告诉老师和家长，合作精神以及班级建设对于孩子成长的极端重要性。建设优秀班级的关键是建立支持的、成长的、宽容的、尊重的环境，让班级的每一个孩子有足够的信心。如何树立班级每一个学生的信心？我觉得，关键是要相信学生的能量，相信班级团队的能量，让每一个在班级团队里的人都觉得这个团队能够成为优秀团队，凡是学生能做好的事，老师一定要放手让学生自己去做。

没有任何一个学生希望自己的班级是“差班”，除非他们的精神出了问题。如何让学生有足够的自信，就是要选择学生能做的、容易做好的事情入手，把小事情做好、做极致，然后逐渐迁移到别的事情上。让每一个学生产生自信，班主任不能歧视任何一个学生。如果班级有歧视行为，这些被歧视的学生是不可能希望班级成为优秀班级的，因为他们会觉得优秀班级建设与他们是没有关系的。

很多学校对班级的管理都是从一件件琐碎的事情入手，比如多少人迟到早退，队伍整齐不整齐，卫生怎么样，纪律是否好，等等。而班主任往往把这些事情都当成班主任自己的事情，并竭尽全力去管这些事情。其实，这些事情都是学生自己的事情，都应该交给学生去做，都应该相信学生自己能管好。我们的老师往往是这样教育学生的：你们要认真做好这样那样的事情，把这个班级建设成优秀班级。但从学生的角度看，他们可能会这么思考问题，老师想让我们做好这件事情，不就是他自己想当优秀班主任吗？与我们没有什么关系。学校周一开会，则会这样表扬：一班获得优秀班级，班主任是某某某，这似乎也与学生没有什么关系。因此，建立优秀团队一定要考虑学生在想什么，得到荣誉会给学生带来什么。如果老师不考虑这些因素，老师所做的任何让班级成为优秀班级的努力，都将化为泡影。

一个姓刘的老师给我讲过一个真实的案例：学校进行卫生检查，标准很高，比如窗户擦了没有、门框擦了没有，甚至灯管擦了没有等都要检查。每次学校组织卫生检查的时候，其他班级都会安排所有同学打扫卫生，而刘老师则不同，照旧按平时的安排，组织大扫除。班级干部说，老师，这样不行，一会儿学校检查时，我们做不好，您会挨批评的。刘老师说，批评我没有关系，保持好就行了，咱们不做表面文章。结果，其他班级都打扫得很干净，刘老师这个班的效果却不好：门框上面、黑板边框上都有灰尘。学校领导当场就批评了刘老师。但从那次检查之后，班级的卫生就做得很干净了。其中的道理很简单，因为学生觉得因为老师为学生着想而挨批，他们以后再也不能让老师为此而受到批评。因此，老师替学生着想，学生就会替老师着想。

这个案例还说明，家长和老师如果希望学生成为优秀的学生，不需要喊更多的口号、提更多的要求，只需要鼓励学生把眼前能做的事情做好，眼前能做的任务做完，就能激发孩子们从小成功走向大成功。为此，家长和老师要从内心深处相信学生一定能把自己会做的事情做好，并随时予以鼓励和帮助。这样，家长或老师就会发现自己的孩子跟其他学生不一样，学生也会按照自己的希望和要求逐渐转变。相反，家长、老师反复督促他、命令他，要求学生这个事情必须怎么怎么做，那个事情必须怎么怎么做。这样的话，即便学生当时能做好，事后也不会收到好的效果。

值得一提的是，优秀班级团队建设对于班级学习氛围影响极为重要。因此，单纯从为提高孩子的学习成绩这个狭隘的角度看，家长们也应该鼓励孩子积极参加班级团队建设活动，支持孩子为建设优秀班级团队竭尽全力，而不是相反。

第三章 『教』出来的熊孩子

【本章导读】

随着时间的推移，不少天真烂漫的孩子因为学业压力过大和教育方法不当，逐渐变成了老师和家长眼中的“熊孩子”。本章的七个篇章分别从不关注孩子个性、不给孩子选择机会、不能与孩子民主协商、对孩子乱扣“帽子”、用权威压迫孩子就范、强迫孩子接受不合理的要求、过分加重孩子负担等维度，呈现了孩子演变的经过，试图揭示熊孩子的成因。

1

呵护每一个孩子的独特个性

【提要】

●学好数学，必须走进数学世界，立足数学内在的美，感受数学的无穷魅力。

●老师和家长不应该把“调皮捣蛋”这个标签贴到孩子身上，而应该用“独特”来形容有天赋但不听话的孩子。

●国外把有独特个性（比如多动症、自闭症）的孩子编成“天才班”——把“天才”这个名字赋予这些独特的孩子，以便让他们获得充分自信。

●有关研究表明，如果让有多动症的孩子在一件事情上专注下来，他们可以做得非常出色。

●孩子喜欢哪个老师，就能把这个老师教的功课学好，反之亦然。正所谓，亲其师而信其道。

●幼儿园阶段“抢跑”——可能会导致孩子在小学阶段的学习缺少新鲜感，进而导致对学习的厌倦。

【案例】

“数学天才”为何会厌恶数学课?

导读：看着站在教室外面的小学一年级小朋友小聪，张主任放弃了进班观课的打算，决定先与孩子进行交流，了解孩子的内心感受和犯错原因。交流之后，张主任才发现，原来并不是孩子不懂规矩，而是孩子不知道自己的行为是错的。同时，还发现了小学生上课调皮捣蛋的原因：老师给孩子教的知识，他们早已在幼儿园学会了。

这是发生在一所九年一贯制学校的案例。

为了搞清调皮的中学生聪明但学习基础不好、习惯不好的原因，主管中学的教导处张主任准备到小学部探个究竟：亲自到课堂里去，观察孩子们的学习状态。

这天上午，上课预备铃声响了后，张主任朝走廊尽头的一年级教室走去。当快要走到教室门口时，教室门突然被打开了，只见老师拽着一个小男孩走出了教室，并喝令他站在教室外面，然后，气冲冲地关上了教室的大门。

看着走到自己面前的张主任，这个小男孩做了个鬼脸，之后，便朝着天花板望去。那情形分明是，这件事似乎根本与自己无关。

“为何上课刚刚开始，这孩子就站在教室外面？”张主任边喃喃自语，边摸着孩子的头。思考片刻，张主任决定放弃观察课堂的想法，而是与这个男孩进行交流。

于是，张主任牵着孩子的手来到了办公室。

“叫什么名字呀？”张主任笑眯眯望着孩子问，“能告诉老师，你为什么站在教室外面呀？”

“我叫小聪。我为什么站到教室外面？你去问老师，我不知道。”显然，孩子有点蒙。

“哦。叫小聪呀，怪不得那么聪明。”张主任的声音还是那么甜，“那你能不能回忆下，老师叫你站出来之前，你做了些什么事？”

“这我当然知道啦。”看张主任对自己没有恶意，小聪打开了话匣子，“老师，今天，我前面的一个女同学戴了一个非常漂亮的发卡。我看着看着，就想把这个发卡从她的头上取下来玩玩。当我刚拿到发卡的时候，那个女同学却哭了。可能是我不小心弄疼她了吧。但我保证，那绝对不是有意的。”

“于是，老师就把你拽到教室外面了？”张主任接过孩子的话题。

“是呀，那个老师可凶了，她不但让我站到教室外面，还朝我吼着说：‘流氓。’”说到这里，小聪话锋一转，冲着张主任问，“老师，您能告诉我，我犯了啥错误？还有，流氓是啥意思？”

“哦。”看着孩子茫然的表情，张主任若有所思。

很明显，小聪并不知道自己错在哪里，张主任也没有办法直面孩子的问题，因为他不想让孩子过早了解“流氓”这个词的含义。

稍许，张主任继续问：“想想看，别人的东西好看，就一定要拿来玩吗？要是你自己的东西，别人要随意拿走，你愿意吗？”

“不愿意。”小聪边悄声说边点了点头，似乎知道自己错在哪里，“别人不愿意，不能随意拿别人的东西。”

“对了。拿别人的东西，一定要征得别人的同意。别人不同意，不能随意拿。”张主任耐心解释道，“还有，要拿别人东西时，除了要跟人家商量外，还要看人家在干什么。比如，在人家上课的时候，你不能去跟别人商量拿东西的事情，因为这样会影响别人的学习。”

“噢，对了。你上课的时候，怎么不听老师讲课呢？”看孩子频频点头，张主任想了解这个孩子上课不听讲的原因。

“老师讲的，我都知道呀。那还听什么呀。”小聪不屑地回答。

“看来你很聪明，提前把老师讲的都学会了。但是，如果你讲的老师都知道，也不听你讲，你会不会不高兴呀？”张主任在肯定孩子的同时，以提问的方式说出了自己的建议。

“你都会些什么，能不能告诉老师？”看孩子默不作声，似乎接受了自己的观点，张主任用鼓励的口吻继续问道。

听到张主任表扬自己，小聪兴奋地说：“老师，我不但会老师课堂上教的加减法，而且我还会乘法口诀呢。你不信？我背给你听：一一得一，一二得二……”

说着说着，小聪就顺溜地把乘法口诀从头到尾背了下来。

“你简直是个数学天才呀。”张老师不由得伸出了大拇指，“那老师再考考你：二二得四是啥意思呀？”

“那还不简单，二二得四就是两个二加起来等于四呀。”小聪有点得意扬扬。

“二四得八呢？”张主任继续问。

“两个四加起来等于八呗。”小聪轻松地说。

“其实，还有四个二加起来等于八。”张主任看似漫不经心地附和小聪。

“噢。反过来也对。老师，我记住了。”小聪边点头，边认真地说道。

“小聪确实是个非常聪明的孩子，看起来也并不那么淘气，老师让这么小的孩子罚站确实有点不合适。”张主任内心深处很怜悯小聪，并陷入了沉思。

“老师,你还要考我什么？”看张主任不吭气,小聪摇了下张主任的胳膊问道。

“不用考了。你的数学学得太好了。”小聪的声音和拉扯，让张主任回过神来，“告诉老师，你喜欢数学老师吗？”

“喜欢她？怎么可能？”小聪摇了摇头说，“她经常让我站在外面，还经常用一些我听不懂的话来骂我。哼，她以为我听不懂，但我能从她的表情看出来，她非常不喜欢我。她不喜欢我，我怎么会喜欢她呀？”

听了这句话，张老师心里恻然。稍许，张主任接着问：“那你喜欢上数学课吗？”

小聪的回答很坚决：“当然不喜欢。天天训斥我，还让我站到外面，我怎么会喜欢上数学课呀？”

与孩子交流到这里，张主任似乎对聪明孩子成为调皮捣蛋鬼的原因有了初步的认识。

【解读】

让“调皮捣蛋鬼”成为学霸

数学，想说爱你不容易

黄建海

对孩子来说，喜欢与不喜欢是截然不同的两种态度，他往往会自发地表现出来，不会掩饰，更不会压抑。正所谓成也喜欢，败也喜欢。案例的主人公——调皮捣蛋的小一学生的遭遇就是这样的：因为喜欢，所以摸了女同学的发卡；因为不喜欢数学老师，所以数学课上爱捣乱。

数字与大千世界万事万物的关系是数学的本质。数学家把这门学问视为生命的一部分，因为数学家都是用数字解释世界，寻求事物内在本质联系的人。柏拉图学院的门匾上写着“不懂几何者不得入内”的准则，毕达哥拉斯学派信奉“数即一切，数即和谐”的信条，笛卡尔将函数与几何相统一。可是，对于年幼无知的孩子来说，要让他们喜欢数学，开心地将数学天赋释放出来，并不是件容易的事。因为数学既难懂又抽象，用一句通俗的话讲就是：数学，想说爱你不容易。

丘成桐曾经说：“我对数学的兴趣，源于人类智能足以参悟自然的欣喜。”刚开始学习数学时，丘成桐觉得能解答数学习题就很开心。到中学后，对数学的变化多端感到惊喜。再后来，当他更深入地走进数学世界，感受到的是数学的无穷魅力。而迎接数学难题的挑战，带给他的是无与伦比的喜悦。因此，丘成桐强调，老师要教好数学，必须立足数学内在的美。为了培养中小学生对数学的美感，丘成桐在讲课时，总是会给学生讲一些数学家的故事，让他们了解更多“风雨之后见彩虹”的经历，进而告诉孩子们，只有迷上数学，才能真正感受与发现数学的美。在丘成桐眼里，数学的美，是通过数学家的劳动展现给世人的，数学家的气质与数学的内在美浑然一体，彼此不可分割。因此，丘成桐领悟到“对真理和美的无条件追求”乃人生一大乐事。

数学难懂且抽象。正因为如此，除了有浓厚的兴趣外，还可以通过树立远大理想与崇高精神境界，来克服学习数学的畏难情绪。如同鲁迅当年弃医从文一样，著名数学家苏步青也有类似经历。上初三时，学校来了一位刚从东京留学归来的杨老师教数学。第一堂课杨老师没有讲数学，而是讲时局。他在阐述了“弱肉强食”的道理后，旁征博引，讲述了数学在现代科学技术乃至国家发展中的巨大作用。这堂课的最后，杨老师说了这样一句话：“为了救亡图存，必须振兴科学。数学是科学的开路先锋，为了发展科学，必须学好数学。”苏步青一生不知听过多少堂课，但这一堂课使他终生难忘。从此，苏步青立下了“读书不忘救国，救国不忘读书”的座右铭，并因此迷上了数学， 四年中他演算了上万道数学习题。

“天才班”让自闭症孩子获得自信

秦九歌

在国外，老师和家长不会把调皮捣蛋这个标签贴到孩子身上，而是用“独特”来形容这种有天赋但不听话的孩子。国外常常把这些孩子编成天才班（这个班与我们的重点班完全不同：我们的重点班是按成绩分班，天才班是把独特儿童放在一起）。天才班的孩子都有个人计划，比如，某个孩子学习有什么特点都会记录在案，并用这种途径提醒老师，给这个孩子布置学习任务时要注意这些特点。

有关研究表明，全世界智商超群的人大约占 1%，而这种智商超群的人通常都会有一些小毛病，如有自闭症或者其他什么问题。我原来就在天才班读书，我在这个班里有两个好朋友，一个是音乐天才，四年级就开始作曲了，会弹十种乐器；另一个是编程高手，六年级就给大家上机器人课。但他们都有小毛病，那个音乐天才写字很慢。比如，别人考试一个小时可以考完，她却需要再增加一个小时才能考完。老师认为这不是这个学生的问题，而是因为她有写字慢的缺陷。于是，老师每次考试就给这个孩子延长一个小时，让她逐渐适应，而且还把她的这个特点记录在档案里，在省考和高考时，考官们看到这个记录时，也会多给她一个小时的答题时间。编程高手看数字的时候常常反过来，比如把 21 看成 12。为了解决他的问题，数学老师让他每天比其他学生早来半小时，并用这半个小时帮助他（顺便说一句，我们每天第一堂课都是数学），慢慢地帮他把这个问题给扭转过来。现在他们已经上大学了，跟正常人一样，没有刚才说的怪僻问题了，因为他们的问题已经完全纠正了。其实，在天才班，每个人都有这样那样的怪毛病，但到毕业后都正常了。现在，这个班的同学一起聚会，他们跟正常人没有两样，基本没有什么学习障碍或其他毛病了。

当把这些孩子当成调皮捣蛋鬼，进而成为排斥对象时，几乎每个老师都会遇到一大堆这样的小孩，而不知道怎么去教育他们。但是，当我们把这些孩子都当成可以挖掘的宝贝，结果就完全不一样了。成立天才班，就是把天才这个名字赋予这些独特的孩子，让他们获得充分的自信，这样，他们的表现和发展就完全不一样了。反观国内学校，某个小孩可能会因为小的时候有多动症，一辈子都没有办法从这个阴影里面走出来，因为幼儿园、学校的老师甚至家长从小把这顶“帽子”给他戴着，这就势必给了他很大压力。再加上，老师和其他同学极力排斥他，这个小孩是没有办法随着成长而康复的。比如，有一次分享时，有个家长说，因为自己的孩子有多动症，被三个幼儿园踢出去了，连幼儿园都没得上，这个家长为此很痛苦。其实，有关研究表明，如果让有多动症的孩子在一件事情上专注下来，他们可以做出非常出色的事情。但国内学校的这种做法，实际上是在毁掉这些孩子的未来。

此外，我还要说，国外不允许让学生站到教室外面，甚至不允许把学生孤立出来，老师不可以当着大家的面批评学生，这样做的老师会被学生及家长告发的，因为这让学生心里面承受了很大压力。

千万不要“抢跑”

房超平

从这个案例反思我们的教育，不难找到“数学天才厌恶学数学”现象的原因。我觉得，其中的原因不外乎有以下两点：

一是师生关系过于紧张。学生讨厌这个老师，进而讨厌这门功课。用我们经常说的一句话表达，就是“亲其师而信其道”。不仅仅是小学一年级学生，到了高中以后也同样如此：喜欢某老师，学生就能把这门课学好，不喜欢某老师，这个老师教的这门课成绩就滑坡。同样的课，不同的老师教，为什么甲老师教的时候，学生就喜欢学，就能把这门课学好。而乙老师教，学生就不愿意学习，就学不好。除了老师教学能力的差别外，更多的与师生关系的密切程度有关。

二是家庭或幼儿园过早让孩子超前学习。让孩子在幼儿园阶段过早学习识字、数学和英语。到了小学以后，这些东西又不得不重新学一遍。刚开始上小学，就让孩子“吃剩饭”——重新学习幼儿园学过的内容。这样的学习，是不可能让孩子感兴趣的。往往那些在幼儿园学得快、学得好的孩子都是非常聪明的，都是很有创造力的。而重复学习，则会导致这些孩子对学习产生厌倦。因此，从一定意义上说，“不要输在起跑线上”这个所谓的名言，让这些孩子输在了起跑线上。用一句形象的话说就是，“抢跑”会因为“违规”而被“罚”——让孩子在后续的学习中缺少新鲜感，进而厌倦学习。

家长从这个案例中应该吸取两个教训：一是要注意了解孩子对老师的态度，引导孩子尊重老师。对孩子造成伤害的个别老师，家长要及时与他们进行沟通，设法缓解紧张的师生关系，消除老师与孩子之间的误会。二是千万不要急于“抢跑”——让孩子在幼儿园时就迫不及待地学习小学知识，而应该珍惜孩子在幼儿园快乐、健康成长的机会，以免孩子过早学习小学知识后，因缺少新鲜感而导致日后学习的索然无味。

2

会赏识孩子，就能赢得孩子的爱戴

【提要】

●如果说教育讲究艺术的话，那么如何把握好自主与他主的平衡就是最大的艺术。

●教育的秘诀不在于教给孩子多少外在的知识，而在于解放孩子的精神，释放孩子内心的潜力。

●在国外，哪个学生真的有心理问题或者某些方面的严重问题，老师也不会说这个孩子是问题学生，老师会说这个孩子需要帮助或者需要关爱。

●应该让每一个孩子都站在各自的起跑线上：每个孩子可以向自己擅长的方向努力，每个孩子都可以在自己喜欢的项目上拿到第一，每个孩子都是赢者。

●国内老师从来没有给孩子足够的尊重，甚至对作为学校教育最好伙伴的家长也没有给予足够的尊重。

●善于发现孩子的闪光点，用孩子的优点鼓励孩子——换一个视角，老师、家长会突然发现，原来自己眼中的“坏孩子”竟然那么可爱。

【案例】

“杀了我，我也不想回国读书！”

导读：两个在不同国家读书的初一小移民，事先互不认识，在国内学校也都有不俗表现，到国外学校读书的时间都很短，但对重新转回国内读书的态度却惊人一致：杀了我，也不想回国读书。难道国内六年的师生感情还不如与国外老师的短暂交流。问题到底出在哪里，值得老师和家长反思。

刘老师是一个善于学习、喜欢钻研的优秀老师，即便出国旅游，也不放弃各种学习、交流的机会。正应了那句“处处留心皆学问”的古训。

那一年暑假，在新西兰旅游途中，刘老师前往朋友家中做客。当得知朋友的女儿初一就变成小留学生后，刘老师感到疑惑不解。

为了解答心中的疑惑，孩子放学回家之后，刘老师与孩子攀谈了起来。

不料，这次攀谈，让刘老师大吃一惊。

原来，出国前，这个孩子在国内某大城市非常好的一所公办学校读书。因为学习兴趣不高，学习习惯不好，经常挨老师批评，甚至孩子妈妈有时也会因为孩子的学习问题受到老师的严厉斥责。面对这种状况，孩子的父母协商后，索性把孩子转到新西兰的学校来读书。

刘老师到新西兰旅游时，这个孩子转学还不到半年时间。

“你来这里后，原来熟悉的老师、同学都见不到了。面对着一张张陌生的面孔，你会不会感到孤独？你觉得，在这儿读书好还是在国内上学好？”和这个孩子“混熟”了后，刘老师单刀直入。

“当然是这儿好呀。”孩子不假思索地回答。

“为什么你在国内学校读了六年，对原来学校和老师的感情，却没有在这里半年的感情深，原来的学校和老师不好吗？你对原来的学校和老师一点留恋的感觉都没有吗？”刘老师瞪大了眼睛。

“阿姨，你别着急呀。”孩子不紧不慢地解释，“我给你举两个例子，你就能理解我这样说的原因啦。”

第一个例子是孩子第一次到学校时，孩子妈妈和老师交流的经过。

在与新西兰学校的老师见面后，孩子妈妈与这位老师寒暄后，就直接说出了孩子在国内学习的“实情”：“由于我的孩子在中国读书，加上我们对孩子的教育做得不够好，因此，孩子的学习基础尤其是英语基础比较差，希望老师今后多多关照。”

没料到，话音未落，这位老师就非常严厉地批评孩子的妈妈：“你怎么能这样说我的学生？！”还没有等孩子妈妈回过神来，这位老师就满面笑容地面对孩子问道：“你叫什么名字？今年多大了？”

待孩子回答完毕后，这位老师对孩子妈妈说：“孩子的发音很标准，回答很自信，我很喜欢这个孩子。今后，不允许你再说我的学生基础不好。”

讲完例子后，孩子自言自语道：“第一次和老师见面，虽然老师批评了我妈妈，但却让我和妈妈心里感到暖烘烘的，自信心油然而生，一下子就拉近了我和老师的心理距离。而且，老师还夸我英语学得好，让我都觉得不好意思。我怎么能不喜欢这么信任我的老师呢？”

第二个例子是学期过半后，这位新西兰老师与孩子妈妈的再次交流。

为了增强家长对孩子在校表现情况的了解，学校在孩子进校两个月后，举行了一次家长会。

会前，老师与孩子妈妈的对话，再一次让她和妈妈感到震撼。

还没等孩子妈妈开口，老师就迫不及待地这样赞扬道：“你的孩子简直是语言天才。她的语言学习进步非常快，每天都能踊跃发言，和老师、同学的交流也非常顺畅。这样下去，这个孩子一定会成为最优秀的人。”英语学习成绩单上也给了“5”分——这可是老师给出的最好成绩。老师给出这个成绩的理由赫然写在成绩表的下面：面对以前的英语学习基础，孩子能学得这么好，实在是难能可贵，我不能不给孩子打个最高分。

说到这里，孩子兴奋地告诉刘老师，当她刚入学进入班级，用蹩脚的英语给同学们做了自我介绍之后，新西兰老师便这样在全班同学面前夸赞她：这个同学的英语水平比你们好，因为你们是在英语环境中长大的，而她是从一个把英语作为第二语言的国家转到这儿来读书的，英语能说得这么好，非常了不起，非常不容易。大家一定不能小瞧她，一定要向她多学习、多取经。

与孩子简短的交流快要结束时，刘老师问了一个看似不该提出的问题："现在让你转回国读书，你会愿意吗？"没想到，这个孩子反问道："阿姨，您觉得，我在这个学校里开心还是回到国内的学校开心？"临结束时，还不忘补充一句："杀了我，我也不愿意回去。"

无独有偶，一个曾在刘老师的帮助下在国内另外一个城市最好的学校读书的男孩，因为妈妈工作调动的原因，跟随妈妈去澳大利亚读初一。

在回答类似的提问时，孩子给出了同样的答案。

原来，在孩子到澳大利亚读书一年后，孩子妈妈告诉刘老师：孩子到了澳大利亚后，学习不用功，玩耍的时间太多了，非常淘气。

面对曾经在国内担任班长的儿子出现的这种变化，孩子的妈妈忧心忡忡，通过越洋电话，与刘老师进行交流，核心话题是，希望刘老师再帮忙把孩子转回到原来读书的国内学校。

听完孩子妈妈的诉说，刘老师这样回应道："我觉得，要不要把孩子转回来读书，需要咨询孩子的意见。"

于是，就有了下面的一幕：

这一年暑假，当孩子从澳大利亚回到国内休息时，在孩子妈妈的安排下，刘老师"意外"地遇到了这个男孩。

"你妈妈想把你转回原来的学校读书，你愿意吗？"寒暄之后，刘老师转入正题。

"啥？回国读书？老师，你杀了我吧！"男孩毫不迟疑地回答。

"能不能告诉老师，你为啥会这样说？"刘老师追问。

"老师，我给你举例说明，好吗？"男孩沉思了片刻后答道。

接着，孩子给刘老师举了一个在澳大利亚学校选择选修课的例子：

在推荐完选修课的科目之后，担任戏剧课的老师把他留了下来，并且告诉他："我觉得你有戏剧天才，你是不是可以选择戏剧课？如果你愿意的话，希望你去试一试。"

说到这里，孩子对刘老师说道："老师希望我选修戏剧课，不是强迫命令，而是说我有戏剧天分，而且还说，如果我愿意的话，可以去试一试。虽然我不怎么喜欢戏剧，但对于老师这样善意的建议，我无法拒绝。”

不等刘老师回应，孩子继续叙说这个例子：

面对老师的盛情邀请，男孩想：拒绝老师的建议，显得很不礼貌，而答应老师的建议，又不合自己的心愿。于是，男孩选择了沉默。

看孩子无言以对，老师进一步鼓励道：“我估计你有畏难情绪，是不是不喜欢戏剧课呀？没关系，你可以先试一个星期。如果一个星期后，你还是不喜欢这门课程的话，你可以选择别的课程。”

见老师的态度这样诚恳，男孩不得不按照老师的建议去做：尝试选择戏剧这门自己当时并不怎么“感冒”的课程。

结果，试了一个礼拜后，男孩真的就喜欢上了戏剧课。

实例说完之后，男孩质问刘老师：“在国内学校，老师会这样跟学生提建议吗？会这样跟学生商量问题吗？连我这个当班长的，老师从来都是要求我去干这干那，都不会给我选择或尝试的机会，其他同学就可想而知了。而在这里，我只是一个普通的学生，老师却这样对待我。当我有畏难情绪的时候，老师只是鼓励我去尝试，如果尝试的效果不好，还可以从头再来。这，就是我喜欢现在的这个学校的原因：一是老师尊重学生；二是老师给学生选择的建议，而不是命令、要求。”

两个小留学生，一个在国内学习不好，另一个是国内的优等生；在国内的城市不一样，转出后，也不在同一个国家的学校读书，但面对“是否愿意回国读书”这样一个相同的问题，却不约而同地给出了否定的结论，让刘老师陷入深思。

其实，陷入深思的应该是所有的老师和家长，以及所有关注中国教育改革的同人。

【解读】

没有学生的自主权，就没有真正的教育

“为了孩子好”是个谎言

黄建海

类似的故事此前曾有耳闻，但多是道听途说，不敢信以为真。这次亲耳聆听，觉得孩子的切实体验是真切的，孩子的嘴里不会有谎言。近年来，中西教育比较一直是热门话题，随着低龄出国留学渐成气候，中西小学教育比较也开始进入人们的视线。早几年，有几位留洋博士写自家孩子在国外读书的经历，孙云晓也写过中日夏令营的较量，说的都是中外教育比较。本案例延续了中外教育比较的思路。也就是说，尽管这些年，国内教育较前开放了许多，不断有国外先进理念融入国内教育，但是总体来说，中西教育的差异依旧很大。原因就是文化传统与教育体制的冲突由来已久，根深蒂固。

孩子有不懂事的一面，也有自主的天赋权利。不懂事只是一种外在的表象，而自主性却是天赋人权。如果说教育也讲究艺术的话，那么如何把握好自主与他主两者的平衡就是最大的艺术。我们习惯以大人的立场、想法为主，肆意放大孩子不懂事的一面，打压孩子的自主权，并以此设计、规划孩子的教育。在实操方面，往往采取严之又严的一套，教育的主体不是孩子而是家长，教育不是孩子自觉主动参与，而是被动煎熬和忍受。教育行为上，往往是从结果出发，借口为孩子好，将家长的意志强加给孩子。似乎只要是为了“孩子好”，过程与手段即便残酷一点也无所谓。而西方则多顾及孩子的实际需求和身心特点，把孩子当成拥有一定自主权、独立的生命个体。

然而，没有儿童自主权的释放，教育就不会有好的结果。儿童教育的秘诀不在于教给他们多少外在的知识，而在于解放他们的精神，释放他们内心的潜力。奥地利教育家阿德勒在《儿童的人格教育》一书中指出，儿童和成人一样，心里总是充满着有活力、有目的的追求。这就是儿童自主性的源泉。阿德勒进一步指出，这种追求反映了儿童具有独特的思考和想象力，正是它主宰了儿童的行为，甚至思想。因此，他认为，作为父母和老师的任务，就是把孩子的追求引导到富有成就和有益的方向。教育者必须确保孩子自主性的发展，从而带给他们精神健康和幸福，而不是精神疾病和错乱。

每个孩子都应该有自己的“起跑线”

秦九歌

在国外，基本上不会用“问题学生”这个称呼，因为这是一个非常严重的词汇，甚至那个学生真的有心理问题或者某些方面的严重问题，老师也不会说是问题学生，老师们会说这个孩子需要帮助，或者需要关爱。在与家长沟通时，老师一般不会因为孩子有问题才叫家长来，而是跟家长说，我们一起商量或讨论，看能否让孩子取得更大的进步。所以，老师通常用的是“progress”（意为“进步”）这个词。比如，我父母给老师说，九歌的数学成绩太差了。老师一定会纠正：孩子的数学成绩不是太差，我们班上能够考 89 分的只有一两个人，这个成绩已经很好了。我们当然希望孩子有更大的进步。再比如，我小时候体育成绩不是特别好，但最后却进入了加拿大国家队。这个成绩的取得，就与老师的鼓励有关。我现在都记得，小时候的体育老师从来没有说过我体育差，而是会举例表扬我其他方面的表现，比如，说我上课时很关注其他学生，说我会帮助老师组织队伍，懂得与他人团队合作，但在体质方面，可以商讨一下，看看怎么能取得更大进步。他给我的父母很多建议，比如，课外可以让孩子参加一些什么训练，或者吃一些什么增强体质的营养品，等等。

国外的教育特别强调扬长避短，也就是把学生最好的一方面调动起来，而不是把最短的那个问题拿出来进行比较。所有的孩子都在一个起跑线上，每一个孩子都可以向自己最擅长的方向努力，每一个孩子都可以在自己喜欢的项目上拿到第一，所有的孩子都是赢者。因此，学校的一切教育活动都是围绕着能够帮助孩子的进步来展开的，都是在挖掘、激活、放大孩子独一无二的特质。对于那些经常犯错，比如一而再再而三破坏学校规则或者破坏学校环境的孩子，学校会有专门的办公室进行教育。一般来说，这些孩子多数是家庭教育有负面影响的孩子，比如，父母闹离婚对孩子造成很大的心理压力，有些父母以暴力方式对待孩子等。在这个专门的办公室开展教育的都是专门的心理医生，而不是一般的老师。在国外，关于学习、性格以及与别的孩子相处等方面存在的问题都不是问题，都是可以纠正或进步的。我想，这也许就是那两个小留学生更喜欢国外学校的原因之一吧。

谈到家校关系，国内比国外复杂多了。国外的老师下班后，时间就完全属于自己，家长不能联系老师。同样的，校园里面发生的事情老师也不会去找家长。在国外，除了学校举办活动邀请家长参加，或者学校搞画展家长过来捐钱外，老师一般不会叫家长来学校。孩子在学校调皮、不守纪律，都是由老师自己来教育，没有必要打扰家长。

换一个视角，“坏孩子”竟然如此可爱

房超平

面对案例中出现的类似情形，国内老师大多会这样处理：家长给老师介绍孩子的情况，说孩子有哪方面的不足，老师一定会说，你今后要加强教育，协助老师做好相关工作；关于成绩的评价，不考虑学生个体的实际，一定会按标准答案给出绝对的评价；老师给学生布置作业，基本没有选择；老师给学生安排任务，基本上是命令或要求的口吻；面对孩子所犯的错误，老师总是教育家长该怎样怎样，更有甚者，把家长拉去训斥或批评一通了事。没有比较，就没有发言权。也许这就是孩子用“脚”对国内教育投出“否定票”的根本原因。

案例中还有许多细节值得我们认真反思。比如，我们用什么样的方式给孩子提要求，我们怎样看待师生关系。在国内学校，老师是权威，总是要求学生这样干那样干，很少考虑学生的感受和需求，至于以什么样的口吻与学生交流，更不是老师考虑的问题。正如案例中的学生所说，国内学校和老师在教育过程中从来没有给学生足够的尊重，甚至很多时候，国内学校和老师对作为学校教育的最好伙伴的家长也没有给予足够的尊重。

善于发现孩子的闪光点，用孩子的优点鼓励孩子，是这个案例给我们的又一重要启示。比如，尽管孩子没有英语环境的熏陶，英语基础并不十分好，但老师却表扬孩子发言踊跃、大胆。再比如，说孩子有学习戏剧的天分，鼓励孩子尝试选修戏剧课，等等。有人说，学生都是“二表”人才：一是爱听表扬话，二是爱表现自己。老师和家长要善于运用表扬的手段、期待的手段。因此，换一个视角，我们会突然发现，原来我们眼中的“坏孩子”竟然那么可爱。

在国内学校，还有一种现象：作业没完成叫家长，孩子迟到叫家长、与别人打架叫家长。只要是孩子有问题、有缺点，就得把家长叫来。似乎孩子存在的问题都是家庭教育的问题。其实，孩子不按时完成作业，与家长有关，更多的是老师的问题。比如，作业的难度是不是适合所有的孩子，作业量是不是合适，等等；再比如，孩子迟到，可能与老师布置的作业过多，孩子睡眠不足有关；还比如，孩子打架，可能与学习过于枯燥无聊有关，也可能与学校生活不够丰富有关。因此，当孩子不遵守规矩或者犯了错误，学校和老师应该先反思一下自己的工作，也许经过反思之后，会有“柳暗花明又一村”的感觉。

通过这个案例，家长也应该反思一下自己教育孩子的方式。比如，自己是怎么看待孩子的进步和表现的，自己对孩子的要求是否符合孩子的特征，自己是否做到了尊重孩子，自己是怎样和孩子交流的。也许，家长改变一下对孩子的态度和说话的方式，就会觉得，原来自己眼中的熊孩子竟然如此可爱。

3

厌学不是孩子的错

【提要】

●家长们对名校的一厢情愿虽有一定道理，但更需注意：适合自己孩子的学校，才是最好的学校。

●真正的名校一定要旗帜鲜明地坚持教育公平，兼顾每一个孩子的个性化发展和综合素质的提升。

●在国外，从小学开始，就是按科目分班的，而不像国内有班级制度，也没有班长、科代表。对国外孩子而言，这是一件遗憾的事情。

●国外学校按照学习态度和学习习惯分两类班级：学习进度快的班级——“快班”和学习难度比较大的班级——“深班”，孩子可以根据自己的实际自由选择。

●没有好的家庭教育配合，即便在名校读书，也不一定能培养出优秀学生。因此，无论如何，家长都不能放弃自己的教育责任。

●“在名校，孩子们的习惯都比较好，孩子去了后，不至于学坏。”如此看来，是不是名校并不重要，学风和校风才是最关键的。

【案例】

“踏入名校起，我开始厌学了！”

导读：家长通过各种途径好不容易把孩子转到了名校，不料想，孩子的内心和行为都不“买账”：不但学习成绩大后退，而且自信心受到很大打击。万般无奈之下，家长只好同意把孩子转回了原来的学校，孩子也恢复了往日的状态。看来，学校是不是名校，必须由孩子们用脚来投票。

苦于家门口没有名校，从小阳上六年级第二学期开始，小阳爸爸就到处托人打听怎么做才能读名校，目的只有一个，那就是让孩子到名校去读初中。然而，由于多种原因，老阳在孩子上初一的第一学期，未能让孩子到理想的名校读书，只好先让孩子上了家门口的初中。

虽然孩子已经上了初中，但老阳还是不甘心，仍然想方设法为孩子入读名校寻找机会。功夫不负有心人，老阳多方的努力终于有了效果，一所市属初中名校愿意接收小阳读书。然而，在家门口上学半年的小阳，却喜欢上了这所老阳并不看好的学校。无论老阳怎么解释、做工作，小阳都不愿意服从爸爸的安排——转学去名校读书。然而，胳膊最终还是拧不过大腿，在老阳的强力逼迫和亲戚的耐心劝解下，小阳被迫同意在初一第二学期转入名校读书。

但是，转入市属名校后，在原校成绩还不错的小阳，在新的班级排到倒数名次。原因很简单，这所市属名校的学习进度非常快，很多学生在寒暑假就学完了下学期的课程，老师上课根本不讲课本上的内容，而是组织学生开展高难度练习。虽然老阳为了让孩子把学习赶上去，找了当地有名的培训机构，利用所有的节假日和晚上时间对孩子进行一对一培训，但孩子的成绩还是没有明显改善。在努力没有效果之后，小阳的自信心急剧下降，甚至出现了厌学情绪。

没有想到转学后会出现这种现象，小阳非常不开心，老阳也一下子慌了手脚。情急之下，老阳找他在教育系统的朋友咨询该怎么办？在这位朋友的指导下，老阳终于与小阳坐到了一起，交流出现上述问题的原因。

“你告诉爸爸，到底是怎么回事呀？为什么到了这么好的学校，你的成绩不但没有保持，而且还退步这么严重？”老阳说话时心情非常沉重。

看孩子低头不语，老阳强打精神，一边摸着孩子的头，一边语气缓慢地说：“没有关系。有什么困难和问题都可以说给爸爸听，爸爸不会责怪你。咱们一起想办法解决。”

“爸爸，到新学校后，老师上课很快，学的内容很难，我根本听不懂。还有同学们都瞧不起我，说我是‘后门生’，在学校里没有好心情。”看父亲很真诚，小阳一五一十说起了事情的原委，“而在原来的学校，老师对我们很关心，学的进度比较适合我，内容也不是很难，作业也是我通过努力能够完成的。再说，我和其他同学的基础差不多，同学们之前都在一个小学读书，互相很熟悉，大家都能玩得来，心情也不错。”

看父亲不吭气，小阳斗胆继续说：“爸爸，我真的很喜欢原来的学校，不喜欢这个新学校。我想转回去。爸爸，求求你啦。你同意我转回原来的学校，我一定会非常努力的。”

“啥？你想转回去？”听孩子这么说，老阳的声音马上提高了几度，“不可以，不可以。你知道，爸爸为这个事情费了多大劲吗？很多同学想进都进不来。你还要转学？这怎么可以呀？你也要理解爸爸，爸爸可是为你好呀。”

“我知道爸爸是为了我好。要不然，我就不会同意爸爸的要求，转到这所学校来了。”小阳对爸爸的话不以为然，“可是，我现在已经很努力了，但学习效果不好，而且心情非常糟糕。如果爸爸还要我继续在这里读下去，我只会越来越差。这样下去，我读书还有啥意思呀，一点都不开心，也丧失了对自己的信心。”

说着说着，小阳的眼泪止不住掉了下来。

看孩子这么难受，老阳没有了主意，在一旁坐着的小阳妈妈也泛起了嘀咕，责怪起老阳来。

经过多方咨询教育界人士的意见，又与新老两校的班主任、领导分别反复沟通，再与孩子多次交流，老阳终于同意把孩子转回家门口的学校。

然而，知道老阳的想法后，小阳的爷爷、奶奶、外婆、外公等长辈以及老阳的朋友都对老阳的这个决定不能理解，纷纷当面或电话指责老阳转回去的想法：

“到这所学校是别人求之不得的事情，你花了那么多的精力和代价，好不容易进去了，现在却主动放弃了。真是不可理喻。”

“孩子比较小，不懂事，但你大人脑子没有问题呀，为啥只听孩子的一面之词。”

“学习环境改变了，孩子肯定要适应一段时间，让孩子适应适应就好了，要教育孩子学会适应不同的环境。”

“名次是个相对概念，在原校好，在新校差，只能说明名校比一般学校质量更好，更需要在名校不断提升自己。”

“现在竞争压力多大呀，生活在这个竞争的时代，孩子需要承受一定的压力，连这点压力都承受不了，以后怎么面对生存压力呀？”

“在名校读书，学习成绩即便差一点，但孩子班上的同学都是有出息的，走向社会后孩子将来的人脉关系会好很多。中国是人情社会，没有好的人脉关系，什么事情都办不成。”

……

亲属、朋友与教育界人士的观点针锋相对，老阳不知道该听谁的，感到痛苦万分。

无奈，老阳又找到了小阳比较喜欢的原校班主任，声泪俱下地与这位老师谈起自己的苦衷，期望得到老师的帮助：“在中国当个父母真难呀。不给孩子读名校吧，怕孩子将来骂自己无能。给孩子读名校吧，孩子进去之后，很痛苦、不适应。我该怎么办？”

“非常理解你。”班主任老师劝解道，“不管怎样，你要看孩子的感受。孩子不幸福、痛苦，上什么学校都没有用。你觉得，上了名校能满足家长的虚荣心，但却伤了孩子的自信心。何去何从，只能你自己分析判断，别人帮不了你。”

看老阳没有回应，班主任进一步规劝：“我可以再给你吃个‘定心丸’，如果你把孩子转回来，我们一定会让孩子的学习不断进步，也一定会更加关注孩子的感受，让孩子在学校的生活更快乐。”

也许是这位班主任的劝告起了作用，也许是孩子的反复哀求起了作用，一学期后，老阳经过苦苦挣扎和反复思考后，还是把孩子转回了原来的学校。

转回原校后，小阳又变得开心活泼起来，学习又恢复了以前的自信。初中毕业时，小阳还考上了当地的名牌高中，实现了老阳的夙愿。

【解读】

"名校"应该让学生用脚投票！

适合的才是最好的

黄建海

这个案例说的是如何选择学校的事，是进名校还是就近入学，这是个问题。一般来说，人们都会选所谓的好学校。可是何为好学校？名校就一定是好学校吗？或者名校、出国留学就一定适合自己的孩子吗？这些都困扰着无数家庭，为成千上万的考生和家长所纠结。笔者无意反对人们对名校的一厢情愿，但更想提醒广大学生和家长：适合自己的才是最好的。

决定个体前途的，往往在于是否选择适合自己的学校，是否遇到一位好老师。当然，就概率而言，名校成为学生心目中的好校，名师成为学生心目中好老师的概率更大。但这里言及的是真正的名校，就像历史上曾经出现过的那些名校，诸如民国时期的晓庄学校、春晖中学、南开中学等。那时，名校因教育家型校长而闻名，因名师云集而驰名。而如今的名校主要靠的是生源，至于其办学理念、老师教学、校长治校，彼此之间看不出有多大区别。更何况，如今的校长深受教育行政化的干扰，在强大的升学率压力面前，要让他们有所作为，实在有些难为他们。

这里，给大家介绍几个判断名校的招数：硬件上，看校园功能区块是否健全，尤其是实验室、图书馆、体育馆以及艺术教育场馆。图书馆更有必要走进去，仔细查看馆藏，看其藏书多不多，种类是否齐全，藏书的品位如何；实验室有没有实操能力非常好的指导老师；师资方面，私下打听有没有自己佩服的老师，有些信息可以公开获取，有些则需要通过人际关系了解。总之，要做深入细致的调查研究，取得第一手资料。还有就是对校长的了解。有句话说得好，一个校长就是一所学校。选择了好校长，就等于选择了一所好学校。

有些名师是货真价实的，有些则是校方给予政绩犒劳赐予的，两者显然不同。当然，更多的是名气小一点的老师，他们各有各的特长，需要花费更多的时日打听。总之，要花费一些时间和精力，综合各方面的信息，最终判断自己选择的名校。遗憾的是在现实中，能做到这一点的学生和家长屈指可数。

名校还有一个要求就是，关心和照顾弱势学生，而不是“嫌贫爱富”。也就是说，真正的名校一定要旗帜鲜明地坚持教育公平，兼顾每一个学生的个性化发展和综合素质的提升，而不是给重点班和尖子生“吃小灶”“喂偏食”。

按态度而不是按成绩分“深班”和“快班”

秦九歌

国外尤其是西方国家没有重点校，没有通过考试进重点高中的问题，所以不存在选择名校的问题，家长的苦恼也没有这么多。在美国，只有纽约等极少地方，有需要通过考试进去的学校，因为纽约等地方有人口问题。当然，美国也有一些高中名声很好，很多人想进去，但美国的高中不是说学生成绩好就让学生进，而是要看家庭住址和所在学区。家庭社区好，房产税高，一般来说学校就会好一些，因为这个社区有足够多的钱办好学校。但是，家庭要是不住在相关社区，学生学习再好，甚至是个天才，拥有世界上的各种奖项也没有用，学校也不会收这个学生。

除了没有重点校之外，国外也没有重点班，不会分重点班或者火箭班或者差班。在国外，从小学开始，就是按科目分班的，而不像国内这种班级制度，没有班长、科代表。说句心里话，这对国外孩子来说，是一件遗憾的事情。我觉得，当时三年级回国读书的那个短暂时间，我们班上同学关系很好，经常会递纸条，开一些同学的玩笑。而在国外没有，因为一天要换好多班，上不同的科目，要跟不同的学生在一起，因为学生有权利选择自己的课程，比如学生喜欢科学，就上很多科学的课程。从初中开始，所有学生都有自己的安排，选课完全是他们自己的事情，因此，国外没有固定的班级，也不存在什么样的班级更好。

此外，美国学校没有名师之说。每一个学生学的科目不一样，老师也不一样。老师没有分成三六九等，什么名师、骨干老师等，没有这样的概念。同样，学生也是不分三六九等的，老师教什么科目就学什么科目，学生喜欢就上，不喜欢就不上，特别简单。没有差班或者好班的分别。但是学生可以选择两个不同类别的班级：学习进度快的班级（下面简称“快班”）和学习难度比较大的班级（下面简称“深班”），完全是按照学习态度和学习习惯来分类，而不是按成绩的好坏来分类，不一定最好的学生去上“快班”。我有几个同学，学习成绩从来都是班上倒数第一第二，他们照样去“快班”，因为他们不喜欢学那么深。这两类班级并不是固定不变的，而是可以根据学生自己的需求随便转班，比如，学得深的，觉得太慢了，就可以转到“快班”；学得快的，觉得学习不够深，就可以转到“深班”。

一般来说，学校在初二结束时才开始分班。换句话说，这种班级分类方式只在初三一年用。在选择不同类型的学习方式之前，老师会给学生铺垫一个月，让学生好好反思自己的学习方式。然后，再让学生填一个表格，这个表格问学生的问题包括：更喜欢做专题研究还是更喜欢考试；平时写作业时，大概是什么样的速度等。填完这个表格以后，老师也不收，而是把每一个班的要求写在黑板上，比如，“快班”通常每天只有一到两个小时的作业，“深班”一天就会有三到四个小时的作业。请学生看自己表格所填的作业速度，和每天期待回家以后做作业的量。然后，要求学生按照自己填的表格，再比较黑板上的两个班的要求，选择更适合自己的班级。也就是说，把选择班级的权利完全给了学生。当然，选完之后，老师会征求家长的意见。

“深班”会学当年的课本，会学得非常深，他们总结这一学期学习的方式是，做一个产品，或者做一个PPT，或者跳一支舞、唱一首歌。“快班”学习速度很快，初中第三年把高中一年级的课程也学完了。一年下来，可以学两年的东西。这样，课程的平时讨论不会那么多，毕业时通过考试来评价，而不是做研究性的产品。我觉得，我们中国人可能多数会选择学得快的那个班，但是西方人会觉得学得深比学得快更重要。因为他们觉得，把一个东西了解透彻，让孩子在学习中感到快乐，显得更重要一些。

不论读什么学校，家长都不能放弃教育责任

房超平

在现实生活中，经常会碰到为孩子上学东奔西走的家长。很多家长以为，只要能读名校，自己就尽到了责任，至于孩子适合不适合、学习好不好、快乐不快乐，与自己无关，都是孩子、老师和学校的事情。这种态度是典型的不负责的态度。没有好的家庭教育配合，即便是名校也不一定能培养出优秀学生，因此，不论是名校还是普通学校，家长都不能放弃自己的教育责任。

我有两个朋友的孩子学习非常好，一个孩子小学毕业时，被某名校选中，录取进了该校的五年制初高中直通实验班，但高考时却不幸落榜，第二年延长读书后，才勉强考进了当地的一所一般院校。另一个孩子初中毕业时，考上了当地最好的高中，三年后参加高考也不尽如人意。这两个孩子进名校的时间节点不同，但结果却很相似：与原来小学、初中不如他们的一部分比较优秀的同学相比，这两个孩子的高考成绩差距较大。除了这个相似点以外，他们的家长还在选择学校时分别向我咨询过同样的问题，而且我当时的意见基本一致：是不是读名校，取决于孩子的习惯。如果孩子养成了良好的自学习惯，自律性较高，读名校更好，否则读名校不一定是好事。也许，这两个孩子都是那种学习靠他律的孩子，所以，不幸被我言中。

我也曾经碰到过一个要求帮孩子转到名校读书的家长。家长关于孩子读名校的理由，与案例中的一个观点非常相似："名校的生源结构较好，孩子在名校读书，以后的人脉资源不成问题。再说，名校的学习环境和氛围比较好，特别是名校的学生各种习惯比较好，孩子去了后，不至于学坏。"这里，有两个问题值得探讨：一是名校比较好的环境和氛围，是名校本身就有这种基础，还是因为名校会聚了优秀学生？二是名校学生的习惯较好，是名校自己培养的，还是这些孩子以前的学校和家长培养的？其实，答案是不言而喻的。一言以蔽之，名校只是给具有良好习惯的学生提供了一个变得更优秀的条件和基础。从本质上看，这也是名校比普通学校优秀的客观原因。主观上，由于很多非名校自甘"堕落"，也使得名校与普通学校在环境和氛围上的差距得以强化。这些非名校的领导者和老师

也许是这样思考问题的：反正我们的生源不好——学习基础不好，行为习惯不好，我们天生比不过名校，要建设与名校更好的环境和氛围，需要付出更多的代价和时间，而且即便付出了，效果也不可能一下子呈现出来，还不如得过且过。殊不知，这样做，只会使自己学校的学习氛围和环境更差。

名校的环境和氛围好，再加上名校的老师有职业成就感，会吸引更多的名师到名校工作，这就势必造成资源的集约效应，这也是家长选择名校的重要原因。但有了好的环境和氛围，有了好的同伴和老师，并不等于孩子一定能有好的心情，一定能取得更好的成绩。原因很简单，在一个由优秀学生组成的班级中，可能会由于孩子的基础较弱和班级的学习难度过高，导致孩子学习跟不上或相对退步（在班级中的相对位置发生变化），而严重打击孩子的自信心，甚至产生厌学情绪。而这些与环境和氛围无关。对于那些自律性较差的学生，由于名校学生大多习惯较好，老师管理相对宽松，可能会导致这些学生的自律性越来越差，甚至可能由于优秀学生对这些学生的反感，而导致这些学生产生严重的心理问题。

综上所述，家长在为孩子选择学校读书的事情上，一定要特别慎重：充分考虑孩子的实际，而不要盲目跟风。

4

老师、家长的小错误会引发孩子的大问题

【提要】

●如果老师不能公平地对待某一个孩子，那么其他孩子都是变相的受害者。

●在一个不公平的班级里面，孩子和家长要设法让老师明白，老师的权威会因为孩子的反抗变成耻辱。

●学期开始前，应该让孩子们填一张表，包括自我介绍，孩子喜欢的学习方式，喜不喜欢记笔记，最喜欢哪种方式的作业，等等。这样的话，老师们可以对不同的孩子采取不同的对策。

●学期结束后，应该让孩子们再填一张对老师进行评价的表，孩子们可以写出最喜欢和最不喜欢的课程，并用自己的话来评论老师的教学状态。

●国外老师强调所有孩子都不一样，每个孩子都很独特、很优秀。他们对孩子的这种态度，让每个孩子都崇敬老师。同时，还会直接影响孩子们的价值判断。

●不同的孩子对老师的适应是有差异的。如果在双方班级都同意的情况下，允许孩子在校内转班，那么对孩子与老师的相互适应是非常有利的。

【案例】

换座位后，她的数学成绩直线下降

导读：班主任老师定了一个规矩：上课不认真听讲，说小话的同学，都要坐到后面去。小黄因为后面同学捣蛋，抱怨了一声，正好被班主任老师撞见。于是，班主任老师不由分说，就把小黄的座位调到了后排，即便小黄的家长请求学校领导出面调解也无济于事。从此，小黄的学习特别是数学学习一落千丈。后来，换了个班级，这个问题才得以缓解，但小黄的学习再也回不到原来的状态。对老师而言，可能只是一个小举动，但对孩子而言，影响的可能是一生。

小黄曾经是一个非常优秀的学生。

然而，却由于班主任都老师对一件小事处理不当，导致他的心情非常糟糕，学习成绩也一蹶不振。甚至有相当一段时间，小黄都想逃学。

要想了解事情的原委，得先说说小黄的班主任都老师。

都老师教语文学科，是一个因为对学生管理严格而出了名的班主任，很多学生私下里给他送了个"魔头"的绰号。也许是由于他过于严格管理，也许是因为学校评比流动红旗的标准过于形式化的缘故，他所带的班级经常夺得流动红旗，他本人也多次被评为所在重点中学的"十佳"班主任。

孩子们说他是"魔头"，是因为他制定了很多非常严苛的制度。比如，班级哪一周没有获得流动红旗，他就会处罚全班同学在周末时间把语文课本从头到尾抄一遍；如果哪个同学上课或自习时间讲小话、不安静，他会把这个同学的座位放到最后，直到老师或同学发现新的讲小话的同学为止。

虽然很多家长和老师对他的管理制度颇有微词，但因为他头上有"十佳"班主任的光环，大家只好默认。

这么"优秀"的班主任怎么会因为一件小事处理不好，让小黄的情绪极度不安，成绩一落千丈呢？事情还得从头说起。

有一天上自习课的时候，小黄身后一名比较调皮的男生在课桌下面用脚不停地踢小黄的屁股。小黄开始没有在意。但那个同学似乎不肯善罢甘休，小黄实在忍受不了，就回头对这个男生说了一句："别搞了，我还要做作业。"没想到，小黄说这个话的时候，都老师正好在教室外面监视班级同学的行为。看到小黄扭头说话，都老师气冲冲地从教室外面走到小黄身边，不由分说，把小黄的座位调到了班级最后面的位置。

虽然小黄上课说话并不是自己的原因造成的，但都老师没有看到课桌下面的行为。因此，不论小黄怎么解释，都老师根本不予理会，并坚持把他的座位换到了教室的最后排。

按照都老师的班级管理规则，班级后面坐的都是调皮捣蛋、爱说话的学生。因此，上课和自习时间，班级后面的学生都在讲小话，声音很嘈杂，小黄根本无法安心学习，上课时也听不见老师的声音。而且，后面这群学生对成绩好的学生有天然的妒忌之心，上课时总是想方设法干扰小黄，不让他静心听讲和学习。加之小黄犯错误的原因是别人造成的，所以换座位后，小黄的心情坏透了。

就这样，两个月下来，到期末考试时，小黄的各科学习成绩直线下降，成了班上的"后进生"。数学成绩更是一落千丈，由第一变成了倒数。

第二学期开学时，小黄哭着对父母说："我不想上学了。"父母问原因，小黄死活都不愿意说。最后，在父母的不断追问下，小黄才把事情的经过告诉父母。说完之后，小黄告诉父母亲，千万不要跟都老师说这个原因，免得都老师对他的态度更坏。

看到小学好端端的孩子，上初中一个学期下来，变成这个样子，小黄的父母心如刀割，也非常焦虑。于是，小黄的父母开学第一天就来到学校，与班主任都老师进行交流，希望能帮助孩子解决这个问题。

知道小黄父母的来意后，都老师很平静地说："这没什么呀。到了中学后，孩子们的分化是正常的，因此小黄小学学习成绩好，中学成绩下降很正常。你们家长要加强管理，实在不行，可以找外面补补课。"

"成绩下滑倒不可怕，关键是孩子不想上学了。再说，期中考试时孩子成绩还很好的，为什么到期末了就下降得这么快？一定是有别的原因吧。希望老师能和我们一起好好探讨探讨。”小黄的父亲虽然对都老师的说法不是十分认可，也想直接把孩子说的情况告诉老师，但考虑到孩子事先的要求，还是耐着性子跟都老师认真解释。

“我已经说得很清楚了，没有什么好探讨的。”都老师显得有点不耐烦。

“我听孩子说，两个月以前，因为他上课讲话，座位被安排到最后面去了，才导致他不能认真学习，也无法听讲。”见都老师根本不想谈，小黄的父亲只好直接从“换座位”说起，“小孩上课说话不对，我们已经批评教育过了。再说，孩子个子小，坐到后面也看不见黑板，请老师考虑下，能不能这学期给他重新调到前面去？”

“不行。这个没得商量，班级的规矩不能破坏。”都老师的言语很绝对，似乎没有任何回旋的余地，“您要是没有别的事情的话，是不是可以离开了？”

眼见都老师要赶自己走，小黄父亲的情绪非常激动：“本来错误不是孩子造成的，你却不问青红皂白，直接处罚孩子，让孩子受了委屈。这些事情，我们就不说了。但现在，我们家长找你商量解决问题的办法，你怎么会是这样的态度呀？”

“我就是这样的态度，你想怎么样？”都老师毫不示弱。

……

大家就这样，你一句我一句，激烈地争吵起来。

听到办公室的争吵声后，学校主管德育工作的副校长来到都老师所在的办公室，把都老师和小黄父母一起请到自己的办公室。

双方解释完争吵的原因后，副校长对都老师提出了严肃批评：“你怎么可以这样对待学生？家长找你商量问题，你的态度也不对呀。”

接着，副校长要求都老师向小黄父母道歉。

“不用道歉了，是我们的态度不好，我们愿意给老师道歉。但我们希望能解决好孩子的问题，把孩子的座位换到前面去。”为了孩子，小黄父亲只好忍气吞声。

然而，都老师并不领情，硬是不肯道歉。

“校长，给孩子换一个班级吧。虽然都老师是一个很优秀的班主任，我们跟他吵成这个样子，孩子再待在这个班级，对孩子和老师都不好。”看都老师态度很强硬，小黄的父亲只好退而求其次。

经过反复沟通，学校同意了小黄父母的要求。

换了班级后，小黄又回到了以前的状态，绝大多数学科的学习也逐渐恢复到原来的水平，但因为数学老师的教学方法不适应，小黄的数学学习再也无法恢复到原来的状态了。

两年后，小黄中考的数学成绩依然处于中下游，小黄也因此与心仪的高中失之交臂。到大学毕业时，小黄谈起这段往事来，依然不能释怀。

【解读】

换座位事小，影响孩子心态事大

给孩子一个公平的学习环境

黄建海

一位优秀班主任，执拗着不让一个被动说话的学生换回原来的座位，在家长的一再央求下，还不答应调到前排，而且讽刺挖苦学生，孩子闹着要转班，转班后情形有所好转，但其数学成绩从此很难达到以前的状态，由此造成的影响已无法挽回。如果仅仅是工作方式方法上的失误，还可以谅解。但若是由于家长给自己提意见，故意跟学生过不去，就不可原谅了。表面上看，换座位事件，耽误了个体的学业。本质上看，事关教育公平与正义。

换座位是个常见的普遍现象，按说算不上个大事，可是，围绕换座位这个小事，却不时酿出大祸。心理处在懈怠状态下的班主任浑然不觉痛痒，可是学生和家长却深受其害。据观察，其他非正常换座位的现象还有诸如关系位、人情位、买卖位、权势位等。这些被弄歪了的座位问题，归根到底是老师如何看待老师这个职业，是否公允对待每一个学生的大是大非问题。

如果说，换座位只是个别学生的教育公平问题，那么重点班现象则涉及班级之间的不公，影响面更大。然而，对于这种教育不公平，大家早已习以为常了。吴非先生介绍，有高三学生家长，对年级统一安排的复习计划不满，担心因此耽误了自己孩子的复习，公然批评班主任和科任老师说，不应当把精力花在那些没指望的“垃圾学生”身上，而应当重点辅导像她家孩子那样的尖子生。这位家长之所以如此无所忌惮地主张自家孩子的利益，完全是学校惯出的毛病。重点班、尖子班，实际上等于告诉家长和学生本人，他们才是为学校争光的筹码，优越感油然而生。笔者也曾经历过类似的遭遇，有高三重点班考取名校的学生，前来办离校手续，图书馆老师催其归还图书，否则不予领取毕业证。只听这位同学回答说，我才不怕呢，学校会为我们想办法。这就是教育不公造成的另一种不良后果。

学校是一个小社会，为了帮助小学生尽快适应全新的校园生活，凯斯特纳校长在“开学致辞”中，坦诚地告诉小朋友们，严酷的学校生活开始了。眼下你们是按字母顺序或个头大小编班就座，很快就会面临班级斗争的考验。服从与纪律，克制与压抑，任何一个小小的举动都会引起幼小心灵的不安。为此，凯斯特纳建议，最主要是保持自己的童心。他认为，只有保持童心的人，才是真正的人！怎样才能保持童心呢？笔者以为，不要为老师的权威吓着；不要歧视出身不好的儿童；不要因为自己有幸进了重点班，就蔑视普通班，更不可蔑视比自己身份地位和处境卑微的弱者；不要过分用功，不要讽刺愚笨的人，不要完全相信教科书。凡此种种，就是保持孩子的童心。当然，小小年纪未必都能做到这些，如果不求助于老师的关爱，不依靠老师的良知，仅凭孩子自身的能力是做不到的，也因此，笔者以为，凯斯特纳校长的一番话，主要还是说给老师听的。如果老师不能公平地对待某一个学生的话，那么其他学生都是变相的受害者。

让孩子拥有评价老师的权利

秦九歌

上面案例里谈到的那个老师，他可能缺乏最基本的逻辑。他的这个要求学生不说话，说话就排到最后面的制度，本来目的是为了让孩子更安静一些，但经历一段时间后，发现孩子们并没有太安静，还把所有不安静的孩子凑成一帮了，让他们可以闹起来。其实，这个时候，他自己就应该调整这个制度了，因为这个制度没有任何效果。我觉得，修改这个制度，是这个老师自己分内的事情：本来就是你的班，你可以改变你所订的规则。

国外有一个专家说过，要是有一个政府不公平对待你，而你却没有办法用正式渠道反驳它的时候，你可以用非正式渠道，比如暴力或者其他方法来示威。当然，这不一定适合于国内。但对于学校教育来说，应该有相通性。因此，如果我是当时被安排在这个班里的那个学生，我就会使用非正常手段来回应老师：既然跟老师讨论也不行，那我就想办法证明老师的制度多么错误，这个办法就是，给老师最喜欢的学生丢纸条或者搞什么动作，让所有的学生都说话，最后，让自己争取到最前面的位置。那段时间，我可能会成绩很差，但我会用一切办法，让其他学生也说话。反正，我就是要坐到前面去。而我这样做的时候，我妈妈一定会说，妈妈全力支持你、帮助你，直到找到解决问题的办法为止。其实，我的意思是说，这不是一个应该发生的事情。在一个极不公平的班级里面，你没有办法反抗，那你只能让这个老师明白，他的权威会因为你的反抗而变成耻辱。

在国外，开学时会让学生填一张表，主要内容是自我介绍，包括学生喜欢的学习方式，喜不喜欢记笔记，最喜欢哪种方式的作业，等等。学期结束后，会再填一张表，对老师进行评价，要求学生写出最喜欢和最不喜欢的课程，并用自己的话评论老师的教学状态，比如，老师可以在哪些方面改进，以后可以怎样关照你的学习，一个学期老师会给学生做多少小时的作业，会不会在二十四小时内及时回答学生的问题，这个老师的教课风格是什么样的，自己的学习习惯是否跟这个老师的习惯相适应等。这些评价意见最后都可以放在网上，以便下个年级的学生作为自己的选课参考。当然，国外的制度设计不一样，允许学生选择自己喜欢的课程和老师，但国内的学校可以借鉴这样的制度，让学生有机会评价老师的教学。我想，这样一种制度设计会有利于老师改进自己的工作，也有利于学生表达自己的意见和想法。

孩子进入学校后，国外老师会强调所有人都不一样，每个人都很独特、很优秀，任何一个学生在这个世界上都会碰到自己不明白的事情，没有哪个人会比其他人聪明多少。由于老师对学生的态度不同，学生从小就很崇拜老师这个职业，希望自己将来当老师。学生从小就知道，虽然老师赚钱不多，但职业选择与赚钱多少没有关系。因此，有的学生会觉得金钱会满足自己的欲望，但也有学生就觉得教育别人会满足自己的欲望。所以，国外老师对学生的态度，会直接影响学生的价值判断，而不仅仅是影响学生的成长。

此外，国外的大部分老师都喜欢教学，热爱学生，所以不会存在上述案例中的老师。老师们主动帮助学生组织社团，从另外一个侧面就证明了这一点。在国外的学校，之所以学校的学生社团活动那么活跃，是因为每一个社团都有一个老师协助管理。很多老师还不止管理一个社团。只要有社团出现的地方（不论是校内还是校外，甚至其他城市），就会有老师在。有时候，因为社团活动，老师周末都不能跟家人在一起。有时候，学生社团活动会持续到下班很晚时间，老师也会一直待到活动结束，而且他们都是非常乐意的，因为他们喜欢学生，热爱教育。

家长话语权的缺失会助长部分老师的“恶行”

房超平

不能有效解决问题，对班级管理不利，伤害孩子的尊严和信心，这样的班级规矩却不能修改，不得不让人对班级规则产生的办法产生怀疑。班级是否优秀，只根据表面现象来评价，是否科学、合理？对学生不公平的班主任怎么会成为“十佳”班主任？所有这些问题，值得所有老师、家长和学校管理者深思。

孩子在这样的班级学习和生活，家长们却没有人敢站出来与学校说道说道，以保护孩子不受“班规”的伤害。这件事情，除了说明家长在家校关系（尤其在重点学校）中的弱势地位以外，还可能因为家长话语权的严重缺失，助长这类老师的“恶行”。这不能不说是孩子的悲哀和教育的悲剧。

值得庆幸的是，学校最后允许这个孩子“换班”。单就这一点而言，这所学校还是值得肯定的，起码能让孩子有理由继续开心读书。但现实是，国内这样的学校凤毛麟角。考虑到不同类型的孩子对老师的适应性会有差异的实际，如果学校把这种换班现象加以制度化——允许有此类需求的孩子，在双方班级同意的情况下，在校内转班，会有利于此类问题的解决。当然，允许家长和孩子用“脚”投票，选择自己心仪的班级，效果一定会更好。虽然有人会担心选择优秀班主任的家长和孩子太多，可能会导致“供不应求”，但如果采取“一拖二”甚至“一拖三”，即让优秀的班主任多带几个班，让家长和孩子不选择的班主任做优秀班主任的助理，作为优秀班主任的“影子”进行跟岗实习，可能会彰显这些优秀班主任的优势。这样做，既有利于发挥优秀班主任的示范带动作用，又有利于班主任队伍建设，应该得到学校的推广。可喜的是，国内不少学校正在进行校内转班和选择班级的制度化尝试，但愿这样的尝试能取得积极的进展，让更多的学生受益。

作为孩子的保护神，家长发现孩子有问题时，既不能溺爱孩子，把责任一股脑儿推在老师、其他孩子或环境原因上，也不能一味地责怪孩子，而应该与孩子及时进行交流和沟通，了解孩子存在问题的原因，倾听孩子的心声。如果孩子存在的问题是由于老师或其他学生造成的，一定要与老师或其他家长进行交流，帮助孩子消除问题存在的外在因素。否则，就会造成孩子心灵的伤害。特别需要强调的是，当学生在校园里缺乏安全感，对上学有恐惧心理的时候，老师和家长一定要高度重视，努力保护孩子不受伤害，尽到保护孩子的义务和责任。

需要说明的是，一些孩子胆子较小的原因是他们缺乏安全感。因此，对于胆子较小的孩子而言，家长需要反思的是，自己给孩子提供了强大的保护伞吗？让孩子觉得他是安全的吗？如果家长没有做好，或者家长认为自己做好了，但自己的孩子依然胆子很小时，家长一要认真反思自己的行为，并及时予以纠正；二要平心静气地与孩子进行沟通，扫清孩子的心理障碍；三要与学校老师取得联系，帮助孩子消除外在原因。必要时，一定要咨询心理专家，采取积极、有效的对策，帮助孩子建立安全感。

5

最好别用批评的办法教育孩子

【提要】

●孩子从懵懂地对异性产生感觉到互生爱慕，这是自然而然、天经地义的事，合乎人的生理与心理成长的客观需要，是青春跃动的表现，犯不着大惊小怪。

●性教育应该从四年级开始。这门课应该由专门的老师任教。性教育的主要内容应该包括男女交往和性行为中应该注意的问题。

●性教育的目的是，让孩子们破除对性的神秘感，一旦破除了这种神秘感，孩子们就不会做出出格的事情。

●除了恋爱和性爱，性教育还有两个重要内容：第一是选择——性是人生中重要的选择。第二是安全——性行为必须注意安全。

●老师、家长不希望孩子谈情说爱，似乎是为了孩子的未来着想。然而，老师、家长应该想到的是，这样的说辞连自己也说服不了。

●面对学校性教育的缺失，家长不可以无所作为。正确的态度是，积极有效地介入和引导：根据孩子的年龄特点，让孩子认识自己和异性身体的特点与差别。

【案例】

"早恋"引发的早恋

导读：上初一不久，小李因为收到女孩喜欢自己的字条，被老师当众斥责为"早恋"，使其自尊心受到严重伤害。从此，小李破罐子破摔，专门谈起了恋爱，学习和习惯彻底变坏。对比隔壁有同样经历、却被老师倍加呵护、没有受到影响的小王，多年后，小李仍然唏嘘不已。不同的学生同样的事情，却因为老师处理方法的差异导致结果大相径庭，令人浮想联翩。

老李十几年后谈起儿子初中时的班主任老师还咬牙切齿，究其原因，是因为这个老师没有处理好儿子小李的所谓"早恋"问题，而导致儿子从一个非常优秀的学生变为"双差生"——成绩、习惯都很差。

老李回忆说，他的儿子小李长得很帅，学习和人缘也不错，很受女孩子们喜欢。于是，学校里好多的女孩向他表达了"爱慕之情"——通过各种途径给小李写字条表达爱意。

本来，小李根本没有搭理那些给他写字条的女生——原因很简单，老李对自己的孩子要求很严格，不断用"坏女生"来形容这些女孩子。加之，部分老师对"早恋"如临大敌的态度，更是给小李留下了"谈恋爱不是好学生"的印象。因此，连小李自己也认为，给他写字条的女生大多数是表现不好的女生。

然而，就是一个大人们眼中非常优秀的男孩子，却因为班主任老师的处理方法不当，发生了彻底的变化。原来，那些女生给小李写字条的事情，不知被哪个同学告到小李的班主任那里，而且还把其中的一张字条作为证据，递交给了班主任老师。而班主任老师对这件事情的处理方式，引起了小李极大的反感，并最终导致小李从一个品学兼优的孩子变为所谓的"双差生"。

当时，班主任老师收到这个字条后，不问青红皂白，也没有事先调查，就在班级公布了女孩子写给小李的字条的内容，并当着大家的面批评小李学习不专心，有“早恋”现象。而小李又是一个特别爱面子的男生，明明自己没有谈恋爱，却被老师误解为“早恋”，并且还被老师在全班同学面前进行了公开批评。于是，小李爆发了他的第一次与老师的正面冲突。然而，不论小李怎样解释，班主任老师就是不肯收回自己的成见，而且还给小李扣上了一顶“不尊重老师”的“帽子”。

放学回家后，平时嘻嘻哈哈、有说有笑的小李像变了个人似的，表情凝重，不愿与任何人交流。老李了解了孩子的情况后，也不由分说，把小李狠狠数落了一顿。

从此，小李的态度和行为发生了一百八十度的大转弯，原先守纪律、爱学习的小李不见了，逐渐变成了一个“十恶不赦”的“双差生”。不仅如此，小李还由反感与女生交流的“乖乖仔”，变成了见一个谈一个、几乎和所有给他写字条的女生交谈甚欢、整天被一群小女生包围的“浪荡公子”（小李的班主任老师给小李的新称呼）。小李的行为习惯越来越差，学习成绩也一落千丈，以至于初中升高中考试也排名靠后，不得不上了一个普通的高中，三年后的高考成绩也十分不理想，最后只上了一个大专学校，比起原来和小李差不多的孩子，小李的初中生活简直是不堪回首。用老李的话说就是，班主任老师的一句话毁了小李一生的前程。

小李长大成人后，老李偶然与小李交流当时为何要这样做时，小李的解释让老李目瞪口呆：“老师说我谈恋爱，你也不相信我的解释，还狠狠教训我。我没有‘早恋’，你们却非得说我‘早恋’了。既然落下了这样的坏名声，我就干脆按照你们的想法，好好谈一场恋爱，以免让你们看走了眼。”

回忆起初中时代的这件事，十几年后小李还耿耿于怀：“我这辈子都恨那个班主任，我没法原谅她。如果不是她这样对待我，我的人生不会这样，一定会更精彩。”

老李谈起这件事情来，也是唏嘘不已。特别是当老李听了隔壁老王的孩子小王的班主任老师处理小王类似事件的方法和结果后，更是气不打一处来，对孩子的班主任更是加深了不解和抱怨：“为何同样的事情，老师处理办法的差别却这么大？难道这真是天意吗？”

那个时候，老王的儿子小王在上高一。

进校两周后，班上一个男孩神秘地走进班主任老师的办公室，向班主任老师告密："老师，不得了啦，小王与班上某个女孩子谈恋爱……"还没等这个男孩把话说完，班主任老师厉声打断了这个孩子的话："小王和那个女孩子在交流学习问题，这个事情老师是知道的。你不要道听途说，更不要以讹传讹。"男孩离开办公室前，班主任老师还特别告诫："老师不喜欢打小报告的学生，希望你以后再也不要做这样的事情。"

其实，这个班主任根本不知道小王和女孩子有没有同学们认为的"出格"行为，只是不想让同学们把"早恋"的帽子戴在小王头上，特别是不想让小王和同学们觉得老师也认为这是一件不光彩的事情，所以就有了前文所述的一幕。

把这个男孩赶走之后，班主任并没有把这件事束之高阁，而是选了个别的时间，若无其事地把小王喊到自己的办公室，和小王进行交流。

"听说，你最近有好事，给老师分享分享？"班主任笑眯眯地说。

"没有，没有，都是他们瞎编的。老师，你可千万别相信呀。"小王矢口否认。

"怕什么？有女孩子喜欢你，很正常。你那么帅气，学习又比较好。别人喜欢你很正常。我要是你的同学，也会妒忌你，说你的闲话的。"班主任看似轻松地说。

听老师没有批评他的意思，小王抬起头来看了老师一眼，然后，红着脸说："我们不是谈恋爱，只是互相喜欢对方。老师，我没有做错什么吧？"

"当然没有。"班主任接过小王的话说，"正值青春期的男女生喜欢对方很正常。没什么大不了的，不要有太多的顾虑。即便不是谈学习问题，交流交流自己的想法，说说自己内心深处不愿和其他人交流的事情，也很正常。老师相信你能正确处理。"

与小王交流完了后，班主任又把喜欢小王的那个女生叫到办公室。除了告诉女孩子要正确对待男女生的感情外，班主任还不忘叮咛这个女孩子："有什么事情，都可以大大方方地与小王交流，不要太担心别人怎么议论你。但是，老师还是要提醒你，不要在没有人的地方或者在夜晚与小王交流，以免社会上不三不四的人做出对你们不利的事情。"

结果，这两个孩子不但没有发生大人们担心的事情，而且还双双考上了当地的名牌大学。

有人说，同人不同命。对于小李和小王而言，是同事不同命：同样的事情，因为班主任的处理方式不一样，结果完全不同。

【解读】

“早恋”的帽子害人不浅

“雷人校规”使情爱欲望无处释放

黄建海

有一句话说，天下本无事，庸人自扰之。很多校园早恋问题的处理，都犯了这样的错误，其中不乏造成严重后果的。原本平静的校园，因为“早恋”闹得个沸沸扬扬，原本单纯的孩子，不是变成爱情的圣人，反而变成了视恋爱为儿戏的魔王。难怪当事人对老师怀恨在心，这就是本案例的大致剧情。

根据美国著名小说家马克·吐温的代表作《汤姆·索亚历险记》改编的电影里，有一个汤姆与邻居小女孩亲嘴的镜头，看上去就像是小孩子玩过家家一般，挺好玩的。谁也不会将其与流氓一词相联系，可是，到了我们的校园，摸一下自己喜欢的女孩的发卡就变成了“流氓”，实在让人匪夷所思。再仔细一想，这绝非个别现象。

再看我们一些雷人的校规，更是到了荒谬地步，比如，规定男女生不得面对面一起就餐，男女生并肩行走必须保持六十厘米的间距，男女生不得在没有灯光的地方独处等。两个四年级小学男孩，课间发生了口角，只听一个冲着对方嚷嚷道“你有子宫瘤！”不知怎么的，这话传到老师耳朵里了。于是，老师认定这孩子性早熟，不好管教，要他转学。还有一个六岁刚上小学一年级的男孩，在回答什么是“对称”时说，人的两个屁股和男孩的两个小蛋蛋是对称的。老师听后，立即呵斥男孩住嘴，还差点把老师气晕过去。而且一下课，老师就给孩子他妈打电话，要求严加管教。常言说，童言无忌。可是，总有老师喜欢把孩子的话上纲上线。

学生在校期间，几乎得不到片刻的小憩，情爱欲望无处释放。问题来了，违背人性甚至是天理的做法不仅无法杜绝早恋，相反，神经兮兮的异性交往环境，防堵打压式的管制，只能是治标不治本。未成年人在异性交往中得不到正常满足，或者遭遇挫折，往往会导致性倾向的偏转，有的变得趋于保守，有的则可能铤而

走险，视性爱为儿戏。

其实，只要方式方法对路，解决早恋问题并不难。孙云晓先生就曾成功帮助一位高三女生走出师生恋的泥淖。

事情是这样的：一位高三女生写信向他求助，说自己打算放弃高考陪她爱恋的老师一起生活。因为老师的老伴去世了。就此问题，这个女孩说想听听孙先生的意见。孙云晓在回信中，先是肯定了她的感情是真挚的，接着，建议她暂时心动不要行动。高考是改变命运的机会，怎么能轻言放弃呢。再说，世界这么大，不如在见识一番后再做抉择。到时候，如果你还是割舍不下你的老师，那我就支持你。最后，这位同学考取了一所外国语学院，在大学重新收获了爱情。因此，班主任有义务当好学生把控“早恋”的指路人。

班主任工作的重心之一就是把控好学生“早恋”问题，正如这个案例中的后一个班主任那样。马克思说：“男女之间的关系是人和人之间最自然的关系。”有学者形象地说，情爱就像是汽车的发动机，发动机启动了，汽车自然就开始跑。人们从懵懂地对异性产生感觉到互生爱慕，这是自然而然、天经地义的事，合乎人的生理与心理成长的客观需要，都是青春跃动的表现，犯不着大惊小怪。

从四年级起持续开展性教育

秦九歌

国外不存在“早恋”这种说法。我想跟大家分享一下国外的性教育。首先，国外的性教育不是由生物老师来讲，而是有专门的性教育老师（这个内容包含在健康教育课程中）。生物课学到的是关于性器官的纯科学知识，而性教育老师教的则是男女交往和性行为中应该注意的问题。其次，每学期这个老师会占用生物课的两周时间来进行性教育。在上这个课程之前，每个学生会带一个父母签字的写有“我允许我的孩子上一些性行为的课程”的字条，而父母不愿意上这个课程的小孩则会在这个时间段专门去做作业。在这个课程上，老师会毫无遮拦地把性爱的整个过程给学生讲清楚。老师还会从爱情启蒙——从我要爱上别人开始讲解，然后再讲恋爱的整个过程。刚开始讲的时候，比较初步，讲得不会太细。但这个课程一直从四年级教到八年级，每过一年就会讲得更细一点。直到最后，上完整个课程的时候，同学们都觉得没意思了，甚至有些人想，人们还穿着衣服干什么，好像所有的东西都该袒露在外面，没有什么好奇心了。这个时候，就没有必要背着很多人做那些不该做的事情了。

性教育除了讲恋爱和性爱过程是什么样子，还有重要的两点要讲：第一是选择。老师会告诉学生，其实性是人生中很重要的选择。而且，老师会告诉学生，有些人把这个选择看得比较淡，而有些人把这个选择看得比较重。四年的课程下来，一个重要的观点就是每个人的身体是他自己的，没有任何人能给你任何压力去做任何事情，而且因为老师已经给学生讲清楚整个过程是什么了，学生也不会有太多的好奇心。但是归根到底，这个行为是学生自己的选择。性教育老师是住校的，给学生打疫苗、做身体测试，全年都可以找他做这个服务，同时也可以跟他去谈这方面的疑惑或讨论问题。第二是安全。就是什么是避孕套，怎么戴避孕套等。从四年级开始，老师会带香蕉进来，给每个香蕉戴一个避孕套。告诉学生性行为要戴避孕套。其实，大部分孩子是用不上的，因为对整个流程太清楚了，大多数学生就没有这方面的欲望。学生平常也不会去网上自己搜类似的信息，因为这些信息基本上都懂了，根本不用去看。对于非要尝试的孩子，至少会保证他们的行为是安全的。性教育中还有一个非常重要的部分，就是性疾病，老师会把每一种性疾病讲清楚，在教性疾病知识的同时，老师也会讲性疾病是怎么来的，要注意些什么问题。老师拿照片给学生看，很多男孩子看完照片之后说，这辈子再也不喜欢女孩子了。

此外，性教育课程是允许学生公开讨论的。老师会放一个视频，然后分成小组进行讨论。有时候，学生还会做特别有意思的游戏。比如，每一个队都是小精子，学生要游到卵子的地方去。为了游到那里，要回答很多关于性安全的问题，每回答对一个问题，就可以往前冲一关。那个课程很好玩，去掉了那种神秘和诱惑感。还有，每天上课时，教室门口会有一个黑色的盒子，大家出去之前，每个人可以放一张小字条，写上自己想问的任何问题。因为这个课的目的就是满足学生的好奇心。有些学生说，我没问题，这些东西我不感兴趣，我不会做这些事情。遇到这种情况，老师就会说，你如果没有问题，就画一个猫或者写个“hello”，目的就是让真有问题的学生没有压力。这些设计和游戏，非常照顾学生的心理。第二天上课的时候，老师会解答学生提出的各种问题。

再谈一下反面的例子。现在全世界对于男女关系搞得非常糟糕的国家应该是印度，强暴的新闻一大堆。我三月份去了一趟印度。我父母当时坚决不让我去，我说过去是为了看他们的经济发展。过去以后才发现，出现强暴问题的主要原因是当地人们的思想特别保守封闭。女孩子的脚平时是不让看的，把女人当成一种不能够理解的很秘密的东西。我觉得，他们并不理解年轻人的心理，年轻人的心理是越神秘越有魅力，越神秘就越想去探索这个魅力，而且探索不到这个魅力，抢也要抢过来。我觉得，这也许是印度那边情况比较糟糕的原因。

禁止谈情说爱，只会越禁越多

房超平

确实如此，男孩与女孩之间的那点秘密，单纯用禁止的办法，只会越禁问题越多。没有任何一个老师或者任何一种教育能禁止男女生之间的爱慕。随着人们观念的不断开放，管控和禁止只会使问题更加复杂。用强制的手段无法解决问题，更无法拆开男女生之间的感情。有时候，表面上拆开了，实质上并没有拆开，只是大人们看不到而已。某种程度上，这是一种掩耳盗铃的做法。而且，越想拆开少男少女的感情，他们的感情越是密切。这就是学生的行为，被大人们称之为叛逆的行为。

站在学校、老师、家长的角度上，也许是为了学生好，才不让两个男女生谈情说爱，不要让他们经常在一起。然而，老师、家长应该想到的是，这种说辞恐怕连自己也说服不了，老师、家长甚至忘了自己经历过的痛苦，也许那时的自己并不会因为老师或家长的教育，就不与心仪的异性交流，甚至有时会反其道而行之。因为学生的感觉是，男女生在一起会更好，可以互相鼓励，互相学习。从有关的调查数据和实际情况看，国外很少有中学生因为“早恋”耽误了学习或前程，也很少有中学生恋爱后会在以后的生活中走到一起。反倒是，在国内，那些因为家长或老师强硬干预而引起的少男少女问题越来越多。

从本质上看，这个年龄段的学生生理发育接近完成，但还没有完成。因此，在这个年龄段，即便有一些过密切的行为也是可以理解的。现在西方的中学校园里发生男女生亲密行为甚至超过亲密的行为又有多少，但又对教育产生了多大的负面影响呢？好像不是很多。西方的学校乱了吗？也没有乱。相反，我们的学校越压抑，管控越严，问题越多。

相比国外的性教育，我们学校的青春期性教育，基本上是在生物课上完成的。然而，我们在开生物课的时候，在进行性教育的时候，并不能大胆、公开地进行相关教育。因此，我觉得，我们的学校需要一个公开的性教育环境和空间，家长和老师不必因为性教育感觉到内心压抑，或者担心会出什么大问题。正如九歌所说，给学生把事情讲清楚，让学生做出判断。老师越是不讲，学生就越想去探索，因为这个年龄段的学生最好奇。

面对学校性教育的缺失，家长不可以无所作为。正确的态度是，积极有效地介入和引导，或为孩子提供有关的视频资料，与孩子一起观看，并与孩子分享自己的感受和体会；或提供有关的读物，与孩子一起阅读，并根据孩子的年龄特点，让孩子认识自己身体和异性身体的特点与不同。否则，性教育的缺失，会造成诸如对异性的茫然失措或过度好奇，进而陷入苦恼、不能自拔等很多严重问题的发生，家长切不可掉以轻心。

6

站在孩子的立场

【提要】

●孩子答错问题时，如果老师或家长的反应不得体，往往会产生不良后果。

●站在孩子的立场思考问题，往往会收到意想不到的效果。

●对于犯错误的孩子，老师、家长应该这样说，对不起，你错了，你一定要改过来。在此之前，老师、家长要帮助孩子理解犯错的原因。

●老师的主要任务应该是启发兴趣和思维，让孩子对所教学科有探索欲望。然后，再给他们资源，让他们有能力进行探索，而不是教他们找到正确答案。

●国内的孩子很可怜，因为他们既要跟家长作对，又要跟老师作对，还要跟自己作对。究其原因，就是因为家长和老师总是给他们更大的学习压力。

●老师或家长不到万不得已，千万不要当众批评孩子。否则，孩子的自尊心就会受到伤害，师生关系、亲子关系就会不可避免地遭到破坏。

【案例】

“我永远无法原谅老师！”

导读：一个品学兼优的学生因为课堂上回答问题的答案与老师希望的答案不一致，而发生了比较激烈的冲突，师生之间本来颇为密切的关系一下子变得紧张起来，并最终导致这个孩子申请转学离开了这所学校，受损的师生关系也无法弥补。是老师对学生的态度不好，还是学生经不起挫折？站在不同的角度，可能会有不同的结论。

刚读初中的小刘是一个很聪明，学习很好，但特别倔强而有个性的男孩。无巧不成书，小刘的语文老师小柳也是一位心高气傲的老师，用一句通俗的话讲，在柳老师眼里，可以说是容不下沙子。就这样，针尖对麦芒，两人终于发生了冲突：在一个偶然的机会，因为柳老师课堂上几句不经意的批评，使一向亲密无间的两人变成了仇人，直至小刘大学毕业之后，两人也没有释怀。

原来，在一次语文课上，柳老师对小刘回答问题的内容不是很满意，就给小刘一个“下马威”，狠狠批评了小刘一顿，从此，两人结下了“梁子”。

事情的经过是这样的。

当天的语文课是市里组织的公开课，除了本校语文老师外，还有好多外区县的老师一起观摩。

在这节课上，从来剑走偏锋的小刘，在回答小柳老师“怎样理解文章中的美”这个问题时，竟然这样回答：“美的东西就是让大家感到赏心悦目的东西。比如，班花小梅同学就是让所有男生感到赏心悦目的女生。”还没有等小刘说完，班上同学就哈哈大笑起来，而被小刘赞美的小梅同学则“哇”的一声哭着跑出了教室。

因为这样的突发事件，课堂的气氛突然紧张起来。

面对突发情景，虽然富有活力但经验欠缺的小柳老师一下子没有了主意。片刻，小柳老师就把怒火全发到小刘身上：“你怎么这样回答问题呀？简直是胡说、扯淡。你给我坐下。”

但小刘哪是受过这种“待遇”的学生。于是，小刘就跟老师狡辩起来：“老

师，难道我说得不对？难道我举的例子有问题？”

看小刘还要辩解，小柳老师的脾气一下子爆发了：“你纯粹是捣蛋，我不想给你解释。你不要再说了，以后上课也不要发言了。”

小刘听到柳老师这样说他，把自己的拳头握得紧紧的，情绪也失去了控制：“好，既然这样，我不想上你的课了。”说完，小刘也跑出了教室。

连续两个学生跑出了教室，这节观摩课的效果可想而知。

“唉，都是小刘惹的祸！”课堂结束后，连续好几天，小柳老师的心情都平静不下来。

过了几天，柳老师找到小刘，希望能就课堂上发生的事情与小刘进行沟通：“你那天怎么这样回答问题呀？！让老师和同学都下不了台。”

看到柳老师还在抱怨自己，小刘气不打一处来：“我那天受到了前所未有的侮辱。拒绝回答你的任何问题。”

“你那样做，让全班哄堂大笑，还把女同学气哭了。老师批评你两句，怎么就成了侮辱你啦？你是不是觉得后面有老师观摩学习，就可以随心所欲？”柳老师还是以批评的口吻对小刘说。

“你可以说我错了，但你不要说我扯淡，还让我以后上课不要再发言。这不是侮辱我，是什么？”小刘丝毫没有退让的意思。

“你说说，老师平时对你如何？难道你把老师经常表扬你、鼓励你的事情都忘了？你的学习任务完不成时，老师给你补课的事情，你也忘了？要不然，你怎么会是这种态度？”柳老师希望通过这样的方式，让小刘回忆起以前师生相处的幸福时刻。

“别给自己脸上贴金了。你这样做的目的，根本不是为了我，这是为了你自己，我成绩好，考了第一名，学校表扬的是你，给你的奖金多。因此，你表扬我、鼓励我、给我机会，都是希望我给你争取更多的荣誉，换来更多的奖励。殊不知，我根本不稀罕你这些小儿科的表扬。表扬我的老师太多了。而且，你表扬越多，其他同学就离我越远。你以后不要再给我机会，也不用再表扬我了。”小刘的这番话，让小柳老师无言以对。

由于交流不顺畅，这次谈话只能戛然而止。

事情又过去了一周，小柳老师认真反思了这件事情，特别是对他处理与小刘关系的态度，感到自己在课堂上的行为确实有点冲动，以前对小刘的关爱也确实有点过分。想到这里，小柳老师准备找小刘谈谈。但由于学校正在组织一个大型学生活动，而且这个活动由小柳老师负责，致使小柳老师不得不延后自己与小刘的交流。

等到小柳老师忙完这件事，静下心来到教室找小刘时，正好碰到小刘与自己的班主任交谈。

看到小柳老师要跟小刘交流，班主任示意小刘先跟小柳老师交流。

令小柳老师没有想到的是，小刘走到他身边后，只是平淡地说了一句："我要转学了。这是我离开这个学校之前，给你写的一封信。一切想法都在信里了。不用多说了。"说完，毅然决然地离开了教室。

当天回到办公室，小柳老师急忙打开这封信。信的内容不长，只有短短几行字："柳老师：你好！这是我最后一次称呼你老师，第一次用这种方式跟你交流。上次上完课之后，我一直心情不好，因为这是我上学以来第一次受到老师如此严厉的批评。而且批评我的老师是我心目中的偶像。对我来说，这两个月的时间，非常漫长，非常难熬。本来希望有机会和你交流，但都因为多种客观或主观原因耽误了。经过多次思考，我觉得，你上次课堂上当众对我的态度，才是你本来的想法：你对我的态度太虚假了。既然我心目中的偶像这么讨厌我，那我就没有必要继续在这个学校待着，因此，我必须转学离开了。也许我能当面给你递交这封信，也许我会让班主任老师替我转交。最后一句话，我这一辈子都不会原谅你。"

读完这封信后，柳老师再找小刘时，小刘已经离开了这所学校。小柳老师这时才知道，小刘给他信的时候，正是小刘与班级同学以及班主任老师告别的时间。

从此以后，小刘再也不肯，当然也难以有机会与小柳老师交流和沟通，给小柳老师留下了深深的遗憾。

【解读】

孩子的自尊心伤不起

在孩子眼里，老师有很多怪异行为

黄建海

一位优秀生课堂上回答问题，因为与老师的观点相左，本来就很沮丧，而老师再声嘶力竭地当着全班同学的面，送上羞辱性的语句“扯淡”。对于学生而言，打击有多大，可想而知。说出“我一辈子不原谅老师”这样的话，也就不足为奇了。我觉得，学生回答问题答错了时，老师的反应不得体的话，可能会产生不良后果。这方面因为老师处置不当而引发的“事故”时有发生。

孙云晓先生曾提及一事。一次，他在广州打的，司机听说他是老师，就同他攀谈了起来。没想到，说着说着，的士司机居然蹦出一句“我最恨的就是老师，我今天只能开出租车，就是因为我的老师老骂我”。这个司机说，他的老师骂他时，还总是捎带着他家祖宗好几代一起骂。提起这茬子事，这位的士司机气不打一处来。他说：“我成天都在马路上寻找这个老师，要是碰见他，我非撞死他不可。”或许，老师教过的学生无数，老师早就忘记了这一切。可是，对于这位的士司机来说，老师对他的伤害却是刻骨铭心的。

《公民的诞生》是苏霍姆林斯基的教育学经典名著。我反复阅读，每读一次都会有新的发现和收获。苏霍姆林斯基对教育的全情投入，对学生的观察可谓是精致细微。尤为难能可贵的是他坚持常年留意教育细节，不让教育留下遗憾，经常站在学生立场观察事物，并把它记录在一个专门的本子里，专题

就叫《我用少年的眼光观察事物》。还不时地变换角色，一会儿是好学、沉稳，对自己要求严格的学生，一会儿又是任性、蛮横、不讲理的少年。苏霍姆林斯基将心比心，把自己换成是学生，试图用“学生”的眼光看待老师的批评以及日常的行为表现。结果，在“学生”眼里，老师居然有这么多“卑劣”的“行径”。据此，我认为，老师在对待学生时，就要细心、细心再细心。

苏霍姆林斯基认为，少年往往能看到成人不太注意且习以为常的事，然而，这些事他们却十分在意，对他们有着极为重要的教育价值。区别在于，成人因既有的偏见与麻木，往往泰然处之。少年却是以成人为榜样，试图从他们身上找到自己将来的影子。正是因为如此，老师们本以为无所谓的言行举止，在少年身上却掀起了惊涛骇浪，许多师生关系酿成的悲剧就与之相关。

处于成人前的这段时期，少年开始对成人说的话抱警惕和批判的态度，心情容易急躁，态度变得生硬，有时还容易冲动发怒和粗暴无礼。在这一点上差生与优秀生没有多大区别。因此，杜绝学生说出“我一辈子不原谅老师”的话，老师就必须在批评学生时，杜绝使用侮辱性语言或动作。

师生是“一伙儿”的，其他的都好说

秦九歌

国外不可能发生这样的事情，因为学生都觉得老师教我是为了我好。因为国外的学生都知道老师赚钱不多，老师还是会每天来，还是会管社团活动，帮助他解决问题。因此，不管怎样，对老师的信任和尊重是起码的态度。问题的关键就在于，国外老师处理学生学习的态度不同。国外的老师照样会对学生说，对不起，你错了，你一定要改过来。只不过，老师之前会帮助学生正确理解知识，加深学生对知识的印象。老师的主要任务是启发孩子的兴趣和思维，让学生对自己所教的学科有一个基本的探索欲望。然后，再给他们资源，让他们有能力进行探索，而不是教他们找到正确答案。从师生关系上看，国外的学校，师生是“一伙儿”

的，大家有心理上的认同感。有了这种感觉，其他的应该都好说。

国内的孩子很可怜，因为他们既跟父母作对，又跟老师作对，还要跟自己作对，究其原因，就是因为父母和老师总是给学生更大的压力，希望学生考得更好，而只有第一名或前面的名次，才能让父母、家长有这样的感觉。这样，学生只能把别的学生踩在脚下，但第一名只有一个，恶性竞争不可避免。因此，这种方法不是很人性化。在国外，学生的学习真的很快乐。从开始上学起，对待学习的价值观就不一样。比如，有的学生的观点很可能不那么靠谱，但老师仍然会说，我之前没有这个想法，你的这个想法很好，给了老师很大启发。老师也会说自己的正确答案，但不会强求学生接受，而是以理服人。而对于数学、科学这些学科答案相对标准的学科，老师就会说答案的对与错，同时还会问学生有没有别的想法。因为国外的老师认为，不管学生的观点正确与否，都代表学生自己的看法，都要允许学生充分表达。

在家庭和学校里，还有一个权威问题。权威不一定要尊重和服从，这种尊重和服从必须通过信任的桥梁来建立。我觉得，不论是学校还是家庭，都不应该过分强调老师和家长的权威，不能因为自己是家长或老师，就要求学生必须这样做或那样做。在国外，学生总是会问老师或家长“为什么要这样做”，老师或家长说不出道理，孩子是不会听的。家长或老师错了，必须给学生道歉。比如，我妈脾气有时候会有点暴躁，但是她暴躁也是有原则的。她冷静的时候会说，妈妈从来都是发一次、二次脾气可以宽恕，但发第三次脾气就不可饶恕。有时候，她还会给我道歉。只有家长或老师给孩子讲道理，不强行要求孩子的行为，孩子才会真正体会到，家长和老师是为他考虑，他才会觉得家长和老师考虑了他的感受。

宽容孩子的错误，天经地义！

房超平

对学生自尊心的伤害是最大的伤害。因此，在任何时候，家长和老师都要保护学生的自尊心。很多时候，出于对家长或老师的尊重，学生一般不会反驳老师或家长的意见。其实，那是因为学生担心家长、老师可能对自己做出更不利的事情，或者受到更严厉的批评。因此，表面上看，学生对老师和家长的批评似乎没有反对意见。但实质上，很难保证学生内心深处没有怨言。有时候，老师不经意的一个举动、一句批评，可能会让学生的自尊心受到极大的伤害。如果发生了这样的情况，老师无论怎么努力都很难挽回学生之前对自己的敬畏，甚至学生可能把老师以后的表扬和鼓励都当成虚情假意，或者以为老师是为了自己的利益而讨好学生、恭维学生。因此，这个案例对老师和家长的启示是，当我们处理学生的问题时，不到万不得已，千万不要在众人面前批评学生。一旦当着众人面批评学生，就容易伤害学生的自尊心。

很多老师认为，案例中的小刘个性有点太强了。即便老师有做得不妥的地方，小刘也不该那样做。但换位思考之后，我们也许会理解小刘的行为。试想，如果因为一件自己认为不是很重要的事情，别人非得说自己做错了，而且让自己在众人面前感到非常难堪，自己心里会怎么想？行为上会有什么样的反应？让学生信任一个老师、喜欢一个老师，往往要经过很长的时间。但当老师伤害学生自尊心的时候，这种信任和喜欢往往会顷刻间化为乌有。此后，这个老师再跟学生说任何话，学生可能都听不进去。很多时候，老师们会感到很奇怪，学生可以千百次不讲道理，为啥老师、家长一次不讲道理，学生就不能原谅老师、家长。其实，道理很简单，学生对老师或家长与对自己的要求和标准是不一样的。学生犯了错误可以找各种理由宽容自己，但对老师或家长的错误却很难宽容。这让我想起这样一句话，学生是在犯错、纠错的过程中成长的。因此，老师、家长宽容学生的错误，应该是天经地义的。

我当班主任时，曾经发生过一件至今记忆犹新的事情。在一节数学课上，数学老师批评了一个学生，但这个学生认为老师的批评是不妥当的，就站起来进行辩解，老师以为学生在顶撞他，结果两人发生了激烈争执。事情发生后，我给这个学生做了很多解释工作，希望学生能给数学老师道歉，但不论我怎么做工作，这个学生就是不愿意道歉。后来，我拿出班主任的权威，强迫学生一定要道歉。碍于我的面子，学生勉强答应了，但后来这个学生写在日记里的一段话点醒了我。他是这样写的：为了老师的面子，我可以向数学老师道歉，但是我内心深处不情愿。因为我不是顶撞老师，我只是为自己的行为辩解。难道我没有做错，老师无故批评我，我连辩解的权利都没有吗？因此，我对班主任老师的做法不理解，我更恨要我道歉的数学老师。后来，我反复思考过这件事情，得出的结论是，面对学生的问题，老师一定要调查清楚问题产生的原因，再对学生进行教育，否则运用自己的权威压服学生，只会适得其反，不但教育不了学生，而且还会影响师生感情。

这个案例给家长的启示是，家长每天都要观察孩子的情绪变化。当孩子的情绪出现问题时，要及时与孩子交流，或陪孩子外出走一走，或让孩子做一做与学习无关的事情，让孩子缓解情绪。如果孩子的情绪与老师的不当批评有关时，家长一要给孩子做好疏通和解释工作，尽量消除孩子对老师的误会。二要及时与老师取得联系，最好创造让老师与孩子进行面对面沟通的机会，及早化解师生间的矛盾，以免矛盾不断加深。

7

尊重每一个孩子的特殊习惯

【提要】

●青少年有反权威的天性，对批评与表扬，对正义与邪恶都有敏感的反应。

●老师、家长的权威对孩子造成的伤害，不只是受了委屈那么简单，还会使孩子丧失批判与质疑精神。

●孩子作业过于潦草，老师按照下面的做法去做，就会收到明显的效果：把作业退还给他，并这样对他说：对不起，我实在看不清楚，能不能写得清楚一点再交来？

●如果老师、家长的建议，确实让孩子真正感到有利于自己的成长，孩子一般都会主动接受。

●如果老师、家长对孩子提要求时，不能以理服人，而是采取压制、强迫的办法，孩子通常难以接受，更不会按老师、家长的要求去做。

●老师往往对孩子们提统一的要求：谁不按要求做，谁就是跟老师过不去。这样的做法，违背了一个基本常识：每个孩子都是不同的，没有适用于所有孩子的相同方法。

【案例】

“这一次，老师用‘权威’伤了我的心！”

导读：小吴从来不完成作业，但学习成绩却始终名列前茅。物理老师希望班主任好好教育小吴，帮助小吴改掉这个坏习惯，以便小吴的学习再上新台阶。但事与愿违，小吴并不打算接受老师的建议。在班主任的逼迫下，小吴被迫接受了老师的要求。结果，小吴的成绩不但没有提升，反而有了很大退步。好在班主任及时纠正了自己的行为，小吴又重新树立了信心。是千篇一律地按照一个习惯要求学生，还是尊重学生的习惯差异，这是个问题。

高二年级学生小吴是一个非常聪明的男生，学习上有一套自己的办法，对老师的建议也不是全盘接受，特别是在做作业这个问题上，小吴很少按老师的要求办，很多作业都不完成，上课也不是非常认真听讲。但即便如此，小吴每次考试的总成绩也在班上排第二。

面对这个特殊的学生，许多老师都认为，如果小吴能够认真听讲，积极完成各科作业，他的学习成绩还会更好。尤其是物理学科的赵老师，多次找班主任刘老师，要求刘老师劝劝小吴。

赵老师说了多次，刘老师都没当回事儿。直到有一次，赵老师气愤地质问刘老师：“怎么回事儿呀？我给你说了多少次了，为什么小吴没有任何好转？你是不是没有跟小吴谈过呀？你是小吴的班主任，小吴的问题你不管，我们更不管了。怪不得，小吴从来都不听我们科任老师的话，都是你这个班主任给惯的。”

“我给小吴说，是没有问题的。但物理学科的事情，最好你自己过问，否则我去管的话，担心影响你的工作呀。”刘老师随意说了一下。

“我给他说过多次，他就是不听呀。”赵老师没有理会刘老师的善意。

“小吴听我的话，还不是因为我理解他呀。”刘老师心里虽然这样想，但嘴上还得认真地回应赵老师。

“其实，我也一样。我给这个孩子提建议和要求时，这个孩子一定会问我理由。如果我说不出理由，他一样不会接受我的建议。”刘老师想借此缓和赵老师

的情绪，“要不，我先观察观察情况，然后再和他聊聊？”

“好吧。但你得给我一个最后时间，我都给你反馈过多次了，你从来都没有帮助我解决这个问题。没问题，这次观察估计要多长时间呀？你得给我个准信儿。”赵老师依然咄咄逼人。

“放心，一周以后，我会主动找你的。”刘老师痛快地说。

这次谈话之后，刘老师决定每天抽出时间，侧面观察小吴的学习情况。

经过一周的观察，刘老师发现，小吴上课和上自习的过程中，经常拿着笔蹭头，或者在草稿纸上写一写，但从不认真听讲，也不认真完成作业。不但物理学科没有认真完成作业，数学和化学学科的作业也不认真完成。甚至有时在自习时间，走到他的身边，小吴都没有反应，因为小吴上自习和上课时都非常投入，根本不关注周边的人和事。

一周时间过得很快，还没等刘老师找赵老师，赵老师就主动找了刘老师：“怎么样，你已经观察一周了，应该出马解决问题了。”

“赵老师，这个学生有点特殊，恐怕我强迫他做作业，只会适得其反。他不仅物理作业不做，数学、化学等学科的作业，他都不做。我们是不是一起研究一下这个学生，再来商讨解决问题的对策？”刘老师婉言谢绝了赵老师的要求。

“别搪塞我。”赵老师不屈不挠，“我是为你班级的学生好，作为班主任，你应该尽责吧。”

“好吧。那这样行不行？我把小吴叫过来。当着我的面，你来给他说，我配合你。”刘老师只好退了一步。

“好吧。”看刘老师态度很坚决，赵老师只好勉强同意。

“小吴，物理老师说你没有认真完成作业，这对你的学习影响很大。所以，我们今天请你来，一起协商这个问题。”把小吴喊到自己办公室后，刘老师说明意图。

“刘老师，真的没有想到，你也会给我提这个建议。其他老师这样说，就罢了。你也这样说，我真没有想到。”刘老师没有料到小吴这个对自己比较尊重的学生会这样跟他说话。其实，这是小吴入校两年来第一次对刘老师这样讲话。

“刘老师，我要是不听你们的建议呢？”在刘老师思考回应办法的时候，小吴继续说。

“你这个学生怎么这样呀？”看小吴对刘老师这样说话，赵老师插话道，“老师也是为你好，你能不能先听老师把话讲完呀？”

赵老师说话时，小吴没有吭声，只是用眼睛瞥了一眼，言下之意，他不会接受赵老师的建议。

“这样吧。这次，你给老师一个面子，可不可以？先试一试按照赵老师的要求做。如果一个月效果不好的话，咱们再变回来。”刘老师希望小吴能有所妥协。

“好吧。既然你强迫我做自己不想做的事情，那我就先委屈一下自己。但我还是要说，刘老师，你会为自己的这个建议后悔的。”小吴说完，就哭着离开了刘老师办公室。

看到小吴这样，刘老师不免有点替小吴担心。

此后，小吴天天按时完成作业，但原来开朗的他却不见了，整天闷闷不乐。

一个月后的期末考试中，小吴的各科成绩都下降了十多名。

“刘老师，这次你满意了吧。”小吴拿着试卷和成绩单，气冲冲来到刘老师办公室诉说。

面对这样的结果和痛苦的小吴，刘老师无言以对，只好默默目送小吴从自己的办公室垂头丧气地离开。

几天后，刘老师找到了赵老师：“看来这种做法不行呀。不但让我在小吴面前颜面尽失，而且我用权威压服他，结果却让他对学习产生了厌烦情绪，而且也变得不乐观了，成绩也直线下滑。我们是不是就别逼这个孩子做自己不喜欢做的事情了？”

“刘老师，他是故意这样做给我们看的。你上当了。”赵老师并不同意刘老师的判断。

“不是的，这个孩子不会拿学习报复老师。”刘老师进一步劝解道，“这个月，我一直在观察这个孩子。我发现，从那天和他谈过话以后，他没有一天是开心的。因此，我感觉，这是他装不出来的，而是他的心态的真实写照。因此，这种认真听课、按时完成作业的办法，并不一定完全适合小吴。咱们得尊重孩子的习惯。”

看刘老师态度没有调和的余地，赵老师只好这样说：“算了。反正是你的学生。你不愿意管，我也不勉强。我们只是尽心。从明天开始，这个学生我不管了，他想怎样，就怎样吧。”

与赵老师交流完了后，刘老师把小吴找到办公室，诚恳地说：“老师错了，老师不应该要求你做自己不愿意做的事情。因此，老师真诚地向你道歉。”

“老师，我不要你的道歉。本来，我觉得，你是最懂学生的老师，你不会强迫我们做自己不愿意做的事情，但这次你却没有这样做，这让我感到非常伤心。说句不好听的话：这次，你用权威伤了我的心。”小吴说这句话时非常难受。

“不管你接受不接受，老师都要真诚地向你道歉。”刘老师心痛地说，“这个教训，老师已经汲取了。只是希望你能不计较这件事情，尽快恢复原来的学习状态，该怎样学习，就怎样学习。再有学习问题，咱们好好协商。”

“嗯，老师，我听您的。”小吴终于破涕为笑。

这个事情过了之后，小吴又恢复了往日的学习状态。

这个班主任工作中的小小“插曲”，也让刘老师对学生有了更多、更清晰的认识。

【解读】

建议比要求更有效

尊重是成功的前提

黄建海

师生关系有两个层面的关联，一是老师的权威性，在中国传统文化里面，师道尊严毕竟是国情所在；二是信任关系。科任老师、班主任老师与学生三者之间的互动，一定要处理好这两个关系的平衡。本案例告诫我们，即便老师对学生的批评不是那么的激烈，但因为信任关系遭到冲击，使得批评事与愿违。好老师应该是在信任的基础上，灵活地使用老师权威。在批评或者向学生发出忠告时，不至于动摇彼此的信任基础，伤了学生的心，其实并不那么可怕，可怕的是，学生因此丢了独立思考的精神。

不可否认的是，青年具有反权威的天性，所谓年轻气盛，对批评与表扬，对正义与邪恶都有敏感的反应。充分认识这一点，老师在应对学生突发状况时，就会得心应手。摩罗先生在《巨人何以成为巨人》一文中是这样评价赫尔岑的："在俄罗斯历史上，赫尔岑属于影响了一个时代的巨人。"然而，赫尔岑少年时代就奠定了成就伟大事业的气质。这与他未成年时的一次经历有着直接关系。那是在他十四岁那年发生的一件事，这一年沙皇当局绞死了十二月党的五位领袖，作为少年的赫尔岑目睹了这悲壮而惨烈的一幕。对于这件事，他急需得到老师的指点。于是，他郑重地向他的老师倾诉了他的看法。那位平时总是说赫尔岑不会有出息的老师，这回没有再把这句话说出口，面对眼前这位意气风发的少年，老师一改过去僵硬的口吻，禁不住说："我的确以为您不会有出息，不过您那高尚的情感会挽救您。但愿这些情感在您身上成熟并且巩固下来。"说完，这位不苟言笑的老师还拥抱了赫尔岑。设想一下，要是这位老师像往常一样，摆出权威的架势，把赫尔岑讽刺挖苦一通，还会有后来的赫尔岑吗？

老师权威对学生的伤害，不像被某个成人骂一两声，学生只是觉得多少受了点委屈那样简单，它还会连带造成其他反应，最典型的是丧失批判与质疑精神，

影响学生的独立思考。坦恩鲍姆说，学生一旦听到了权威人士的意见，就容易停止思考而去猜测导师心目中在想些什么，进而去迎合导师的心意以便博得导师的好感。黄武雄在《童年与解放》一书中也指出，“当人在既存现实中失去自主不再反思的时候，便把自己异化为社会组织抑制个人自主与反思的工具。”也就是说，习惯了被老师权威训诫的学生，走上社会后，很可能沦为用权威加害他人的工具。

怎么学并不是最重要的

秦九歌

关于老师权威的问题，我在前面的文章中已经说过了，这里就不重复了。我想谈一谈，国外老师怎样对待学生的习惯。在国外，老师很少会对学生的学习习惯有更多的要求。比如，学生作业过于潦草，老师读得不爽的话会退还给学生，并会对学生说：对不起，我实在看不清楚你写的东西，能不能麻烦你写清楚一点，下个星期再交来，好吗？我特别同情英语老师，他们识别学生手写的东西特别准，因为每个学生写的作文都很潦草。老师对数学作业的要求是，必须把所有的步骤写出来，要是没有步骤的话会扣分。但通常也不会当着别人的面说，基本上不会追究一个孩子是怎么学的，因为怎么学是孩子自己的事情。比如，他记不记笔记是他的事，有些孩子就喜欢把脚放在椅子上听课。每个人的做法是不一样的。

老师对待学生学习习惯的态度是，我给予你知识，你怎么吸收这个知识，完全是你自己的事。但是这不代表老师不会教学生，年终的时候老师会说老师觉得最有效的记笔记的方式如何如何，老师上大学的时候就是用这一套，大部分人都会用这套方法写。但有的孩子就不以为然，我认识的一些孩子记笔记就是画图像。比如，我们生物课学什么东西，他会画出来，而不记任何笔记，所以看他的笔记本就是图画，老师也不能说这个同学没有学到东西，这个学生交作业的时候就是交图画，我都不知道老师怎么评价他。反正，这个学生也是在学，也可以吸收到知识，学生感兴趣就可以了。因为这些都是小事情，大事情是学生喜不喜欢老师的科目，愿不愿意继续学下去，这些才是比较重要的，至于用什么方式学，老师一般不会也不应该太在意。

我觉得，学生不愿意接受家长或老师的建议，很多时候是沟通的方式有问题。所以有些时候，改变一下沟通的方式，学生就会接受家长或老师的建议。我有一个学生，他父母每次带SAT的论文过来时，就对我说，孩子的字迹太难看了，并告诉我，他们多次要求孩子改字迹，但都没有效果。我问他们，你是这样跟孩子沟通的吗？他父母说，是。我继续问，那孩子改了吗？他父母说，没改。所以，这样对孩子说话是没有用的。后来，我跟孩子是这样说的，你的书写有点挤，但SAT的论文是会复印的。如果写得太挤的话，而且是用钢笔写的话，复印起来就会挤在一块，这样，你的书写就很模糊。本来你写了特别好的论文，但因为复印的原因，所以没有办法给你应得的成绩。而你的水平和能力都体现在内容里，但却可能会因为书写的问题吃亏。所以，我强烈建议你把字迹分开一点写，写得稍微慢一点，这样，阅卷的老师就能看得清楚一些。从那以后，这个学生每个星期拿过来的论文字迹越来越清晰了。

用建议的方法帮助孩子改正错误

房超平

仔细分析案例中的学生对班主任和科任老师要求的态度，不难发现，学生不接受两个老师的要求的原因，很可能是在赌气——你们老师合起来整我，我偏不这么做。老师或家长千万不能责怪学生这样思考问题。因为老师或家长没有给孩子讲清道理，不能以理服人，反而采取压制、强迫的办法，这是无法让孩子信服的。老师或家长可能觉得，我们是为学生好，是想帮助学生提高他的学习成绩，但学生并不这么认为，原因很简单，老师或家长与学生认识问题的角度不同，没有想到一起去，不在一个逻辑起点上，而且并不一定老师或家长的要求都是正确的。

在教育过程中，很多老师和家长习惯于干预或者纠正学生的学习行为，很少用建议的办法帮助学生改进习惯。而现实情况往往是，老师或家长越想纠正学生的行为，越难以达到纠偏的效果。老师或家长往往把其归罪于学生的叛逆。其实，并非如此。如果老师或家长都用建议的方法，并能让学生感到老师或家长确实是为自己着想，学生一般情况下都会接受。当然，学生不可能吸收老师或家长所有的建议，有些学生甚至可能不吸收老师或家长的建议，但只要学生吸收老师或家长大部分的建议或大多数学生能够吸收老师或家长的建议，并改进自己的行为，就非常不错了。

在现实生活中，老师或家长往往期望自己所有的建议都能被接受，这显然是不可能的。因为老师或家长的建议不一定完全适合学生，或适合所有学生。然而，现实生活中，老师或家长对孩子的态度往往是这样的：这个要求或建议，所有的学生都要听，谁不听谁就是跟老师或家长过不去。这就违背了一个基本的常识：每个学生都是不同的，每个学生都是独特的，老师或家长的建议不一定适合于每一个学生。

如果老师或家长觉得学生的某些行为确实存在严重的偏差，必须进行适当的干预，老师或家长一定要好好研究一下，而不要犯这个案例中的老师的错误。必要时，还要请心理专业老师给予支持。在试图干预学生的行为之前，老师或家长一定要给学生讲清道理，并告诉学生继续自己的行为可能产生的后果。这样，学生一般会考虑老师或家长的建议。当然，也有例外，但即便学生暂时不愿意接受老师或家长的建议，你也不必急于解决问题，而是要等待合适的机会和时间，再给孩子提出自己的建议。那种强迫性的干预要求、非得按自己要求做的行为，老师或家长要尽量避免。

我也碰到一个学生，只是思考问题，不写作业的过程。结果，这个孩子在考试中的计算失误比较多，成绩难以提高。后来，我给这个孩子建议，每个礼拜可以尝试认真完成一次作业，把过程和计算都做好，这样可以避免以后计算失误或解题程序不清。开始时，这个学生比较坚持，不愿意接受我的建议。后来，直到他的计算失误问题对他的成绩影响越来越大时，他才接受了我的建议，计算失误的问题也随之减少了。因此，有的时候，不是学生不接受老师或家长的建议，而是他们对老师或家长的建议不一定理解，或者他们暂时还没有想明白，或者他们的行为还没有产生孩子认为的不良后果，等他们想明白了，或者产生了不良后果时，他们就会主动接受老师或家长的建议了。

第四章 在试错与改错中成长

【本章导读】

没有不犯错误的孩子。很多时候，孩子做了错事，却不知道自己错了；或者知道自己犯了错误，却不知道错在哪里。因此，孩子犯错不如叫试错——尝试是否正确。也许，孩子就是在不断的试错与改错中成长的。本章的七个篇章从给孩子“贷分数”、与孩子协商制定规则、发现每个孩子的闪光点、与孩子对话交流、帮助孩子掩饰错误、减轻孩子学习负担、数据分析树立孩子自信心等维度，对这一主题做出了有力诠释。

1

让分数成为促进孩子学习进步的利器

【提要】

●战略上藐视分数，战术上重视分数——老师们可以以分数为杠杆，施展教学技法。

●在国外，老师是按照学习情况、沟通能力、与朋友交往、在教室中的表现和对其他孩子的帮助等因素，给孩子打成绩单的。

●在评价过程中，国外老师从来都把孩子是否努力放在最重要的位置，因为努力程度永远比学习成绩更重要。

●在家长会上，国外老师会和家长讨论孩子的变化，而不是成绩。

●老师、家长可以通过分数诊断孩子学习中存在的问题，分析孩子存在问题的原因，进而促进孩子的发展。

●重视评价促进发展的功能，就不能对分数过分认真。

【案例】

“贷分数”贷出高成绩

导读：两个小学生考试成绩差两分不及格，向老师提出增加分数的要求。老师灵机一动，想出了“贷分数”的主意，满足了他们的愿望。两个月以后，孩子们的学习成绩大幅度提高，超额还清了老师的“高利贷”。学生“要分数”体现的是学生对老师的信任，老师“贷分数”突显的是老师对学生的尊重，以及老师对教育评价功能的深度理解。

邓老师是一名年轻的女老师，虽然年龄不大，但却善于利用各种教育情境，把握各种教育机会。邓老师讲述的是关于两个四年级小学生“贷分数”的案例，充分地显示了她的教育智慧。

那是一次考试之后发生的故事。

当天下午，在试卷下发并完成讲评之后，邓老师正准备找几个成绩下滑比较严重的同学交流，了解他们成绩退步的原因，以便帮助他们改变学习状态。

正当邓老师准备找他们时，一男一女两个小孩已经站到邓老师办公室门口，似乎有话要对邓老师讲。见此情景，邓老师便挥了挥手，招呼他们进来，但他们有点不大愿意。邓老师心想，可能是其他老师在场不便讲的缘故吧。

于是，邓老师和他们一起走到学校的花坛里，拉着他们的小手，招呼他们坐好。还没来得及询问他们找自己的原委，两个小家伙就迫不及待地把小嘴巴凑近邓老师的耳旁，说起了悄悄话。

“老师，我们这次没有考好，都不及格。”小男孩有点不好意思地小声告诉邓老师，“我们有个请求，不知道老师肯不肯答应？”

“有什么想法，只要你们觉得合理，老师一定答应。”邓老师毫不犹豫地回答。

“要是不合理呢？”小女孩似乎有点胆怯。

“什么？不合理，你们……”不经意间，邓老师的言语中流露出惊讶和质疑的语气。

稍顿，她似乎觉察出自己的表现有点不妥。于是，她面带微笑一边摸着小女孩的头，一边亲切地对两个孩子说：“只要你们觉得有一点点道理，老师就会答应你们。”

“老师，我们不说了。我们觉得没有道理。”只见小男孩边扫兴地说，边拉着小女孩的手准备离开。

邓老师从小男孩对小女孩的表情中看出，小男孩似乎对小女孩有点抱怨。她猜想，可能是自己刚才的表情让孩子产生了顾虑。于是，她鼓励道：“怎么啦？生我气了？你们既然想让老师帮助自己，就一定认为有可取之处。说吧，只要你们提出来，老师一定会认真考虑的。”

但两个小孩无论如何就是不讲。见孩子不语，邓老师笑眯眯地说：“好！既然暂时不相信老师，你们就先保留自己的秘密。等你们想好了，再找老师吧。”

第二天下午，邓老师就把小女孩拉到学校的心灵小屋，与孩子聊了起来，从孩子在班级的变化，到孩子的学习，邓老师和孩子无话不说。当说到家长与孩子的关系的话题时，小女孩的表情一下子变得严肃起来。

看孩子有点紧张，邓老师把孩子拉到自己怀里，悄声说：“别怕，有什么事都可以告诉老师，老师会帮助你的。”

小女孩看了邓老师一眼，欲言又止。过了十分钟后，在邓老师的多次鼓励和劝导下，小女孩终于说出了实情：“老师，我爸爸对我好严厉，要是成绩考不好，会训斥我，甚至会打我。因此，我这次考试成绩离及格差两分，恐怕他又要骂我了。老师，能给我多一点分数，让我及格，可以吗？如果这样，我在爸爸、妈妈那里好‘交差’，在同学们面前也不太丢人，有面子。”

“噢，原来这样呀。你们昨天下午来找老师，就是为了这个事情呀。”在与孩子对话的过程中，邓老师不停地思考，究竟该怎样面对孩子的请求：断然拒绝，会刺伤孩子的自尊心；委婉拒绝，要求孩子自己分析，争取下次考好，也未必能产生最佳效果；答应孩子的要求，似乎又不妥。

就在这时，机灵的小男孩也站在了心灵小屋门口。

望着那个男孩，邓老师挥手示意孩子坐到自己身边。

沉思片刻后，邓老师终于有了想法。

于是，她这样说道："孩子，你们听说过'贷款'这个事情吗？"

两个孩子不约而同地缓缓抬起头，边不解地望着老师，边随声说道："听说过。但不知道具体是怎么回事？"

"你们看这样好不好？"邓老师一口气说出了自己的想法，"你们回去好好查一查关于贷款的知识，查明白了，再来找老师。会有神秘礼物相送哦。怎么样，明天上午,就要把调查的结果告诉老师。放心吧,老师暂时不会给家长说你们的成绩的。"

"好。"两个孩子半疑惑半开心地说。

"我们知道了，贷款就是从银行里借钱，但借钱时，要按规定的利率给银行付利息。"第三天一大早，两个孩子就来到邓老师办公室，告诉了他们调查的结果。"利息的计算方法是……"

"好呀，你们真厉害，连利息怎么计算都搞明白了。"邓老师给两个孩子竖起了大拇指，"现在，你们从老师这里'借'分数，老师也要收利息哦。你们同意吗？"

"嗯。"两个孩子点头说道。

"你们看这样可不可以？老师给你们'借'10分。因为刚刚达到及格分数，也不那么好看。"接着，邓老师卖了个"关子"，"现在，我们商量商量给你们'贷'分数的事情。你们从我这里借分数，我就是'分数银行'，我规定的利息是50%，你们三个月之后还。你们计算一下要还多少？"

"邓'老板'，太黑了点吧？哪有这样高的利息？一年期的定期贷款利息也不过10%。"只见两个小家伙边开玩笑边小声计算。

"老师给我们每人'贷'10分，利息50%，下次考试应该'还'15分，也就是比这次考试多15分。"几分钟之后，他们计算出了答案，并信心满满地说，"我们一定按时还清你的'高利贷'。"

"咱们一言为定！老师相信你们的承诺！"邓老师边和孩子们拉起小拇指边欣喜地鼓励道。

三个月之后的又一次考试中，两位同学的成绩都提高了30多分。

试卷发给学生后，两个小家伙兴高采烈地跑到邓老师面前，大声地喊道："邓'老板'，你的'高利贷'我们已经全部'还'清了。还多'还'了十几分呢！"

孩子们洪亮的声音中，既表达着自信，更充满对老师的敬意。

【解读】

不要给孩子过早贴“标签”

分数是手段而不是目的

黄建海

师生双方经过协商达成协议，通过贷分数的办法，帮助学生提高了学习成绩，重新树立学习的信心。在这个过程中根本无须为所谓的“欺骗”、变相作弊担忧。在“分分分学生的命根，考考考老师的法宝”的教育现实下，以分数为杠杆，撬动学生学习的自觉性，何尝不是一种高明的做法？关键在于我们如何理解分数的意义。

分数之于应试教育的作用自不待言。然而，分数之于教育却是个复杂而微妙的话题。它的基本意义在于评价与考核，但这只是手段，目的是督促学习、改进学习，最终达到提高学习能力和效果的目的。我们并不回避考试分数对于每一个个体——学生的意义，尽管我们一再强调它只是手段而非目的。可是，大多数时候，我们都在不经意间将它看成是目的。其实，就国家间的教育比较而言，同样如此。

分数既让中国教育纠结，也让美国教育纠结。没有哪个国家或地区的教育毫不介意分数。中国上海参加PISA连续夺冠，仅这一点，就让美国一些有识之士感到震惊，也让美国教育界感到了些许压力。其实，早在2012年PISA成绩发布之前，《世界是平的》一书的作者，三获普利策新闻奖的《纽约时报》专栏作家托马斯·弗里德曼，已经隐约感受到来自中国教育的压力。他在《纽约时报》撰文，专门向美国人介绍上海蔷薇小学的经验。

不过，我们切不可沾沾自喜，以为

真的是中国式应试教育全面战胜了美国教育。在同人眼里：中美教育似乎都追求分数。其实不然，从九歌的分析中，我们不难看出，美国的家长和老师并不在意每个学生的分数和排名，而只关注孩子相对于自己的变化和进步。至于在国际竞赛中获奖，人家更不当回事儿，因为人家获奖靠的是个人的兴趣和能力，而我们靠的是举国之力。

在应试教育大背景下，分数或许永远取消不了。既然这样，作为教育的各相关方，有必要重新认识分数的意义，多角度看待分数的价值，多方位研判分数的作用。战略上藐视分数，战术上重视分数，这就必然为老师们以分数为杠杆，施展教学技法提供了可能。

多几把评价学生的尺子

秦九歌

在国外，小学是没有百分比的成绩单的，老师给的成绩就是一二三四五，或者 ABCDE。即便有这样的成绩单，老师也是按照很多不同因素给学生打分的，而不仅仅是一次考试的成绩。比如，学习情况一个分数，沟通能力一个分数，与朋友交往一个分数，在教室中的表现和帮助老师是一个分数。但这些因素跟成绩是一样的分数，甚至这些因素比成绩占的比重更大、更重要。

小学每个科目的成绩都是从练习（而不是考试）得来的。很多时候，老师会把练习变成游戏。比如，我们背乘法口诀，老师就会计时看谁在单位时间背得多，也有排行榜看谁的算术最厉害。同时，还有一个评价，比如看谁收的垃圾最多，收垃圾和学习成绩是同等重要的。年终成绩单出来，每一个科目的考试成绩只是整个评价中的一栏。在评价过程中，老师从来都把学生是否努力放在最前面，因为他们认为这个比真正的学习成绩更重要。如果学生学习低于三分，老师会建议这个同学找一个课外老师或者跟学习好的几个孩子多出去玩一玩。

在国外，每学期也有家长会。家长会上，老师会和家长一个一个谈，而老师和家长讨论的并不是孩子的成绩，而是孩子的变化。比如，有一次，老师跟我父母说，我之所以给孩子成熟这个指标分数是一分，是因为我那天观察到孩子去抢那个小朋友的玩具，但是我跟孩子讲的时候，孩子很善解人意，也明白为什么不该抢别人的东西。所以老师说，这个孩子在成熟这个指标上有所进步。还有一次，我的学习成绩稍微差了一点，到了二分，但是我综合从来都是一分，因此一般情况下，老师不会跟我父母讲任何关于我学习的问题。我妈妈就很担心，她对老师说，上个学期孩子的成绩是一分，今年到了二分，是不是要关注一下。老师说，不用担心，孩子的综合还是一分，只要综合还是一分，家长就不用着急，以后成绩自然会好起来。此外，每次家长会，每个家长和孩子分别会有一份成绩单，就像一个正式的报告，只不过父母和学生不是完全一样的。给学生的那份都是属于学生和老师之间的悄悄话。有时候，老师在报告单里只会跟学生讲属于学生和老师的事情。

家长会上，孩子、妈妈和爸爸每人一个座位，老师会经常跟孩子沟通。在跟孩子沟通的过程中，也给孩子的父母解释，为什么某些因素是某个分数，有时还会让学生自己给家长解释这个成绩的原因。比如，有一次，我的体育是二分，我就跟父母解释说，是因为我有事情没有参加校队而少了一分。老师给家长的学习成绩报告，是希望给家长看一下孩子全面发展和品质方面的进步，而不仅仅是学习方面的进步。

充分发挥分数促进发展的功能

房超平

一般来说，教育评价有双重功能：一是选拔甄别功能，就是通过考试这种评价方式，分出好、中、差，以利于选拔成绩优秀的学生；二是促进发展功能，就是通过考试这种评价方式，诊断学生学习中存在的问题，分析学生存在问题的原因，进而促进学生的发展。高等学校招生之类的考试，主要是为了选拔甄别，而平时的测试、考试的主要目的是诊断问题，促进发展。因此，在日常的教育教学中，促进发展是评价的唯一功能。

然而，在日常教育活动中，老师或家长都过于重视评价的甄别功能，而忽视了评价的这一更为重要的功能。也就是说，人们没有把主要功能发挥好，却把次要功能过分强化。我觉得，传统的以分数为唯一标准的、以甄别为价值取向的评价体系的弊端越来越突出。这些弊端主要表现在：过分关注学科（尤其升学考试科目）的学业成绩，忽视学生终身发展更为重要的探究、沟通、合作、批判性思维和问题解决等能力或素质的培养；过分关注结果，没有实行真正意义上的过程性评价，对于评价的诊断、激励和发展性功能认识不足，通过评价激励学生发展的意识不强烈；评价主体单一，“权威”垄断一切，忽视“多元”参与，被评价者处于消极的被动地位，没有得到相应的尊重；评价功能异化，评价结果不适当地滥用于给学生施加压力，使评价带上了浓厚的功利色彩。因此，过分强调评价的甄别功能，不但不利于学生的身心健康，而且阻碍了老师的专业成长；不但异化了教育的功能，而且窒息了教育的活力；不但误导了社会对人才评价的标准，而且制约了孩子整体素质的提高。家长和社会之所以过分重视分数，是因为学校和老师把评价选拔、甄别的功能过分强化，而忽视了评价促进发展这一重要的功能。

重视评价促进发展的功能，就不能对分数过分认真。只要对学生的发展有好处，多给学生几分又何妨？！“贷”分数的做法，就充分利用了评价的这个功能，因而对孩子起到了积极的激励作用。现实生活中，老师或家长往往不这样思考问题，非得看重那么几分的价值和作用。很多家长的做法往往是，孩子分数不高，就怨天尤人，对孩子严加斥责；孩子分数高了，就高枕无忧，对孩子表扬有加。从本质上看，只关注孩子分数的多少，不关注孩子分数不高的原因，是无法有效帮助孩子解决分数不高背后的问题的，评价促进发展的功能也就得不到充分发挥。

2

与孩子一起协商制定规则

【提要】

●习惯非一日养成，关键是要及早行动起来，并持久地坚持下去。

●把孩子置于行为主体的位置：孩子既是行为人，又是责任人，还是自我评判者。

●有必要向家长普及教育学知识，以避免家长对教育过于简单或片面的认识。

●国外学校的强制性规则较少，违反的后果很严重，所以孩子对这些规矩基本上都会遵守。

●家长要甄别孩子的作业：看看老师布置的作业是不是合适，是不是超量了。如果觉得作业多了，就有义务帮助孩子减少作业，减轻负担。

●必要的惩罚是需要的，但不能牺牲孩子的身心健康，或者超过孩子所能承受的限度。

【案例】

一周摘掉“马虎”帽

导读：小明很聪明，学习也很认真。可就是马虎的毛病改不了，每次考试都会有一些失误。在老师的帮助下，小明的父母把原先自己给孩子检查、订正作业的事情交给了孩子，并采取减少训练量、错一道题罚做五道题的措施，使小明的马虎问题在短时间内得到了解决。看来，马虎本身不是问题，对待马虎问题的态度才是最重要的。

小明今年上四年级，人很聪明，学习也很努力，但是每次数学考试成绩都徘徊在四至五名，从来没有考过第一名。小明很着急，明爸爸也很苦恼。

父子俩想了好多办法，都无济于事：每次考试都有几分因为马虎而丢掉，而且越是着急，越想考好，就越出漏洞。

这种情况下，明爸爸只好求助于班主任于老师。

听完明爸爸的诉说，于老师没有急于给出解决问题的办法，而是先对孩子进行观察和调研。观察和调研的结果表明，之所以孩子总是第四五名，不是学习能力的差距，也不是学习方法的问题，关键就在于小明的学习习惯不好——小明做事情比较马虎。

经过仔细分析，于老师发现，造成小明学习马虎的原因有三个：一是重复、机械的作业让孩子产生厌倦心理，孩子总是想办法急于完成，而越是心急，就越容易出错。二是家长承担了很多本该孩子自己完成的东西，比如孩子做完作业后，总是要家长检查后再签字，造成孩子责任意识缺失。三是孩子没有养成规则意识，孩子做不到家长和老师的要求时，没有相应的惩罚措施。

一周之后，当明爸爸再次找到于老师时，于老师已经有了解决方案：“首先，家长不要过于追求第一名，因为第五名与第一名的差距也就是三五分而已，更因为第一名只有一个，每个人都拿第一名不现实，也不可能。其次，在关注孩子学习成绩的同时，更要关注孩子的习惯。比如，当学生完成作业后，要求家长签字时，家长只负责签字，不检查作业的正确与否，让孩子自己检查问题，杜绝孩子的依赖心理。在此基础上，家长要做好两件事情：第一，不要给孩子增加额外的作业，甚至可以减少不必要的机械重复的作业；第二，要建立惩罚机制。比如，如果孩子自己检查作业出现了错误，第二天可以错一罚五。”

明爸爸听了于老师的建议后，立即着手进行实施。

计划实施的第一天，小明就有点小烦恼：“爸爸，我每天都有一百多道老师布置的算术题，而且都是速算题，翻过来倒过去，都是这些题目。我要不停地写，到九点钟才能写完作业。写完作业，就没有时间检查啦。”

看得出，孩子很厌恶机械重复的作业。

征得于老师同意后，明爸爸给孩子提了个建议：“如果今天的作业没有错误，明天的速算练习就不用做了。”

有奖有罚，这也算是对孩子认真完成作业的奖励。对此，小明听了很高兴：“这可以，我认真完成作业，题目都做对了，就不要让我做这么多题了。如果我错了，甘愿受罚。”

但是到了第二天，明爸爸又给于老师打来电话：“小明反悔了，不但增加的速算练习不做，而且作业出现错题，也不接受惩罚。老师，该怎么办？”

“如果不做，你要处罚他。”于老师不慌不忙地解释道，“比如，我跟你达成的协议，要求你完成的你都不做。你想要我做的事情，我也不会去做。”

明爸爸追问：“怎么处罚他呢？”

于老师支招：“处罚的办法多得很，比如他喜欢吃的饭、菜，你们可以不做。他要你满足的要求，你们可以拒绝。因为你要求他做的，他做不到。他的要求，你也不能答应。”

“如果他一个礼拜既不做额外的速算作业，也不完成错了处罚的题目，该怎么办？”明爸爸似乎没辙了。

“很简单，你坚决执行你的要求，也就是说，他不按协议做，他说的任何要求，你也不满足，或延迟满足他的要求。这时候，家长要铁下心来。”于老师的办法很多。

但到了第三天，小明就开始哭闹了，因为他想吃自己喜欢吃的，父母不给他做；想说话，没人跟他交流。小明的妈妈因为心疼孩子，就想跟孩子妥协，天天跟明爸爸吵架："这样下去不行，这个家要闹翻了。"

这一切都在于老师的预料之中。

正当明爸爸无计可施时，他盼来了于老师的救急电话："是不是又顶不住了？孩子妈妈闹意见了吧？这个时候，你要和他妈妈协商一致，坚持下去。如果你们顶住了，以后，就没矛盾了，所以要下得了狠心。在违约问题上，商量好的制裁措施一定要坚决执行。这时候，如果能够坚持下来，你们就会发现后来的问题越来越少，他就不马虎了，因为他知道马虎是要受到惩罚的。"

果然，按照于老师的要求，经过一个多星期的坚持，小明终于不折腾了，习惯也慢慢好起来了：额外的练习不用做了，错误也逐渐减少了，直至最后没有出现马虎造成的错误。在这一学期结束的时候，小明的数学成绩考到了班级第一名。

【解读】

没有惩罚，规则形同废纸

善于用孩子的话语和行为体系教育孩子

黄建海

记得儿时小伙伴一起玩，大家挂在嘴边的一句话，就是说话算数。否则，游戏无法进行，即便开始进行，也会出现混乱，甚至酿成小冲突。说话算数就是一种规则意识，彼此要信守承诺。这个案例就是用孩子的话语和行为体系教育孩子。

习惯非一日养成，关键是及早行动起来，并持久地坚持下来。就像案例说的那样，按孩子的一套对付孩子：你没做到，你违规在先，对不起，那我也可以毁约，可以说不。关键是把孩子置于行为主体的位置，既是行为人，又是责任人，还是自我评判者。这种自我教育法是最明智的。陶行知先生在《自立歌》中写道："滴自己的汗，吃自己的饭，自己的事情自己干，靠人靠天靠祖宗，不算真好汉！"仔细分析，学生作业让家长签字这种做法，等于混淆了家长、老师与学生三者作为行为主体和责任主体的关系。与其将孩子行为习惯的养成交由家长督促，不如直接将责任落在学生身上。

我认为，这个案例的另一点启示：由于家长不懂教育学，造成了多少不该出现的社会问题和教育悲剧。因此，有必要向家长普及教育学知识，避免对教育过于简单或片面的认识。比如，家庭教育方面，很多家长以为教育孩子主要是学校的事。再如，社会上许多幼教机构，打着蒙台梭利早教的旗号大肆招摇撞骗，一些家长由于不明就里上当受骗的事时有发生。太多的家长对子女教

育茫然无知，尤其是面对所谓的“问题儿童”，或者有不良行为习惯的学生，家长更是束手无策。因此，遇到孩子教育中的问题，家长需要向有关专家或老师请教、咨询。

苏霍姆林斯基早就看到了对家长普及教育学常识的重要性。他说：“我的坚定信念是，教育学应当成为众人的科学——不论是老师还是家长。我们竭力给每个家长都讲授最低限度的教育学知识。”帕夫雷什学校具体是这样操作的：家长学校在孩子上学之前的两年开学，一直学习到孩子从学校毕业为止。家长学校的心理学和教育学课为二百五十学时，家长学校按年级班级编排。每班每月上课两次。课程由校长、教导主任和最有经验的老师担任主讲，以讲演和谈话的形式展开，教学过程力求使每个家长，包括父亲和母亲所学的知识，都能跟自己孩子的精神生活联系起来。希望改进教育效果的学校不妨一试。

少一些强制性规则

秦九歌

我发现一个很有意思的事情，国内学校甚至社会上的规矩很多，但是大家好像不是太遵守。而在国外，从来没有教你怎么守规矩的视频或者宣传材料，但大家都很守规则。停车场里没有挡车杆，没有摄像头，进去以后自觉付费；甚至在哈佛大学参加考试时，很多考试是可以拿回家完成的，三天以后交到老师办公室。反思这个现象：国内口头上的规矩很多，但行为上不遵守；但国外不说规则，大家都会彬彬有礼地遵守。究其原因，可能与从小没有培养规则意识以及违反规则的成本太低有关。

谈到国内和国外的规则，我举个自己在国外学习的例子进一步说明。每门课程的第一堂课，老师主要是讲规则，比如，别人说话的时候你不能插言，有问题要举手，要尊重他人。这些规则都是建议性的，当然，也有强制性的规则，但强制性的不多。在我原来上的学校，有过这样一件事，一个穿泳衣上学的学生到校门口，保安只是询问学生这样穿的理由，学生说今天有游泳课，保安不但不干预，反而会祝她好运。此外，学校还会准备一些衣服让学生过去挑选，并且告诉学生，这些衣服比她现在穿的更适合一些，如果不影响学生学习的话，下课以后再换回来。因此，国外学校的强制性规则较少，违反的后果很严重，所以学生对这些规矩基本上都会遵守。

关于马虎的问题，国内的学生比国外好多了。国外大部分学生的字迹都很潦草，拿笔的样子也很怪。马虎的原因在于该罚的时候没有罚。我弟弟有时候写字没写对，妈妈就罚他再写十个。这样做很好，可以帮助孩子养成一个很好的学习习惯，字迹好看、很整洁，对孩子以后肯定有很大帮助。但在国外，孩子写字笔迹潦草，不写在规定的线上都没有关系，只是老师改起来会很辛苦，但老师不会说学生的不是。所以，他们以后工作时也会这样，这一点不是很好。而且，我曾看到过一个研究报告，发现写字规矩，可以体现一个人是否会严格要求自己，做事是否有毅力。这些都是在孩子成长过程中应该着力培养的。

惩罚孩子的必要前提

房超平

关于作业问题，我觉得家长要有甄别，看看老师布置的作业是不是合适，是不是超量了。如果觉得多了，那就有义务帮助孩子减轻负担。当然，也可以与老师协商。如果老师听不进家长的意见，家长可以帮孩子完成或设法减少。换句话说，家长一定要理解孩子，要让孩子量力而行，替孩子着想，不一定非要孩子完成。如果所有作业都要完成，孩子因为作业过多而完不成，还要惩罚孩子，这是非常不负责任的行为。有些时候，可以允许孩子不完成作业，比如孩子生病了、家庭有重要活动等。但家长要让老师知晓，孩子这样做，是经过家长允许的。

关于规则和惩罚，必须有一个先决条件，即必须在保证孩子身心健康的前提下，让孩子遵守规则；惩罚不能牺牲孩子的身心健康或者超过孩子所能承受的限度。规则的制定（包括不遵守规则的处罚办法）要和孩子协商。孩子认可规则和处罚办法，他就会努力遵守，并为自己不遵守规则、不完成任务的行为承担后果。当然，当孩子自己因为能力所限，完成不了相应的任务或者无法遵守相关规则时，家长要替孩子担责。因为孩子毕竟是孩子，他们想把事情做好，但因为各种客观原因没有做好，这时候，家长和老师都要理解，而不能让孩子承担后果或处罚孩子。否则，就有可能让孩子觉得很委屈，就会让孩子觉得是在伤害他，而起不到惩罚该有的效果。比如，孩子学习能力较弱，作业正确率较低或不能按时完成，惩罚他就是不合理的（这时，家长要帮助孩子解决问题，而不是一味责罚）。而因为粗心大意错的题目较多或因为玩耍忘了做作业，则要予以处罚。

家长和老师对孩子犯错误或不守规则的原因要进行甄别和分析，不能不分青红皂白就处罚孩子。什么样的惩罚是合适的，什么样的后果是孩子可以承担的，需要家长和老师根据实际做出甄别和判断。在惩罚之前，老师和家长一定要跟孩子进行交流，允许孩子申诉，让孩子说出自己违反了什么规则，该接受什么样的处罚。如果确实是初犯，而且孩子也愿意改正错误，可以适当减轻惩罚或不予惩罚，因为惩罚也是为了教育。

3

发现每一个孩子的“闪光点”

【提要】

●孩子的问题原本不是问题，有时候是被成人盯出来的。

●在国外中小学，老师会千方百计让所有的学生相信自己是与众不同的：每个人都有自己独特的成长过程，每个人经过努力都可以成为人生的赢家。

●对于孩子来说，老师和家长的夸奖比社会的赞扬和认可更重要。因为在老师的夸奖和赏识中，孩子会体验和感受学习、活动的意义和价值。

●把孩子的优点尽可能放大，就会发现孩子的优点越来越多，进步越来越快，从而让每一个孩子对自己有更美好的期待。

●当老师和家长反复强调孩子的某一优点，孩子就会觉得这个优点很重要，就会把这个优点自然而然地加以放大，并迁移到其他方面。

●家长善于发现孩子的优点，就能让孩子充满自信，乐观面对学习和人生。

【案例】

“啊？我这样的人也会有优点？！”

导读：一个不怎么受老师和同学待见的孩子，在新班主任老师倡导的“发现闪光点，激发正能量”活动中，频频被同学们点赞。这样的活动，激发了孩子的自信心，行为习惯也因此明显好转，学习成绩进而得到有效提升。把“差生”这个标签去掉了，孩子的心理负担就解除了，行为习惯和学业成绩提高就指日可待了。

乍看起来，小周颜值不很高，个子有点矮，身体胖乎乎的，而且学习成绩不好，做事慢慢腾腾，显得很懒散。上初中后，由于课业负担加重，难度加大，本来学习基础和习惯不好的小周，变成了几乎所有老师和同学眼中的“坏孩子”：逃学、迟到、上课打瞌睡、不完成作业、不关心集体等。就连小周的家长也认为，自己的儿子没有任何希望了。

然而，年轻有活力的齐老师接手该班的班主任之后，不到半年时间，这个男孩就发生了惊人的变化：消极、懒散的旧面孔被积极、勤快的新面孔取而代之，成了全班师生人人喜爱的好学生。

原来，齐老师根据初中学生的年龄、心理特点，在班级组织开展了每周一次的“发现闪光点，激发正能量”活动。

确定好开展活动的思路之后，齐老师组织班干部开了个会议。

会议开始时，齐老师说明了开展这种活动的意图：针对班级部分同学信心不强、基础较弱、习惯较差，以及大多数同学对自己和其他同学缺乏正确认识，参加班集体活动不积极，

班级缺乏凝聚力的现实，有必要组织开展每周一次的“发现闪光点，激发正能量”活动。活动的目的是，改变以单纯学习成绩评价优劣的环境氛围，让每一个同学都能认识到自己的优势和别人的长处，感受到班级所有同学的关爱，树立“天生我材必有用”和“三人行，必有我师”的观念，激发和调动每一个同学的积极性、主动性，形成强大的凝聚力和向心力。然后，齐老师要求班长组织班干部，就这个活动的组织和实施进行充分的讨论。根据齐老师的建议，班干部围绕活动组织与实施展开了激烈的讨论，并形成了初步共识，确定了活动的步骤和要求。

下面是班级第一次组织这种活动的经过：

第一步，发现优点，相互欣赏。

这个环节的规则是，班级各个小组的同学都要说出自己发现的本组其他同学的至少一个优点。当然，这个优点不仅仅局限于学习方面，也可以是生活或纪律等其他方面。在交流过程中，每个人不得说其他同学的缺点和问题，前面同学说过的某个同学的优点，后面同学不允许再重复。

活动开始时，小周所在小组的同学谈起小周时，都面露难色——很难找到小周的优点，小周自己也觉得不好意思。

在一旁观察的齐老师看到这种情况后，给这个组的同学提示道：“大家可不可以从待人处事，或与同学交往等方面找一找他的优点？”

听齐老师这么讲，小组长马上回应：“我觉得，小周同学对大家非常友善。”

在组长的带动下，其他同学纷纷发言：

“他没有欺负过班级任何人。”

“他脾气很好，没有对大家发过火。”

……

看到同学们赞扬他，小周觉得非常不好意思：“啊？我还有这么多优点？同学们，你们这样夸赞我，连我自己都不认识自己了。今后，我一定要努力改变自己，力争对得起同学们的信任。”

第二步，组内交流，达成共识。

这个环节有两个步骤，一是在组长的组织下，各个小组对每个同学的优点进行小结，并经过全组同学无记名投票，确定每个同学比较突出的一个优点。二是选出代表本组展示的两名同学，并要求他们做好展示本组同学优点的准备工作。每组安排展示的同学在每次活动中要交替进行，不能由少数人包办代替。

小周所在的小组对每个人的特点都用四个字进行了小结。同时，还要求代表小组发言的同学，用几句话对每个人的优点进行说明。谈到小周的优点时，大家一致认为，可以用“为人善良”来概括。

这个环节结束时，在齐老师的暗示下，小周所在的小组推荐小周和另外一个同学作为本组代表，在全班面前展示每一个同学的优点，而小周在展示时的任务最艰巨：负责概括说明每个同学的优点。

听完小组长的想法，可把小周给急坏了：“不行不行，我不能代表大家。请同学们先让别人发言吧，下次我再来。”

虽然小周表面上百般推托，但在本组同学的一再坚持下，小周内心充满愉悦与感恩，还是顺利地接受了这份任务。

第三步，展示交流，分享进步。

在这个环节，各个小组代表先依次按照抽签顺序，在全班同学面前展示本组每个同学的优点。然后，全班同学举手表决，明确各个小组推荐的同学的优点。

幸运的是，小周所在小组抽到了最后一个展示的机会。

当小周和另外一个同学登上讲台时，全班同学都怔住了，那表情分明是说：“怎么会是小周？”而小周这个从来不发言的小伙子也显得非常紧张，不停地用纸巾擦脸上的汗珠。

“我们组认为，关于小王同学的学习勤奋，可以用三点来说明：一是有明确的学习计划，而且能坚持按计划学习；二是每当遇到问题时，他总是持续追问，直到解决为止；三是每次考试完了之后，他都会及时分析自己存在的问题，并有效改进……关于小周同学的为人善良，也可以用三点来说明：一是脾气好，不跟任何同学发火；二是遇事先替别人着想，从不抱怨别人；三是从不在老师和同学面前说别的同学的坏话。”小周的声音虽然不大，却一板一眼，非常清晰。

讲完小组每个同学的优点后，小周哽咽着大声说道：“今天是我第一次在这么多人面前讲话，也是我第一次听到这么多的同学表扬我，心里有一种从未有过的暖烘烘的感觉。给大家说明我们组每个同学的优点，又使我学到了不少其他同学的经验。感谢大家对我这个‘坏小子’的宽容和鼓励，也感谢小组同学给了我这样一个光荣的任务。从今天起，我得改一改了。我相信，下周的活动，同学们再讲我的优点时，就不那么难找了。”

第四步，总结归纳，提升意义。

这个环节的任务主要是，通过抽签选出两个同学对本次活动进行小结，交流自己的心得体会，重点说明本组同学对自己优点的看法，以及今后争取获得更大进步的打算。

“没有想到我在小组同学的眼里还有这么多优点，更没有想到全班每个同学都有值得别人学习的优点。突然觉得，我们组、我们班的同学都非常可爱，都有值得我们学习的地方。”小李同学的体会说出了班级每个同学的心声，“更没有想到的是，小周同学的发言这么精彩。看来，小周的小组下周可以给小周再发现一个‘思维严谨’的优点。我也可以用小周的三点‘规则’来说明他的优点：一是对每个人的优点都能用三条理由来说明；二是说明别人的优点时，没有重复的语言；三是说明别人的优点时，不忘对照自己，反思问题。”接着，小李谈了自己今后进一步改进和提高的想法，请大家监督和支持。

……

就这样，随着“发现闪光点，激发正能量”活动的不断深入，小周和全班同学都满血复活。逐渐的，班级同学和老师发现小周的优点越来越多。到了学期末，小周完成了“蜕变”，成了班干部和老师的得力助手，光荣地成为班级自律监督委员和历史学科的科代表。

不但小周有了明显变化，整个班级的面貌也与以前大不相同，每个同学都把“欣赏他人，成就自己”的活动理念变成了现实，全班同学的正能量越来越大，班级的凝聚力也越来越强，一个优秀班集体的雏形也越来越清晰。

【解读】

用乘法放大优点，用除法缩小缺点

多给品优生点赞

黄建海

就个体的改变而言，说难也难，说易也易。区别只在于是否自愿。一个“无可救药”的差生，换了个班主任，用了不到半年时间，就来了个脱胎换骨的质变。秘密就在于老师巧妙地释放出了这位学生身上潜藏着的特质，从而使这位学生发现了自己身上的闪光点：哦，原来我也有这么多优点。在找优点的过程中，一些细微的碎片化的细节，都在向我们传达着教书育人的意蕴：教育就是润物细无声，没有那么多的光鲜，也用不着那么轰轰烈烈。

在孩子们眼里，小胖子身上找不到值得夸赞的优点时，老师给了适当提示，让同学们感到他很友善，并把这个优点加以放大。的确有这样的现象，学习不好或者行为习惯不好的学生，身上却常常表现出某种朴素的行为。比如，友善、朴实、爱劳动、热心集体事务等。不幸的是，这样的孩子往往学习成绩却不好。当然，我这样说并不是隐喻学习成绩好的孩子，就一定在这些方面有问题。但类似的苗头还是值得家长和老师高度关注。我想强调的是，学生身上智力的优点、才艺的优点值得重视，这也是各个学校常规的做法。然而，学生品行上的优点更需要呵护。教育要给优秀生点赞，更要设法发现“差生”身上的闪光点。

美国老师海伦·蒙思拉的做法与之有异曲同工之妙。不论海伦老师怎么苦口婆心，马科爱说话的毛病总是改不了。海伦一激动，给马科实施了“酷刑”，用胶带封住了马科的嘴。可是，这样的处置引来一场骚动，而且还伤了马科的自尊。此后，海伦就

开始思考如何管教问题学生的方法。后来，海伦终于有了好主意，就是发动学生评学生，让每个学生拿出一张纸，写下每一个同学的优点。优点单下发后，几乎每位学生都惊呆了，“我有那么多优点，我怎么没发现”。于是，优点单的作用开始发酵了，此后，学生的自信心爆表，学习的自觉性提高了。高中期间，老师一直与马科保持通信联系。再后来，马科参加了越战，还不时写信向老师汇报战况。再后来的一天，传来马科阵亡的消息。有一天，马科的父亲递给海伦老师一张字条，原来这张字条就是当年班上同学写给马科的优点单。他是多么在意这张优点单啊。后来，海伦老师又遇见班上几位同学，都说他们保存着那张纸条。有的把它珍藏在日记本里，有的把它镶嵌在结婚纪念册里。也有的跟马科一样将它随身携带，时刻激励和鞭策自己前进。这件事深深影响海伦对老师职业的认识：“每当回想起过去，我都觉得应该把马科看成我最伟大的‘老师’。”

郭延庆在《应用行为分析与儿童行为管理》一书中建议，所谓孩子的问题，原本不是问题，而是被成人盯出来的；不要动不动把一切都看成是问题，即使是看出点“问题”，也不要动辄“制止”“批评”“教育”，以“管理”为能事。因为，这样做的恶果是，反正总有人管，“我”就什么也不做；即使是做某件事，那也是“为别人做”；最糟糕的是不分大小问题一律严加管制，致使师生关系紧张，最终导致学生讨厌老师、憎恨学校，个别的会选择逃学、厌学乃至轻生。因此，教育应该顺应儿童成长这种快乐的天性。否则，就会造成两种不良后果，一是干扰儿童的生长发育；二是影响儿童的身心健康。

让每一个孩子都相信自己与众不同

秦九歌

这个案例的启发应该是多方面的。我谈谈国外学校怎么对待学生的优势。在国外中小学，老师会千方百计让所有的学生相信自己是与众不同的。之所以学生会有这样一种感受，是因为老师善于发现每一个学生特别的技能或者做得特别好的方面，并且通过各种方式予以放大，从而激活学生内在的需求和能量。久而久之，学生就会自然而然地把更多的精力和时间放在自己感兴趣或有特长的事情上，并逐渐形成强大的自信心。

我觉得，对于中小学生来说，老师和家长的夸奖比社会的赞扬和认可更重要，小学生尤为如此。因为老师和家长的夸奖能帮助学生做出正确的价值判断。在国外，不论是学习功课还是开展活动，老师都会经常问学生这样一个问题：“你做这件事有没有感觉到快乐？”当学生回答是“yes”的时候，老师就会给学生竖起大拇指。而且，老师不仅要给学生说“你好棒”，还要告诉学生，老师夸奖他，是因为他的行为非常有价值，进而说明这个行为的价值何在。因为国外的老师们都认为，学生的快乐一定是内在的、有价值的。当然，价值并不代表金钱，而是来源于学生可能的对未来、对社会的贡献，而且学生所做的贡献可以给自己带来快乐和幸福。

在小学和初中时，老师很少给学生讲大道理，只会在老师的夸奖和赏识中，让学生去体验和感受学习和活动的意义、价值。逐渐的，这种夸奖和赏识就变成了学生行为的内动力，从而让学生喜欢自己所做的事情。但是，上了高中以后，老师会很清楚地告诉学生，每个人都有自己的成长道路，而且每一个人的道路都会非常好，不论自己怎么选择，只要自己尽了最大努力，都会有一个非常美好的未来。虽然每个人做的贡献各不相同，但都会为这个社会更美好尽一份力。因此，每个同学要按照自己的兴趣和爱好选专业、选学校，而不要把利益、财富放在第一位。

梳理这个过程，不难发现，从小学到中学，国外学生先是通过老师的赏识，有了明确的自我认知。然后，在老师的引导下，对人生价值和职业选择有了更清楚的定位：让自己在学习和工作中享受快乐，尽自己的能力为社会做出更大的贡献。我觉得，对于国外的学生而言，只要有意愿和兴趣，就可以全身心投入美术、音乐、体育、科技等各种学习和活动中。由于他们全力以赴去做自己喜欢做的事情，所以他们可以编很好的曲子，也可以画出自己对美好事物的感受，还能做出有一定创意的科技产品。他们这样做的动力是，在快乐中给社会创造价值，这也是他们内在的、对自己的一种认可，而不是来自外在的表扬或压力。这也是国外学生创造能力强的重要原因。

当然，国外大学对学生的考核是全面的。如果一个学生考试成绩差一点，画画很好，照样可以上很好的大学；学生喜欢木工，申请大学时，可以寄一把椅子给学校，大学的招生官会按照这把椅子的水平来衡量学生的潜能；有艺术才能的学生可以把自己编的乐曲或者舞蹈碟片寄给大学；也有学生把自己平时写的作文寄到大学。这种制度设计，非常有利于学生特长的发挥，值得国内借鉴。

老师和家长的认可是孩子修正自我的动力

房超平

记得我的老领导唐海海曾经对老师有一个建议：要当优点放大型，而不要做缺点提醒型老师。我理解，优点放大型老师的重要工作内容就是，用“显微镜”来寻找、发现、放大、看待学生的优点，把学生的优点尽可能放大。久而久之，老师、家长就会发现学生的优点越来越多，进步越来越快，从而让每一个学生对自己有了更美好的期待。“发现闪光点，激发正能量”活动，显然是优点放大型老师的行为。而缺点提醒型老师的做法，就是经常提醒学生犯了哪些错误，把批评学生挂在嘴上，并以为这样做能强化学生的悔过意识，进而让学生吸取教训，以后不再犯同样的错误。其实不然，因为学生的感受是完全不一样的：既然做好一件事需要费很大的力气，而老师又把我看扁了，我已经没有进步空间了，干脆到什么山唱什么歌，就别费力气了，各方面也就对自己没有什么期待了。

在日常工作中，我们发现，当老师反复强调学生的优点，把优点不断强化时，学生就会觉得这个优点很重要，就会把这个优点自然而然地加以放大，并迁移到其他方面，改正自己在其他方面存在的问题，形成不断进步的正能量。“发现闪光点，激发正能量”活动，不但让每个学生提升了自信心，而且在发现别人优点的过程中，学生可以对照自己的行为，逐渐修正自我、完善自我，从而实现了自我教育的功能。所以，在教育过程中，善于发现优点，开展扬长教育，比找问题批评学生来得更有效。

包括成年人在内，没有任何人喜欢批评，中小学生尤为如此。每个学生都希望老师能够多表扬自己。尽管有的时候，学生尤其是“差生”的行为，在老师和家长眼里似乎不值得表扬，但在那些基础不好、习惯不好的学生心里，能取得那样的进步已经费了九牛二虎之力，他们渴望得到老师和家长的认可。因此，从一定意义上讲，老师和家长对学生行为的认可，就是学生修正自我、不断进步的动力。虽然很多时候老师对学生的表扬、对班级同学的赏识看似与学习无关，但却因为学生的能力迁移，直接或间接作用到学习方面，促进班级学习风气和氛围的整体变化，带动个体和班级学习成绩的不断提高。

对于家长而言，更要善于发现孩子的优点，及时把孩子的优点放大，让孩子永远充满自信、享受快乐，乐观面对学习和人生。记得有个朋友讲过他儿子的一个故事，这个孩子两岁左右的时候，什么东西都舍得给别人，唯有他的书舍不得给别人。原因很简单，每当其他大人看到这个孩子看书时，都会情不自禁地夸奖这个孩子：这个小孩好聪明，这么小就爱学习云云。后来，别的小孩拿了他的书不小心撕烂了，这个孩子难过了好久，再也不舍得把自己最心爱的书拿给别人。虽然孩子不一定懂得学习、读书的价值，但他却知道大人夸奖带来的快乐，而这个快乐是因为书本带来的，所以书本成了这个孩子的最爱。这就是孩子的动力，这就是表扬的力量。家长和周边的人越是善于表扬孩子（特别在人多的场合），孩子就越会在意这样的表扬，并且会把大家表扬的这件事情做得更好，以便得到更多的表扬和赏识。

4

给孩子留足反思的空间和机会

【提要】

●不要用成年人的逻辑去判断孩子的行为，而要用善良和宽容对待孩子。

●在国外，老师除了花心血在学科教学上，其他与教学无关的事情一般不会管。

●在国外，家长是不能随便打孩子的，否则学校安全管理人员很可能会把孩子从父母身边带走。

●让孩子自己说出犯错误的原因，就等于帮助孩子找到不再犯错的办法。

●“无错推断”的含义是，孩子犯错误都不是有意的，而是有各种客观或主观原因。如果孩子真的故意犯错，那问题就大了。

●批评不是教育的好方法，老师和家长不到万不得已，最好不用批评的方法教育孩子。

【案例】

无言的批评

导读：男孩子打架是个令老师和家长头疼的事情。班主任赵老师处理这个问题的方式与一般的老师有点不同：让两个打架的孩子分别说出自己的问题和别人的问题，并相互向对方道歉。对于动手打人的孩子或先动手打架的孩子，则要通过自己反省如何处理的方法，进行自我教育，并保证不再发生类似的事情。批评并不一定对孩子能起到作用，引导孩子自我教育才是解决问题的根本出路。

在很多班主任和家长看来，处理中学生打架是个非常头疼的问题，因为中学生打架现象比较常见，而且很难找到有效的解决办法。

作为一名优秀班主任，赵老师处理打架问题有一些妙招。用他自己的话来说，这些妙招的关键，概括起来就是一句话：“无言的批评。”

下面的例子或许能管窥赵老师处理这个棘手问题的绝妙之处。

这是赵老师任初二某班班主任时发生的一个案例。

刚接任班主任不到三天，两个男孩就因为打架问题被赵老师请到了办公室。

“咱们先订个游戏规则：我问谁，谁就先说。在对方说话过程中，听者中途不得打断。待对方说完后，才可以解释说明。怎么样？同意吧？你们能做到吧？”赵老师先说了交流的规则。

看两人没有意见，赵老师亲切地与被打的小个子男生进行交流：“很疼吧？老师看看伤着哪里没有？”接着，又和颜悦色地问道：“你先说说，这次打架，他错在什么地方？把自己的委屈都给老师说出来。别怕，老师给你做主。”

“不管怎么样，他打人都是不对的。他不能用打人的办法来解决问题呀。”说这句话时，矮个子男生满脸委屈。

“说完了？”看矮个子男生点头，赵老师把头转向大个子男生，“你来说说，这次打架事件，他错在什么地方？”

“他在同学面前说我的坏话，我昨天就劝他不要再说了，可他就是不听。今天又当着同学的面说类似的话，所以我气得没有办法，就打了他。”高个子男生理由也很充足。

“对对方说的观点都没有疑问吧？把对方的问题都说完了吗？你们都没有不同意见，等于默认了老师的看法。”说到这里，赵老师对矮个子男生说，“一个巴掌拍不响。人家打你总是有原因的吧。你说说看，自己被打这件事，你自己有没有问题？”

“当然有。我不该当着其他同学的面说他的坏话。我承认，自己这样做是不对的。”矮个子男孩低下了头。

“自己做了错事，应该怎么办呀？”赵老师追问。

“应该向他表示歉意。”接着，矮个子男生面对高个子男生真诚地说：“对不起，我不该在别人面前说你的坏话，我向你道歉，希望你能原谅。”

“没关系，我也不该打你。”高个子男生也承认了自己的问题。

“好了。知道错了，并且道过歉了，你可以走了。”赵老师对矮个子男生说。

看高个子男生也要走，赵老师挥手示意他先留下来，等会儿再走。

等矮个子男生走后，赵老师态度十分严肃地说：“这下，该轮到你说自己的问题了。人家说了你的坏话，确实不对。但他做得不对，就该你来打他吗？”

“老师，我错了。我不该打他。本来，我刚才就想向他诚恳道歉，但您让他走了，所以没来得及。不过，老师，请您放心，我回到教室后一定会向他道歉的。”高个子男生低头承认错误。

“这个态度非常不错。但你想想看，如果都是道歉能解决问题的话，就不要规章制度和法律了。”赵老师肯定了高个子男生的行为后，又提出了新问题，“同样的，说人坏话，道歉可以；而用拳头打别人，就不仅仅是道歉能够解决问题的。”

“赵老师，那您说，该怎么处理呀？”高个子男生有点不耐烦的感觉。

“我说怎么办，就怎么办吗？”赵老师反问，“那我说自己的处理办法了，我说完，你必须要做到呀。”

“慢。还是我自己想吧。”高个子男生打断了赵老师的话，“老师，能不能让我想一想处理的办法？老师，您看这样处理，行不行？我在全班同学面前，向他道歉，并承诺以后不再打架。”

“这个办法不好。让你在全班同学面前道歉，太不给你面子了。那个男生面子要给，你的面子也要顾及。我觉得，在我接手班主任后，你是第一次犯这样的错误，用这种办法对待你，非常不妥当。”赵老师不同意高个子男生的处理办法，“你还是想想别的办法吧。”

“哦。那怎么办？”思考了片刻，高个子男生很无助地望着赵老师说，“老师，我一时想不出更好的处理办法。能不能让我回到教室再想想？”

“没有问题。但你要给我一个最后回复的时间。今天下午放学前，你给我说说你的处理办法。怎么样？”赵老师答应了高个子男生的要求。

“嗯。我下午放学前再找你。”高个子男生说完，就离开了赵老师办公室。

下午放学时间快到了，赵老师在教室门口碰到了高个子男生。只见高个子男生低头不语，一脸茫然的样子。等到赵老师问他话时，他才很不情愿地抬起头来：“老师，我还没有想好处理的办法，能不能明天再来告诉你？”

“没有问题。明天中午，我会去找你。”赵老师同意了他的请求。

可是，第二天，第三天……连续四天课堂的间隙时间，赵老师都没有遇见高个子男生。而这四天，经常犯错误的高个子男生也没有犯任何错误。

赵老师心里明白，这个孩子是在有意回避他，而他的这个回避行为，则充分说明高个子男生正处于没有办法面对老师的苦恼之中——其实，也是深深地自我悔悟之中。

直到第二周周一班会课的课后时间，赵老师才在教室门口，硬生生把高个子男生留了下来。

“这几天，我找那个同学道歉好几次，祈求他能原谅我，他也接受了我的道歉。老师，求求你，别让我想了，太难受了。我再也不打架了，请老师相信我，我一定说到做到。”还没有等赵老师说话，高个子男生就央求道，“这几天，我不愿意见你的原因，就是怕见到你以后，问我对那件事情的处理办法，我实在想不出来。老师，还是你来告诉我吧。你说办法吧，你说啥，我都会听的。让我自己思考太痛苦了。”

高个子男生的一席话，证明赵老师之前的判断是完全正确的。

看来到了解决问题的火候啦，赵老师想到这里，不由得笑出声来：“呵呵，你这么想问题，老师怎么会不相信你呢？今天，你说的这番话，就是对那件事情的最好回应。我觉得，你自己对错误的正确认识，以及对我、对自己的承诺，比什么办法都有效、都管用。再说，你已经多次给被打的同学道歉了。因此，你不用再找处理办法了，老师为你的进步感到由衷的高兴和自豪。”

自从这次事情发生后，赵老师欣喜地发现，这两个学生很少有打架或严重违纪行为发生。

【解读】

此处无声胜有声

用善良和宽容对待孩子

黄建海

细节决定成败。教育亦如此，改变问题学生更是如此。当然，无言的批评并不是老师不出声，而是指一种讲究策略和技法，注意细节的批评方法。就像案例所示的那样，两个孩子打架，老师不是各打五十大板，也不见声嘶力竭，整个过程平静有序，处理的结果不留任何后遗症。正可谓，无声胜有声。

苏霍姆林斯基在一所学校当校长时处理的一件事，充分说明了“无声胜有声”的道理。一天，苏霍姆林斯基像往常一样巡视校园。突然，看到一个小女孩不经意间走进学校的花房里，并随意伸手摘下了一朵玫瑰花。随后，拿着它往外走。苏霍姆林斯基没有命令女孩站住，更没有疾言厉色地教训她，而是慢慢地俯下身来，和颜悦色地问道：“孩子，可不可以告诉我，你摘下来的这朵花是送给谁的？”“先生，我奶奶病得很重，躺在床上。我告诉她，学校花房里的玫瑰开得真好看，想使她高兴。可是，奶奶不相信。我只好摘一朵，让她亲眼看一看，开开心。”女孩保证说，“奶奶看完了，我一定把花送回花房。”苏霍姆林斯基听完之后，被小孩的一片爱心所感动。他牵着她的手回到花房，又摘下两朵玫瑰花。“孩子，这一朵是奖给你的，因为你小小年纪就知道关爱别人。另一朵是送给你妈妈的，感谢她养育了你这样一个懂事的孩子。”

发生在苏霍姆林斯基身上的这些案例，无可辩驳地揭示了“无声往往胜过有声”这个看似简单却很深奥的道理。在日常教育中，家长和老师要做到“无声胜有声”，必须要了解孩子、观察孩子，倾听孩子的心声，走进孩子的心灵深处，发现孩子行为

背后的可能原因，允许孩子说出自己行为的本意。只有了解，才谈得上尊重与信任，唯有取得学生的信任，爱所传递的信息才能直抵学生灵魂深处，善良与宽容才能为学生所感受。特别是在孩子看似犯错时，更要如此。因为很多时候，眼见并非一定为实：真实的细节往往藏在虚假表象的背后，悄无声息的细节中蕴藏着丰富的育人契机。

把问题严重学生交给专业人士

秦九歌

在美国中学，学生打架也是常有的事情。有的不安定区域里的学校是拉帮结派打群架，老师也管不了。很多社区很平安，很少发生打架事件，因为随便打一个学生是非常严重的事情。学生打架之类的问题，由特别的一批人来管，而不用老师去管，老师们除了花心血在学科教学上，与教学无关的事情一般不会管。

在美国的校园里，有一帮管安全的人，包括警察、心理医生、护士、保安以及食堂的人，这些人都各自有自己的一群人，分别负责相关的安全事务。一般来说，学生打架之后，安全管理团队会过来把打架的孩子接走，其他学生通常都不知道把他们叫走后会发生什么事情，但这些学生第二天会照样到学校上课。我问过一些同学，他们说第一次、第二次不会通知家长，会由这些人员进行教育，但第三次就会通知家长来了。

一般来说，任何关于打架或者有比较大的问题（如偷东西等），或者只要是由两方面同学发生的争执，安全管理的人都会把两方面的人一起带走，让双方各自讲事情的经过。但这个事情绝对不是由老师处理，而是由安全管理的人来处理，他们有专门的心理辅导医生做这方面的事情。先从孩子内心入手，如果发现学生心理问题比较严重的话，家长会被建议给孩子做心理辅导，星期六到学校上心理辅导课。这时，学校就会通知家长，并告诉家长，按照医学角度评判，你的孩子有暴力症、多动症或什么症，需要更多资源的支持。学校希望他，也允许他周六的时间，接受专门的心理辅导矫治。同时，学校也会研究家庭情况，要是发现孩子身上有瘀青，心理辅导老师认为是家里的阴影给学生造成某种坏的习惯，或者家人对孩子有暴力行为的话，心理辅导老师会直接安慰学生，或要求孩子跟家长作对，甚至有责任把孩子从暴力家长身边带走。

在国外，家长是不能随便打学生的，否则学校安全管理人员有可能会把学生从父母身边带走。哪个孩子如果说了“家长打我”这句话或者学校心理老师发现家长对孩子有暴力行为以后，他们一定会追究到底，最后会把父母一起叫来。孩子坐在心理辅导老师身边，父母则坐在桌子另一边，心理辅导老师会给父母讲很多道理。比如，他们会跟孩子父母讲，你们的行为是不合适的，孩子跟我们说，你们吵架声音很大，给孩子造成负面的影响，让他学习不安稳，进而影响了别的学生。这是我们对家长的警告，如果这种情况还持续的话，我们会帮你看管孩子两个星期，然后再把孩子还给你。当然，他们也不是为了教育家长，而是真心为学生的安全和健康考虑。

批评孩子前，不妨先让孩子申辩

房超平

两个学生打架，一个打人，一个被打，让他们分别先诉苦，然后再说自己的问题。用很简单的办法就把家长和老师非常头疼的问题处理好了，值得家长、老师学习和借鉴。我经常给老师们讲，在批评教育学生之前，即便学生的错误非常严重，也要允许学生说出自己犯错误的原因，说说他的苦楚和无奈。这样的话，很多问题就不用老师、家长花心思解决了。原因很简单，让学生自己说出犯错误的原因，就等于帮助学生找到不再犯错的办法。

我有一个想法，国外法律上有一个无罪推断原则。在教育上，我们可以定一个“无错推断”原则，即学生犯错误都不是有意的，而是有各种客观或主观原因的。因此，学生犯了错误一定要让学生先开口说话，允许学生对自己的错误进行申辩，学生申辩错误的过程，就是学生不断自我反省的过程，尽管有的时候学生的申辩可能是狡辩。但是如果因为学生会狡辩，就不给学生申辩的机会，老师、家长是无法让学生做到心服口服的。

我始终认为，批评不是教育的好方法。老师和家长能不用批评的方法教育学生，还是尽量不用批评的方法。当老师和家长觉得实在没有办法，非得用批评教育的方法才有可能教育学生的时候，如果这个问题不是很严重的话，最好延迟三分钟，思考能不能不用批评的方法来教育学生。如果三分钟之后，还觉得必须批评学生，再来批评学生不迟。如果能推到第二天再批评学生，就延缓一天再教育学生。也许到时候，老师或家长会发现有意想不到的效果——不用老师或家长批评，学生已经改正了错误。当老师或家长批评学生的时候，其实就是解除学生内心愧疚的时候，而让学生有愧疚感是教育的一剂良药。

还有一种观点，在中学时代，男孩子不打架，就好像不是男子汉，支持这种观点的理由很充分，不打架的男孩子缺少阳刚之气。对于这个观点，我不以为然。难道打架的孩子就有阳刚之气了吗？不得不承认，我们在男女生分类教育上缺少有效的方法，学校的男孩子越来越像女生，优点不突出，学习成绩比不上女生，这些都与教育有着或多或少的关联。而男生阳刚之气的缺失，则多多少少与活动尤其是让男孩子充分展示阳刚之气的活动太少有关。

如果遇到了不会处理问题的班主任和老师，孩子受到了不公正的批评、感到非常委屈时，家长要亡羊补牢，及时与孩子交流，让孩子诉说自己的委屈，让孩子感受到家长的温暖。必要时，可以及时与老师进行沟通和协调。这样做，与包庇孩子的错误是两回事，因为有错误不可怕，可怕的是把错误扩大化，或者犯了错遭遇不公正待遇后，无人问津，会使孩子的内心受到更大伤害。

5

孩子“掩饰”错误，意味着孩子已经知错了

【提要】

●孩子闯祸时，不是编瞎话，就是找借口——不论什么错误，都有理由。这就等于把球踢到了老师一边。老师不冷静的话，会被孩子的狡辩弄得一肚子火。

●面对孩子们常犯的小毛病，与其想办法把握批评的手法和尺度，不如想办法让孩子忏悔自己的行为，进而自我改正。

●最容易让别人做事情的方式，要么是让这个人对安排做事的人有愧疚感，要么是让这个人对不做这件事有愧疚感。

●孩子是这么思考问题的：我错了，老师或家长已经批评教育过我了，咱俩就扯平了。反之，如果孩子错了，老师或家长不批评孩子，反倒难受的可能是孩子。

●老师或家长为孩子犯小错找理由，让孩子在不断自我反省中，逐渐形成自我纠错机制，不失为一种推进自我教育的有效途径。

●孩子“扯谎”掩饰错误的积极意义——表明孩子知道自己的行为是错的。这个时候，家长或老师就不用再教育孩子了，因为教育的目的就是要让孩子认识到错误，并改正错误。

【案例】

N次迟到，找N+1次理由

导读：“小错不断，大错不犯”是一些孩子的通病，老师和家长碰到这类孩子都很头疼：反复抓，抓反复，但就是很难解决问题。凌老师对这类问题采取了宽容的态度：每次都帮学生找犯错的理由，让学生自己感到内疚。久而久之，学生的内心终于被感化了，问题也就迎刃而解了。还是那句话，要彻底解决问题，得靠孩子自己产生改正的动力。

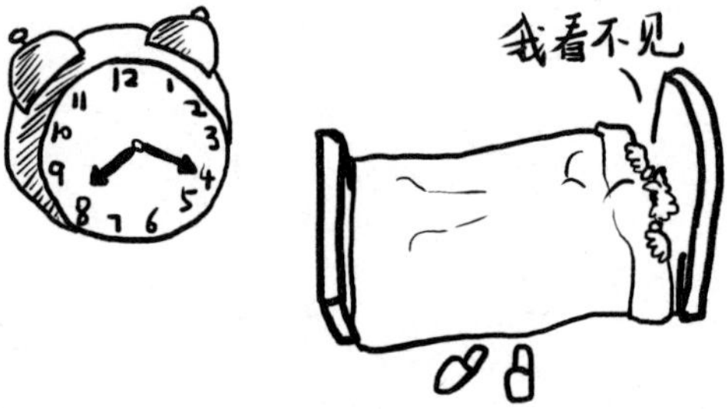

小秦是个大错不犯、小错不断的“调皮鬼”。遇到这样的学生，一般的班主任老师都会感到无能为力。上了初中后，小秦的这个毛病不但没有改善，而且进一步放大。尤其是上学迟到这个毛病更是家常便饭，使得小秦一到初中就成了班级和学校出名的“迟到大王”。然而，小秦上中学的第一个班主任凌老师，对待小秦犯错误的态度，却不像以前的班主任那样：每当小秦迟到时，就狠狠批评小秦一顿。而是，每次小秦迟到时，凌老师都会找到合理的理由来宽容小秦。

第一次迟到，凌老师看到小秦后，微笑着说：“小秦，我看你的眼圈很黑，是不是昨天晚上睡得太晚了？以后不要睡得那么晚呀，睡晚了对身体不好。如果你不能控制自己的话，要不要我提醒爸爸妈妈帮助你呀？”“不用，下次我会早睡的。”小秦低头说道。

第二次迟到，凌老师摸着小秦的头说：“孩子，好像你的体温有点高，是不是昨晚睡觉不小心着凉了？要不要我帮你找校医看看呀？”“老师，没事，我感冒发烧不是很厉害的话，很快就会好的。”说完，小秦就不好意思跑开了。

第三次迟到，凌老师又换了个说法：“昨天下午，好像你爸妈给我发短信请假，说是要带你去给姥爷过生日早走一会儿。该不是在姥爷家过生日太兴奋了，又要完成那么多作业，让你睡晚了？其实，以后如果碰到这种事情，给老师说一声，老师会告诉其他老师你的情况，允许你当天不完成作业的。”“老师，再遇到这种事情，我会提醒爸爸妈妈早点带我回家，这样就不会睡得太晚了。”这样的回应让凌老师看到了小秦进步的希望。

第四次迟到，凌老师是这样说的：“昨天晚上很多家长告诉我，今天各科作业‘撞车’了，同学们都有点吃不消呀，要求我告诉老师们，协调好各科作业的数量。我没有接到你父母的短信或电话，是不是你坚持要完成作业，才没有睡好呀？”“哦！原来不是我一个人觉得作业多，全班同学都完成得很晚呀。”小秦说这句话时显得非常不自在。

第五次迟到，凌老师又有了新的理由：“今天早上，班上有同学告诉我，你昨天去他家和他一起讨论今天的学习任务，直到很晚才回家。太晚了回家不好，走夜路不安全，万一遇到什么坏人就更麻烦了。再说，回家晚了，爸爸妈妈也着急呀。因此，答应老师，以后不管是什么事情，都要尽早回家。”“好的，好的。我以后一定早点回家，不让家长和老师担心。”看得出来，小秦是在应付凌老师。

开学第一周五天五次迟到，凌老师没有对小秦抱怨一句，这让小秦觉得有点对不住凌老师。于是，小秦下决心第二周的第一天不迟到，以便让凌老师能感到，老师的宽容已经给自己带来了变化和进步。

可能是习惯问题吧，第二周的星期一，小秦还是比上学规定的时间晚了几分钟，虽然小秦已经是气喘吁吁地跑着来到学校的。看到小秦的微小变化，凌老师增添了解决小秦这个问题的动力：“小秦，别那么急匆匆跑呀。下次慢点跑好不好？万一摔倒了怎么办？迟到几分钟没有关系的，老师会理解你的。”“老师，你别宽容我了，也别再给我找理由了，我迟到没有任何原因，就是这个习惯，狗改不了吃屎，没有办法，我对自己都没有信心了。”原以为小秦会善意回应，凌老师没想到，小秦会说出这样的话来。

由于已经到上课时间了，加之小秦的心情似乎不大好，凌老师也一时找不到应对之策，只好让小秦回到座位上。

第二周的后四天，小秦又恢复了老样子，天天迟到，而且不再跑着到学校了。见了凌老师也躲着走，不给凌老师交流的机会。

无奈之下，凌老师只好用手机给小秦每天发短信，而且每天给小秦的迟到理由都不一样：

“昨天班级篮球队比赛了，影响了你休息的时间。迟到很正常。”

“今天早上天气有雾霾，公交车开得慢，你家又离学校较远，让你来晚了。没有关系。”

“昨天放学前，你找数学老师问问题了，回家较晚。态度可嘉。可能会影响到你完成作业，直至影响你休息。迟到就很正常了。”

“你爸爸妈妈给我短信了，说今天早上他们给你做早餐的时间晚了点，耽误了你去学校的时间，老师不怪你。”

就这样，连续三周，凌老师每天都通过短信当面说给小秦，帮助小秦找不同的理由。此前，凌老师也给班干部做了解释，希望班干部给小秦时间自我反省，不要公布小秦的迟到，也不要批评小秦。

第四周星期一，小秦又迟到了，加上开学第一天报到迟到，这是开学后，小秦第十七次迟到。看到凌老师正在想说点什么，小秦扑哧一声笑了出来：“老师，现在给我找理由很难了吧？我一直在想，凌老师会帮我找理由找到什么时候。原来，连凌老师这么聪明的人也有理屈词穷的时候呀。”

“老师不是给你找理由，是希望你能自己觉醒……”

“好了，从今天开始，你不用再找理由了。我不会再迟到了，因为你每次找理由替我解围，都让我痛苦万分。这三周的时间，对我来说，绝对是个折磨。这种折磨比直接批评我，更让我痛苦。在这个过程中，我也充分体会到老师的良苦用心。”小秦说起自己内心的感受时，眼眶里全是泪水，“你不但让我无地自容，而且还让我改掉了不完成作业、不尊重老人等习惯。比如，你说我迟到是因为要按时完成作业，休息晚了，我当天就得抽课余时间把前一天晚上没有完成的作业补起来；再比如，你说我到姥爷家祝寿去了，还表扬我孝顺老人，实际上，我那天没有去，只好周日去给姥爷道歉，还要编谎话说自己那天没有去的原因。”

此后，小秦说到做到，再也不迟到了，其他的小毛病也都基本得到了纠正，成为一个真正的好学生。

看到了小秦的变化，凌老师感慨万千，在自己的教学反思中写下了这样一段话：“孩子迟到N次，我给他找N+1次理由。我就是要通过自己对孩子的反复宽容，让孩子体会到自己的良苦用心，慢慢认识到自己的错误，自己纠正自己的错误。”

【解读】

学会反思，就学会了自我教育

先忏悔，进而自我改正

黄建海

孩子的聪明劲一个用处就是用来对付老师。迟到了，闯祸了，不是编瞎话，就是找借口，总之是有理由的。这等于把球踢到了老师这边。如果老师不冷静的话，会被孩子的狡辩弄得一肚子火。而本案例中老师帮孩子犯错误找理由的做法，不仅缓和了气氛，而且让犯错者无话可说。球又回到了学生一边。面对孩子们身上常见的那些小毛病，与其想办法把握批评的手法和尺度，不如想办法让孩子忏悔自己的行为进而自我改正，因为这才是治本之策。

学生在校小毛病不断，统统可归结为行为习惯不好。美国心理学家威廉·詹姆斯说："播下一个行动，收获一种习惯；播下一种习惯，收获一种性格；播下一种性格，收获一种命运。"可见，教育孩子养成良好习惯有多么重要。叶圣陶先生十分重视少年儿童良好习惯的培养。他认为，教育就是养成良好的行为习惯。为此，他专门写过《习惯成自然》和《两种习惯养成不得》等文章。这些文章虽然写于二十世纪四十年代，但至今读来仍倍感亲切，文中所阐述的主要思想对当今少年儿童良好习惯的培养，不乏启示意义。

养成习惯贵在躬行实践。作为一位长期从事教育工作的实践家，叶圣陶先生非常强调在习惯养成中的身体力行。他认为，要养成某种好习惯，要随时随地加以注意，躬行实践，才能收到相应的效果。他在《习惯成自然》一文中写道："要有观察的能力，必须真个用心去观察；要有劳动的能力，必须真个动手去劳动；要有读书的能力，必须真个把书本打开，认认真真去读；要有做好公民的能力，必须真个把公民应做的一切认认真真去做……这样，我们'所知'的才能逐渐化为学生的习惯，成为相应的能力和素质。"

当然，除了学习习惯外，更重要的是培养学生好的思想品德习惯，让孩子的身心发展方面没有坏毛病。尤其要不得的是，那些伤害人的恶劣行为，说脏话、爱打架、欺负人等。富兰克林堪称是道德习惯的杰出代表，他在自律表中详细列举了每天该做的十三个项目，值得老师和家长借鉴：节制，食不过饱，饮不过量；缄默，避免闲谈，言必有益；秩序，物归其所，事需限期；决心，当做必做，坚持完成；节俭，节省花费，花必有值；勤勉，珍惜时间，做有益事；诚实，真诚待人，言行一致；正直，多行善事，不损他人；中庸，容忍在先，不走极端；整洁，衣着整洁，居室清洁；平静，临危不惧，处乱不惊；节欲，少行房事，修身养性；谦逊，效法耶稣、苏格拉底。当然，对学生来说，这样的标准的确有点高。我只是想强调，这么高的标准，这么严苛的要求，不用外人督促，富兰克林完全靠自觉自律都能做到。改变学生迟到、课堂做小动作这样的小毛病，有什么理由做不到呢？

内疚是改正错误的动力

秦九歌

这个案例中的老师很有意思，不同一般。这让我想起了自己以前读过的一本商业管理的书。记得书中有一个说法，老板管理员工就像洋葱一样，是三层诱惑的模式。越往里面效果越大，最外面的一层是经济诱惑，比如派员工去什么地方做多一点事情，就多给他一点钱；第二层，就是老板给员工的鼓励，或者在同事面前的风光、荣誉，做到这个层次，老板不用给员工加薪，只要在工作场合赞扬他，他就会很用心做事，活再多也不会嫌累。最内的一层是愧疚，老板要想真正让一个人做什么事情都用心的话，最好的方式就是让员工感到愧疚，也就是让员工感觉到，自己不用心做事会对不起老板的信任。

很多研究表明，最容易让别人做事情的方式，要么是让这个人对安排做事的人有愧疚感，要么是让这个人对不做这件事有愧疚感。我再举一个例子来说明这个观点。我弟弟是一个很喜欢耍小聪明的孩子，他现在七岁，我不想让他吃太多糖。我说，今天只能吃两颗糖。他就把盖子拧开，说姐姐我只拿了两颗糖。然后，我转过身子去干别的事，我前面有一个镜子，我可以看到他在干什么。在他又想下手偷糖的时候，我看到他的眼睛是慌张的，可以想象他在设法掩饰这个事情。我转过头时，他说我没有做什么事情，乱说一大堆，我就笑着看他，什么也不说。他那天就一直在我房间的门口走来走去，一会儿说，姐姐你在忙吧，一会儿说，姐姐我能进来跟你说话吗。我说你进来呗，他就进来趴到我身上说，姐姐，我刚才其实又吃了一颗糖，但是我错了，我以后再也不这样吃了。如果我发现他的行为批评他一顿的话，效果肯定不是这样。

在学生眼里是这么思考问题的：我错了，老师或家长已经批评教育过我了，咱俩扯平了。但是，如果老师或家长这样做，学生错了，不用批评学生，难受的可能是学生。他可能会这样想，家长、老师为什么不批评我呢，这次没有批评我，下次尽量不要再犯类似的错误，免得家长、老师看见了，新老账一起算，那就惨了。单就这一点而言，就容易让学生产生改正错误的动机。但是，老师或家长的想法往往与学生不一样。老师或家长会这么思考问题，学生错了，如果老师或家长不说他，他还以为老师或家长没有看见，甚至以为这个错误是可以原谅的。其实，我觉得这样思考问题，严重低估了学生的判断能力。因为这是一个很简单的道理：难道学生不知道自己犯错，并不是什么好事吗？

在不断的自我反思中形成自我纠错机制

房超平

老师为学生犯小错找理由，让学生在不断的自我反省中，逐渐形成自我纠错机制，不失为一种有效推进自我教育的途径，值得家长和老师在教育实践中举一反三，学以致用。

日常工作中，老师批评教育学生时，学生一般都会找各种理由进行辩解。有时候，甚至还会编瞎话来蒙骗老师，或暗示这件事与自己无关，或设法把自己犯错的原因推到别人身上，或告诉老师自己是不得已而为之，或掩饰自己的行为，或尽量降低错误的严重程度等。总之，学生扯谎的目的是，不想让老师严厉批评自己，甚至把家长找到学校来。在很多老师看来，犯错不可怕，可怕的是犯了错还不承认自己的错误。但事情反过来一想，可能效果会完全不一样。

我觉得，学生扯谎虽然不是好事，但也有积极意义。那就是学生“掩饰”自己的错误行为，起码表明学生知道这个行为是不正确的。教育的目的之一，不就是让学生认识自己的错误吗？既然扯谎就表明学生知道自己错了，那我们是不是就不用再教育了？当然，可能有人会说，批评教育不仅仅是要让学生认识到自己的错误，而且还要让学生说出改正错误的具体措施。

问题是，如果学生扯谎，老师又找不到“证据”来证明学生在扯谎（很多时候，这种证据是很难找到的），就势必会因为老师碍于面子而引起师生间的争执，甚至学生顶撞老师的现象发生。如果这样的话，不但起不到教育的效果，而且还会使学生犯错的程度升级。与其这样，还不如不要“追根究底”，即别让学生当面承认错误，并说出自己改正错误的具体举措。其实，老师或家长都明白，即便学生慑于师长的权威，答应采取各种措施不再犯类似的错误，那也是为了逃避更严厉的批评或没完没了的说教，而且他们也未必能说到做到，因为他们心里并没有想明白该怎么做。

换一种做法，效果完全不同——相信学生扯谎不是恶意的。因为学生既然通过扯谎表达自己潜意识里认识到自己错了，而只要学生认识到自己的行为错了，学生就会想办法改正。当然，相信学生扯谎是有道理的，有时可能会导致学生认为老师或家长“蠢”（连自己扯谎都分辨不清——其实是老师不想分辨清楚也无法分辨清楚，学生很可能认为是老师或家长蠢）的错觉。但这种“蠢”（我觉得，其实这是大智若愚——不为小事过分与学生计较）的行为一定会产生不教而教的效果。因为老师或家长的后续行为，会让学生感受到老师或家长对自己的宽容。做到这一点，对老师或家长来说，应该不是难事。

6

家长要为不堪重负的孩子主动“减负”

【提要】

●孩子之所以抄作业，多数情况下是因为老师布置的作业量过大，或者作业难度过高。

●在国外，抄作业是非常严重的道德问题。所以，打算出国留学的孩子千万不要养成这个习惯。

●在国外，孩子实在不能完成作业，可以找老师说明情况，老师会延长完成作业的时间。换句话说，孩子可以不按时完成作业，但绝对不可以抄袭作业。

●抄作业和考试作弊的性质是一样的，都违背了诚实的原则。

●过量布置作业，往轻里说是不负责任，往重里说是严重的师德问题。因为布置过多机械、重复作业，就是在浪费孩子的时间和生命。

●家长要关心孩子的学习负担，不要盲目给孩子增加课外作业。必要时，还要设法帮助孩子减轻过重的课业负担。

【案例】

“抄”出好成绩

导读：孩子作业多，不能按时完成，家长想出了笨办法：让学生对着答案或优秀学生的作业抄一部分作业的答案。结果，抄作业保证了孩子的休息，提高了上课的质量，减少了老师的批评，抄出了孩子的学习智慧——在减轻学生课业负担的同时，学习成绩也得到提高。这一事实，无疑是对“题海战术”以及加重负担才能保证“质量”的绝妙讽刺。

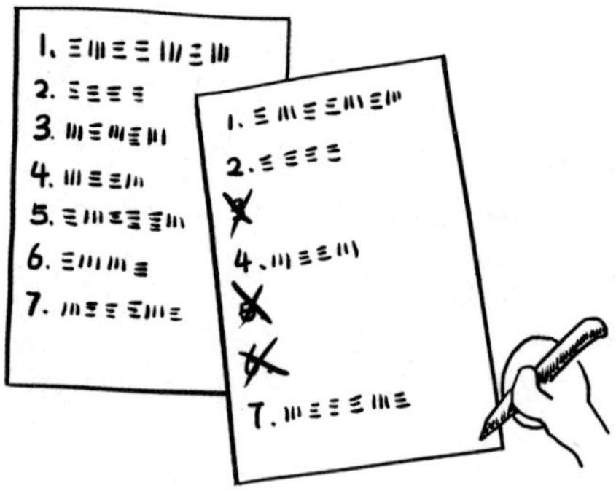

乍一听，这是个“悖论”。抄什么能抄出好成绩呀？很少会有人相信这样一个有悖常理的命题。且慢，听完常老师的叙述后，你会觉得，这个看似悖论的结论还真有那么点道理。

“那是我工作生涯中碰到的最头疼的一个学生。”常老师以轻松的语气开始了讲述，“因为这个学生就是我的儿子。从教十几年，把一批又一批学生送到全国重点大学。但儿子刚进入高中后的成绩，却让我感到异常不安。”

原来，初中各学科成绩还不错的儿子小常到了高中后，数学科目成绩却令老常头痛不已：不是班上倒数第一，就是倒数第二。因为数学成绩不大好，小常的学习积极性受到很大打击，其他科目的成绩也不是很乐观。

看到孩子整天愁眉苦脸的样子，老常心里真不是滋味，急得团团转。

对孩子的成绩，老常看在眼里，急在心上。无奈，从来不主张给孩子找家教的老常，也只好硬着头皮，找了一个比较优秀的数学老师来给儿子补课。

见了这位老朋友，老常感到难以启齿。但为了孩子的学习，他不得不开口求助于这位老朋友：“请你帮忙给孩子补补课吧。这个孩子的情绪有点不大对头，实在是没有办法啦。”

“你不是不主张搞家教吗？怎么遇到自己的孩子就不一样了。”这位老朋友有点半开玩笑半认真地说。

见老常脸色不大好，这位老朋友接着说：“没关系，我们是多年的好朋友，我会全力以赴帮助侄子的，放心吧！”

离开这位老朋友，老常感到有点无地自容，因为自己确实多次劝过这位老朋友不要搞家教了，差点为此得罪了这位老朋友。

虽然把孩子交给老朋友补课，但老常心里还是有点不踏实，因为孩子对数学的学习兴趣，并没有因为补课而有明显的变化。

果然，坏消息又传来了。一个月以后，他的老朋友给他打来电话：“老常呀，不是老朋友不帮忙。我觉得，这孩子可能对高中数学不开窍。我这里有几个学生补课，别的孩子讲一遍就明白了，你儿子讲三次也不大懂，其他孩子都有意见了。看来你得另请高明了。”

一番寒暄之后，看老朋友很为难，老常只好放弃了本来自己很难为情的做法，不得不停止让老朋友补课。

老朋友不愿意给小常补课，老常也不想再找别的家教了。

“怎么办？”老常不止一次地问自己。

反复思考之后，老常决定亲自和孩子谈谈。

“爸爸想跟你聊聊你的数学学习问题。”老常温和地说。

“爸爸，对不起。我可能不适合学数学，数学对我太难了。数学老师都这样说。”小常有点无奈。

“你初中数学不是很好吗？怎么说不适合学数学呢？”老常知道这是孩子受了老师的影响之后才这样想的，因而他并没有责怪小常，而是试图鼓励小常。

“初中数学简单，高中数学难呀。”虽然小常对爸爸从来都很信任，但这件事情他显然并不完全接受爸爸的观点。

“你上小学一年级时学识数容易，还是你在初中学习方程式容易？”老常想通过这个简单的比方来打消孩子的顾虑，“人对知识的学习是循序渐进的，总有个由易到难的过程。高中数学比初中难是显而易见的呀。”

“但也太难了呀，爸爸？”小常还是很灰心。

“那是因为你没有学好，所以才觉得太难。还记不记得，你初中刚开始学习物理时，不也总说难吗？后来不是学得很好呀。”老常拿孩子自己的实例进一步劝解孩子，“爸爸相信你一定能渡过眼前的难关。难道你自己不相信自己，也不相信爸爸？”

老常说完这句话之后，小常很久不说话。老常也默默地等着小常的反应。

过了半个小时后，小常才抬起头来，充满疑惑的脸上多少露出了一点希望：“爸爸，我当然相信你。但我怎样才能改变数学学习的状况呀，毕竟我是班上的倒数名次呀？”

“你有信心就好。关键是你要有信心。只要你有信心，你的数学一定能学好。”老常边鼓励边问道，“你告诉爸爸，你现在上数学课能听懂吗？作业能做完吗？”

“听不懂，作业当然也做不完。”小常听老常这样问，刚鼓起来的勇气似乎又下去了一大半。

“你每天几点睡觉呀？”老常不紧不慢地问道。

“十二点多。”小常低声说。

“每天睡那么少，怪不得上课没有精神呢。”老常边心疼地摸摸小常的头，边自言自语地说道，“这样好不好？你明天开始抄作业如何？”

“抄作业？爸爸，没有搞错吧？儿子从来不干那种事情，不行不行！”小常把头摇得像拨浪鼓一样。

“那么多作业，不抄你也做不完呀。再说，你也不会呀。咱们好好抄、认真抄，把它抄明白了。这样的话，既省时间，又能学到方法。还有，你现在反正不是倒数第一就是倒数第二，还能抄出比这更坏的成绩。”老常非常肯定地说。

“爸爸，老师把答案都撕了，没有办法抄呀。”小常似乎接受了老常的观点，但又提出了新问题。

“我的儿子不会这么笨吧。再买一本不就得了呗？如果书上没有，你可以抄其他同学的。但要注意方法，不能让别人发现你在抄。瞄一眼，看明白了，再做。可以不？”老常轻松地说。

“那我试试。”小常似乎对老常的办法还是有疑虑。

“不，你要相信爸爸的主意，一定要认真抄。1、3、5……题自己做，2、4、6……题抄。如果还不能保证十点半休息，就1、4、7……题做，剩余的题抄。无论如何休息时间要保证。”老常态度坚决地告诉孩子。

后来，老常给小常买了几本数学题解，让小常有时间多看看资料中的题解，以便从中学习解题方法和规律。

再后来，小常的数学老师经常向老常表扬小常：“最近，小常进步多了，作业正确率提高了，上课有精神了，好像听课也能听明白了。总算开窍了。”

听到数学老师表扬孩子，老常怎么也高兴不起来。有时，背后还难免在心里埋汰老师一两句：“抄作业还抄不对，那也太小看我的孩子了；睡眠时间和质量有保证，上课能没有精神吗？”

小常也因为老师批评少了，回到家时脸上堆满了笑容，对数学学习的畏惧感也逐渐消失了。

半年以后，奇迹发生了。小常的数学成绩从班上的倒数名次变成了中游。

虽然数学老师对小常的进步经常表扬，但还是劝老常不要让孩子学理科，怕小常的数学成绩会影响高考的总成绩。但也许是因为小常喜欢理科，也许是老常对文科有偏见，在老常的极力劝阻下，小常最终还是选择了理科。

出乎几乎所有老师的意料，小常的高考分数竟上了重点线，考上了理想的大学。

【解读】

家庭减负势在必行

抄作业行为是不得已而为之?

黄建海

老常小常父子，通过对话协商确定了抄作业的对策，实现了数学成绩的大逆转。这个案例标题为“‘抄’出好成绩”毫不为过。如果不假思索地论及抄写作业，人们一定会给它扣上抄袭甚或是作弊的帽子。但如果具体问题具体分析，这个案例还是揭示出一些微妙的学习机理：有选择地抄写，节省作业时间，保证充足睡眠，确保学习精力充沛，精神饱满。主观动机不好，但客观效果是好的；与课本上的例题将解题步骤与答案一一展示出来一样，反复演练例题是有效的学习窍门之一。认真地抄写作业，也能起到类似的作用。

其实，客观冷静地看，抄作业在学生中是普遍存在的现象。一位五年级数学老师经过一个多月的观察，发现学生中有大面积抄袭数学作业的现象。起先他采取了严厉的措施，有时还大动肝火，可收效甚微。特别让这位老师感到担忧的是，平时表现好的几位女生，尤为明显地抄袭作业。当然，身为科任老师，面对的是全体学生，不可能像小常的家长一样，向全班同学公开宣布大家一起抄作业。显然，这不是教书育人的办法，但很快他想到了一个点子，那就是以主题班会的形式，组织全班同学展开作业观大讨论，话题是“抄袭作业……”，他事先给定了几个议题：为什么要经常抄作业；当着全班同学的面说出抄作业的苦衷有哪些；抄作业有哪些好处；抄作业有哪些害处；今后如何办。整整一节课，学生七嘴八舌，想说的话很多。比如，有的谈了对抄作业的感受，心灵受到不小冲击。有的觉得抄作业不是件光彩的事，不动脑筋完成任务，是懒惰的表现。有的说，每当想起抄作业这件事情来，都觉得脸上挂不住，反省自己不能再这么消沉下去。当然，其中也有个别同学认为抄作业也有好处。由于孩子们说出了各自的心里话，对这个问题的认识也发生了根本的变化。这堂课后，这位老师在全面了解和仔细分析了导致学生抄作业的原因和动机后，改变了对学生抄写作业的认识。

仔细分析，不难发现，学生之所以抄作业，直接原因是作业量太大，根本做不过来；也有一些原因是，个别学生贪玩、无心学习，担心老师批评，家长训斥，为了应付差事，不得不采取抄作业的方式。或者一些同学觉得老师布置的作业自己都会，做起来浪费时间，可又不得不做，也通过抄作业来应付。特殊状况下，有同学自尊心强，仅仅为了准确率，直接将答案搬到作业本上。基于种种原因，抄写作业的确有一定的现实合理性，也就是说抄作业有一定的好处，就像老常认为的那样。

抄作业是不可饶恕的行为

秦九歌

关于抄作业这个问题，国内和国外的认识存在很大差异。在国内，“抄作业”的方法让案例中的孩子对数学学习的态度有了根本好转，树立了孩子学好数学的信心，并最终让孩子的学习成绩实现大逆转。显然，这个案例对抄作业是认同的。当然，这里也有国情，不能完成作业要受到老师的批评。而在国外，抄作业则是非常严重的道德问题。所以，在这个问题上，国内和国外的看法完全是对立的，不可调和。

在国外抄作业现象不可能出现的原因有两个方面：一是因为没有必要。二是出现的后果不能承受。我非常清楚地记得，我们英语课（也就是语文课）的第一堂课，老师会花十五分钟以上时间专门讲一个原则，那就是不能抄袭作业。老师出示的关于不能抄袭作业的说明总共三张纸，其中两张谈不能抄写的原因，另一张写的是对抄袭行为的描述，说明了哪些行为叫抄袭，哪些行为不是抄袭。这个说明还对抄作业的后果做了非常详细的解释，告诉学生，抄袭作业是不可饶恕的，就跟“坐牢”差不多。学生一旦发生这种行为，一定会记录到自己的档案里。还举例说明了后果的严重程度，抄作业比考试少考了二十分还严重，因为分数考低了，还可以努力再学好，而抄作业之后的五年之间，没有任何人会原谅抄作业的学生。

令我印象特别深刻的是，老师专门给大家讲了不能完成作业的处置办法：学生任何时候有任何问题，都可以随时询问老师，老师一定会耐心解答学生的问题；学生要坚持认真做作业，实在时间不够，不能完成作业，交不了作业时，学生可以找老师说明情况，老师就会延长学生完成作业的时间。换句话说，学生可以不按时完成作业，但绝对不可以抄袭作业。

抄作业和考试作弊的性质是一样的，都是违背了诚实的原则。关于这一点，到美国的大学也是一样的，学术造假也是非常严重的问题，不论是学生还是教授，一旦发现作弊或学术造假，可能面临被开除的处罚，甚至牢狱之灾。去年在美国留学的国内学生八千人涉及学术造假被开除的事实，就是最好的证明。反观国内大学，不但学生学术造假，就连教授也造假成风，但处罚似乎不那么严重。也许这种现象或多或少与国内中小学普遍存在的“抄作业”行为存在关系，如果案例中所说的事实——国内抄作业行为比较普遍——存在的话。

布置过量作业是严重的师德问题

房超平

老师和家长都以熟能生巧为由，强调学生大量练习的重要性。但如果以熟能生巧为借口，不顾学生的实际，盲目布置过量的作业，则是不可取的。其实，很多老师布置过量的作业，是怕别的科目作业多，学生不重视自己任教的学科，大家都这样想，只会使孩子的作业更多。然而，如果

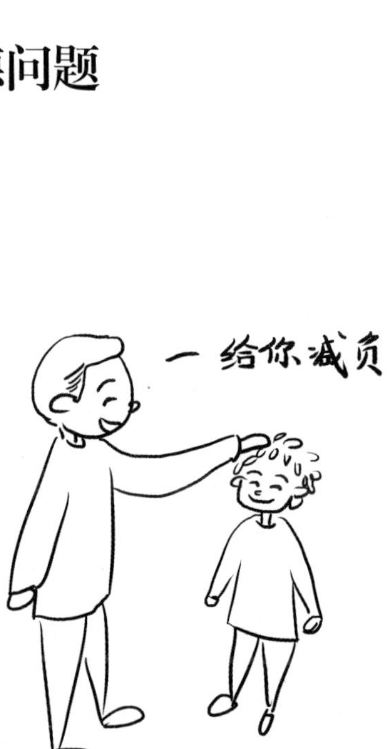

每门学科老师都布置过量作业，都抢学生的时间，学生则是无法承受的。因为人的时间毕竟是有限的。

虽然各级教育行政部门多年来一直呼吁减轻学生过重的课业负担，但学生负担并没有明显减轻。究其原因就在于，许多老师不能对作业进行筛选，给学生布置了过多的重复、机械练习，以为只有这样做，才能保证学生学好功课。至于作业的类型、作用，很多老师并没有认真研究。

过量布置作业，轻一点说是不负责任，重一点说是误人子弟，是严重的师德问题，因为学生的生命是由一分一秒的时间构成的。老师布置那么多机械、重复的作业，不就是在严重浪费学生的时间吗？不就是对学生的生命不负责任吗？我觉得，老师应该正确认识作业的类型、作用，树立辩证、发展的作业观。作业不应仅仅指书面作业，还应包括更能体现和锻炼智力、能力的动口、动手、动脑（如预习、自学等类型）的作业。老师对各种作业都要科学设计，而不要采取“拿来主义”——随便从教辅资料中选一些题目让学生来做，以尽可能使作业更符合学生的学习水平和能力，减少学生不必要的重复劳动，从而把学生完成作业的过程，变成他们学习中“最可口的美味佳肴”——学生学习过程不可分割的有机组成部分。在日常教学中，不但要强调作业结果的重要性，更要强调作业过程对学生学习效率提高的价值，引导学生选择最有效、最优化的解题办法，设法提高学生完成作业的效率。

家长要关心孩子的学习负担，不但不要盲目给孩子增加作业，而且当孩子作业过重时，还要向案例中的主人公学习，体谅孩子的艰辛，帮助孩子减轻过重的课业负担。当然，如果自己的孩子不属于认真的孩子，做作业总是不认真，总是贪玩，则另当别论——先纠正这些不良习惯，再解决学习问题。

7

数据分析能够提高学习信心

【提要】

●算出来的自信比灌输来的自信更自信。因为让身心处于快乐、兴奋状态，就能极大地促进头脑风暴和思维激荡。

●一开始就给孩子成功与快乐的体验，让孩子喜欢上学，喜欢学习，喜欢老师和同学，孩子就一定能学好。

●在中小学，根本没有什么好孩子或坏孩子之分。只有自己感觉有能力和没能力的孩子。成长中的孩子最需要的是，老师和家长的认可、信任和鼓励。

●有很多软件可以更细腻地观察到孩子的状态和需求，学校也可以看到孩子一年的进步，以及需要老师支持的科目。

●怎么看待学生，怎么了解学生，怎么给学生提出合理的、可行的建议，都可以求助于数据分析。

●如果孩子的成绩不理想，家长可以采取失分数据分析技术，激活孩子的自信心。

【案例】

"算"出来的自信心

导读：学生小许的成绩总是不能有效提高，老师帮助小许对考试中的失分进行科学的数据分析。通过对失分的数据分析，小许明白了这样一个道理，不是自己没有学好，而是学习技巧没有掌握好。于是，重新树立起学习的自信心，想办法解决失分过多的技术问题，学习成绩也有了大幅度提升。因此自信心不是家长和老师给予的，而是孩子在不断成功的过程中对自己不断肯定的累积效应。

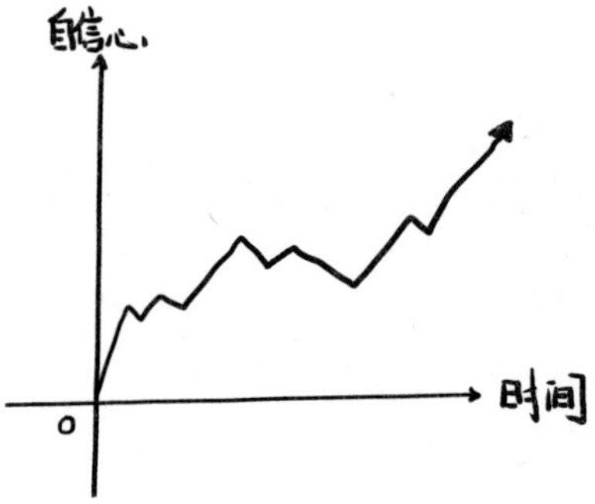

小许是个勤奋好学、聪明伶俐的小女生，老师们都夸她头脑灵活。然而，不管老师们怎么夸她，也不论她如何努力，她每次的考试成绩就是达不到自己的理想状态——离老师和自己的判断有很大差距。眼看就要上初三了，小许和爸爸焦急万分。无奈之下，许爸爸和班主任于老师协商后，一起来到本校教导主任文老师办公室，希望文老师对孩子的情况进行会诊，并在此基础上，帮助孩子解决因考试成绩不好所导致的自信心不足的问题。

听了许爸爸和于老师的介绍后，文老师决定期中考试后，先与小许沟通一次。

不久，初三第一学期的期中考试结束了，小许的成绩依然不是很理想。等各科成绩出来，试卷全部发给学生后，文老师招呼班主任于老师把小许叫到了自己的办公室，并要求于老师和自己一起与小许进行沟通。

小许走进老师办公室后，文老师先是把一张试卷分析表分别递给小许和她的班主任于老师，然后亲切地问道："小许，你的各学科试卷都按这个表格进行分析了吗？"

"做了。不过，说实话……"小许望了望班主任于老师，欲言又止。

"没关系，大胆说。难道你们班主任不允许你说实话？"文老师看了一眼于老师后，冲着小许笑着说。

“不是。是因为这个分析表是您要求我们填的，我怕说出来，您不开心。”小许瞟了一眼文老师说，“不过，既然您已经知道了。我就实话实说吧：我以前每次都非常认真做这个分析表，但做了两年了，也没感觉有什么大用，所以现在只是应付差事，走走过场。”

“看来，你们对这个表的作用还不是很理解。都怪我没有给老师们讲清楚。”听小许这样评价自己的工作，文老师先是做了个自我批评，然后，说起了填写这个表格的办法，“在这张表中，我们强调，一是要认真分析考试失分的原因，第一栏是大意失误失分，第二栏是模棱两可失分，第三栏是根本不会失分。你必须对每个失分的题目原因进行分析，认真填写这个表格。二是针对失分的原因，提出解决问题的切实对策，包括以后的学习计划的调整，等等。填完后，再拿着这个试卷来我办公室，我帮你进一步分析。那时候，你就知道这个表格的作用啦。填表的时候，一定要认真，不可敷衍了事，老师会一个题目一个题目与你进行交流。”

“啊？这么认真呀。”小许伸了伸舌头说，“这得耽误多少时间呀？”

“告诉老师，亡羊补牢的意思是啥？”文老师看小许不是很理解填写表格的意图，提出了一个看似无关的问题。

当小许准备回答问题时，文老师挥了挥手，示意不用回答后，接着说：“我当然知道你懂这个词的意思，那这个‘牢’怎么补呀？你起码得知道‘牢哪里破了’呀。你把表格填写完，与老师沟通后，就明白老师的意图了。怎么样，明天下午上完课后，你可以带着完成好的任务，和于老师一起来一下我办公室吗？”

第二天下午上完课后，小许和班主任老师如约来到文老师办公室。

“语文、数学、英语、物理、化学、历史各大意失误丢了3、8、5、7、5、4分，各学科大意失误丢分的题目分别是……这些学科模棱两可分别丢了5、7、5、7、6、4分，各学科模棱两可丢分的题目分别是……这些学科根本不会分别丢了2、9、3、8、7、0分，各学科根本不会丢分的题目与如下知识有关……巩固知识的具体措施有……”还没有等文老师问话，小许一口气就把表格上的数据全部说了出来。

“先不说你的分析是否正确。仅仅大意失误丢分合计就32分。如果把这些分数都算上，你的成绩会是什么程度？”文老师不慌不忙地说。

“在班级是前二十名，在年级是前五十名。”小许不假思索地回答。

“对自己的状态很清楚呀。”文老师赞扬道，“这说明你的实力就是班级前二十名，年级前五十名。”

“可问题是，我从来没有拿到过这个成绩。”小许有点疑惑。

“所以，你得做好成绩分析这件事呀。”文老师微笑着说，“我的建议是，你要认真分析各门功课每道失分的题目大意失分的原因，要具体分析属于哪一类型的失分：是看错题目，还是计算失误，或者是其他原因，并在平时作业和下次考试时减少这些失误。这才是你目前应该关注的核心问题，而不是修订学习计划、加班加点改进学习。你能高度重视这个问题，并有效解决好这些问题，就能有效提高成绩。当然，解决这些问题，一定要分步走，比如，每次要求自己减少多少分的失误。这样，三次考试后，你就可以呈现自己的真实水平了。”

“啊？那对模棱两可的失分呢？”小许似乎觉得文老师的说法有道理，就希望进一步知道解决模棱两可问题的办法。

“真聪明。知道抓关键问题了。”文老师赞许道，“你先思考下，应该怎么办，才能解决上述问题？”

“先把模棱两可丢分题目所对应的知识点找到，再认真回顾这些知识，接着，再反复做类似的题目，确保以后不再出现类似的问题。”小许想了想说。

“不错，你思考得很全面。”文老师接过小许的话说，“其实，你还可以再做得更细一些，比如，把这些错题抄在（或者复印好贴在）一个专门的错题登记本上，隔两个礼拜后，再尝试做一次，看看会不会出现上次考试类似的问题。再比如，还可以对错误的试题进行改题训练。你提高了纠错率，就是在提高成绩呀。”

“这个办法好，我马上去尝试。”小许听了文老师的这些话，很兴奋。但似乎还不满足，于是，又接着问道：“那根本不会的题目是不是可以这样处理？找出不会的知识点，再认真理解，看看是不是知识理解问题。如果是，就按照对待模棱两可的题目的办法来处理。如果不是因为知识问题，而是因为理解不了，就去问老师，把它彻底搞清楚？”

“把前面两类问题的分数都拿到，你还不满意吗？”文老师对这个不轻言放弃的孩子印象越来越好。

“老师，尽量做到最好，不更好吗？”小许反问道。

“呵呵，当然好呀。”文老师稍停片刻后，继续说，“问题是，你当前的主要任务不是做到尽善尽美，而是要改变目前相对落后的面貌，咱要抓住主要问题呀。不然，什么都想做好，可能什么都做不好。因此，要有所为，有所不为，把能为的为好，把不能为的先暂时放弃。这样，就可以集中精力解决好停滞不前的问题，也能增强自己的信心。”

“哦，原来这样。我以前就是什么都想解决好，结果每次啥问题都解决不好。”小许彻底被文老师征服了。

“那怎么样，你这段时间要不先试试再说？”文老师进一步征求小许的意见，“其实，我还有个建议，不知当讲不当讲？”

“文老师，您快说呀，您的建议太重要了。”小许马上说。

“我看你的数学、物理和化学成绩好像不是很理想，是不是有难题不会做呀？”文老师问这句话时，生怕打击小许刚刚树立起来的信心。

“是呀。老师，每次考试数学、物理和化学三个学科最后一道题的最后一问，都让我发愁。”小许面露难色。

“既然不会，咱是不是就不在这些题目上费更多功夫了。发下试卷后，先瞄一眼，如果太难，咱们把时间用在其他题目上，那就会保证把时间投入到其他题目上。这样，可以减少其他题目的失误，提高其准确率？”看小许和自己交流很开心，文老师就一口气把自己的想法和盘托出。

“老师，太妙了，我今天的收获太大了。”小许笑逐颜开。

之后，小许就离开了文老师的办公室。这时，班主任于老师才与文老师交流自己的看法：“文老师，我明白你让我来‘陪听’的意思了。接下来，我会对班上其他有类似问题的同学都采取同样的办法。谢谢文老师对我的开导和教育。”

“我叫你来的目的，不是陪听，而是希望你能给我提出宝贵意见，以便进一步完善这个表格，改进考试分析技术。怎么样？下来后，你好好思考一下，帮我提提改进的建议和问题。接着，再在你的班级开展相关工作，我期待你，下次考试后，能有机会向全校老师介绍经验。”文老师说出了要求于老师来观察的意图。

期末考试成绩出来后，小许跑到文老师的办公室，非常兴奋地说：“老师，你说得太对了，我这次考试一下子就到班上前二十名了。这样下去，我会越来越好的。我对自己充满了信心，都是老师帮我‘算’出来的信心呀。而且我们班和我类似的同学都有了很大进步。你得好好表扬表扬于老师。”

如文老师所愿，于老师期末考试后，向全校老师介绍了他的班级学习成绩提高的经验，使更多的班主任和科任老师深受鼓舞。

【解读】

定量分析帮助孩子获得成功

满足孩子的好胜欲望

黄建海

学生是学习的主人，学习是脑力劳动，保持精神活力至关重要，也就是让身心处于快乐、兴奋的状态能极大地促进头脑风暴和思维激荡。显然，算出来的自信比灌输来的自信更自信——一扫萎靡的倦态，给学习劲头和精神气再添一把力。

刘京海教育孩子的案例也能说明这一点。一段时间以来，上小学三年级的女儿，学习成绩一路下滑。当妈妈的十分着急，埋怨丈夫说，你成天研究差生，你的女儿都快成差生了。这天晚上，刘京海让女儿拿出数学卷子重新做一遍，发现女儿都会，于是干脆在卷面上给了一百分，并鼓励女儿说，只要细心没有题目能难倒你。这下女儿来劲了，又拿出作文给爸爸看，只听刘京海说，老师给你的作文分数虽不高，可分明能看出你有写作的才华，这远比分数重要得多。女儿听了爸爸这一番话，学习的信心大增，就像变了一个人似的。过了一段时间成绩就追赶上来了。

孙云晓先生认为，快乐教育一定要紧紧抓住起始时段，即小学一年级、初中一年级，或者第一个学期的第一个月。一开始就给孩子成功与快乐的体验，第一时间就让他喜欢上学，喜欢学习。如果再能让学生喜欢老师和同学的话，没有教不好的学生，也没有学不好的学生。大凡厌学的孩子十之八九都缺快乐教育。后来，刘京海担任闸北八中校长后，把教育女儿的一套快乐教育，用在改造这所以“差生集中营”著称的学校，将其改造成一所名校。快乐教育之所以发挥教育效力，原因是情绪的调整仿佛给学生注入了精神兴奋剂。

孩子天生有好胜的本能，这是自信心的源泉。如果家长和老师能以某种技巧，恰到好处地满足孩子的这种愿望，就等于是抓住了教育孩子的最佳时机。华德福教育特别尊崇这一原则。吴蓓在《亲历华德福教育》一书中，列举了相关的案例。什么是最好成绩？排名第一并非是最好的成绩。原来，在华德福，成绩既有全体的排名，更在意个体的具体表现。“相对自己有了进步，就是最好的成绩！”有位同学的作文，大家公认写得好，老师的评语也全是赞扬，可老师给出的评级不是 A+ 而是 B。另一位同学的作文，老师的评语远不如前一位同学，却得了 A+。原来，华德福评价学生作业，不仅根据这一次的表现，还要参考以前的学习情况，还要加入老师的期待，综合起来，给出最后的评判。显然，相较于标准化的划一排名，因人而异的目标设定是聪明而实际的做法。华德福教育专家马丁·洛森告诫家长，给孩子设置的标准必须是可以达到的，切合孩子实际的。目的是激发他不断超越以前的学习状态。成绩的功能最主要体现在评价自我进步率。“如果总是和别人比较，孩子就会丧失信心。”这句话说的就是这个道理。

成长中的孩子最需要认可、信任和鼓励

秦九歌

自信心真的非常重要。有一个很经典的案例，某学校有一年建了一个班，第一天开班的时候，老师告诉所有的学生，他们是这一年级里最出色的学生，并说学校以他们为荣，也对他们期望最高，因此特别把他们选出来，会配备各学科最优秀的老师来教他们。第一场考试下来，这个班成绩没有不同，但是老师们不断灌输他们是最有潜力的理念。到年终的时候，这个“特殊”班已经是全年级第一。

不光第一，学生之间的关系更紧密，参加的社团也更活跃。大家都说，果然名不虚传，好班就是好班啊。但是当学生考上大学后，校方才公布，其实当初选学生的时候，都是随机的。之所以年初第一次考试，这个班级成绩平庸，那是因为这些学生都是与其他班级并无二致的学生。而老师也不是什么最牛最有资历的老师。当时，选老师的要求只有一个，必须自己报名来带这个班，也完全相信这个理念。结果，老师成了最好的老师，学生也变成了最好的学生。

我听到这个案例之后，很受启发。因为我觉得在中学阶段，根本没有什么好学生或坏学生一说，只有觉得自己有能力和自己没能力的学生。孩子们都还在成长中，最需要老师和家长的认可、信任和鼓励。英语里面叫 self-fulfilling prophecy（自我实现心理）。教育真的是这样的。还有一个对老师的评判标准，我觉得，能够在第一时间让学生喜欢的老师，之后老师说什么，学生都容易接受了。所以，这个班唯一的评判标准就是老师愿不愿意教，孩子接触到的楷模都是愿意花心思、真正陪伴和引导他们的朋友。这样，师生一起努力，一起变成最好的自己。

说起数据分析，有很多软件可以更细腻地观察到学生的状态和需求。比如，硅谷的新教育宠儿是一所小学，叫 Alt School。他们班上每一个孩子都有 ipad，但孩子平时不用，而是在考试的时候会用，有的时候作业也在上面做。这样，老师可以很清楚地看到哪些学生在哪些知识范围或题型比较弱，可以据此调整下一次的考题，让每一个孩子按照自己的进度来学习。同时，校方也可以看到下列数据：学生一年下来的进步，哪些科目还需要老师支持等。家长也可以看到自己孩子的数据。这样，家长们也清楚自己的孩子喜欢哪些科目，什么学科有特长，什么学科需要补救。因此，数据分析完全可以通过现代科技帮老师或家长、学校实现教育目标，这是未来的一个趋势、一个方向。

在数据分析基础上给出精准建议

房超平

记得一个非常优秀的班主任给我讲过，他当班主任开一次家长会要准备一个月，准备的内容主要是对学生在家长会前后学习成绩的数据、变化进行分析，包括每个孩子进步在哪里，孩子的状态怎么样，等等。然后，再给每一个学生写一份学习和表现报告书，把自己对每一个孩子的期待和肯定都放在这个报告书里面，并通过这个报告书，给家长反馈关于前段时间孩子学习和其他方面变化的情况。这位班主任所带的班级好，是因为他运用了数据分析技术，给每个学生下足了功夫。孩子和家长看了以后，都知道进步的地方、不足的原因和问题所在。这样下功夫了解学生、分析学生，学生的进步可想而知。

观察平时的家长会，班主任和老师给家长的建议基本上是面面俱到，无关痛痒，很少对每个孩子提出针对性的建议。因为班主任和科任老师给出的建议，不是建立在数据分析基础上的，而是班主任和科任老师根据自己的经验给出的模糊建议，缺乏科学的数据支持。老师们可能会抱怨，我们的班级学生人数这么多，这样做数据分析，我们的精力根本顾不上。但是，当我们静下心来想想，就会发现，平时抱怨学生的时候，老师们往往会说，你们这帮家伙就是不认真，但轮到自己的时候，却很少做到认真二字。

怎么看待学生，怎么观察和了解学生，怎么给学生提出合理的、可行的建议，都需要建立在数据分析的基础上。数据分析不仅能帮助学生树立自信心，而且能帮助学生改进自己的学习技术。如果通过排名能够帮助学生改进学习，排名这种数据分析方法也有其价值。因此，数据分析工具并没有好坏之分，关键在于，这种工具是否能够促进学生的学习改进。

对于家长而言，如果孩子的成绩不是很理想，完全可以采取“拿来主义”的态度，大胆采取案例中提到的关于失分的数据分析技术，来激发孩子的自信心。也许使用这种技术后，有一天家长会意外地发现，自己孩子的学习成绩悄然发生了改变。

第五章 别拿『叛逆』说事儿

【本章导读】

处于青春期的孩子往往用各种手段和方法来确立“自我”与外界的平等地位。因此，青春期常常被称之为“叛逆期”，网瘾、早恋、打架、厌学、自私等与家长期望不一致的行为也在青春期出现了。本章的六个篇章直面上述棘手问题，给出了合理、有效的解决方案。其实，叛逆并不可怕，可怕的是老师和家长对待叛逆的态度和行为方式。只要老师和家长的态度正确、方法得当，“青春不叛逆”完全有可能实现。

1

悉心呵护孩子稚嫩的情感

【提要】

●爱情是一种积极的心理反应。因为它是建立在“给予”和分享，唤起双方生命张力的基础之上的。

●恋爱在中学是没有办法停止的。老师、家长应该改变思维，承认孩子恋爱是可以理解的，因为这是他们了解自己的一种方式。

●爱情是伟大的、美妙的，是可以拯救世界的力量。

●如果老师、父母能够尊重孩子的独立意识和自我意识，加强与孩子的沟通，增进对孩子的理解，减少对孩子的监管，叛逆现象就失去了前提。

●如果在“早恋”问题上，孩子不会出现叛逆现象，其他问题上也不应该出现叛逆现象。因此，叛逆是家长或老师无法解决孩子问题的挡箭牌。

●青春期的孩子有了对异性的好感，即便他们对异性有一些过密的行为，老师和家长都应该理解。

【案例】

“妈妈，我想和男朋友一起去旅游。”

导读：六年级女生小娟与妈妈无话不谈，即便是喜欢男孩子这样的“大逆不道”的行为也和家长进行协商，可见双方的亲密关系非同一般。即便如此，妈妈还是被小娟“想和男朋友一起去旅游”的想法吓了一跳。在爸爸的协助下，小娟妈妈给女儿晓之以理、动之以情，最后女儿自动放弃了这样的想法，一场潜在的家庭危机得到了化解。

六年级学生小娟是个聪明、漂亮又大方的女孩。由于她的父母遇到任何问题都能跟孩子进行沟通和协商，倾听孩子的建议和意见，从来不强迫孩子做任何孩子没有想通的事情，所以小娟的父母与小娟之间的关系很融洽，小娟也从来没有顶撞过自己的父母。即便有一些事情，双方不能协商一致，父母和孩子都能各自退让一步，达成妥协意见。所以在其他孩子身上呈现出来的所谓“叛逆期”问题，在小娟的身上并没有发生。

上六年级后的某一天，小娟突然悄声跟妈妈说：“妈妈，我怎么突然对男孩子非常感兴趣？是不是想谈恋爱了？太可怕了，我还这么小。”

“啊？你喜欢上男孩子，还是男孩子喜欢上你了？”虽然小娟妈妈思想开明，但还是对女儿的这个想法感到吃惊。

“妈妈，你也感到畏惧吗？”看到母亲的表情，小娟的担心多了一分。

“没有。”意识到自己的心情过于紧张，小娟妈妈马上调整情绪，“妈妈只是为你的成长感到高兴。当然，也有点忧虑，因为你长大了，这意味着你要展翅高飞了，妈妈有点舍不得呢。”

“哦，原来这样。”小娟紧张的心情一下子得到了放松，“可是，老师说，谈恋爱不好。我担心自己会变成坏孩子。”

“喜欢男孩子，并不意味着就是谈恋爱。所以不用担心。”小娟妈妈耐心给孩子解释，“妈妈像你那么大的时候，也喜欢过男孩子。能告诉妈妈，你喜欢上什么样的男孩子了吗？为什么喜欢这个男孩子？”

“一个很帅气、成绩比我好的男孩子。”小娟说这句话时，脸色有点泛红，“不过，还不知道人家喜不喜欢我。”

“看来，你是一个有追求的孩子。”小娟妈妈肯定道，“担心别人不喜欢自己，那就让自己变得更优秀一些。本来你美丽善良、聪明勤奋，只要再提高一下自己的自觉性，不愁男孩不喜欢你。”

“我还是有点担心，怕同学和老师说我早恋。”小娟想了想继续说，“妈妈，万一老师和其他同学说我早恋怎么办？”

“别担心，妈妈理解你。”小娟妈妈抚摸着孩子的头安慰道，“如果真的有同学说这样的闲话，你就说他们吃不到葡萄说葡萄是酸的。如果老师说你的话，你给老师做好解释，只说自己与同学之间是相互的纯友谊。妈妈也会给老师做好解释工作的。”

“此外，你也要注意方式。两个人如果都有好感，愿意跟对方说说自己的心里话，这是没有问题的。但要注意频次和地点。如果聊天过多，容易引起别人的误会。如果交流的地点太隐秘，有时候男孩子会控制不住自己，对你不利。妈妈相信，聪明的女儿一定能明白妈妈说这句话的意思的。”看孩子没有反应，小娟妈妈停留了几分钟，进一步补充道。

“妈妈，你想到哪里去了。”听到妈妈说这句话，小娟的脸色一下子变得通红，“您的女儿做事会有分寸的。”

几天以后，小娟放学回家对妈妈说：“我和那个男孩子都相互喜欢对方。今天，放学路上，我们聊了几句。他对我说，喜欢和我聊天，我也很喜欢和他交流。但第一次交流，心里突突直跳，不像是和其他女孩子第一次交流的感觉。妈妈，我是不是有问题呀？”

“傻孩子，与男孩子的第一次交流，肯定与女孩子的交流不一样。”小娟妈妈直截了当地说，“我觉得，这里面的原因有两点，一是你们长大了，对异性的好感受荷尔蒙的影响，当然有一种怦怦直跳的感觉。二是你担心别的同学或老师看见了，说你们的闲话，这种担心也会影响自己的心理。其中，第一点是很正常的，不必太担心。第二点你也别太多虑了，只要你不遮遮掩掩，别人就不会太过在意。即便他们有点看法，你知道自己做的是正确的，就没有关系。”

又过了几天，平时回家有说有笑的小娟，这次回到家后，却脸色凝重。

看到女儿的这个表情，小娟妈妈走到孩子的卧室，亲切地对孩子说：“是两个人吵架了？或者是有什么不愉快的事情？”

“呜呜呜。”小娟看见妈妈走了进来，就号啕大哭，“妈妈，几个同学背后说我是个坏女孩，勾引男同学。以前的几个好朋友，都不愿意跟我说话了。老师也告诉我，要注意影响。”

听孩子这么说，小娟妈妈这才想到，孩子前几天就跟以前有点不同，只是因为自己工作较忙，没来得及跟孩子沟通。想到这里，小娟妈妈说：“怪不得，这几天你的心情都不大好。好像前几天你想跟妈妈说话的，但因为妈妈一时忙，没来得及和你聊。但不管怎样，都是妈妈不对。”

“不是你的问题，是我的问题。”小娟哽咽着说。

“你没有问题，妈妈理解你。”小娟妈妈把孩子一下子搂到自己怀里，心疼地说，“妈妈还是低估了传统观念对你的影响。不过，没有关系。这些事情很快就会过去的，你的同学会很快把这件事淡忘的，因为他们跟你一样，对异性有好感，只是他们妒忌你罢了。只要你开心乐观，妈妈相信这些谣言会不攻自破。那些不理解你的同学，慢慢也会理解的。至于老师，妈妈有时间会跟他聊一聊。”

看妈妈这么说，小娟脸上的阴云终于散去了。

过后，小娟妈妈主动约小娟的班主任聊天，了解小娟的状态，交流彼此的想法，双方就孩子的事情达成了共识。“老师，非常感谢你对孩子的理解。我们双方多联系、多沟通，多对孩子进行引导。相信这些少男少女的问题，孩子一定能处理好。”谈话结束前，小娟妈妈这样说。

时间过得真快，眨眼间，六年级就要结束了。

放假之前的一天，小娟突然找到妈妈说：“妈妈，我想告诉你一个决定……你一定会支持我的，对不对？妈妈。”

“什么决定呀？”平时对孩子非常理解的妈妈，从小娟欲言又止的行为中似乎觉察出了问题，因此没有直接回应，“你得告诉妈妈你的决定是什么。不告诉妈妈决定是什么，就让妈妈支持你，这样的要求有点过分吧？要是妈妈也这样对你说话，你会不会觉得霸道呢？”

“我还是直接告诉你吧。”小娟想了想，虽然觉得妈妈跟平时有点不一样，但妈妈的话似乎还是很有道理，“我想在暑假期间，和他一起去桂林旅游。”

“哦，旅游是个好事情，每年暑假爸爸、妈妈都会跟你一起去旅游。”小娟妈妈对这件事情采取了迂回的战术。

“您这次的态度，可不像平时的妈妈。”小娟终于说出了自己对妈妈态度的看法。

“我还没有说完，你急啥？”小娟妈妈意识到迂回不是解决问题的办法，“想和自己喜欢的男孩子一起去旅游，是个好想法。但不是你们两个就能决定的，也不是妈妈支持就可以的。作为监护人，你爸爸和男孩子的爸爸、妈妈都得协商一致呀。”

“您别管他们的态度，先说您的态度。”小娟把矛头直接对准自己的妈妈。

“我的态度是，这是个好事。但现在这样做，不一定很合适。理由是，你们现在很难控制自己的行为，我相信你是可以的，但男孩子我可不放心，因为我没有见过男孩子，也不了解这个男孩的行为，不好做出判断。要去旅游的话，我建议这样，我们两家一起去，白天你们两个单独行动，晚上和爸爸、妈妈住在一起。”

“那还是算了吧。他父母可封建了，他都不敢告诉自己的父母。”小娟嘟囔着说。说完，把自己房间的门一摔，“哐”的一声关上了。

小娟妈妈知道，孩子有点不开心。但也没有急于给孩子做解释，而是把这件事情放下来，等待合适的时间再跟孩子沟通。

当天晚上吃完饭后，爸爸看小娟心情不爽，就私下里向小娟妈妈了解情况。

看到孩子爸爸跟自己交流孩子的问题，小娟妈妈一下子有了主意。

“这件事，还得你出面跟孩子交流。”小娟妈妈把事情的经过解释完了之后，说出自己的想法，“你可以从男性的角度来引导孩子。”

之后，两人就如何和孩子交流达成了一致。

于是，小娟爸爸敲门走进了小娟的房间。

看爸爸来了，小娟知道这件事情非同小可，因为平时爸爸除了和自己聊天、交流外，很少到她的房间来。

“老爸大人，第一次造访寒舍，不知有何贵干？”小娟跟爸爸开了个玩笑，希望借此缓解自己的紧张心情。

“呵呵。女儿给爸爸提意见了，这说明爸爸关心你少了。”小娟爸爸回应道。

“您老人家无事不登三宝殿，今天一定是有大事要告知女儿。”小娟继续贫嘴，“是不是为我要出去旅游的事情呀？”

“既然你都说出来，那我就不绕弯子了。”小娟爸爸直接说，“我看你表情不好，就很担心。妈妈只好把你的事情告诉我了。你不要怪罪妈妈哟。”

“我相信，我的女儿有定力，能控制自己的行为。”小娟爸爸先是对女儿做了肯定，接着严肃地说，“我想从一个男性的角度谈谈看法。我觉得，如果两人单独外出过夜，受荷尔蒙的影响，男孩子很难控制自己的行为。你们现在年龄还小，身体发育还不成熟，行为过激对自己不好。所以爸爸、妈妈觉得，这样做不妥。爸爸、妈妈之所以要阻拦这次行为，就是出于对你和男孩子负责任的态度。相信你一定能理解的。毕竟你是未成年人，作为监护人，我们是有责任的。”

“虽然我也知道，这样的要求不太妥当，但总感到心里有点不开心。因为这件事毕竟是我提出来的。如果我告诉男孩子，因为家里人不同意，就取消这个活动，既有点失信的感觉，也会让他瞧不起我。所以，不知道如何解释。”小娟看自己的爸爸很严肃，也认真地说，“你们也得允许我有个自我反省的过程呀。其实，那天妈妈和我说完后，我就想明白了，只是不肯认输罢了。你们也别太上火呀。”

“我就说嘛，我的女儿一定会理解父母的良苦用心的。”小娟爸爸如释重负。

几天后，在小娟的帮助下，这个问题得到了圆满解决——小娟告诉男孩子，要做这件事情，一定要跟自己的父母进行沟通，征得自己父母的同意。由于男孩不敢跟自己父母沟通，便自己主动取消了这个活动设想。

【解读】

“叛逆”不是“挡箭牌”

爱情是积极的心理反应

黄建海

女孩想约男生一起去旅游，经过与母亲的对话和互动，放弃了自己的想法。虽然女孩有与男孩交往的权利，但考虑到孩子对自身行为的控制力有限，孩子的父母通过和孩子对话交流，让孩子自动打消了这种念头，使问题得到了圆满解决：既保护了孩子稚嫩的情感，又不至于让孩子的行为失控。显然，案例中小娟父母的做法值得其他家长学习和借鉴。

有一种观点十分盛行，认为学生谈恋爱一定会影响学业。持这种观点的人，总能举出几个这方面极端的例子，以至于家长、老师和学校都对“早恋”发出讨伐声。其实，炒来炒去就那么回事儿：热恋中的男孩女孩，心思不再用在学习上；或者因失恋陷入迷茫，无心学业；再不然，就是添油加醋，将事态演绎成怀孕、堕胎的结局。的确，中学生群体中这样的事时有发生，但未必都祸起“早恋”，有些恰恰是因为缺乏及时正面引导，一味打压造成的。相反，媒体与教育界却对正面双赢的例子三缄其口。然而，现实生活中不乏因谈恋爱收获爱情，双方学业比翼齐飞的成功案例。只是很多当事人，都是在多年后回忆起儿时的经历，才对外公开那段秘密。甜蜜的爱情有助于学业的发展，这样的结论符合爱情发展的理论与相关学说。正如弗洛姆在《爱的艺术》一书中所指出的那样，爱情是一种积极的心理反应。因为它是建立在“给予”和分享，唤起双方生命张力的基础之上的。同时，爱情的原力一旦爆发，不是转瞬即逝的，而是有持久的耐力。因为爱情还具有关心、责任心、尊重和知识等因素的支撑。

爱情的欲动是潜在的。爱情的种子一旦开始发芽，爱情的幼苗就一定会开始生长。就是说，爱情的欲动一旦萌发，爱情的实践就成了必然，在实践中培植和发展，并最终长成爱情之树。爱情的培植是需要艺术和能力的。有太多的人认为，爱是本能的生长，无须知识点拨；也有人认为，爱情是碰运气，没有什么规律可循。

其实不然，爱情教育最主要的内容和艺术就是紧紧抓住弗洛姆根据爱情四大原则，提出的四大要求：纪律、专心、耐心和极大的兴趣。即，爱情需要建立在相互关心、互相尊重、彼此承担责任、共享知识的基础上。这就需要双方在相互交往中，保持纪律、专心、耐心和极大的兴趣。而这些只能也必须是在实践的过程中逐渐培养而来。离开了实践，爱情就容易滑向虚幻的、单纯性欲冲动的、偶像崇拜的病态趋向。

主动地爱，而不是被压抑，更不是被打压，才能收获真正的爱情。对少儿来说，就是朴素的“爱情”。为此，我们根本无须担忧，谈情说爱会耽误学业。因此，“早恋”只是个伪命题，是少数人刻意放大“早恋”危害的拙劣之举。相反，如果爱情教育是残缺的、扭曲的，一定会影响学业，甚至造成不良后果。正如马尔库塞指出的那样，压抑爱欲的结果，只能是把爱欲打回“纯粹性欲”的轨道。

在爱情教育中父母起着重要作用

秦九歌

国外老师认为，恋爱这个事情在中学特别是高中阶段，是没有办法停止的。在国内，家长和老师们应该改变思维，应该承认学生恋爱是可以理解的事情，因为谈恋爱也是学生了解自己的一种方式。这个案例中的父母对这件事的处理非常漂亮，他们与国外的父母亲一样，非常开明，能让孩子有机会交流自己的秘密。这样做，既维护了孩子的自尊心，又让孩子主动终止了要和男同学旅游的想法，值得每个国内家长和老师学习。

关于爱的教育，父母其实起着很重要的作用。我上初中的时候，有一个男孩子经常给我发暧昧短信。由于受到中国式教育的影响，我感觉这是不应该的，很丢人。但是，我又掩藏不住自己的感受，总是会藏在被子底下或者去图书馆里看这些短信。有一天，我的行为被我妈妈发现了。我猜想，她会发很大的脾气。然而，她并没有发脾气，而是一脸的失望。她说，你觉得你爱他吗？我完全没想到这是她问我的第一句话。我说我爱他。她说他也爱你吗？我说他也爱我，因为他给我的短信里说他是爱我的。我妈妈接着说，那你觉得真正的爱情是要躲在被窝里面，或者是躲在图书馆里面，才可以享受的吗？看我没有反应，她接着说，爱情是伟大的、美妙的，是可以让你拥有拯救这个世界的力量，而不是一个你藏在被窝里面见不得人的事情。后来，她进一步告诉我，如果你用这种态度对待这份爱情的话，你应该好好考虑一下，这到底是不是真正的爱情。然后，她就出门走了。当时，我就惊呆了，并采取措施改变了自己在这件事上偷偷摸摸的行为。

回想起来，这件事使自己对人生和爱情的了解一下子增加了很多，因为她用一句话给我讲清了这件事情的道理。现在看来，我妈妈处理的方式特别有道理。当然，我跟那个男孩子也没怎么样，因为几个星期以后，我就发现我不喜欢他，他也不是真的喜欢我。这也许就是青少年懵懂、羞涩的情感吧。

我觉得，国内对青少年的性教育重视程度严重不够，家长可能要承担一定的性教育职责。虽然家长与孩子谈论这个话题会感到很尴尬，但如果父母不谈，学校又没有进行专门的教育，孩子对这一块的知识就会存在缺陷，就有可能自己去摸索。我觉得，可以采取母亲与女儿谈，父亲与儿子谈的方式，来弥补学校性教育的不足。

父母有民主意识，孩子就不会叛逆

房超平

很多学者认为，青少年正处于心理的过渡期，其独立意识和自我意识日益增强，迫切希望摆脱成人（尤其是父母）的监护。他们反对父母把自己当小孩，而以成人自居。为了表现自己的“非凡”，他们对任何事物似乎都持批判的态度。

正是由于他们感到或担心外界忽视了自己的独立存在，叛逆心理才因此产生，从而用各种手段、方法来确立“自我”与外界的平等地位。叛逆心理虽然说不上是一种非健康的心理，但是当它反应强烈时却是一种反常的心理。因此，国内外学者都认为，叛逆是青少年成长发育的必经过程。

一位家长介绍育儿经验时，曾说过这么一句话：“对我的孩子而言，叛逆是不存在的。”这句话给我留下了非常深刻的印象，也让我深入反思青少年“叛逆”背后的原因。从叛逆的字面含义上看，如果成人或父母能够尊重青少年的独立意识和自我意识，加强与孩子的沟通，增进对孩子的理解，减少对孩子的监管，叛逆现象就失去了前提。那位家长说的就是可信的。这个案例中，孩子什么事情都跟家长商量，好像也没有其他家长所说的叛逆行为——非得跟家长过不去。究其原因，就是因为这个孩子的父母有民主意识，遇到孩子的问题不是斥责，而是站在孩子的角度，与孩子进行协商。我相信，如果在“早恋”问题上，孩子不会出现叛逆现象，其他问题上出现叛逆现象就更不可能了。我更相信，如果每一个父母都这样对待孩子，所有的孩子都应该不会出现所谓的叛逆现象。因此，从这个意义上讲，叛逆是家长或老师不理解学生、无法解决孩子行为问题的挡箭牌。

十多年前，我在深圳中学工作时，有一个学生写过一篇叫“非典型性爱情观”的文章。文章的开始是这么说的：“当我们触及情爱世界时，那绚丽明亮且神气的风景仿如夏日的火焰般在我们面前瞬间爆破出现，引领我们一步步走进这个能让自己迅速成长的世界，抛弃好奇背后的无知，抛弃痛苦背后的幼稚，抛弃快乐背后的自私……但在爱中，在性中，我们必须明确一点：人是神性和兽性的集合体，我们可以追求更多的神性，但我们绝不能也绝不可能放弃兽性。以此为基点，从此开始在爱情中蜕变……”这段文字应该使家长和老师更加理解当代中学生（包括小学高段学生）对爱情的态度。其实，处于青春期的中小学生，从生理上发育接近完成，还没有完成。在这个过程中，即便有一些过密的行为，老师和家长都应该理解，而不是“谈爱色变”。

2

像对待子女一样对待学生

【提要】

●少年中的恶行绝大多数与不顾及他人感受有关——行为恶劣的人，看上去是外在的行为，其实是心灵有了污点。

●关于孩子的行为，西方国家不是“非对即错”的二元判断论，而是“倡导、必须、反对、禁止”的四元判断论。

●对于倡导的行为，孩子不做是没有错误的。而对于反对的行为，孩子做了，则是可以原谅的。

●国内学校应该反思对孩子行为的要求：因为必须和禁止的要求太多了，所以必须的做不到，禁止的才禁不住。

●如果孩子受了委屈，老师、家长不能保护他，还要抱怨、批评他，那么老师、家长的爱则要打一个大大的问号。

●既然孩子把老师当成了“自己人”，老师就应该表现出自己的本来样子。

【案例】

“走，一起去揍他！”

导读：血气方刚的林老师担任班主任的第三天，班上的同学就被高年级的学生欺负了。情急之下，林老师喊着班上的一群男生，到欺负本班同学的外班同学的教室去“报仇”。看到这个阵势，那个打人的孩子吓坏了。其他班级的同学闻知后，也不敢欺负这个班的学生了。从此，林老师和班级的学生成了铁哥们儿，班级的凝聚力和向心力也大为提高。

林老师处理学生问题的方法非常特别，而且每次都能收到不错的效果。下面他处理的这个打架事件，就具有很强的典型性。

这是林老师担任高一某班班主任的第三天。

这天下午一上班，一个男孩子就哭着跑到他的办公室。还没有等林老师问话，就哭哭啼啼地说：“老师，我被高三某班的一个同学打了，老师你得帮我出出气呀。”一上任，班上同学还没有认完，就遇到被其他班同学欺负的事情，让林老师非常不爽。

“孬种，你是个男孩子，就知道哭？”林老师见到自己的学生被人打了，又气愤又心疼，“走，喊上班上十来个男生，每人准备一个棍子，跟老师一起揍那个家伙去。先让他们到老师的办公室门前集合。”

这个男孩听完后，立即破涕为笑：“好呀。老师，我这就喊人去。”

说完一路小跑，到教室喊同学去了。

说实话，林老师说完这句话后也有点后怕。但考虑到，不同年级不同班级打架比较难处理的实际，再加上，自己话已出口，林老师只好硬着头皮去做。

还没有等林老师想清楚，班上十来个男生已经每人拿着一根棍子，来到了林老师办公室门口。

“同学们，今天我们班同学被人欺负了，大家说该怎么办？”林老师大声问。

“以牙还牙，揍他。”一个男孩子说。

“好。但老师有一条要求，就是必须听从老师的指挥。不听指挥，谁打出了问题，谁就得接受学校的处分。”林老师希望能亡羊补牢，避免事态扩大化。

“好，我们听老师的。”大家异口同声。

说完，林老师领着这群人来到那个打本班同学的班级教室门口，对着这个班级的学生喊道：“刚才，这个班哪个同学打我们班的同学了？请你站出来。男子汉大丈夫敢作敢为。请你快点站出来。”

看这个架势，那个打人的男孩子吓得钻到了课桌底下。

“真是孬种，有本事出来，钻到课桌底下干吗？”看目的已经达到，林老师决定收兵，“既然你已经认输了，我们就不揍你了。但是我要警告你和那些爱打架，特别是打我们班同学的同学，再胆敢欺负我班同学，可要小心点啦，下次绝不轻饶。”

但见那个挨打的同学颇有点得意，那神气仿佛是说：“哼，看你们还敢欺负我不？我有老师保护！”

既然已经达到了预期的目的，林老师便手一挥，本班的十几名男同学就哗啦啦跟着林老师走回自己的教室。

这个行为让林老师班级调皮的男生威风大涨。在回班级的路上，个个神采飞扬，好像比学习成绩得了第一名还开心，纷纷议论道：

“咱们老师太厉害了，真把我们当哥们儿。”

“今天真解气，看看以后高年级同学谁还敢欺负我们。”

“林哥这么给力，以后咱们可要服从管理，不能让他为难。”

……

“事情还没有完，你跟我去办公室。”林老师边走边对那个被打的同学说。

“没问题。”林老师给自己出了气，这个男同学心情好极了。

“老师，我不难受了，你放心。”到了办公室后，被打的男同学关上门，笑眯眯地对林老师说。

这个被打的男孩原以为到办公室，林老师还会继续安慰他。可是，令这个同学没有想到的是，林老师的神情变得非常严肃。还没等这个学生反应过来，“啪”，林老师狠狠地拍了一下桌子，指着他厉声说道：“你以为这样做就完事了，还想让我安慰你吗？人家为啥不打别人？啊？分明是你小子做了不该做的事情。”

看这个学生要解释，林老师立即予以制止，根本不给他说话的机会：“你的解释我不想听，自己好好反思。但你小子记着，今后，再被人打了，看我怎么收拾你。滚！”

“老师，别生气，都是我不好，不会有下次了，我一定给你长脸！”被打的男生做了个保证的手势。

“别贫嘴了，看你的行动吧。”还没等挨打的同学说完，林老师手一挥，示意那个男孩子快点离开。

稍事片刻，林老师感到事情没有处理完。考虑到本班接下来是每周一次的班会课时间，林老师匆匆走进班级教室，对着全班同学开诚布公地说：“今天这件事情，所有同学都要反思。虽然我对我的学生被人欺负，感到非常愤怒。但我也是一个讲道理的人，被人打总是因为自己有做得不对的地方，因此被打的同学要深刻反思自己的问题，做好在全班面前检查的准备。其他同学也要引以为戒，不要主动惹事，避免打架事件的再次发生。如果班上再有被人打的同学，我一定会让这个同学先反思检查。好了，今天的班会课，希望大家在班长的组织下，好好讨论下这件事，提出解决问题的具体措施。”

后来，班会课在班长的组织下，围绕这个问题展开了深入讨论，同学们在这个事件上也取得了一致看法。

这件事发生后，其他班的同学都私下里传着这样一句话：“可别惹那个班的同学，惹了不得了。”也许是这件事的警示作用，也许是班会课上同学们达成的共识对班级同学有了约束力，此后很少出现别的班级同学打林老师班级同学的事情，林老师班级的打架事件也几乎杜绝了。

事后，校长找林老师谈话，严肃批评了他的莽撞行为。林老师认错的同时，对校长说了这样一段耐人寻味的话：“那天，看到学生被打，我心里很难受，所以有点冲动，非常不应该，因此向校长表示歉意，辜负了校长的信任和栽培。但说实话，看见自己的学生被打、被欺负，就像自己的孩子或兄弟被人打了以后的感觉，那种心情和态度，我相信，你是能够理解的。我觉得，如果把学生当成自己的兄弟姐妹或儿女，遇到学生受了委屈等类似的事情，老师一定要有这种愤怒、气愤的感觉，这种感觉是发自内心的，是真实的、自然的，是对学生的真切关心。我相信，老师的这种感觉会传导给学生，也一定会有助于建立密切的师生关系，同时也会对教育、改变学生大有裨益。”

听闻林老师如此解释，校长也舒了一口气，对林老师的教育思路赞不绝口。

【解读】

做孩子的精神领袖

外在的坏行为来自于心灵的污点

黄建海

校园暴力分几种情况，最不能让人容忍的是倚强凌弱。这类事件处理起来比较简单。事实清楚，责任明确，处理起来没什么好商量的，较为难缠的是双方品行都不好，都有问题，就像本案例一样。解决起来反而较为棘手。案例中的老师使出“黑吃黑”的一套，首先将打人者震慑住，接着再顺势引导、教育本班那位“好事者”。事实证明，这次高风险动作，不按常理出牌，反而收到了出乎意料的效果。既震慑了对手，又为己方赢得了安全感。当然，这种“黑吃黑”的一套，不能随意模仿。

罗素在有了孩子以后，曾一度尝试自己办学。可是，令罗素最头痛的是一帮孩子不遵守纪律。起先他没当回事，很快学校被一帮顽皮孩子搞得乱作一团。有些小家伙专门喜欢跟老师对着干。有一次，老师警告不许在花丛里纵火，马上就有两个孩子为焚烧兔子而放起了火。没办法开除了其中一个男孩，限制另一个女孩的行动，可是这位女孩却发出抗议。于是，罗素问她，若放你自由，你还会放火，对不对？只听那个女孩回答说：“是的，我还会。”罗素在事后总结说，自己办学犯了两个严重的错误：一是过于放任自流；二是夸大比实际更大的自由。看来，管教好顽皮孩子还得另辟蹊径。

行为恶劣的人，看上去是外在的行为，其实是心灵出了污点。少年中的恶行绝大多数都是不顾及他人感受所造成的。偶尔教训一下打人者，给他一个下马威，可以起到立竿见影的效果。不过，要想彻底解决问题，还得靠美育春风化雨。因为只有用美育，融化心灵里的斑点，这类行为才能得到彻底改变。我觉得，以美育矫正顽皮孩子的心理，化解那颗暴虐的心，是可以尝试的。美育常见的形式有：亲近大自然。在帕夫雷什中学，孩子们入学后的第一个秋季都要到旷野度过一整天。据苏霍姆林斯基常年的观察：“孩子们学校生活的第一秋就使我们深信：美——乃是善良和热忱之母。”我相信，艺术熏陶直接将美植入人的脑海，洗涤丑恶与凶残。一个无耻之徒不可能爱上狄更斯。反之，一个心灵美的人，不大可能变成下三烂。

非对即错的二元论无助于问题解决

秦九歌

实话实话，国外学生打架事件是不常见的，除了暴力倾向对学生未来的影响较大（一旦记入档案，可能会影响升学和就业）以外，更重要的是每个学生都会有自己喜欢的事情做，而不像国内学校除了学习，没有别的事情做，容易造成学生厌学心理和极端现象发生。

我想谈另外一个话题，关于学生的行为，西方国家不是“非对即错”的二元判断论，而是“倡导、必须、反对、禁止”的四元判断论。这个四元判断也许有助于解决学生的打架问题。第一种行为是倡导的行为。倡导的行为，学生不做，不能算学生错了，比如乐于助人、见义勇为等行为。第二种行为是必须的行为，如果学生达不到这种要求，是不允许的，就要接受处罚。比如尊重师长、按时到校等。第三种行为是反对的行为，如果学生做了这一类行为，是可以原谅的，可以不追究、不批评，比如没有按时完成作业、不愿意帮助同学。第四种行为是禁止的行为，做了这些行为，是要批评教育的，甚至是要处罚的。比如抄袭作业、欺负同学等。就不按时完成作业和抄袭作业而言，不按时完成作业是个人行为，不影响别人，属于反对的行为，但抄袭作业不是个人能力的问题，而是涉及品德问题，就属于禁止的行为。两类问题的性质是完全不同的。

在这四种行为中，倡导的行为和反对的行为是对应的，必须的行为和禁止的行为是对应的。一般来说，必须的行为和禁止的行为比较少，所以学生对必须的行为能做到，而对禁止的行为不敢去碰，因为这是“红线”。因此，我觉得，国内学校应该反思对学生行为的要求，是不是必须的行为和禁止的行为太多了，所以必须的行为往往做不到，而禁止的行为也禁不住？如果以这四个标准来衡量学生的行为，那么老师的批评教育就可以少很多。当然，老师和学校应该给学生明确，在自己的学校里，哪些行为是不可逾越的，是必须严格禁止的。

受委屈时，孩子才知道大人爱不爱自己

房超平

这个案例的典型意义不在于“以黑治黑”，而在于林老师的那句话：“如果把学生当成自己的兄弟姐妹或儿女，遇到学生受了委屈等类似的事情，老师一定要有这种愤怒、气愤的感觉，这种感觉是发自内心的，是真实的、自然的，是对学生的真切关心，也会对教育、改变学生大有裨益。”我们经常说，要爱学生，但是怎么爱学生，其中大有文章。如果学生受了委屈，老师、家长不能保护他，不能把他的气顺过来，还要去抱怨、批评他，学生怎么能感受到老师、家长的爱呢？当然，是否一定要用这种方法去解决问题，则另当别论。

对发生在学生身上的事情有没有感同身受，能不能走进学生的内心世界，会不会把他们的喜怒哀乐、衣食住行挂在自己心上，则体现了老师、家长对爱的理解的深刻程度。很多时候，老师对那些看似调皮的学生有一种天然的讨厌心态。按照林老师的说法，如果这个调皮的孩子是自己的兄弟姐妹或儿女，恐怕没有几个老师会有这种天然的讨厌心态，一定会在“哀其不幸，怒其不争”的同时，采取各种方法来帮助孩子解决问题。

我曾经举过一个例子也能说明这个问题。当一个优秀生和“差生”同时问老

师同一个问题时，很多老师的态度是不一样的。优秀生问老师问题时，老师会从反思自己的角度理解学生，可能是自己上课没有讲明白。于是，老师会耐心细致地给学生再讲一次。而当“差生”问这个问题时，老师心里会产生这样的想法：这个家伙上课肯定没有认真听讲。这个时候，即便老师重新给“差生”讲一次，态度也与对优秀生的态度不一样。同样的，优秀生和“差生”犯了同样的错误，很多老师的内心想法也会截然不同：优秀生是迫不得已，“差生”是故意做的。这种先入为主的看法，必然会在行动上体现出来，即便老师再怎么掩饰，也会表现出来。久而久之，“差生”对老师的这个态度必然心知肚明，他们怎么会觉得老师爱自己呢？

如果自己的孩子学习不好，遇到孩子犯了错误时，很多家长内心深处也会这样想当然地思考问题：肯定是这小子又故意捣蛋。以这样的心态思考问题，即便听孩子的解释，内心也不会相信自己的孩子，行动上也会表现出来，训斥、批评孩子在所难免。试想，家长这样的心理和行为能赢得孩子的尊重吗？当然，也有不少家长一味地迁就孩子的行为。但从实际情况看，前一种家长更多，这就难免造成学习不好的所谓“差生”的破罐子破摔的心理和行为——家庭和学校谁也不相信自己，谁也不喜欢自己，自己哪里还有出路呀。

为什么林老师对挨打的学生拍桌子、大声训斥甚至说“滚”这么难听的字眼，这个学生还依然表现出很温顺的样子？我觉得根本原因还在于，老师对学生的爱，学生是能真正感受到的。学生也会把老师当成“自己人”。既然是自己人，真实的感受是什么就表现出什么，不要说态度不好，就是训斥两句、说难听的话又有什么不能接受的？老师也是人，是人就会有哀怒哀乐，就会有脾气。试想，如果林老师一开始就批评这个挨打的学生，就给他拍桌子、说难听的话，这个学生还会这样顺从吗？

我有一个非常优秀的老师朋友曾说过这样一件事。一个他曾严厉批评过的学生在三十年后的一次聚会上，与他交流时小心翼翼地问道：老师，当年你那么生气，狠狠批评我，我当时接受了，也始终认为不是老师错怪了我，但直到现在都没有想明白的是，自己究竟错在哪里。虽然这件事已经过去这么多年了，我想解开这个困扰心头的谜团。事先声明一点，我绝不是想找老师翻旧账，没有那个意思，老师一定不要误会。闹得这个朋友非常尴尬。这个事例再一次说明，当学生认为老师和学生是“一伙儿”的时候，学生一定会无条件地相信老师。

3

节制上网，就会消除网瘾

【提要】

●孩子的契约精神不是先天带来的，也不是后天无中生有的，而是游戏教给他们的。

●限制上网，只会越限制，问题越严重。与其这样，还不如和孩子协商确定节制上网的办法。

●小问题不闻不问，等发展成大问题了，再来想办法、找对策，不是不能解决问题，但确实要费很大的周折。

●没有青春反叛期，没有网恋，不抽烟吸毒，也不贪玩电脑游戏——要使这些上瘾的行为都不存在，家长一发现有类似苗头，就用各种手段把其消灭在萌芽状态。

●辱骂老师的孩子需要尊重吗？如果对这个问题进行追问，也许大家会认同这样一个观点：尊重孩子应该是无条件的。

●与其说很多家长尊重孩子，不如说他们只是给了孩子生命需要的基本条件。其实，他们并不了解孩子的内心世界，更谈不上尊重孩子。

【案例】

“爸爸，我彻底戒掉网瘾啦！”

导读：家长会上，家长们围绕孩子上网问题展开了争论。借此机会，因为儿子网瘾较重而颇感头痛的何先生，求教于诸位家长和班主任董老师。家长会结束后，董老师亲自到何先生家中帮助解决问题。通过老师与孩子、家长的协商，制定了关于上网的游戏规则和处罚办法。在孩子的自律和家长的他律相结合下，一个月后，每天上网六个小时的孩子摆脱了对网络的依赖，学习也慢慢踏上了正轨。

网瘾是很多家长关注的话题，董老师关于“网瘾”治疗的办法似乎别出心裁。

戒“网瘾”的话题缘于一次有关孩子上网问题的学生与家长的对话会。

这次家长会上，班级一位同学先谈了自己上网的苦恼：“我对爸爸限制我上网很烦恼。不论是平时还是周末、假期，爸爸都限制我上网时间，每天只允许我上三十分钟，有时老师布置我们上网查找资料，爸爸也不分青红皂白，到时间就关电脑。爸爸对我上QQ和同学交流特别反感，每次交流都要看着我写些什么。爸爸，你能不能给我一点自由的空间？少一点上网的限制。”

还没等这位同学的爸爸回应，另一位同学就站起来迫不及待地说：“我补充几句，你爸爸对你还算好的，我爸爸根本不让我上QQ。”

“在上网问题上，我们父子之间真没少吵架。不限制上网的教训是惨痛的。我隔壁家的孩子就因为上网而有了网瘾，经常不吃不喝上网，不但学习成绩直线下降，而且把身体也搞坏了。大家想想看，现在有多少网瘾少年呀。至于上QQ，孩子们很少利用QQ交流学习内容，大多数时间是在聊天，有些孩子还通过QQ搞网恋。这样的行为，家长能放心吗？能不管吗？”这是第一个孩子爸爸李先生的声音。

“关于上网，我想谈谈自己的看法。我的孩子也上网玩游戏，但学习成绩也很好。他自己已经养成了良好的习惯。这个习惯是从他开始上网时就养成的。当时，我这样想，限制他上网玩游戏，他就会去网吧玩。因此，我没有刻意限制他玩游戏，而是和他一起玩益智游戏。当然，我们会控制时间。在上网的同时，我也和他讨论问题，教育孩子如何判断是非曲直。经过一段时间后，孩子不但养成了良好习惯，而且还学到了很多东西。”家长王先生显然不同意上一位家长的看法。

“我的孩子原来也喜欢玩电脑动画游戏，后来，我请了一个动漫方面的专家，给他专门讲动漫知识，他非常感兴趣，希望以后能在动漫方面有所发展。后来，这个专家告诉他，要想在动漫方面有所发展，必须学好数学、物理以及美术等方面的知识，还要进入大学学习有关计算机程序方面的知识。这时，我们趁热打铁，告诉孩子要想玩得更好，成为专家，得打好基础，学好功课。后来，孩子对学习的态度发生了很大变化。现在作业也能认真完成，成绩也比以前好多了。”家长郑女士给大家讲了一个成功转变网迷孩子的案例。

“问题是，我的孩子以前没有养成好习惯，也没有对动漫感兴趣，这该怎么办呀？”另外一个家长何先生谈起这个话题来，显得很无奈。

“我在市心理咨询中心工作，对儿童上网我有比较深入的研究。这里，我想和各位家长交流交流看法。”大家循着声音，不约而同地把目光盯在了坐在教室后面的一个戴眼镜的中年男子身上。

只见这位心理专家缓缓站了起来，娓娓说道：“首先，网络不是洪水猛兽。网络有有害的一面，比如孩子可能会耽误很多学习时间，甚至影响正常学习，可能会使孩子沉溺于网络不能自拔，也可能导致孩子上网交友不慎，上当受骗。这方面的例子比比皆是。家长们的担心不是没有道理的。但网络也有有利的一面，比如网络上有海量的信息，能够丰富我们的学习，也可以让孩子们学会搜索资料等。其次，网络作为一种现代交流方式，已经融入到我们的学习、工作、生活当中，深刻地改变着我们的时空观、生活观。从一定意义上说，我们已经不能离开网络了。因此，完全限制上网是不可能的。考虑到网络的两重性，我们家长必须充分发挥网络有利的一面，限制网络不利的一面，和孩子们共同面对网络。”

“专家说得容易，做起来谈何容易呀？你能不能具体指导指导如何对待孩子无限制上网的问题？”家长何先生有点不以为然。

“我曾经和一位家长商讨过关于上网时间的问题，把这个案例告诉大家，供大家参考。我建议他，不要刻意限制上网时间，而是从正面提出自己的要求，和孩子协商，比如一要认真、高质量完成作业，二要保证足够的睡眠时间，在此前提下，上网时间不受限制。后来，他这样做了，效果很好。实际上收到了限制上网时间的效果。”专家煞有介事地说。

“要是孩子不听呢？”何先生接着问道。

“我认为，你尊重了孩子的需求，孩子应该会感受到你的良苦用心。一般情况下，他是不会不听家长的建议的。当然，也有例外。就是遇到特别不讲理的孩子怎么办？那你告诉他，如果这样，我一分钟也不让你上网，而且我会从经济上限制你，不让你有在外边上网的机会。他会做出判断，是按照家长的合理要求去做呢，还是蛮不讲理冒险呢？我想，一般情况下，孩子不会绝对不听话的。”心理专家耐心地解释，“当然，你首先得判断，你的要求是不是合理的。如果你的孩子学习基础差，根本完不成学习任务，你提出这样的要求就不符合他的实际，就相对来说是不合理了。”

“碰到你说的这种情况，该怎么办？”何先生紧追不舍。

“这似乎与限制网络的关系不是很大。我的建议是，先降低学习要求，然后和老师商量，想办法帮助孩子，通过补习，解决基础知识问题。这方面的问题，我想董老师更有办法，我就不多说了。”专家摇了摇头，苦笑着说。

“何先生，你不妨试一试专家说的方案。也许会找到办法的。”董老师插话。

看何先生没有作声，董老师给出了新的建议：“要不我和孩子沟通一下？”

“那当然好。”何先生喜出望外。

接着，当天晚上，董老师来到何先生家，与孩子进行交流。在到何先生家的路上董老师提醒何先生：“我与孩子交流的时候，您尽量别插话。可否？”“没有问题。”何先生爽快地答应了。

见到孩子后，董老师直截了当地说明了来意：“你是一个非常懂事的孩子。应该理解家长的苦恼。现在已经初二了，上网时间过长，会影响学习的。”

“老师，我要上网，不上网不行呀。”孩子回应道。

“上网不是不允许，而是要有节制。怎么节制呢？就是要控制自己的时间，不能把所有的闲暇时间都放在网上呀。”董老师接着说。

“老师，您说得有道理。好吧，那您说多长时间？”孩子似乎接受了老师的建议。

“真是懂事的孩子，你认为，需要多长时间呢？”董老师反问，“当然，前提是，你说的时间不能太长。”

孩子想了好久后说：“三个小时如何？”

从每天六个小时一下子缩短到三个小时，董老师听后特别高兴，但仍然没有达到预期的目的。于是，董老师试探着继续说：“三个小时恐怕不行。我们不妨计算一下时间：你每天六点钟回家，七点钟左右吃完饭，你上网三个小时就到十点了，十点以后你哪里有时间完成学习任务呀，而作为学生，完成作业是基本的要求。”

“我一个小时就能完成作业。”孩子满不在乎地说。

“恐怕你一个小时完成不了，你要是一个小时能完成，三个小时上网没有问题。要不今天晚上试试？”董老师试探道。

“要是我两个小时完成呢？”孩子做了让步。

“两个小时完成，三个小时上网，那就到十二点了。那不行，理由是，根据科学测算，你这个年龄段的孩子，每天必须睡够七八个小时，这样你就必须在十一点前睡觉。否则，作为监护人，你的父母就失职了。”董老师不依不饶。

“要是我两个小时能完成作业，我就可以上网两个小时？是这个意思吗？”孩子追问。

“当然可以。问题是你必须认真、有效完成作业。要不这样，你先完成作业。完成作业后，到十一点前的这段时间，你都可以上网。”董老师提出了一个新的建议。

“好吧。”孩子勉强应道。

“你知道认真、有效完成作业的含义吗？”董老师补充道，“认真、有效完成作业，就是每次作业的错误率不能超过10%。如果你能做到，我们就达成协议。如何？”

“我想我应该可以做到。”孩子不假思索地说。

“如果你的作业有效率达不到怎么办？”董老师接着问。

“做不到就改呗。”孩子随意说。

“这不等于没有说吗？”董老师反驳。

“那您说怎么办就怎么办。”孩子把“皮球”踢给了董老师。

“如果做不到，第二天就不能上网。”董老师给出了处罚建议。

“这恐怕不行。”孩子似乎不乐意。

“你能认真完成作业，并且有效完成，但你现在做不到，还不能惩罚。这个非常不合适。”董老师解释道。

“好吧，那我试一下。”孩子终于同意了。

“不能试，人生可以试吗？说到必须做到。”董老师非常坚决地说。

最终，孩子与老师达成一致意见，何先生的脸上也露出了难得的笑容。

后来，孩子每天只有一个小时在上网。因为他要按时认真完成作业，必须每天学习三个小时。再后来，随着时间的推移，孩子的学习慢慢好转了，上网的时间逐渐减少，学习成绩也有了明显提高。

两个月后，孩子突然不上网了，并高兴地对何先生说：“爸爸，我彻底戒掉网瘾了。”

“啊？不会吧？”何先生喜极而泣，显得有点语无伦次。

原来，这个孩子以前上网就是聊天。后来，由于孩子专心学习，上网时间受到限制，以前的聊友都不愿意和他继续聊天了。再加上孩子的学习有了进步，学习的兴趣逐渐提高，上网聊天的欲望也逐渐下降了。于是，就出现了上述可喜的变化。

【解读】

与其严苛他律，不如有效自律

契约精神的妙用

黄建海

或许是听说过太多网瘾引发的教育悲剧，使得人们一提起网瘾来，就谈虎色变，患上了网瘾恐怖症。的确，如果学校和家庭不加以限制，任由网瘾恣意妄为，悲剧一定会发生。当然，要是管制方法不得当的话，后果可能更糟。甚至有少数家长把孩子送去管教学校强制戒除。结果，不但网瘾没有戒掉，孩子的身心还受到更大摧残。这个不用大动干戈就“轻松”戒掉网瘾的案例，不由得让人眼前一亮——限制上网，只会越限制，问题越严重。与其这样，还不如和孩子协商确定节制上网的办法。

之所以能够达到这个目标，归结起来就在于，孩子具有契约意识和契约素养。这种契约精神不是先天带来的，也不是后天无中生有的，而是游戏教给他们的。游戏是儿童与生俱来的权利，大多数情况下，游戏都是儿童自发开展的。为了确保游戏的有序进行，孩子们意识到必须有一套规则约定，甚至在必要的时候，他们还会找来成人来当游戏的裁判。而这就是最基本的契约精神。

对问题儿童的管教，契约的办法不失为上策。因为，强制教育的后遗症太多。比如，近年全国各地突然冒出许多问题儿童强制教育中心。据媒体公开报道，这些强制中心不时传出负面消息，学生人身安全遭遇不测的事件频发。从这些中心出来后，孩子们的心理问题并没有得到解决，反而造成了更大的伤害。而宽松教育，无关痛痒，就是不见明显的效果。契约教育的办法，可以说是综合了强制与宽松教育两者的优点，核心是突出了自我教育。

一旦同孩子签订了契约，家长必须兑现承诺，还要以身作则。不看电视，不打牌，不赌博。相反，如果家长自己一身坏习惯，还要求孩子要有好习惯，这几乎是不可能的。美国年度杰出老师雷夫的家里没有电视，每天下班回家后，他会花很多时间陪伴孩子，与他们一起读书、一起游戏。节假日，会带他们去博物馆、看表演、看球赛。他最喜欢、最享受的是和孩子们一边吃晚餐一边谈天说地。

亲近大自然，是帮孩子戒除网瘾的好方法。孩子的成长一大困惑是现代化网络视频的诱惑，越来越多的孩子深陷网络陷阱，而远离大自然，对大自然的情感也淡化了。然而，所有生命体与大自然有着天然的亲近感。只要重新唤起这种亲近感，转机就一定会出现。日本教育家大田尧认为，现代社会“最大的受害者是没有选择机会的儿童。因为他们所拥有的自然被剥夺走了，他们不得不在人情冷漠的成人中间生活”。 因此，让儿童回到大自然的怀抱，也许是解决诸如网瘾等儿童现代症的有效办法。

小问题不可小视

秦九歌

戒网瘾采取大事化小、小事化了的方式非常好，不能一开始就斩草除根，等到问题减小到一定程度以后，就不用再去教育孩子了。问题在于，为什么非得成瘾以后，才采取教育措施。小问题不闻不问，等发展成大问题了，再来想办法、找对策，不是不能教育，但确实要费很大的周折。好在网瘾的时间段还在初中，还有挽救的余地。如果网瘾发生在高中或成人之后，恐怕就不那么容易戒掉。

我妈妈对我的每一个小问题都抓得非常紧，但遇到大问题时反而超级宽松，也就是小问题抓紧教育，大问题适当理解，这也是我基本上没有比较坏的习惯的原因。比如，我没有过青春反叛期，我没有网恋过，不抽烟吸毒，也不玩电脑游戏，总之，上瘾的行为我基本都没有过。原因就在于，我妈一发现我有这种苗头的时候，就罚得重重的，用各种手段把那些可能酿成大问题的小问题消灭在萌芽状态。

到现在，我还清楚地记得，我考试成绩最差时发生的事情的经过。当天回家的时候，我把试卷给了我妈妈，她看了一下后，对我说，我们去吃冰激凌吧（这是我最爱吃的食物，也应该是很多同学的最爱），一句批评、抱怨的话都没有，让我感动得热泪盈眶。很久之后，我都没有想清楚，自己犯了大错，我妈妈却没有对我进行处罚的原因。后来，她告诉我，你犯大错的时候，自己肯定知道，自己心里面一定很明白、很苦恼，这时，我再处罚你，就不是教育你了，而是真正地惩罚你。换句话说，当孩子已经知道自己错了的时候，就没有必要再批评或处罚孩子了。相反，这时候，家长、老师要去安慰孩子，要帮助孩子寻找出现问题的原因。这样做，孩子一定会感恩老师和家长。

无条件尊重孩子

房超平

当老师难，当家长难，教育工作最难做，也最有意义。这个案例的精妙之处，就在于化难为易。如何化难为易，除了上面所说的，要充分运用契约精神，对违规行为进行适当处罚，强化自我教育，抓小抓紧，防微杜渐以外，我觉得，还有一个关键词，那就是尊重。

有人说，尊重是对那些值得尊重的人而言的；也有人说，尊重是相互的，要想让老师尊重学生，学生首先必须尊重老师。我的观点有点不一样，那就是，对学生的尊重是无条件的，老师先尊重学生，学生才懂得如何尊重老师。对这个观点，反对的声音肯定会很强烈。举一个极端的例子就是，那些辱骂老师的学生还需要尊重吗？乍听起来，这种学生是不应该尊重的，甚至应该把他们送到工读学校去。但如果对这个问题进行追问，也许大家会认同我的观点。我们不妨这样思考问题，为什么学生会侮辱老师？难道这个学生从开始认识老师时，就对这个老师有成见或者有仇恨？如果大家觉得答案是否定的，那么，老师就应该反思自己对这个学生的教育行为。反思的结论无外乎以下几个方面，老师没有走进学生的心灵深处，对学生的要求太高或不合理，处理学生违纪的方式不慎重，没有看到学生的闪光点等等。

说到这里，可能家长们会说，我们对孩子的尊重是无条件的，而孩子未必会尊重家长。要不然，为什么会有那么多的孩子顶撞父母，为什么会有那么多的孩子不听家长的话？我觉得，孩子顶撞父母，说明父母与孩子的沟通有问题，或者说，长期以来父母与孩子的沟通就没有做到尊重两个字；孩子不听家长的话，则说明家长与孩子之间有隔阂，或者说，家长从来没有倾听孩子的心声，而只是一味地要求孩子服从自己的要求。说到底，家长自以为尊重孩子，其实只是尽到了生养孩子的义务，或者说，只是给了孩子生命或衣食住行所需要的基本物质条件，而根本不懂孩子的内心世界，更谈不上尊重孩子。

没有缺点、错误的学生是不存在的。即便是那些老师、家长认为的所谓的“全优生”也有缺点和问题，只是问题的数量、类别和表现形式不同而已。对待学生缺点或错误的态度，是老师专业能力强弱的试金石，也是家长是否尊重孩子的试金石。只要老师从内心深处尊重学生，宽容学生，热爱学生，学生就一定会喜爱、崇敬老师。还是那句话，态度决定一切。

4

自制力是孩子走向成熟的试金石

【提要】

●对未成年人来说，理财教育的主要目的就在于让孩子认识金钱的来之不易，并逐渐形成珍惜金钱、热爱劳动、尊重劳动者的良好品质。

●让孩子学会节俭式消费，进而成为一个自食其力的人。

●孩子对家庭本身是有责任的。如果孩子没有做自己该做的事情，就要接受惩罚——这周没有零花钱。

●孩子不要把金钱看得特别重，而要把钱当作一个可以购买快乐的渠道——我拥有钱，是因为我有一天要花出去；我之所以每周要拿钱，是因为我要存钱做更大的事情。

●孩子不能自控的原因是，家长对金钱的放任以及对孩子的溺爱。

●让孩子参与制定家庭财务收支计划，就能让孩子学会量入为出，计划用钱。

【案例】

“卡拉 OK 王”的觉醒

导读：小黎是班上有名的卡拉 OK 王，几乎每天晚上都要到歌厅吼两嗓子。后来，小黎的行为愈演愈烈，竟然唱歌到晚上两点才回家。在朋友的帮助下，小黎的父母与孩子开展了深度交流。最后，双方达成了关于小黎零花钱的约定。由此小黎的财源几乎被中断，小黎的卡拉 OK 活动也因此减为一周一次，问题得到了圆满解决。

小黎的父母谈起这个女儿就头疼，因为读了初中后，小黎除了学习不努力，作业不按时完成以外，还多了一个“毛病”——不知啥时候喜欢唱卡拉 OK 了，而且自从有了这个爱好后，几乎每天晚上都去吼两嗓子。

一个周六晚上，小黎两点才从卡拉 OK 房回来。这下子把小黎的父母给急坏了。无奈之下，小黎的父母求教于自己的一个教育界朋友，请求这个朋友帮助解决这个问题。在了解了孩子的情况后，这个朋友对小黎问题形成的原因有了一个比较清晰的认识：小黎的零花钱过多，家长不能有效控制。根据这个情况，朋友帮小黎爸爸出了一个解决问题的方案，并叮嘱小黎父亲要想解决孩子的问题，就必须改变处理问题的方式，与孩子做朋友，然后再把方案的内容落到实处。

第二天，小黎父亲按照朋友介绍的办法，与小黎进行交流。由于小黎父亲平时比较严肃，言语也不多，小黎对父亲多少有点畏惧感，因此小黎像平时一样，毕恭毕敬来到父亲面前，准备接受父亲的训导。

“别那么紧张，爸爸想跟你好好聊聊。”小黎的父亲一改常态，“你已经上初中了，已经是中学生了。因此，爸爸以后不会再居高临下教训你了，以后咱们以朋友的身份进行交流，你有什么想法都可以谈。”

“朋友？”小黎听到这个词有点诧异，“您真的不会再训斥我了吧？真的愿意与我交流？”

“当然，爸爸什么时候骗过你。”小黎父亲说这句话时很平静，“咱们言归正传，今天主要讨论怎么解决天天唱卡拉OK的问题。本来，我不想与你谈这个事情，但周六的事情发生后，我觉得，再不解决这个问题，就会失控了。”

“啊？原来是谈这个问题。”小黎听完后自言自语道。之后，看了一下父亲，试探道：“要是我不想谈呢？您刚才说过，咱们现在是朋友。既然是朋友，讨论什么话题，就得两个人商量着来。”

“呵呵，你倒用得很快。”小黎父亲微笑着说，“朋友没错，但我还是监护人呀，是双重身份。作为监护人，我有权选择话题。当然，交流的方式可以用朋友的身份来进行。”

“我思考了很久，你唱卡拉OK比较多的原因很简单，主要是零花钱太多了。有必要规范一下你的零花钱。”见小黎对谈论这个话题采取默认的态度，小黎父亲紧接着说，“你是消费者，你的零花钱都是我们给的，因此有必要询问你零花钱的用途，并对不必要的花费进行限制。你先说说，你每周都要用到哪些零花钱？一项一项说，而且必须说清楚。”

“每周需要五百二十元。”小黎想了想说，“先说每周固定消费，与同学聚餐一次六十元，看电影一次三十元，卡拉OK二百元，购买学习用具五十元，电话费每周五十元。再说每天的消费，每天买两瓶矿泉水或饮料，一周十瓶要三十元；每天得二十元的零食钱，一周得花一百元，以及因为你们外出吃饭耽误的误餐费用。”

“这样算来，你一个月需要零花钱两千零八十元。”小黎爸爸掐着手指一算脱口而出，“你知道不知道，一个大学毕业生在我们城市的薪酬是多少？”

“不知道，这与我的零花钱有关吗？”小黎不屑地反问。

“当然有关。我来告诉你：这个城市一般大学生就业后的月薪是两千五百元左右。而你爷爷和奶奶一个月的全部生活费也才两千多元钱。”小黎爸爸很严肃地说，“大学生的工资包括了当月的房租、生活费，除去每月至少五百元的房租、每天二十元的生活费和其他生活基本开支，每月的剩余不足一千元。如果你现在大学毕业了，赚这么多钱够用吗？”

“不会吧？大学生的收入这么低？”小黎听完爸爸的话大吃一惊，“那怎么够用呀？”

“我没有必要骗你，你上网查查就知道了。”小黎父亲平静地说，“因此，你的消费必须减少。电话费、学习工具花费我们替你交了。你上初中了，零食也不该吃了。矿泉水和饮料喝家里的桶装水吧。至于我们因为外出吃饭而耽误的你吃饭的误餐费，按耽误一次三十元计算，而且我们将尽量减少外出用餐。除了这些以外，你想想，每周的费用哪些可以减少？”

“要是我都不想减呢？”小黎有点不那么情愿。

“不想减的话，很简单，自己赚钱去。”小黎父亲的声音不大，但语气很坚决，“这样，我们还会节省更多。你用我们的钱，还不与我们协商，哪有这样的道理？”

“我想想吧。”看父亲这么说，小黎边想边说，“电影费不能减，一周才一次；卡拉OK不能减，那是我的最爱；朋友聚餐也不能少呀。”

“不行，你必须减，这个没得商量。”小黎父亲的语气中没有半点商量的空间。

“好吧。卡拉OK减少一百。”小黎只好忍痛割爱。

“卡拉OK的费用就依你说的。”小黎父亲马上回应，“每周一聚都要你花钱呀？我们到外边吃一次快餐才二十元。这个数字也太高了。这样的话，每周给你一百六十元。”

“能不能一个月一次性给呀？”小黎跟父亲继续讨价还价。

“一月一给，怕你的钱不经用呀。”小黎父亲非常肯定地告诉小黎，“因此，以后每周周一晚上给你一百六十元。中途不得再要钱。”

由于断了小黎的财路，小黎卡拉OK的次数明显下降，再也没有半夜两点那么晚回来了。渐渐的，小黎也能安心在家里读书了，学习成绩也有了明显的提高。小黎在日记中谈到了自己变化的原因，是这么写的：“爸爸给我讲道理，要我减少零花钱。刚开始，我想不通。后来，爸爸领了几个他们单位的大学生跟我交流他们的用钱计划，并告诉我，就业非常艰难，现在不抓紧时间，以后想学习都没有机会了。于是，我下决心改变自己的习惯。再加上，我的零花钱减少了，也没有那么多钱去卡拉OK啦。所以我只能改邪归正啦。”

【解读】

欲望不能控制，就妄谈自制力

理财教育不可小觑

黄建海

成了K歌王，未必是孩子所愿，多是受同学影响，孩子毕竟是孩子。但是这股风气不可长，一定要及时纠正。父亲按照事先设计好的方案，“企图”通过控制财源，达到“遏制”K歌的目的。事实证明，适时教会孩子理财，有一石多鸟之功效。

理财教育几度被热议，又几度复归冷静，在又一轮股市热的助推下，再次进入人们的视线。不同的是，这回有学校把它当真了，据说广州已有三十六所中小学正式开设了理财课程。课程分三阶段教学。其中，小学七个模块：什么是金钱；金钱的作用；钱从哪里来；如何合理用钱；钱能生钱吗；家庭保护伞；综合实践活动。初中五个模块：认识银行；认识保险公司；认识证券公司；投资理财；风险意识。高中六个模块：金融市场概念与术语；金融市场与活动；金融危机和经济危机；金融监管；投资；综合实践活动。

广州一所中学的一堂理财课上，老师提出的问题是：如果你有超过千万元的资产，你会如何花这笔钱？如何让它增值？要求高二学生以一个三口之家为客户，制订一整套理财计划。教室后面还坐着来自银行的行长、客户主任和客户经理等专业人士，准备现场

点评。然而，课堂气氛并非像老师想象的那样热烈，反而是很少学生愿意回答这个问题。原因是，同学们缺乏实际生活经验，心里面根本没谱。正如一位同学所说，平时连自己家里的收支一概不知，根本没有机会参与家庭理财事务，又怎么能完成这一道题呢？

理财教育表面上看，是金钱的运筹。对未成年人来说，主要目的还在于认识金钱的来之不易，通过自主理财，培养珍惜金钱、热爱劳动、尊重劳动者的良好品质，树立勤劳朴素的价值观。这才是理财教育真正的目的所在。

教会孩子节俭式消费是当务之急。教孩子成为一个自食其力的人，这样的观念永远都不过时。青岛一位叫甘琦的女孩，家境并不好，是在外教的担保下，考取奖学金才得以出国留学。可是天有不测风云，高三时，家庭经济陷入绝境，奖学金也中断了。怎么办？甘琦不向家里要一分钱，课余时间打三份工。校长得知后，建议甘琦就近打扫学校的厕所。虽然活累点但却能节省时间，而且够交学费。甘琦二话不说，就答应了，而且比别人打扫得更干净。可是，却遭到个别学生的冷嘲热讽。甘琦说："我靠我的劳动挣钱，我是干净的，我是有尊严的。"最终，甘琦考上了剑桥大学。这件事引来英国媒体的关注，纷纷要求采访这位靠打扫厕所考入剑桥大学的中国女孩。

努力赚钱，享受生活

秦九歌

国外小学三四年级的时候，孩子们都有自己的零花钱。我经常会听到小孩说，妈妈我要买什么玩具，然后，妈妈就会说用你自己的钱买。有些家长不希望自己的孩子把所有的东西都用金钱衡量，比如做一件事情多少钱，做这个事要加钱等。因此，很多家庭不是直接用做事给你钱的方式，而是要求每个家庭成员对家里尽一定的责任，比如洗碗、倒垃圾，尽了责任，家长会给一定的报酬——零花钱。你不用跟孩子解释，孩子对家庭本身是有责任的，是孩子必须要做的。如果孩子没有做的话，就要接受惩罚——这周没有零花钱。所以，这样的孩子不会觉得是因为我洗碗了才给我钱，而是因为这个钱是我应得的，我每个月就可以自己管理自己的财富。

我小时候经常约小朋友出去玩，采用AA制，比如看电影等。有些小孩会说，对不起我现在不能去，因为我要存钱，以便下周去买最新出来的超人玩具。这也就是延迟欲望的习惯。学生看准了一个比较大的目标，然后会为了这个目标努力，延迟自己的欲望得到满足。这种行为也会迁移到别的方面，比如平时减少玩耍的时间，延迟到周末去做。因此延迟满足欲望，有利于持久的态度和精神的培养。

我觉得，最好是孩子从小就不要把金钱看得特别重，而是把钱当作一个可以购买快乐的渠道——我拥有钱，是因为我有一天要花出去，我之所以每个星期要拿钱，是因为我要存钱做更大的事情。国外是高消费的社会，大家并不认为谁拥有很多钱谁就会拥有很多价值，而是用钱可以带来快乐。小时候就养成有钱就能追求既定目标的习惯。因此，要让孩子明白，钱是一个快乐的渠道，是一个过程，并不是追求的结果，孩子追求的目标永远不是钱，而是通过努力赚钱，达到自己追求的享受生活的目标。为什么国内很多老师并不愿意当老师，而是想做薪水更高的工作？原因很简单，因为他们把钱视为目的，而不是渠道。在国外，很多老师就觉得钱只是一个快乐的渠道，所以国外人只做自己乐意做的事情，钱少一点没有关系，而不会因为纯粹为了得到更多钱，而转向有可能让他不快乐的行业。

我们中国人有给下一代存钱的概念，我也遇到很多这样的例子，包括原来在加拿大一块儿跳拉丁舞的同伴，拿到了全省排名第二，但是很不幸，他的母亲在三年以后因为癌症去世了。我们发现，她这个癌症是因为操劳过度而突发的，原因在于他们家两边父母都打两份工。我们就不明白，之前就问她为什么，她说要为儿子买房子，要供儿子上最好的医学院，给儿子存钱。我就觉得特别可惜。外国人不会留金钱给下一代，而是告诉孩子，要用自己挣来的钱，要有创造财富的能力。国内很多人把这种行为归结为国外有很高的遗产税，我觉得这是误解。一定要说与遗产税有关，也只是很小的因素。更多的是与国外人的观念有关。比尔·盖茨在孩子还很小的时候就告诉他的小孩，父母去世以后不会留一分钱给孩子，告诉他们不要想着老爸死了会有很丰厚的财产。虽然比尔·盖茨的女儿小时候学马术要花很多钱，这个学费比尔·盖茨会掏，根本不会抠门，该花的钱肯定会花，因为这是让孩子学习创造财富的本领，但以后不会留家产给孩子。换句话说，国外留给孩子的财富是能力，而中国人留的则是财富本身，所以才会有“富不过三代”的说法。

学会用钱是学会自我控制的重要途径

房超平

对于孩子而言，钱是好东西，因为它能满足孩子的一些欲望，强化对孩子的教育。但钱也是个坏东西，因为孩子有钱的时候，欲望往往会无限膨胀，花钱没有节制，想干啥就干啥。于是，大手大脚的坏习惯就养成了。如果中小学不让孩子学会有计划、理智地花钱这个本领，将来后患无穷。当然，我们不是要教育孩子变成守财奴，而是教育孩子学会合理用钱。很多时候，孩子不能自控的原因是，家长对金钱的放任以及对孩子的溺爱。因此，节制用钱，还可以帮助孩子养成自我控制的能力。

由于一度实行一孩化政策，加之现在国民收入也提高了很多，很多家长对孩子的用钱需求丝毫不加限制，孩子要多少就给多少，这就势必会造成孩子坏的消费习惯，而一旦这个习惯养成了就很难纠正。我有一个朋友，他的孩子在国外读大学，上的是名校，各方面都很优秀。但有一个问题比较严重，就是每月消费额比较大，超过在国外读书的同龄学生的两倍，家长和孩子都很苦恼。究其原因，就是因为孩子从小养成了花钱随意的习惯。

我觉得，学校和家长要注意培养孩子的财商。一定要意识到，孩子不会用钱是很可怕的。试想，如果孩子长大工作之后，连自己赚多少钱都不知道，花的比赚的还要多，整天欠账、借钱，生活肯定没有幸福感。从家庭教育的角度看，家长可以跟孩子协商父母一个月的收入支配计划，比如每个月收入是多少，家里每月要购买哪些东西，每月孝敬老人要花多少钱，房子和车辆的支出是多少，每月要积蓄多少，积蓄的用途都有哪些，等等。让孩子一起参与家庭财务收支计划的制订，让孩子从小知道金钱的来之不易，学会量入为出，学会计划用钱、科学用钱。如果是从小学开始，还能把数学知识的运用贯穿其中。当孩子学会这样做的时候，即便孩子将来赚钱少，也会有幸福感。

在进行财商教育时，家长一定要让孩子学会节约用钱，不要把每月的零花钱都花光，而要有所结余。这样的话，当孩子有特殊需求的时候，或某个月想干点非常重要的事情（比如想买比较贵重的玩具）时，就可以用积攒的零花钱去买。这样做，不但增强了孩子的节约意识，而且还通过延迟满足需求，让孩子逐渐养成沉稳、坚持等好习惯。

5

“无错推断”：解决孩子问题的必要手段

【提要】

●在不了解孩子真实处境和所面临精神困惑的情形下，贸然采取行动，不仅无助于问题的解决，而且会使矛盾进一步激化，有时还会酿成灾难。

●国内老师喜欢乖、听话的孩子，而国外老师喜欢有个性的孩子。

●正是因为孩子有这种那种问题，才需要老师、家长的教育——孩子是在不断犯错、纠错过程中，逐渐成熟长大的。

●对孩子而言，违反纪律并不快乐：要遭受心灵折磨，会招致同学误解，有时还会导致老师或家长的批评。因此，一般情况下，孩子不会故意违反纪律。

●孩子没有必要故意与老师或家长作对。其实，这是和自己过不去，除非老师或家长的行为严重伤害了自己。

●由于孩子对自己行为的控制力较弱，可能经常出现反复犯错的现象。如果老师或家长因此给孩子扣上“故意”的帽子，那么就会使本来简单的问题复杂化。

【案例】

从那时起，他不再打架

导读：学生小计在校内外打架出了名，每天不打人，心里就感到痒痒的。班主任余老师经过多方了解，得知小计父亲身患血癌，母亲是个清洁工，家庭经济比较困难。于是，余老师组织班级同学为小计家里捐款，并带着班干部到小计家慰问。余老师和班级同学的热心，感动了小计和他的父母亲，小计也下决心改掉打人的坏毛病。

从初中入校开始，小计几乎每天都要和班上的同学打一架。开学刚一个月，班上包括女同学在内的所有同学几乎都挨过他的打。面对这个棘手的问题，即便是有多年班主任工作经验的余老师也很难想到解决问题的策略。

为了帮助小计解决这个问题，余老师从多方面了解小计在小学的表现情况和他的家庭情况，以便了解他暴力倾向背后的原因。在与小计小学同学的交流过程中，余老师了解到，小计上小学时就是有名的“打架王”，谁也不敢惹他，几任班主任都对这个孩子没有办法。

余老师心想，自己不是神仙，别的班主任解决不了的问题，自己也不可能通过简单的批评教育、叫家长配合或者给予纪律处分就能解决的。因此，开学初的这四周，遇到学生投诉小计，余老师只是说，老师知道了，你受委屈了，并没有对小计进行批评教育。

在了解情况的过程中，余老师通过一个与小计非常要好的同学了解到，小计的爸爸患了白血病，妈妈是清洁工，家庭生活非常艰难。余老师猜测，小计的问题一定与其家庭状况有关。

根据这个情况，余老师在全班发动了针对小计的募捐活动。

募捐活动开始，余老师先简单介绍了小计的家庭情况，然后深情地说：“同学们，小计同学父亲身患重病，母亲收入微薄，家庭生活极其困难，请大家献出爱心，拿出自己的零花钱，给小计同学和他妹妹买一些学习用具。”然而，余老师的动员没有效果，全班没有一个人愿意为小计捐款。

面对这种情况，余老师把班干部叫到教室外面紧急商量对策。余老师首先做了自我批评：“我原以为大家一定会伸出援手，没想到大家对小计有了成见，都不愿意捐款给他。”

接着，余老师给班干部进行了简短动员：“但是作为班干部，大家可不可以这样思考问题：也许这次捐款活动，会让他感受到班级同学的温暖，并有可能因此而改变他。原因很简单，因为他给我们施加了恨，但我们却用爱来包容他。因此，我觉得，这是一个改变他的非常好的机会，希望班干部支持我一把。”班干部听完余老师的话后，纷纷点头表示愿意捐款。

班干部取得一致意见后，回到教室，班长向全班同学发出倡议：“同学们，小计家里很可怜，需要大家的关心，我们班干部带头捐，同学们也一定会为小计献出自己的一份爱心。”还未等班长的话说完，余老师就带头向募捐箱投了一百元。接着，班干部们每人拿出五元、十元不等的钞票投进了募捐箱。

在余老师和班干部的带领下，班上每个同学都把自己身上的零花钱投进了募捐箱。不一会儿，班上同学就捐出了二百四十多块钱。看到同学们纷纷解囊相助，小计趴在桌子上哽咽起来。

捐完款后，余老师感到解决小计问题的火候到了，便拿着同学们的捐款去小计家里进行家访。当时恰逢当年中秋节来临，余老师决定，带着一盒同学家长送给他的月饼，和班长一起前往小计的家里。

然而，当得知余老师要家访时，小计头摇得像个拨浪鼓，连连向余老师求饶：“余老师，我很感激你对我的关心，但我求你别去家访了。以前上小学时，每次老师家访，爸爸都要打我一顿，因此我很害怕家访。老师，求求你，别去我家了，行吗？”

“既然你已经认识到错了，我怎么会跟你爸妈说你的坏话呢？老师绝不会说你的坏话，也不会告你的状，只是想了解你家的情况，请你放心。”余老师安慰道。

到了小计家以后，情况比余老师想象的还要糟糕：不大的房间里，没有什么家具，墙壁上连白灰也没有刷，甚至家里连个坐的地方都没有。余老师说明来意后，把班上同学募捐的钱交到小计爸爸手里：“钱虽然不多，但却表达了全班同学对你们一家的一片心意，请您一定要收下。”

看到小计的妹妹在一旁眼睛直勾勾盯着自己，余老师把自己带来的月饼拿给小计妹妹吃。令余老师没有想到的是，小计妹妹边吃月饼边流眼泪。看到女儿流泪，小计妈妈一边给孩子擦拭眼泪，一边喃喃地说："这孩子打记事起，就没有吃过月饼。爸爸、妈妈对不住你呀。"

看到妹妹吃月饼高兴地流泪，小计又拿了一块月饼给妹妹吃，还心疼地说："别急，慢慢吃，把盒里的四块都吃了。"

见此情景，余老师动情地说："这个哥哥对妹妹真好，像个哥哥样子。"

"余老师，我妹妹以前遇到别的同学吃月饼时，就冲我喊着要吃月饼。"小计说到这里，竟号啕大哭起来。稍许，他哽咽着说："可我这个哥哥真无能，没有月饼给妹妹吃。从此，我就天天想着哪天能给妹妹吃一块月饼。老师，今天你帮我实现了这个愿望，你说什么，我都听你的。"

还没等余老师回应，小计停止了哭泣，满脸忧愁，望着余老师说道："可是老师，你知道，我第一次打人的原因是什么吗？就是因为我妹妹被其他同学欺负了，我难受呀。因为我妹妹长得丑一点，加上家里穷，妹妹没有好看的衣服穿，很多人欺负她。从那时起，我遇见一个欺负我妹妹的人，就打一个。后来，对看不惯的人，我也动手去打。时间长了，不打人，就心里觉得痒痒的。"

"你打人还有理啦？"突然，眼里充满泪水的小计爸爸对着小计厉声说道，"你给我跪下。你以为我不知道呀，班上挨打同学的家长找过我几次了。可老师到家里来，却没说你一个不字，同学们还给我们捐款。你这样做，怎么对得起这么好的老师和同学呀？我怎么生了你这么一个孽子呀？"

说完，小计爸爸竟然失声哭了起来。

看小计跪下，余老师赶忙把小计扶起来："不要这样，千万不要这样。我相信，小计是个懂事的孩子，一定会改正自己的错误的。"

"虽然你打架似乎有自己的原因,老师也能理解你。但世界上还是好人多呀。"等小计和爸爸的心情逐渐平静下来后，余老师进一步规劝道："你看咱们班同学多好，你打过他们，他们却不记仇，依然理解你，依然给你关爱。因此，你不能用这种方法对待善良的同学。再说，你用打架的方法，以恶治恶也不对。要不然，人人都像你这样，这个社会不就乱套了吗？"

"老师，你放心。我今后再不会打架了。"小计在爸爸、妈妈面前向余老师做出了庄严的承诺。

自此以后，小计再也不打人了，行为习惯也渐渐好了起来。

【解读】

让违纪“理由”不攻自破

了解是改造“差生”的第一步

黄建海

因为妹妹受人欺负，哥哥为了保护妹妹，第一次出拳回击对方。加上凄惨家境的影响，这个男孩从此走上了打人的不归路，一直到打遍全班所有人。如果不是仔细查明原因，仅凭表象，这孩子可谓是坏透了，全班同学都恨他。这样的“差生”还怎么去改造，干脆送少管所得了。可是，余老师没有这样做，也没有贸然出手。而是通过家访找到症结所在，开出医治这个孩子心灵的药方：送温暖，化春雨，解心结。男孩外强内柔的心感化了，从此，他再也不打架了。

改造“差生”，了解而后惩戒，这一点非常重要。无独有偶，一个名叫维塔利的六年级男生，同上边这位爱打架的学生一样。原来，他为母亲辛苦劳作病倒，所遭遇不公而愤懑。暴虐的脾气随时都有可能爆发，可是班主任老师对此全然不知，冲突不可避免地产生了。据此，苏霍姆林斯基指出，我们一方面，要学生做老实人、说老实话，“而同时却又要去扑灭年轻的心灵因对欺骗、恶行和不公正现象的势不两立而迸发出来的怒火”。在不了解学生真实处境和所面临精神困惑的情形下，贸然采取行动，不仅无助于问题的解决，相反还会使矛盾进一步激化，个别的时候还会酿成灾难。

对待这类问题常见的做法是，不由分说地惩戒或者贴标签。有报道说，宿州市的孟女士来到儿子就读的学校，想了解孩子在校学习的状况，然而上课时间她却没有在课堂上看到儿子。当一个教工无意中打开教室旁边一个昏暗的房间时，孟女士这才发现，原来自己的孩子和另外几个学生在堆满杂物的屋子里无所事事。老师根本没想着去了解这些孩子身上究竟发生了什么，只是凭其外在的表现，认定其为“差生”就对其进行惩戒。还有一则报道说，一名年轻老师在担任班主任不久就开始在班上挑“差生”。这名班主任老师，对孩子变成“差生”的原因毫不关心，却对抓“差生”的现行十分热衷。先后两次通过无记名投票的方式，给九名“差生”贴上标签。对此，他振振有词：“我无权不让你上学，但有权不让你上课！”这样做的结果是，有些“差生”便离家出走了。

在不了解的前提下，老师对“差生”做出的举动越狠，“差生”的反弹就越激烈，甚至走向极端。下面的事例就充分证明了这一点，重庆一名初三女生因迟到，班主任老师不分青红皂白，对其进行了体罚。接着，又在全班同学面前臭骂了一通：“你学习不好，长得也不漂亮，连‘坐台’都没有资格！”当天中午，这名女生跳楼身亡。

改造“差生”的第一步是了解学生，而要塑造学生挖掘潜能则十分有效。裴斯泰洛齐认为，每一个人都潜藏着各种天赋能力和力量的萌芽，这些能力和力量都具有要求得到发展的倾向。教育的目的正在于依据自然的法则，使人的一切天赋力量得到全面均衡的发展，使之成为有智慧、有德行、身体强健、能劳动的完善的人。可见，潜能人皆有之，关键是后天的开发。

孩子犯错误是学校存在的理由之一

秦九歌

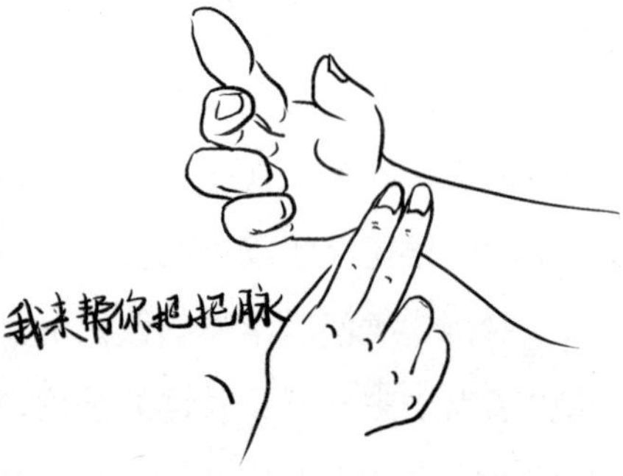

这个案例非常感人。其感人之处就在于，老师没有戴着有色眼镜看学生，没有给学生贴上“坏学生”的标签，去加以斥责或处罚，而是从了解学生入手，找准学生违纪问题的根源，并寻求合理有效的解决之道。

国外老师与国内老师最大的不同就是，他们对学生的态度不一样。国内老师比较喜欢乖、听话的孩子，而国外老师喜欢有个性的孩子。我觉得，这个老师处理问题比较得当，解决起来也很有成效，主要是与他对学生的看法或态度有关。换言之，案例中的这个老师没有因为经常打架把这个学生“一棍子打死”，或彻底看扁。而是从理解学生的角度——任何学生都不可能有意违反纪律——思考问题，寻找对策。

人们常说，吃一堑长一智。人不可能生下来就知道哪些行为是合适的，哪些行为是违纪的。学生就是因为有这种那种问题，才需要老师或家长教育的，换句话说，学生是在不断犯错、纠错过程中，逐渐成熟长大的。学生没有违纪问题，就不需要老师或家长教育了，学校存在的价值也不大了。学生违纪能得到及时、有效纠正，才能彰显老师或家长的教育能力。问题是，学生吃了一堑，是不是真正能长一智呢？如果只是一味地批评、处罚，可能一时对学生有一定的警示作用，但能否让学生在违纪之后，了解违纪对自己、对别人的危害，强化遵纪意识，不再出现类似的违纪行为，则值得老师和家长深思。

从另外一个角度看，学生违反纪律也很痛苦，要遭受心灵的折磨，并不是什么快乐的事情，毕竟违反纪律有可能招致同学的误解，有时还会引来老师或家长的批评教育。因此，学生之所以违反纪律，要么是因为有难言之隐，要么是因为力不从心，除非学生与老师、家长有意作对。当然，学生的恶作剧例外。我相信，只要老师或家长的出发点不是为了惩罚学生，而是为了帮助学生，一切学生问题都能迎刃而解。

孩子的违纪行为都是可以宽恕和理解的

房超平

一般来说，学生违纪行为有以下几种：一是无知的违纪行为。造成这种违纪行为的原因是，学生根本不知道自己的行为是违纪行为，或认为自己的行为不会违纪。二是无意的违纪行为。这种行为往往是非违纪行为导致的后续违纪行为，虽然学生知道后续行为是违纪行为，但事先没有预料到自己的行为会导致后续违纪行为的发生。三是有意的违纪行为。虽然知道自己的行为违纪，但却以为自己的违纪是情有可原的，不是大事，或者因为别人违纪在前，才导致自己迫不得已的违纪行为。四是恶意的违纪行为。学生明明知道自己的行为违纪，而且没有任何理由，就是要违纪。

对于第一种违纪行为，老师和家长不必太认真，只要给学生讲清道理。当学生知道此种行为的危害后，一般情况下，以后不会再犯类似的错误。对于第二种违纪行为，老师、家长一定要告诫学生，他的行为可能会导致的其他行为的后果，不能心存侥幸或太过冲动。对于第三种违纪行为，老师、家长需要教育学生，任何违纪行为都会因为自己的放纵导致更严重的违纪行为，甚至走上犯罪道路。有些时候，自己的违纪行为可能是自己不能自控或别人违纪在先造成的，因此有必要加强自控能力的培养，更不能因为别人的错误而违纪，因为这是拿别人的错误惩罚自己。对于第四种违纪行为，老师、家长一定要高度警惕，因为这种违纪行为背后的潜台词是，我就是要做违纪的事情，看你能把我怎么样。第四种违纪行为的原因，大多与老师、家长对学生的态度有关，如果发生了，一定是因为学生对老师、家长有了偏见或有敌对情绪。在本文中，小计的违纪行为明显就属于第三种行为，即小计认为自己的违纪行为是有理由的，是可以理解的。如果小计头脑中的认识问题没有有效更正，那么他的违纪行为是不可能得到纠正的。

大多数情况下，学生的违纪行为都是前三种，因为学生没有必要故意和老师或家长作对（这其实是和自己过不去），除非老师或家长的行为严重伤害了自己。因此，学生的违纪行为（包括老师和家长认为的很严重的违纪行为）并不可怕。只要老师和家长抱着信任的态度，允许学生开口讲话，一般就能找到解决学生违纪问题的办法。但在日常生活中，老师或家长却往往高高在上，不听学生的解释，或根据自己的猜测，对学生的违纪行为上纲上线，这就势必造成师生关系或亲子关系的对立或严重对立。

当然，由于学生尤其是中学生对自己行为的控制力较弱，可能经常会出现“明知故犯”的现象。这里的明知故犯打上引号的原因是，这是老师或家长的看法，实际上却不是学生的故意行为，他们只是疏忽了或没有深入调查而已。如果老师或家长给学生扣上“故意”的帽子后，就会使本来简单的问题复杂化。对待这类学生，如果问题不是很严重，老师和家长只是稍加提醒就可以了。如果是比较严重的问题，老师和家长就需要进一步和学生沟通。

6

把“问题”转化为进步的动力

【提要】

●孩子们的爱情绝大部分只是懵懂的异性相吸，经过一段时间的交往，一切复归正常。只有极少数发展成为恋爱关系。只要处置得当，不会也不该发生意外。

●老师教我谈恋爱，其实是在教导男生、女生学会当男人和女人。

●很多国内孩子上大学后，才像疯了一样去谈恋爱。有些人甚至大学毕业了，还不会谈恋爱。因此，中学应该对孩子进行爱情教育。

●父母也好，老师也好，都可以把恋爱当成非常自然的、每一个孩子必须经过的成长机会，并顺理成章地让他们感受这个成长的机会。

●如果孩子真的对异性一点欲望都没有，家长、老师才该认真关注这个孩子。

●不但学校没有，而且家庭也没有开展爱情教育。因此，在这方面我们是有严重缺失的，应该及时补上爱情教育这一课。

【案例】

“老师教我谈恋爱！”

导读：听到学生打小报告说班上有两个同学谈恋爱，班主任谢老师把这两个谈恋爱的学生分别叫到自己的办公室。令两位同学吃惊的是，谢老师不但没有批评他们，还告诉他们要珍惜情感。同时，谢老师还对两个同学表示，愿意将两个同学的座位放在一起，但前提是两个同学必须分别答应老师提出的纪律和学习要求。两位同学不但没有因为谈恋爱而影响学习，反而相互激励、监督对方好好学习，各方面都有了长足的进步。

乍一看到这个标题，一定会让大多数家长和老师感到吃惊：这是一个什么样的老师呀，我们防都防不住，这个老师怎么还要教学生谈恋爱？但看完这个案例后，我们的家长和老师也许会对这种现象的认识发生一些改变。

年轻的谢老师处理学生问题与其他老师有很大不同：着手处理之前，总会想一想，自己以前处理类似问题的方法有什么可以改进的，能不能换个思路进行教育？这不，当班上出现学习优异的学生小毛与文雅秀气的女生小文“好上了”的传闻时，谢老师就在想，自己以前用分别找男女生谈话，告诉学生利弊，让学生自我觉醒，不至于陷得过深的做法，是不是有效果？该怎样改进？经过几天的反复思考，谢老师终于想出了一个新的办法。

这天下午的课外活动时间，谢老师把小毛叫到了自己的办公室。

“猜猜看，今天老师叫你来会表扬你哪一方面的进步？”谢老师看似随意地开始了与小毛的交流。

“老师又要表扬我了？我猜不到，因为你的表扬总是让我们喜出望外。还是直接告诉我吧。我都等到花儿谢了。”看得出，小毛和谢老师的关系非同寻常。

“今天的表扬，让老师又羡慕又妒忌，但没有恨。你简直太棒了，居然把班上最有气质的女孩子给迷住了。告诉老师，你是怎么做到的？”谢老师的言语之间充满期待。

“啊？没有呀，不是迷住了，是相互吸引吧。”尽管小毛尽量掩饰激动的情绪，但绯红的脸庞说明小毛面对这样的问题还是有点不大自然。

“好呀。既然两人相互吸引，你们的座位离得太远，是不是交流起来有点不方便呀？”谢老师半认真半开玩笑说，“想不想让老师把你们的座位调到一起呀？”

“这个嘛……”小毛欲言又止。

片刻之后，小毛理直气壮地回答：“如果能这样，当然更好。”

“好你个小子，还有点迫不及待了。”谢老师兴冲冲地接话，“不过，老师有个条件，就是你必须克服马虎这个缺点。平时作业的准确率要提高，考试减少马虎的失分。如果你能做到，老师就帮你实现这个愿望。”

“保证完成任务。”小毛的回答很干脆。

“急啥？这不是你一个人的事情，我还得问问小文的想法。”说完，谢老师让小毛把小文请到了他的办公室。

看小文进了办公室了，谢老师挥手示意小毛出去等候。

待小毛离开办公室后，谢老师轻声问道：“小毛想和你做同桌，你愿不愿意呀？”

“不会吧？”小文看老师的面孔很真诚，便低下头说，“老师，您觉得，这样可不可以？”

“我当然认为这是一个好主意啦。”谢老师毫不迟疑地说，“但只是他一个人愿意不行，你也必须表态，这叫两厢情愿。”

“那好，我不反对。”显然，小文是一个不太张扬的女生。

“不过，老师有条件。如果你答应老师的条件，老师马上把你们安排成同桌。”谢老师又使出了同样的招数，“这个条件就是，你必须在学习上取得更大进步，下一次考试成绩进步十名，并且写出自己如何进步的设想，而且还得说服老师，让老师认为你的设想是可以实现的。”

“这个要求蛮高的。”小文似乎有些不大情愿。

“不答应，就当我没说。”谢老师也不示弱。

“老师，我说要求高，并不等于我拒绝了呀。还不给人思考一下呀。”小文想了想，最终点头接受了老师的条件。

“一言为定。明天上午，老师等待你的设想哦。”谢老师见自己的计谋得逞了，有点喜出望外。

……

谢老师原以为自己这样做，一定会收到良好的效果。

但过了不到两周，小文再次找到谢老师。

“老师，我不想与小毛当同桌了。”噢，小文这次来不是报喜的，而是他们俩出了“状况”。

“怎么啦？”谢老师看到小文的眼睛里闪烁着泪花，不由得心疼起这个可爱的小女孩来，“是不是小毛欺负你啦？告诉老师，老师帮你去收拾他。”

“不是。是小毛太多的毛病啦。”小文小声说，“比如，他不爱讲卫生，爱吃零食，还喜欢说别的同学的坏话……”

“噢。原来是这回事呀。”知道他们闹矛盾后，谢老师安慰道，“距离产生美。距离近了，就容易发现问题和缺点。其实，我们每个人都有缺点，优点越突出的人，可能问题越多。喜欢一个人，就要尝试接受他的缺点，并努力帮助对方去改造。当然，如果经过尝试后，还是接受不了，就不要勉强自己。怎么样？再试一段时间如何？”

……

就这样，每出现一次问题或矛盾，谢老师都尝试鼓励孩子去重新面对，尝试自己努力去解决。

随着时间的推移，谢老师给两个孩子开出的“条件”越来越多，要求也越来越高。他们的行为习惯越来越好，学习成绩也大幅提升，成为年级乃至学校最优秀的学生。

这两个孩子的事情，让谢老师感触颇多。于是，作为语文老师的他，决定利用语文教学时间开展一次爱情教育活动，活动内容就是学习郁达夫写的题为《相思树》这首诗。

为了充分调动学生学习诗歌的积极性，谢老师决定用“赛诗会”的方式，组织活动。

“同学们，今天我们学习一首郁达夫写的著名的爱情诗，题目叫《相思树》。”谢老师开宗明义，直奔主题，“我们今天的学习，将通过‘赛诗会’的方式进行。”

看同学们一时没有回过神来，谢老师进一步解释道："所谓赛诗会，就是通过大家朗诵诗歌的比赛来学习这首诗。下面，我想请有女朋友的男同学上台朗诵……"

原以为会出现很多男同学抢着上来的场面，结果一个也没有。见此情景，谢老师并没有泄气："看来我们班的男同学太没有魅力了，都上中学了，还没有女同学喜欢。我还以为，大家会让我大吃一惊的，结果却……"

还没等谢老师说完，五个男生就羞答答地登上了讲台。显然，谢老师的"激将法"起了作用。

"这些男同学的女朋友可要把耳朵拉长了，仔细地听，看看他们会不会读出感觉来，懂不懂什么是爱情。要是他们读不出感觉来，下课就把他们休了。"谢老师这么一说，让那些站在讲台上的男生颇为紧张，纷纷要求老师给他们五分钟的酝酿时间。

"你们也别只是看着。他们读完了，就得看你们女生对爱情的态度啦。对了，还有那些没有异性朋友的同学，也要抓紧时间做好准备，以便在这个台子上展现你们对爱情的理解，否则，你们很难找到异性朋友的。"谢老师看他的"招数"起了作用，对着台下的学生说道，希望进一步把同学们的积极性调动起来。

果然，这节课同学们的学习热情，比以往任何时候都要高涨，"赛诗会"也达到了预期的目的。"老师教我谈恋爱"则成了事后学生对这节课的最高评价。

【解读】

爱情教育不需要遮羞布

及早播下道德高尚的爱情“种子”

黄建海

不管怎么说，中学生群体中这种异性之间的交往，不论是公开的还是地下的，不论是明显的还是潜在的，不论老师或家长画不画红线，不论学校或家庭做不做处分，它都在那儿。不论视其为美好的爱情，抑或视其为祸水，赶也赶不走，驱也驱不离。总之，异性交往不以任何人的意志为转移。可是，由于学生工作长期形成的思维惯性和通行做法，常见的处理手法是高压态势下的封杀围堵，因而相关的校园悲剧或极端事件时有发生，就像“早恋引发的早恋”一样。而“老师教我谈恋爱”却提供了别样的案例。你不是有交往的需求吗，那我就满足你的这个需求。通过老师巧妙的设计，公开的环境下，为彼此交往提供便利。在开明的异性交往过程中，即便是没有促成真正的爱情，就算是分手也是平静的，不至于闹得学校沸沸扬扬，老师诚惶诚恐，家长神经兮兮，当事人受辱受怕谁也不好收场的样子。

老师不是教书匠，是学生人生的指路人。苏霍姆林斯基把学会异性交往，形成初步的情爱观称之为人的第二次诞生——男人和女人的诞生。“老师教我谈恋爱”，其实是在教导男生、女生如何学会当男人和女人。基于这样的认识，检讨我们对青春期教育的做法，实在有些小家子气，狭隘、武断、保守，再加上一个神经兮兮，总色调是灰暗的、压抑的。绝大多数过来人，都可以说是浪费了这个青春年华。苏霍姆林斯基警告教育工作者，当男孩子在意自己是否长胡须，女孩子在意自己的乳房发育时，我们就该承认第二次生命诞生了。女孩年龄在十一二岁，男孩在十三四岁。考虑到社会进步的因素，今天这个年龄段已经提前了。

苏霍姆林斯基的《论爱情》一文告诉我们：爱情是青年学生必然遭遇的一种高尚的精神生活，这是我们无法回避的。他指出，早在产生性爱之前，就应当播下道德高尚的爱情种子。在成人之前，学校和家庭有责任，通过各种纽带，将爱情渗透到少年精神生活和现实生活的方方面面。如果不及时上好这一课，而是无知地对待学生们的精神生活和精神生活的隐秘的角落，鲁莽粗暴地干涉男女生之间的交往，就会把原本道德高尚的、精神上美好的东西从青年男女的相互关系中驱除出去，引发青春期麻烦不断。因此，他在《给老师的建议》中指出："我们努力使家长们注意，在教育自己的孩子时，永远也不要忘记：我们的孩子也要当父亲和母亲的，这件事不应当使我们感到出乎意料。"显然，苏霍姆林斯基强调的是，这时期的心理产生的是正能量，"能大大加速与加深他们智慧的增长并促使他们对未来进行认知的思考"。因此，教育工作者应该做的是主动出击，而不是缩手缩脚。要点是：在集体中、在活动中，帮助学生建立正常的异性关系，增长对异性的认识。特别是培养对异性的感受和责任感，甚或可以拓展到对父母角色的认识。

把恋爱转化为学习动力

秦九歌

我觉得这个老师特别好。我上高中的时候，班上的那些男孩子有一个像哥们儿的老师，几乎所有的男孩子下课的时候都会找这个老师，与老师沟通他们在男女交往上的问题和想法。这个老师与学生在沟通时，把学生都当成大人，可以做到无话不谈，甚至这个老师知道哪个男生跟哪个女生的关系特别近。

我发现，国内很多孩子到了二十多岁，该关注学业的发展了，却不是这样，因为他们终于上大学了，像疯了一样地去谈恋爱，很少有欲望去做该做的正事。甚至大学毕业后，还不会谈恋爱，或者沉迷于其中。因此，我觉得，中学时开始对学生进行爱情教育，对他们以后肯定是一件很好的事情。然而，在国外，很多学生从高中甚至初中就一直谈恋爱，到大学的时候，基本上明白自己喜欢什么类型的异性朋友，应该追求什么样的人，毕业没几年，大部分就会谈婚论嫁。然后，就可以把时间用在干事创业上。很显然，对他们整个人生发展来说，都更好一些，更有用一些。说得直白一点，父母也好，老师也好，都可以把恋爱当成非常自然的、每一个孩子必须经过的成长机会，并顺理成章地让他们珍惜这个成长的机会。而如果哪个孩子真的对异性一点欲望都没有，我倒觉得家长或老师才该认真关注这个孩子了。

此外，还有诸多事例证明，谈恋爱不会影响学业，引导得好的话，还会产生积极的影响。比如，在加拿大上学时，我读书的那个学校很少有被哈佛录取的学生。但我的师姐告诉我，他们那一届一下子录取了两个，一男一女，女孩子早录取。他们一开始认识的时候，成绩还可以，大概排第三第四，他们俩励志要一块儿去哈佛。后来，他们的学习成绩就逐渐上升，到最后一个学期时，女孩和男孩分别成为文、理科第一名。据说，在加拿大普通的高中，哈佛从来没有录取过两个学生。之所以录取了两人，是因为女孩写了一篇很短的爱情故事，用很婉转的方法描述了她和这个男孩子相处的过程。也许就是因为这个故事打动了招生官，所以成全了这一对“鸳鸯”。

让“爱情教育”成为中学必修课

房超平

引导学生谈恋爱这个话题，可能我们的老师或家长没有或很少涉猎，应该说，这个话题到“神秘禁区”了，到“神秘禁区”可能就谈不开。家庭和学校都在穷尽各种办法想预防的措施，但很少想引导的办法。然而，防的措施想得越多，可能教育面临的问题越多。原因很简单，我们老师的老师就没有这样教育我们，我们对于这些封建故纸堆限制的东西，缺少相应的对策，也不知道该如何教育，所以只好继续用封建的一套办法，采取堵和防的措施进行限制。

我觉得，我们需要从学生为什么喜欢异性的角度，来看待中学生谈恋爱的问题。其实，原因很简单，就是因为恋爱很神秘，老师、家长、学校都限制，而学生的身心发育却有对异性好感的需求，特别是这个年龄段的特点，越限制越好奇，越禁止越要探索。

说实话，我们在爱情教育上是有缺失的，不但学校没有开展爱情教育，而且家庭也没有进行相关的教育，把爱情教育纳入到正常教育的环节还需要很长的路要走。有些老师或家长可能会说，学生谈恋爱是可怕的，因此要想办法限制学生谈恋爱。你还建议给学生进行爱情教育，简直是不可思议。其实，正像九歌所说，爱情本身是非常美妙的东西，是可以改变学生精神力量的东西。从这个角度来看，我们的老师可以大胆开展爱情教育的实验，教育学生认识真正的爱情，认识男女之间相互追求的意义。面对学生之间的异性之恋，不妨采取宽容或支持的态度，让学生大大方方地谈、光明正大地谈。如果学生不会谈，老师和家长还要帮他谈、教他谈。因为教会学生正确谈恋爱，正确认识异性，对学生的一生都受用——这是学生成长的必经之途。

我认为，老师和家长有能力、责任和义务给中学生进行爱情教育，因为大家都经过这个阶段，都是过来人，都可以从自身的经验、教训和体会中，告诉学生怎样正确对待爱情。为什么国人到成年以后谈恋爱结婚容易，而婚后的家庭生活质量不高，可能就与我们对学生的爱情教育不够有很大关系。因为学生在他该谈恋爱的时候没有经历过，没有感受过，不知道自己喜欢什么，以为漂亮或帅气就是自己喜欢的，不知道人与人之间的相互吸引和爱恋是多重因素作用的结果。

关于这个话题，我们还有一些误区，我们的老师或家长往往会认为，“早恋”可能会导致性行为的发生，因而把“早恋”现象的原因简单地归纳为性教育没有做好。其实，性教育和爱情教育有一定的关联，但并不是必然的因果关系。性教育是严格的科学教育，包括性器官、性行为、性卫生等方面，而爱情教育则应该围绕以下问题展开：怎样正确认识异性情感，什么是真正的爱情，自己究竟喜欢什么类型的异性，怎样和异性交流，和什么样的异性交流才能达到心灵的沟通，等等。

第六章

逆天了，『学渣』也能『弯道超车』

【本章导读】

小学初期，由于孩子年龄尚小，没有足够的力量反抗老师和家长强迫学习的做法。到了小学高段和中学后，孩子逐渐长大，感到自身的力量足以摆脱成人的控制，压抑了六年多的厌学情绪终于爆发。再加上，学习内容突然增多和难度突然增大，很多孩子出现了成绩大幅下滑的情况。不少小学阶段比较优秀的孩子变成了老师和家长眼中的“学渣”，让家长和老师们苦不堪言。本章的六个篇章分别呈现了在英语、数学、物理等薄弱学科以及各方面都比较薄弱的几个孩子在老师和家长的帮助下，实现“弯道超车”的做法和经验。

1

自学能力是学会学习的重要标志

【提要】

●没教会孩子自学的老师是不合格的老师，没学会自学的孩子不应该毕业。

●自学就是孩子自觉主动地探究学习。老师的作用就是激发孩子建立起学习兴趣，指导孩子选择适当的方法。而良好的读书习惯就是最好的自学行为。

●我们一堂课通常是七十五分钟，一般最多用十五分钟学习枯燥的内容，剩下的时间都在阅读或分享故事。

●老师会选一些含有较难单词的小故事让孩子阅读，这样的学习会使单词学习变得简单、有趣。

●只要是孩子想干的事情、愿意干的事情，经过一定的方法指导后，完全有可能达到成人想不到的效果。

●既然孩子的潜力是无穷的，家长和老师没有必要牺牲孩子的快乐，剥夺孩子的童年时间，让孩子整天学习那几本薄薄的教科书。

【案例】

四十多天自学胜过六年多系统学习?

导读：从内陆县城转到沿海开放城市欲读某外语品牌初中的小勇，因为小学阶段英语学习时间较少，校方劝其转到其他学校读书。不服输的小勇父母利用四十多天暑假时间，每天八个小时，和孩子一起跟着视频学习境外原版英语教材。功夫不负有心人。四十多天后，在参加该校组织的分层次教学测试时，小勇的成绩竟然比该校小学读了六年英语的大部分学生的成绩还好，并如愿以偿分到了最好的英语学习层次。个中的原因耐人寻味：是老师的英语教学方法有问题，还是学生的自学能力较强，抑或两者兼而有之？

六年级快读完时，小勇因爸爸工作调动的原因，需要从内陆城市转到爸爸工作的沿海城市读书。由于小勇家离当地一所外语特色品牌学校较近，加之小勇的爸爸是当地引进的人才，小勇有机会转到这所名校去读书，让小勇和爸爸非常开心。

放暑假前，小勇爸爸接到学校要求面谈的通知。接到电话半个小时内，小勇爸爸就迫不及待带着小勇来到这所学校主管领导的办公室。

还没有等校领导开口，小勇爸爸就介绍起孩子的情况：“我的孩子在内地一所非常好的小学读书，各门功课都很优秀。”为了突出英语学习，小勇爸爸还专门介绍了孩子这个学科的学习状态，“学校五年级开始教英语，孩子这两年学习很认真，英语成绩一直很优秀。”

“学了两年，就可以说英语学习很优秀？！”主管领导冷冰冰地问。

“孩子的优秀是相对的。比起咱们这所学校来，内地学习英语时间较短，肯定与咱们的学生有差距。但孩子经过努力应该是可以跟得上的。”小勇爸爸试图跟校领导套近乎。

“学过两年，怎么就能跟上我们学校的学习呢？”校领导的回应中有点让小勇和爸爸不那么舒心，“我们的学生从幼儿园就开始学习英语了。进入小学后，学的是英国朗文公司出版的原版少儿英语教材，每周英语课要上三课时，而且还有外籍老师上的英语口语课。很多家长为了让孩子学好英语，还专门给孩子报了节假日外语补习班。我们的学生用这么长时间学习英语，你的孩子肯定跟不上。”

说到这里，校领导稍微停顿了一下，看小勇爸爸表情沉重，接着说道：“我们学校也有不少从内地转来的很优秀的孩子，家长不听我们的劝解，非要来我们学校读书。结果，来了后，因为英语学习差距很大，连累、影响到其他学科的学习，严重影响孩子的自信心，学习效果并没有达到家长的希望。所以，我们建议你还是考虑一下去别的学校读书吧。”

“孩子还是在这所学校读书吧。他很聪明的，一定能赶上学校对外语学习的要求的。”虽然校领导等于变相拒绝了小勇转学的申请，但小勇爸爸还是不肯放弃这个难得的进名校学习的机会。

看小勇爸爸坚持要读这所学校，校领导也很无奈，只好给小勇爸爸继续施加压力：“我们实行分层教学，孩子转进来后，都要参加我们的数学和英语分层测试。测试成绩不好的，只能读层次比较低的A班，基本没有读最好的C层次班级的可能。当然，除了这个层次班级的学生基础较差以外，我们考虑的主要是要因材施教，使学习内容与孩子的学习基础相适应。”

“孩子呀，看到了吧？人家不欢迎你呀。”小勇爸爸离开校领导办公室后，边走边与孩子交流，“这个暑假，你可能玩不了了，咱得好好补补英语呀。”

“爸爸，听你的。你放心，我一定会努力的。”显然，小勇是个非常听话的乖孩子。

但怎么补英语，小勇爸爸并没有主意。请教了一个在国外留学的朋友之后，小勇爸爸确定了孩子补习外语的办法：每天让孩子妈妈和孩子一起，通过看《新概念英语》第二册的视频，和孩子一起学习英语，而且两人每天还进行竞赛，看谁记单词快，看谁背课文快。

小勇妈妈已接近四十岁了，虽然上大学时，学过一点英语，但因为多年不用，基本上都“还”给老师了。然而，正是由于英语学习起点和小勇差不多，两人的英语学习才有点比赛的味道。

为了能让孩子的英语学习在短时间有一个明显的变化，从学校回到家后，小勇父母连夜和孩子一起制订了学习目标：四十天完成四十篇《新概念英语》第二册课文的学习任务，记住这四十篇课文的单词，能复述四十篇课文的内容。具体到每天就是，每天必须完成一篇课文的学习和课文后的相关练习。

从这一天到开学前的检测，总共不到五十天时间，要实现这个目标绝非易事，必须制订严密的学习计划。于是，一家三口根据这个目标，一起商量着制订了每天详细的学习作息时间表：七点半到八点，复习昨天学习的内容；八点到九点，看课文视频，跟着视频读课文；九点到十点，通过英汉双语词典各自查不懂的单词，标注读音，并把单词的英文释义和中文释义写在单词本上；十点半到十一点半，再跟着视频读课文；两点半到三点半，两人自读课文，记单词，尝试理解课文的大意，并通过阅读中英文比较课本，更正、加深对课文的理解；四点到五点，两人分别把课文每一段的关键句找出来，并把这些句子连接成一个能够表达文章内容的短文；晚上七点到八点，两人交换下午学习的感受，对各自总结的概括本篇文章内容的短文进行更正；晚上八点到九点半，相互检查单词记忆效果，复述课文内容，并在检查过程中，交流各自记单词的经验。然后，各自完成课后的练习，并核对答案。每个周日，两人对本周学习内容进行复习小结。

虽然小勇妈妈已经把以前学过的内容忘得差不多了，但毕竟还是学过英语，有一定的基础，因此小勇妈妈虽然告诉孩子，自己和孩子的基础一样，学习起来比孩子还吃力，但在具体的学习中，还是能及时引导孩子纠正学习中的问题，并鼓励孩子总结英语学习规律。

一天复一天，小勇和妈妈按事先的计划进行学习，互相激励。

就这样，虽然因为学习难度较大的课文时会影响学习的进度，但由于母子两人互相学习，互相鼓励，终于在开学前完成了学习任务：基本上把四十篇课文的单词记住了，并能复述每一篇文章的大意。

艰难的暑假终于结束了。在参加这所学校组织的初一新生分层次考试中，小勇的英语成绩不但令学校领导大吃一惊，而且让小勇父母悬着的心终于落在了地上：小勇达到了该校最好层次班的学习标准，分到了C层次班级。

也许是这个暑假的自学为小勇积累了学习英语的经验，也许是小勇的学习态度非常明确，学习毅力较强，小勇的英语学习越来越好，进步越来越大，三年后的中考中，小勇的英语成绩在该校全年级中名列前茅。

【解读】

学会自学最重要

“教是为了不教”

黄建海

如果不仔细阅读案例全文，“四十多天自学胜过六年多系统学习”会给人以标题党的印象。可是，读完全文，却觉得案例的情景是真实可信的。教育就是教会学生自学。智慧型老师授人以渔，不仅传授知识，更重要的是教学生学会学习——自学。可以说，没教会学生自学的老师是不合格的老师，没学会自学的学生等于没有毕业。

斯宾塞早就说过这样一句话：“学生自己得来的任何一项知识，自己解决的任何一个问题，由于是他自己获得的，就比通过其他途径得来的更彻底属他所有。”瑞士教育家裴斯泰洛齐曾说：“应该鼓励人们自己去学习，并且容许他们自由发展。只有这样，才能使个人的各种才能获得发展并显示出来。”华裔诺贝尔奖得主丁肇中指出：不要教死的知识，要授之以方法，打开学生的思路，培养他们的自学能力。

我国著名语言学家周有光先生，回忆自己在校读书时期的经历时，就会想起恩师郑晓沧的教导：你们原本就有天然的智慧、天然的思想，教育只是把这些天然的东西引出来。是郑老师的这句话给了周有光莫大启迪，使他认识到自学不仅是可行的，而且是可能的。非裔美国天文学家本杰明·班尼克打孩提时起，就开始自学读书，找到对科学的兴趣，这让他具有了过人的本领：五十七岁时，他进入完全陌生的天文学领域，完全靠自学取得卓越成就。

自学即学生自觉主动地探究学习。老师的作用就是激发学生建立起学习的兴趣，指导学生选择适当的学习方法。而良好读书习惯的养成是最好的自学行为。对于学生来说，课堂教育与教材所提供的信息量十分有限，学生又没有太多时间接触社会，或者外出增长见识。唯有读书这个便利，可以扩充视野，不断发现新的事物，找寻学习的兴趣点。那种以为只有在课堂上听老师讲课才叫学习，是极为狭隘和肤浅的。

在心情好的时候，学点枯燥的内容

秦九歌

这个关于英语学习的案例非常有意思。再次说明了学生的学习潜力是无限的。我想再谈谈激活语言学习这个话题。

鼓励兴趣和激发学习的欲望是最重要的，而不是给学生知识，把大部分的信息直接输给学生。国外孩子也要背单词、做语法练习，但老师会限制在上课的前十分钟解决，或者老师上课前会先问学生，大家周末去哪里玩了，以讨论的方式，让课堂活跃起来。看到大家心情比较好，英语老师就赶紧塞点语法给学生学。有些东西避免不了的，语法和单词很枯燥，所有人都不想学。但是老师要想一些有趣的办法，比如他会专门选含有比较难单词的小故事让学生读，学生在阅读过程中就会把书里的单词记住，或者根据所有学习的单词选题材进行学习。所以在国外，英语课是学生最感兴趣、最喜欢的课程。

我原来的英语老师智商很高、能力很强，但是比较斯文，每天都会自我陶醉，而且他把这种美妙的感觉传达给了学生。这个老师到教室后，会写一个与学习内容毫无关联的问题到黑板上，比如今天的心情是什么颜色，或者今天在报纸上读到什么跟学习相关的东西等，他会把这些问题写在卡片上，然后放到一个帽子里让学生抽签回答，激发学生学习的积极性。在最高潮的时候，这个老师会很快把枯燥的东西高效地完成。这个老师教语法的时候，会用科技手段，比如幻灯片或者之前录好的视频，在十到十五分钟之内把枯燥的东西、需要背的东西全部都教完。我们一堂课通常是七十五分钟，一般用十五分钟学习枯燥的内容，剩下的时间都是在进行阅读或分享故事。

在国内，英语课算是外语课，更相似于我们的西班牙语课。但西班牙语课程也是非常有意思的课程。我对西班牙语特别感兴趣，老师在教的时候，除了给我们教语法和语言基础外，最重要的是每个单元都有一些非常有趣的与西班牙有关的内容，要么是西班牙的食物，要么是西班牙的明星、电影、电视剧。我们学完这些内容之后，老师会要求把其中的情景表演出来。总之，老师会想很多很有趣的方式让我们喜爱西班牙的文化，这样就会有一种极强的欲望把自己融入其中。课后，老师会跟踪给我们介绍，比如暑假可以去西班牙游学，或者介绍自己去西班牙游玩的经验，要求学生真正感受西班牙文化。有时候，老师还会把自己去西班牙的照片包括他陪着小孩子跳西班牙舞的照片拿出来与大家分享，我们看到这些照片都会被感染。

我最后想说的是，效率非常重要。老师一定要注意培养学生的兴趣，这样学生的注意力就会维持得更久一些，效率也当然会更高。我不知道国内的课堂时间多长，也不知道在一个课堂当中老师有多长时间在讲课。但是在国外，老师最多讲三十五分钟，语言课一半以上的时间都是看别的东西，让学生之间沟通、休息或者发言。西班牙语老师经常会给我们休息时间，但前提条件是必须用西班牙语聊天。

急于求成往往事与愿违

房超平

案例中的孩子从几乎“零基础”，通过自学，每天学一篇课文，四十多天就能在分层测试中取得比六年系统学习还要好的成绩，值得每一位老师和家长的深刻反思。四十多天能学到这个程度的事实充分证明，只要是学生想干的事情、愿意干的事情，经过一定的方法指导后，完全有可能达到成人想不到的效果。

尤其需要老师和家长思考的问题是，孩子的潜力到底有多大？这个事实说明，当孩子心智相对成熟后，可以在较短时间内，完成以前需要很多时间完成的学习任务，因此家长和老师大可不必急于求成。那么，问题来了，既然孩子的潜力是无穷的，家长和老师有没有必要牺牲孩子的快乐、剥夺孩子幸福的童年时间，给孩子施加那么大的压力，让孩子整天坐在教室学习那几本薄薄的教科书，做没完没了的机械、重复训练，而放弃发展孩子天赋和个性特长的大好时机呢？这样做，是不让孩子输在起跑线上呢，还是在“催熟”或者“揠苗助长”呢？我想，答案是不言而喻的。

还有，在小学时期，孩子就可以通过预习自己学习，为什么初中、高中后，大多数孩子依然不会预习、不会自学？是不是因为小学阶段，我们的老师和家长没有给学生自我消化的机会，只是一味地喂给学生容易“消化”的简单知识，让学生学习的“消化道”在简单、机械、重复的学习过程中，丧失了自我“消化”的能力？因此，在幼儿园和小学阶段，老师和家长都要高度重视学习“消化道”建设，让孩子从小养成自学的习惯。

我与一个中文说得不错的美国专家交流过很长时间，外国的学生在幼儿园以及小学阶段，是没有多少压力的，压力是在孩子长大的过程中慢慢增加的，到了高中阶段，那些希望有所作为的孩子每天睡觉不足五个小时，而且这种学习完全没有老师和家长的要求，都是自己给自己施加的。而我们恰恰不是这样的，幼儿园、小学就给孩子施加了很大的学习压力，到了初中后，很少有学习的爆发力。有的甚至开始厌学。这样的孩子从幼儿园、小学开始，“智力弹簧”就绷得紧紧的，逐渐失去了弹性。到了初中或者高中后，这个“智力弹簧”就一点弹性都没有了，因此很多在小学阶段家长管理比较严格、学习成绩比较突出的孩子，到了初中、高中后，会变成“差生”。

通过这个案例，家长们应该吸取的经验和教训是，最好不要在小学阶段给孩子太多的压力，不要过于重视小学阶段的学习成绩，而要让孩子的知识面宽一些、再宽一些，把不给孩子进行机械、重复、简单训练腾出来的时间，用在培养孩子的兴趣和爱好上，让孩子有一个幸福、快乐、智慧的童年。

2

有效激励，才能让孩子超越自我

【提要】

●永远不要低估宽恕的力量，永远不要怕说“我不知道”“对不起”。

●能以健康、健全的人格追求去做学问，将会坚守自己的发现和创造，也会尊重别人的发现和创造。

●只要孩子愿意做，老师和家长给予足够的支持和工具，孩子可以做出惊天动地的事情。

●在国外，上初中时，老师会鼓励孩子调研、了解自己喜欢的行业的情况。这样，孩子就会彻底了解不同行业的需求，并规划自己未来的人生。

●如果要让孩子的身上发生奇迹，就必须让孩子自我觉醒，而不是老师、家长的强迫和压力。

●在小学阶段，千万不要让孩子产生厌学情绪。否则，就难以为孩子积蓄到觉醒、发力、爆发所需要的足够能量。

【案例】

从“黑马”到黑马

导读：到了初二第二学期，小灵的学习成绩还达不到读高中的标准。这可急坏了小学阶段不怎么重视孩子成绩的父母。于是，小灵的父母召开了家庭会议，对小灵的学习状况进行分析，并提出了具体措施。期末考试后，小灵有了一定的进步，小灵的爸爸请求班主任给小灵以特别鼓励，班主任欣然答应了这个要求。班会上，班主任夸小灵是班上的“黑马”。受到鼓励的小灵，自发要求补课，改变了以往做事不认真的习惯。经过一年的努力，小灵的成绩一次比一次好，并最终从“黑马”变成了真正的黑马，考上了当地最好的高中。

小灵是一个大大咧咧的女孩子。上了初中后，依然没有把学习当回事，小灵的父母也觉得在小学和初中阶段不要给孩子太大的学习压力，过得去就行。直到初二下学期开学初的家长会后，通过与班主任老师的个别深入交流，小灵爸爸才如梦初醒。

家长会后，班主任谢老师要求小灵爸爸留下来交流小灵的情况。

“你的孩子虽然很聪明，基础也不是很差，但总是不那么认真。恐怕这个时候，你们大人得管一管了。否则，孩子有可能考不上高中呀。”谢老师直截了当地说，“原因很简单，我们学校总共有一百六十余名毕业生，小灵的成绩在一百二十名，而我们学校每年考上高中的学生人数一般在一百一十人左右。”

“啊？情况这么严重？”小灵爸爸不敢相信自己的耳朵，“如果是这样的话，我们得跟孩子好好谈一谈了。老师在各科学习上还有什么要交代的吗？”

“小灵的基础不是很差，只要能端正态度，加大投入的力度，应该没有问题。”谢老师肯定地回答。

回到家后，小灵爸爸为这件事情专门召开了紧急家庭会议。

简单介绍了谢老师告诉的情况后，小灵爸爸说明此次会议的主题：“家长会上，班主任谢老师告诉我，小灵的学习成绩离中考要求差距较大，‘形势’很严峻呀。我先做个自我检查，原因主要是我不够重视，对小灵的学习关心不够，要求不严。然后，请妈妈和小灵分别发言。好不好？”

“就是，我平时反复给你说，要关注孩子的学习，提高对孩子的要求，你就是听不进去。这下可好，老师‘约谈’了。这可怎么办？”妈妈趁机抱怨起来，接着，又做了自我检查，“当然，我也有责任，就是对孩子学习这件事情没有高度重视，只是随意提醒了几次，对小灵要求也不严格。”

“你们这是变相批评我呀。”小灵非常机灵，“我当然知道问题的严重性。我会努力改变自己的，你们看我的行动吧。”

“光说努力是不行的，得说怎么努力，怎么改变？”妈妈的心情有点焦急。

“我当然知道自己的问题在哪里。”小灵眨巴眨巴眼睛，显得很镇定，“一是改变态度，认真重视物理、历史等薄弱学科的学习，争取这两门学科提高十五分以上；二是把英语等优势学科的优势凸显出来，这些学科争取提高十分以上；三是适当延长学习时间，由每天三个小时的自学时间延长到四个小时；四是考试时注意技巧，避免不必要的失分，总分提高十分左右。这样下来，我相信，下次能提高三十分以上，进入年级前一百名，应该没有问题。”

“既然小灵这么聪明，也知道问题的原因和解决问题的办法，我们就不用多说了，具体就看你的行动吧。加油，我们相信你。”看孩子把自己平时教的分析方法用得很好，本来有很多话要说的爸爸，决定不再提更多要求。

这次家庭会后，小灵确实比以前有了不小的变化，也基本上能按自己所想的去做。偶尔也有疏忽或忘记，但只要父母稍加提示，就能有效改正。

这个学期的最后一次考试，小灵实现了自己的目标：考到年级九十八名。

就在这个时候，小灵爸爸收到了谢老师的短信：“孩子这学期进步很大，但还是不能懈怠，才能争取更大进步。”

看到这个短信，小灵爸爸灵机一动，想到了一个主意：晚上请校长和谢老师一起交流下，以便进一步激发小灵的积极性。之所以这么想，是因为小灵爸爸与校长是好朋友，也知道校长非常乐意帮助孩子和家长解决问题。于是，小灵爸爸马上电话告知校长，说明原委。没想到校长非常爽快，一口就答应了。

与校长约好后，小灵爸爸立即给谢老师打电话：“谢老师，非常感谢您对孩子的鼓励。今天晚上有空吗？我与你们校长约好了，希望与你、校长一起聊一聊。”

“好呀。校长有时间吗？会去吗？”听到校长愿意与自己一起交流，谢老师非常开心。

“没有问题。”爸爸说完后，确定了交流的地点和具体时间。

这天晚上，大家按照约定，来到学校附近的小餐馆。

“小谢，你带班很有经验，很多家长都跟我夸奖你，小灵爸爸就是个代表。”校长对谢老师的肯定，让谢老师像吃了蜜一样甜。

“就是就是。”小灵爸爸接过校长的话题继续道，“校长你可能还不知道，小灵回到家总说，谢老师经常鼓励自己，这才让小灵充满了正能量，取得了如此神速的进步。当然，更重要的是校长带兵有方。”

看到小灵爸爸说自己经常鼓励小灵，谢老师愣了一下。心想，我平时很少表扬小灵呀，小灵爸爸怎么这么说呀。也许是小灵爸爸在校长面前表扬自己，也许是因为校长在旁边坐着，谢老师没有吱声，但听到小灵爸爸赞扬自己，谢老师还是感到很开心。

大约交流了半个小时后，校长借故离开了。

“小灵爸爸，好像我没有怎么表扬小灵呀。”校长一离开，谢老师就说出自己的疑问。

“呵呵，可能是你表扬的同学多了，所以就忘了。孩子经常回来说，老师表扬我按时完成作业了，老师表扬我比以前进步了。”小灵爸爸好像没有开玩笑的意思。

“哦，是吗？”谢老师看似漫不经心，却难以抑制激动的心情，“您今天除了向校长表扬我以外，还有什么要求，都说出来。”

“没有要求。”小灵爸爸小心试探，“如果可能的话，我有一个小小的请求，就是希望您明天能好好表扬一下小灵，毕竟她这次进步很大。”

“您放心，这个要求不高，您不说，我也会表扬的。”谢老师满口答应了。

第二天傍晚吃饭时，小灵非常开心，边吃着东西，边不停地自言自语：“今天，谢老师说我进步很大，是一匹‘黑马’。”

看自己与谢老师的交流起了效果，小灵爸爸有点飘飘然的感觉：“呵呵，是吗？我就说嘛，我丫头是个聪明的孩子，一定会说到做到。”

“你本身就是黑马，学习基础不错，如果再进一步加油的话，就会有更大的进步。”妈妈随口附和，“你并不是因为老师表扬你是黑马，你才取得进步的。”

“其实，我并没有做多大努力，只是稍微改进了一点点，就取得了这个进步。要是我再努力的话，进步会更大。我一定不能辜负黑马这个雅号。”小灵丝毫没有谦虚的感觉。

“那就祝你取得更大的进步。”妈妈从小灵的话语里看到了希望。

“爸爸、妈妈，从明天开始，我要补习数学和物理，因为我自学这两门课有一定的难度。”小灵很认真地说。

“什么什么？是不是太阳从西边出来了？”因为此前小灵从来不愿意补课，原以为自己听错了。但看小灵态度非常认真，小灵爸爸也由开玩笑的语气变得认真起来，“好呀。只要你下决心，爸爸、妈妈一定支持你。”

初中的最后一个暑假如约而至，小灵拿回家的不是学校的操行评语，而是暑期补习的科目和时间，并给父母介绍了自己的暑期学习计划：“暑假期间，我每天补习功课四个小时，完成作业两个小时，复习以前学过的内容两个小时。请爸爸、妈妈监督。”

看父母有点诧异，小灵继续说：“你们得准备好钞票，以便我去报名参加培训班。”

“暑假是休息时间，可不可以每天少两个小时？”爸爸虽然乐在心里，但还是很心疼孩子。

“谢谢爸爸关心。但是，由于我以前比别的同学少学了很长时间，我现在必须把以前的损失补回来。所以不能再少了。”小灵的态度不容置疑。

看着女儿的变化，爸爸如释重负，自己精心设计的与老师、校长聚餐的目标终于要变成现实了。

小灵说到做到，整个暑假都忙于复习和补习，而小灵父母每天做的事情就是晚上抽空陪孩子散步、聊天。

功夫不负有心人。在开学后的第一次月考中，小灵进步到年级七十五名。这个成绩使小灵信心百倍，学习更加努力和专心，更大的进步接踵而至：第二次月考，年级五十名；期中考试，年级四十名；期末考试，年级二十五名。总之，初三第一学期，小灵的成绩一次比一次好。当然，每一次考试进步后，也少不了班主任谢老师的表扬和鼓励。

“你已经很好了。接下来呢，只要继续保持现在的状态，甚至后退几名也没有多大关系。”在学期末的考试结束后，爸爸试图给小灵减压，“成绩只是对你努力学习的回报，自己用心去做了，成绩和排名是多少，就不那么重要了。”

“爸爸说得对，我会总结经验，继续努力的。”小灵的回答让父母听起来更开心了。

在初三第二学期的几次月考和模拟考试中，小灵偶尔也有退步，但始终保持在年级二十五名左右，最好的一次成绩还达到了年级十八名。有一次退到年级四十名时，看到小灵很着急，小灵的爸爸对孩子这样说道：“你的成绩已经非常不错了，你在进步的时候，别的同学也在努力，因此有退步是很正常的。即便你是四十名或更后一点的名次都没有关系，因为你努力学习的态度和过程是最重要的，至于结果不重要——有付出就会有回报，但不要太顾及回报。只要你能超越结果本身，让自己信心百倍地面对未来的挑战，对学习和生活都是一样的。因此，你千万不要把成绩和名次看得太重要了。”

小灵听了爸爸的这番话后，一扫这次考试失利对自己造成的消极影响，又信心百倍地投入到紧张的复习备考中。

中考之前的一天，小灵爸爸给小灵说了一段意味深长的话：“一年的不断进步证明，你的努力没有白费。明天中考了，爸爸没有什么多说的。只想说几句话，你只要放松心情，像平常考试一样对待中考，你就一定能发挥出较好的水平，至于结果如何，不那么重要。考多少，爸爸、妈妈都很开心，都会为你自豪。因为这一年的备考过程，就是你的人生历练过程，也是你快速进步的过程，更是你自我完善的过程。这是多少成绩都换不来的。”

小灵爸爸的这番话，让本来比较紧张的小灵的心情得到了有效释放——当天晚上，小灵没有像其他孩子那样焦虑，而是很早就轻松地进入梦乡了。

中考成绩揭晓的那天，小灵爸爸收到了孩子的短信：“爸爸，你不是在教育局有熟人吗？能不能请人帮我查一下，看看市招生办公室是不是把我的成绩搞错了？”

看到这个短信，正在单位开会的小灵爸爸心里有点焦急：难道孩子真的考砸了？但回忆起孩子一年的变化，爸爸还是这样回短信安慰小灵：“孩子，不要着急，心里别难受。还是那句话，考了多少，都不重要，父母都不会怪你。爸爸开完会就请假陪你。”

“你想到哪里去了？怎么这么不相信自己的女儿？”小灵的短信让爸爸摸不着头脑。

正在爸爸不知所云时，又接到了小灵的短信，一看是孩子的成绩单，总分是728分，这个成绩可以被该市的任何一所名校录取。随着成绩单，小灵还发来又一条短信："我从来没有考得这么好过：年级第八名。我都不相信这是真的。怎么可能呀？我想一定是市招生办公室搞错了。你一定要帮我查查，不要让我先喜后愁哟。"

"原来如此，吓了我一跳。你不要怀疑这个成绩，不会搞错的。没有不可能，只有不努力。我以前说过，付出了一定有回报。只要你继续努力，有效反思，修正自我，以后会更好的。"爸爸的这条短信充满了对小灵的信任。

在准备中考的一年时间里，小灵完成了从"黑马"到黑马的蜕变，把不可能变成了可能，也收获了人生奋斗的意义和价值，为未来的发展奠定了坚实的基础。

中考结束后，小灵收到了市里最好的学校的录取通知书。

再后来，小灵在这所高中的实验班里不断进步，成绩名列前茅。

再后来，小灵经过努力考取了美国著名高校，向着自己的人生理想不断迈进。

【解读】

先扬后抑：赏识后的期待更有效

学会赞扬孩子

黄建海

这个案例是自己给自己搭建一个进步的阶梯，说明 IQ 和 EQ 的关系，EQ 实际上是起决定性作用的。从一百二十名跃升至九十八名，父亲“贿赂”班主任，要班主任表扬一下孩子。班主任在全班赞扬这个孩子是一匹黑马，随后的几天，小黑马就像是打了强心针一样，开心得合不拢嘴。父亲趁势再给黑马添加营养，通过激活 EQ，促进 IQ，使黑马借着 IQ 变成学霸，借着 EQ 变成骏马。

一般来说，人的智力天赋主要靠遗传，而情商主要仰赖后天的环境、机缘与教育。智力发展的程度，主要取决于情商。国外最新研究发现，情商对人生起到 80%的作用，智商对人生仅有 20%的影响力。情商内容十分丰富：即正确地认识自我，所谓人贵有自知之明；妥善管理自己的情绪，使心态适宜，不温不火；善于自我激励，保持乐观向上的精神面貌；利他情结，己所不欲勿施于人；将心比心，同情心、怜悯心、感恩心；善解人意，有和谐的人际关系。概括起来说，情商好的人，拥有良好的感情生活和精神生活，能保持个人的最佳状态。

相对智力来说，情商教育虚多实少。就是说，情商教育因不直接产生分数，实际上被边缘化。然而，EQ 的高低绝对取决于教育的好坏。正如洛克所说，我们日常所见的人中，他们之所以或好或坏，或有用或无用，十之八九都是他们的教育所决定的。人类之所以千差万别，便是由于教育之故。也正如爱因斯坦所说：“如果你忘记了在学校里学到的一切，那么所剩下的就是教育。”我觉得，这剩下的东西主要就是 EQ。

有一位父亲给上大学的儿子这样的忠告：一定要注意培养好自己的情商：跟人讲话时正视对方的眼睛；多说“谢谢”；己所欲施于人；每年捐血两次；结交新朋友，不忘老朋友；尊重同学的隐私、保守朋友之间的秘密；老实学艺，切勿耍花招；敢作敢当；永远不欺诈；永远不要低估宽恕的力量；不要怕说“我不知道”“对不起”。这样的叮嘱就是强调情商的重要性。

二十五年前，美国有位社会学教授，曾叫班上学生到巴尔的摩的贫民窟，调查二百名男孩的成长背景和生活环境，并对他们未来的发展进行评估，参与调查的绝大多数学生得出的结论是“他们毫无出头的机会”。二十五年后，另一位教授发现了这份调查报告，他叫学生做后续调查，看看这些昔日男孩今天的状况究竟怎么样。调查的结果令人振奋。除了二十名搬离或过世，剩下的一百八十名中有一百七十六名成就非凡，其中担任律师、医生或商人的比比皆是。这位教授惊讶之余，决定深入调查此事。他亲自拜访了这些当事人，跟他们请教同一个问题：“你今日成功的最大原因是什么？”结果，他们不约而同地回答：“因为我遇到了一位好老师。”教授找到这位老师后，问她到底有什么绝招，能让这些在贫民窟长大的孩子个个出人头地？这位老太太眼中闪烁着慈祥的光芒，嘴角带着微笑回答道：“其实也没有什么，我爱这些孩子。”

给孩子足够的支持和信任

秦九歌

国外不排名次，所以这方面我能说的不多。但这个活生生的案例，我是非常有感触的。我很认同这个道理：只要孩子愿意做，家长、老师给予足够的支持和工具，孩子可以做得非常好。我身边就有很多这样的例子。在哈佛的同学中，就有一个喜欢弹钢琴的男孩子，他十六岁上哈佛，比我上哈佛小三岁，他本来可以去哈佛更早，可能是因为年龄小，休息了一段时间才去上学，这是我认识的最年轻的哈佛本科生。他是一个音乐奇才。五年级学钢琴，由于特别热爱，他把钢琴弹到了钢琴界的顶级水平。有太多这样的例子说明，只要选择正确的激励孩子的方式，老师和家长不要觉得学生做不到，只要给他们提供足够的支持和信任，他们就可以做出惊天动地的事情。

在美国的学校里，学习成绩有突破的学生不多，但在其他活动中，比如演讲、辩论、体育、音乐、艺术等方面，每年都会有很多黑马出现，而且通常这些黑马都非常年轻。在每年举行的各个行业大赛中，比如西门子大赛、英特尔大赛等比赛获得奖励的，都是有研究成果的孩子，获奖者由美国总统亲自颁奖。看看他们的介绍资料，便知道这些获奖者都是高二甚至高一的学生。获奖的项目包括各个方面，比如拯救了什么动物，或者解决了某种癌症问题，或者破解了哪个数学密码等，都是很多成年人认为不可能、很深奥的事情，有些项目甚至是博士后级别的科研项目。

我记得，有一个得了肺癌的高二女孩子，从初二开始，就专门对抑制肺癌细胞的物质进行研究，她研究的产品当时正被各大医院诊所调研，看能不能做成真正的可以治疗肺癌的药物。后来，这个孩子得了西门子大赛的金奖。我在她没有获奖之前，跟她进行过交流。我说，你太厉害了，高中生物才刚刚学完，你就做癌症研究，太不可思议了。但她却说，没有什么不可思议的。现在网络发展和知识传播的速度，是不可想象的，只要我们想查的东西，都可以查到，即便网上没有相关知识，也会告诉我们怎么查到。

我还看过南加州一个男孩研究的档案，有个教授还专门为他的研究写了一封推荐信。信上说，他研究的某种数学定理，能够推算暴风雨旋转的速度和规律。按照他研究的定理，未来只要有符合条件的足够大的暴风雨，就可以算出来这个暴风雨要到哪些地方，以及对这个地方破坏的严重程度。这个男孩虽然现在做的是理论上的推测，但以后也许会变成现实。这也是高中学生，但却是实实在在做着对社会有极大贡献的学生。

还有，在国外，学生上初中的时候，老师会鼓励他们出去进行调研，只要学生喜欢这个行业，就要找这个行业的人，去了解一下这个行业的情况，并要求做他们的工作影子——在旁边观察，看看他们一天的工作状态，了解这个行业的人是怎么工作的。这样，他们就会在中学时代彻底了解不同行业的需求，并激发他们对行业的兴趣，以及对行业需求的了解，规划自己未来的人生。

实现自我觉醒，就没有不可能

房超平

黄老师和九歌对这个案例分析得很透彻。我就少说两句。

一年时间完成了从落后分子到优秀学生的转化，再次说明这样一个道理，学生的潜力是无限的。学生想干的时候，一定能干成我们成人认为不可能的事情，所以没有不可能。在学生身上发生的任何事情，家长和老师都是可以期待的。但是这个奇迹的发生一定是靠学生的自我觉醒，而不是家长和老师的强迫和压力。

在小学阶段，师长千万不要让孩子对学习产生厌恶的感觉，不要让学生觉得学习是毫无意义的事情或无聊透顶的事情，以便能使孩子在该觉醒、发力、爆发的时候，积蓄到足够的能量。说到底，教育的问题，关键是态度问题、方法问题，尤其是家长和老师怎么看待学生，怎么要求学生，显得更为重要。

在马拉松比赛中，前面领跑的人很少到最后还能跑到前面。相反，比赛获得成功的人，多数是那些没有包袱，不急于领跑或者不急于把自己的力量呈现出来的人，都是那些能够均匀地释放自己的力量，并在这个过程中让自己不断地适应奔跑的人。只有这些人，才能在最后关头爆发、冲刺，把潜能充分、彻底地激发出来。人的教育过程就如同马拉松长跑，家长和老师千万不要在基础教育十五年学习长跑的起始阶段，就让孩子开足马力拼命奔跑，就让孩子抢跑、冲刺，就希望孩子跑在别人的前面。如果这样的话，孩子的起步就会太急了，不但会导致兴趣的丧失，而且还会导致后续爆发所需要积累的能量不足等问题。这样的孩子，也很难在最后关头迎头追上甚至超越。

我觉得，这个孩子在一年短暂的时间里完成一次成功的“蜕变”，家长所起的作用并不是最主要的，最重要的是孩子的自我觉醒。在关键的时间点上，家长给孩子提供了该提供的支持，提供了该提供的信任，提供了该提供的动力，让孩子在不断的学习进步中完成了自我觉醒。因此，自我觉醒才是孩子快速进步的最根本原因。

3

找到症结，才能让“问题孩子”重建自信和希望

【提要】

●如果孩子学的都不是他喜欢的、主动选择的，那么打游戏是他们唯一缓解紧张而无趣生活的手段。

●现实生活中，老师和家长过于看重权威，居高临下，不由自主地想把个人意志强加给孩子，而孩子也没有为谁而学的内在动力。

●内在动力可以用“pull”这个单词来比喻。孩子感觉心里有一种东西拉着他们往前、往上走，往他们自己想去的方向走。

●国外老师花的大部分时间，都在研究孩子内心的动力是从哪里来的。老师们常常会说，我只能给你们最基础的东西，剩下的得你们自己来。

●一旦把孩子的内在问题解决好了，老师、家长以后就不用再费多大的精力和时间，孩子的学习问题就会迎刃而解。

●孩子自学比老师教学效果好的原因在于，孩子的学习是主动的。因此，教育并不难，关键是怎么撬动孩子学习的支点，让孩子产生强大的精神动力。

【案例】

从“无恶不作”到“全优学生”

> 导读：高二年级学生小卢是班级有名的“双差生”，科任老师投诉过他。但新任班主任章老师并不打算放弃这个孩子。经过多方了解，章老师知道了小卢初二期间变化的原因。于是，章老师决定到小卢家进行家访，并取得了小卢父亲的信任和支持。章老师对小卢的态度终于感化了小卢，小卢下决心改正自己的问题。课堂上，拿着初二的课本自学；课下，及时请教老师——小卢彻底变了一个人。两年后，小卢如愿以偿考上了理想的大学。

作为一个有着二十多年丰富经验、非常优秀的高中班主任，章老师对问题学生的转化有专门的研究。很多其他老师难以教育的学生，他都找到了有效的教育对策。

在章老师的记忆里，最难教育的学生是他教龄刚满十年时，高二年级某班的学生小卢：在上课时间，小卢要么递小纸条，要么鼾声如雷，要么搞小动作，几乎没有一节课不影响其他学生学习的；课下，小卢的各学科作业都不能完成，迟到早退更是家常便饭；每个科任老师几乎每天都要投诉小卢一次；更为严重的是，不论哪个老师批评小卢，他都会顶嘴，有时甚至对老师恶言恶语，非常不礼貌。

经与小卢高一的班主任交流，章老师知道，小卢从进入这所高中就这样。虽然原来的班主任和科任老师想了很多办法，但都没有对小卢起到任何实质效果。面对这样的学生，章老师知道，其他班主任用传统办法不能解决的问题，诸如请家长合作教育、在全班同学面前检查、让同学帮助教育、找这个同学个别谈心、要求学校给予纪律处分等，自己即便很用心地用这些办法去做，也不可能从根本上解决小卢的问题。

于是，每当别的老师投诉时，章老师都说这样一句话：“大家都知道，小卢的问题不是一时三刻就能解决的，因此，咱们不能急，而是要一起想办法。大家给我点时间，多点耐心。”虽然每天都有老师和班干部投诉，但章老师却一直没有去找小卢谈话或批评小卢。只是每天从侧面观察小卢的表现，并默默记录小卢的违纪行为，试图通过一段时间的归类分析，找到小卢存在问题的原因。

然而，观察、记录了两个礼拜后，章老师发现，小卢的问题归纳起来就几个字：无心向学，情绪很坏，大错没有，小错不断。但存在这些问题的原因却始终找不到。为了进一步了解小卢的问题，章老师找到小卢以前在初中的几个同学询问，他们一致说，小卢在初一时是个好学生。初二以后，突然变成这个样子。至于为什么会变成这样，这些学生也说不清楚。

无奈，章老师找到小卢初中时的班主任交流，希望能从与这个班主任的交流中，找到小卢初二突然变化的原因。

“初二学生分化很正常，应该没有什么原因。”这个班主任回应道。

“在初一到初二期间，这个同学与其他同学有没有严重的冲突，或者他们家里有没有出现意外事情？”章老师希望通过这个问题，能引导原班主任回忆起当时的一些情形。

“哦。我想起来了，初一暑假期间，小卢妈妈突然去世了。”原班主任想了半天才想了起来，“不过，这个事情好像跟小卢的变化没有多大关系吧？”

与原班主任交流之后，章老师心想，小卢的变化一定与他家的这个变故有关。于是章老师决定，在上学期间去小卢家进行家访。之所以选择学生上学期间进行家访，是因为章老师怕小卢在家时，不好与他的家长进行交流。

于是，就有了章老师家访的下文。

令章老师意外的是，敲开小卢家的门，卢爸爸竟然这样说道：“老师，别找我啦。为什么呢？你找我也没用的，小卢没救了。”说完，小卢的爸爸就要关门，大有把章老师拒之于门外的架势。

“我骑自行车，走了这么远，来看望你，你总不至于不让我到你家坐坐喝口水吧？” 看到此种情景，章老师急中生智，希望能跟卢爸爸有个交流的机会。

“坐坐喝口水没有问题。”卢爸爸说这句话时面无表情，“但你得答应我一个条件。这个条件就是，你不能跟我谈孩子的事情。”

得到章老师同意后，卢爸爸才让章老师进了家门。

“喝口水是个借口，实际上，我是想和你聊聊。”章老师边喝水，边说明自己的意图。

“老师，我很忙。你慢慢喝，我们之间没有什么好聊的。”卢爸爸依然不肯与章老师交流。

“就聊几分钟嘛，不耽误你的事情。”章老师的态度很坚决。

“好吧。还是那个条件，聊啥都行，千万别聊我儿子。对他，我没有办法。”卢爸爸显得很无奈。

“如果我对你儿子有办法，你愿意和我交流吗？你愿意帮助我吗？”章老师只好单刀直入。

“那么多老师都没有办法，你能有什么办法呀？”卢爸爸还是没有任何表情，“当然，如果你有办法帮助孩子，我当然愿意配合，我儿子有希望，我能不愿意吗？”

“听说，你儿子在初二时突然成绩下降，行为习惯也变坏了。是不是这个时候你家里出现了变故？”章老师两眼紧盯着卢爸爸问道。

“别提了，过去三四年了，那个事情怪我。”说话时，小卢爸爸满脸忧伤，“他妈妈那年夏天去世了，我带着两个孩子很艰难，忘了告诉你，小卢还有个姐姐。家里没有女人，自己不会做饭，家里吃饭都成问题。那时候，我心情特别坏，脾气也很暴躁，这小子从学校回来又闷闷不乐，给我添乱，所以我就收拾他。”

说到这里，小卢爸爸失声痛哭：“本来这个时候，孩子需要我安慰。但我却因为自己心里难受，老打他骂他，这孩子从此就变坏了。哎，都怪我！但现在有啥办法呀？说了也没有用，后悔也来不及了，三四年都过去了。你还是走吧。别跟我说这个话题啦。”

“现在后悔还来得及。只要你帮我做两件事，我就能找到解决孩子问题的办法。”章老师自信而沉静地说。

“你别让我督促他完成作业，别让我教育他听老师的话，我做不到。”卢爸爸摇了摇头，大声说。

“这些事情是我的事情。我怎么会让你做这些事情呢？”章老师接过卢爸爸的话题说，“我要你做的两件事情很简单。第一件事，从这个礼拜开始，孩子回家时，你每次都必须微笑面对他，不能再板着脸。既不用赞扬他，也不要说他学习成绩不好，就给他一个笑脸。第二件事情，就是做饭的时候，你要问他想吃什么，并告诉他，一个礼拜没有回家了，爸爸想给你做点好吃的。这两件事你做到了，我就有办法解决孩子的问题。”

“就做这两件事情吗？”卢爸爸满脸疑问。

“当然。”章老师毫不迟疑地回答。

“老师，这个要求很简单，我一定能做到。”卢爸爸拍着胸脯说。

这次家访，离章老师担任班主任整整过了一个月时间。

回学校的路上，章老师感到非常轻松，因为他终于找到解决小卢问题的办法了。

这个周末过后的周一，章老师叫班长喊小卢到自己的办公室来。

让章老师万万没想到的是，小卢一进他的办公室说的第一句话，竟让他这个多年的老班主任始料未及：“老师，你今天批评我什么，我都接受。”

显然，这个孩子知道了章老师事前为他所做的一切，特别是周末小卢回家后，他爸爸态度的转变，更让小卢激动不已。他对章老师的态度与其他老师完全不同：既充满了敬意，也非常友善。

“哦。你怎么知道老师要批评你？我没打算批评你呀。”看小卢这样说，章老师周末准备的与小卢谈话的内容都派不上用场，只好微笑着这样说。

“老师，我做了那么多错事，你当然应该批评我。”小卢非常诚恳地说。

“你都做了哪些错事呀，给老师说说看。”章老师有点故弄玄虚。

“我传纸条给女同学，欺负男同学，有时候把书扔到别人的头上，有时候把凳子一抽让别人一屁股坐到地上……”小卢一口气把章老师记录的违纪行为都说了一遍。

“这些事也不是多大的事，我上高中时也干过这些事，我小时候比你还坏。”章老师把自己上学时干的坏事一一说给小卢听。

“啊？老师还有比我坏的时候？”小卢瞪大了眼睛。

“错了不要紧。谁不犯错误呀？知道自己错了，并知道错在何处，努力去改正。这样的学生就是老师喜欢的好学生。”章老师温和地告诉小卢。

看小卢不作声，章老师换了话题问：“你数学成绩怎么样？”问这个问题时，章老师想起各科老师投诉小卢的场景，就是数学老师投诉小卢最多。

“不怎么样。”小卢低头说道，“考了三十八分，还是选择题瞎碰的，或者瞄同学的试卷抄的。没有一道题是我自己做出来的。”

“如果我是你的话，我还做不到你这样。”章老师拍了拍小卢的肩膀，继续说，“你啥都不会，上课听天书，你还能有二十分钟时间坐在那里不动弹，还能克制自己的行为。要是我，我肯定做不到。”

看小卢低头不语，章老师动情地说：“你什么都听不懂，老师还要求你完成作业。不了解你的需求，不了解你内心到底是怎样想问题的，还给你提出这样那样的要求。这对你来讲，是最大的伤害。所以，我要代表所有的老师向你道歉。”

说到这里，小卢扑通一声就跪了下去，眼泪汪汪地说：“老师，我以后上课要再捣蛋，我就不是人。”

“快起来。你说这话，更让我无地自容。”章老师一边扶起小卢，一边饱含深情地说道，“你现在什么都不懂，还要认真听课，这不是叫老师把你当作木偶一样对待吗？你是活生生的人，我怎么能让你这么做？这是让你受罪，而不是让你上课。”

“老师，我该怎么办，我不想再捣蛋了，我想做一个好学生。”小卢低声哀求章老师。

“你的初一数学不是很不错吗？干脆以后你上数学课时，自己学习初二的数学。不懂的话，可以来问老师。好不好？老师办公室的门随时向你敞开。”章老师建议道，“其他学科的课你也可以这样做。”

“老师，我不能到你的办公室。为什么？因为办公室还有其他的老师在，我会影响你工作。还是我自己试着学吧。”小卢似乎接受了章老师的建议。

“你真是一个懂事的好孩子。我相信，浪子回头金不换，你一定会重新站起来，成为一个所有老师喜欢的好孩子。”章老师进一步鼓励道，“记着，有什么问题随时来找老师。”

这次谈话后，小卢发生了根本变化，再也没有老师投诉小卢了，在纪律等方面都成了班级的优秀学生。

半年以后，小卢的数学成绩也有了明显提高，考了四十八分。考试成绩揭晓后，小卢像小学生一样，激动地跑到章老师的办公室，大声对章老师说：“这次成绩是我自己考的，没有抄，是真实的成绩。我相信，我能学好数学，也能学好各门功课。”

高三毕业时，小卢的成绩已经赶上了班级其他同学，并考上一个理想的大学。当然，除了章老师的及时鼓励外，还有小卢持续不断的努力改进和节假日、寒暑假的主动补课。

就这样，一个在别的老师眼里无恶不作的坏学生，经过老师的教育和自身的努力后，变成了各方面都非常优秀的好学生。

【解读】

每个学生都是天生的学习者

发现成长的内因

黄建海

又是一个问题学生，不过，这次是个大男孩。原来病根不在孩子身上，而在其父身上。父亲和老师作为外力，以亲情和歉意温暖了男孩冷漠的心。在内因的作用下，男孩的精神和行为发生了大改变，学业成绩突飞猛进，考取了心仪的大学。从无恶不作到全优学生，这个案例对我们的启示是：内因是决定性的，外因只有通过内因才能起作用。

“孩子十五岁了，但他不太喜欢学习，只喜欢打电脑游戏，我该怎么办？”不止一次在不同场合有家长向哲学教授孙周兴提到这个问题。孙周兴的回答是，如果孩子学的都不是他喜欢的、主动选择的，那么打游戏是他们唯一缓解紧张而无趣生活的手段。孙教授对家长的回答值得老师和家长认真思考。

问题学生的转变，归根结底要靠学生的内因起作用。不论是对问题学生的再造，还是塑造优秀生，原理是相通的：把学生的积极性、主动性和创造性调动起来，即把学生作为主人公的内在动因调动起来，就能解决孩子的学习问题。遗憾的是，在具体的教育教学实践当中，老师、家长包括学生，常常偏离了这样的思路。致使我们看到的情形是：家长、老师常常喜欢把“这是为你好”这句话挂在嘴边，可孩子们就是不领情。家长、老师苦口婆心大道理讲了一遍又一遍，可谓是晓之以理动之以情，可学生仍然我行我素。原因是大家都缺乏哲学思维。老师和家长过于看重权威，居高临下，不由自主地想把个人意志强加于学生，而学生也没有找到为谁而学的内在动力。不论是对待学业还是对待生活，都缺乏主动性，疲于被动应付。

有意思的现象是，大家都对苦不堪言的应试教育现状默默顺从，却对教改新政消极抵触。深圳某重点中学曾推行学生为中心的教育理念，实行走班制教学。按说符合哲学内外因作用规律，也符合因材施教原理。可是，始终受制于家长和老师的非议，学校迫不得已又重新回到老师为中心的旧体制。

此外，选修课为学生自主全面发展，个人兴趣爱好特长提供了机遇。可是据我的观察，选修课的推行并不理想，远没有达到预期的目标和效果。原因是很多学生不知道该如何选课，不知道什么课适合自己。说白了，就是缺乏选课的自主能动性和独立判断能力。家长和老师对选修课的不重视也为选修课成为摆设起到了推波助澜的作用。

突破框子的内在动力是创造力的来源

秦九歌

这个案例是一个有关学习的非常好的案例。

我觉得，国内教育跟国外教育本质上的区别就在于，学生的学习动力不一样。我们都知道，学生的学习动力分为两种，一个是内在动力，另一个是外在动力。国内教育给孩子的主要是外在动力，而国外教育更多地关注学生的内在动力。

外在动力是打压式的，而内在动力是突破式的。我觉得，可以用 push 和 pull 这两个形象的单词来解释外在和内在的动力。pull 是内在的东西，学生感觉心里面有一种东西拉着他们往前、往上，往他们自己想去的方向。要么感觉他们现在做的东西有兴趣，要么觉得对他们以后有帮助，要么觉得他们做的东西有意义，这三个都会让学生很用功去学习。push 是外在的东西，总是推着学生，把学生从家里推到补习班上去，或者同学吵架，老师把学生推到教室外面罚站等。

Push 这个单词好比是框在老师、家长给予的固定“盒子”内，比如国内考试，写作文有字数规定，必须把作文写在框内，不可以超过多少字。而在国外，学生要超过字数，老师会乐翻天了，没有老师会嫌弃学生写的多了。pull 突破的是那个固定的“盒子”，把它当作最基本的东西，促进学习变成研究。与前者相比，就是要突破那个固定的“盒子”，跳到“盒子”外面去思考，这才是创造力的来源。

在国外，很多老师在课堂结束时会说，我只是你们的老师，我只能给你们最基础的东西，剩下的得你们自己来。学生很清楚，老师只是给学生一个引子，最后得自己课外去深入学习和研究。国外老师花的大部分时间，都在研究学生内心的动力是从哪里来的。就像这个案例，老师为什么要花那么多时间去观察那个学生，去理解那个学生？就是因为这样做，才能寻找到学生学习的内在动力。只要孩子产生了内在的动力，一切都好办了。但这是一个很漫长的过程，而且没有统一的答案，老师和家长不可能把一个孩子身上产生内在动力的方式，放在另外一个孩子身上，因为每一个孩子都不一样。

有内在动力的学生，在学习时，会主动查资料，主动提问题，主动找书读。因为他自己有某种需求或欲望吸引他往那个方向去。而外在动力不一样，是靠某种外在的力量（比如增加作业、给予学生各种奖励、诱惑或惩罚学生）推着学生去学习。国外学者的研究表明，外在动力会抵消内在动力，外在动力越强，对内在动力的抑制作用越强。让学生因为太多的客观原因去做某一件事情，学生就没有任何内在的冲动去做事情了。

让孩子有强大的精神动力

房超平

从什么都不懂，到最后基本学通，自学能力很强，是一个非常典型的案例。在平常教学中，大多数学生还不至于像这个孩子那样差。问题是，为什么比这个学生还优秀的大多数学生，却没有得到很好的成长。原因就在于，老师和家长没有给学生足够的支持。也许老师会说，一个班四十多个学生甚至更多，每个学生都像案例中的办法去处

理，没有那么多时间。其实，对这个学生来讲，老师用的时间也不多，一个月最多记录一下，观察一下，而且这些记录都没有多大价值。对这个孩子变化起着关键的作用是，老师理解孩子，用行为感化了孩子。把这些时间加起来计算，估计不会超过三十个小时。

就如同这个案例，一旦把孩子的内在问题解决好了，老师和家长以后就不用再费多大的精力和时间了。每个孩子花费三十个小时，都能有效解决问题，这个效率应该是非常高的。何况，每个班上这样的孩子非常少，而且还有很多优秀的孩子。想想看，一个班四十多个小孩，加起来的时间没有多少呀，就可以让这四十个小孩形成强大的精神动力。老师只需要每天不停地观察学生，了解学生，在细节中找到撬动每一个学生内在的力量。所以老师并不一定会十分辛苦。然而，在日常实践中，班主任老师可能会因为陷于具体的管理事务而不堪重负。仔细分析班主任老师花在管理事务的时间，不难发现，多数都是在处理学生表面的问题，要么浅尝辄止，要么不痛不痒，无法也不能走进学生的心灵，因而费力不讨好，解决不了实质问题。

可能很多人怀疑这个案例的真实性，理由很简单，学生自学怎么会比老师的教学效果好，何况还有那么多知识没有学习。其实，原因很简单，因为这个孩子是主动学的，更多的孩子是被动学习的。主动学习的力量是无敌的。可能还有人会问，别的学生可以做到这样的效果吗？答案当然是肯定的，别的学生也是一样的。因为动力是决定性的，能力是可以自我成长的，信心也是可以自我成长的。当然，老师、家长能够给予帮助更好。当老师、家长无法（不管是主观上愿意不愿意）给学生提供帮助的时候，老师和家长最起码也要呵护学生的自信，呵护学生的能力，呵护学生的动力。有时候，做到这样，对某些学生就足够了。因此，从一定意义上说，教育并不难，关键是怎么撬动学生学习的支点，让学生产生强大的精神动力。

这个案例对家长的启示只有一点：只要相信孩子，想法撬动孩子学习的内动力，千方百计呵护孩子的自信心和积极性，不论在任何时候、任何情况下，转变孩子的学习困难局面都为时不晚。

4

善意的谎言让孩子轻装上阵

【提要】

●排名只是手段，只是老师手中的工具。有效发挥排名的作用，就会起到四两拨千斤的功效。

●缺乏潜能意识的人，往往对学习缺乏自信。而自信与否反过来又影响求知欲。

●在国外，往往用百分比证明孩子的学习程度。

●让孩子永远跟自己比，而不是跟别人比。

●公布排名的目的都可以通过其他途径达到，因此无论如何，公布排名都是不可取的。

●遇到孩子排名落后的情况时，家长要帮助孩子分析原因，一起协商解决问题的对策，而不是把压力转移给孩子。

【案例】

“奇怪，怎么那么多第三名？”

> 导读：高三第二学期每月甚至每周一次的模拟考试，使很多同学非常紧张。一次模拟考试后，学生小雨的情绪非常糟糕。细心的班主任老师观察到了这个变化，及时到小雨家中家访，并用自己编造的模拟考试成绩单，骗过了小雨的妈妈和小雨，使小雨的情绪得到及时缓解，高考也没有受到多大影响。高考结束后，小雨才知道，原来老师编了个“善意的谎言”——班上不只她，还有其他同学都被老师编造的“第三名”骗得笑逐颜开，帮助她和同学们度过了考试的心理关。

每当提起“高考”两个字，老师、家长和学生都会感到很紧张。特别是高三第二学期，几乎每个月甚至每周都要进行模拟考试，每考一次试，学生的成绩和名次都会发生一些变化，而每次变化都会对学生的复习和备考产生一定的影响。对一些谨小慎微的同学而言，这样做的影响还非常大。这不，杨老师班上的小雨等同学就特别关注每次模拟考试的成绩，如果成绩不好，心情就非常沮丧。

高三第二学期第二个月的摸底考试结束后，杨老师观察到小雨等四名同学的情绪非常低落。

等到所有学科的卷子改完以后，杨老师统计结果后发现，平时一直是班里排名前三名的小雨，这次考试的名次落到了第八名。不仅小雨的变化较大，而且班上还有其他三名同学也有不同程度的变化。

杨老师心想，如果小雨和这三名同学知道这个变化后，一定会非常难受，也一定会影响他们后续复习备考的情绪。

为了避免出现因为模拟考试成绩的变化影响学生情绪的事情发生，杨老师紧急召集班级科任老师开了个短会，向老师们说明了自己的想法：“老师们，我们组织摸底考试的目的，不外乎有以下四点：一是了解教和学的效果，并据此改进复习、备考工作；二是了解学生的变化情况，对变化较大的学生进行适度心理调节；三是让学生熟悉高考题目的类型和高考的节奏，增强学生对考试的适应性；四是通过模拟考试，不断提高学生对高考的信心。因此，让学生和家长知道模拟考试排名的意义不是很大。既然学生和家长没有必要知道考试的排名情况，那我们从这次考试后，就不再给大家公布学生的排名情况啦。我建议，老师们也不要将本学科的成绩和排名再在班级公开，只要让学生本人知道就可以了。”

开完会以后,杨老师决定到小雨和其他几个变化比较大的同学家里进行家访，其目的就是，积极做好对小雨和这些同学的解释和说服工作，以免小雨和这些同学的情绪受到太大影响。

去小雨和这些同学家之前，杨老师反复思考，该怎样给小雨和这些同学做好思想工作。

“不管怎么说，告诉小雨这次考试的成绩和排名，就一定会对小雨造成很大影响。但只是安慰小雨，恐怕只能起到相反的作用。因为越是安慰小雨，聪明的小雨就越会联想到自己考砸了。怎么办？”整整一个上午的时间，杨老师都在翻来覆去地想这个问题。

快到午饭时，杨老师突然一拍大腿，大声说道：“有了，这个办法一定行。”接着，杨老师为这次家访做足了“功课”。

进了小雨家门后，杨老师发现，平时非常开心的小雨妈妈显得情绪很低沉。

“杨老师，今天找小雨不是很合适。”知道杨老师的来意后，小雨妈妈对着小雨的房门努了努嘴巴说，“小雨这次考试没有考好，正在自己的房子里哭鼻子呢，情绪很低沉。”

“为啥呀？”杨老师装作若无其事的样子。

“杨老师，你还不知道呀？这次考试，小雨考得不好。那天晚上一回家，就冲我们发脾气，这也不好，那也不好。吓得我们都不敢跟她说话了。”

“这次考试没有考好？不会吧？”杨老师边说边拿出了一个小本本，“我这个本子上记着全班同学的成绩，好像小雨没有退步呀。”原来。杨老师所做的“功课”，就是准备了这个成绩册。

“不可能，她那么伤心，还能没有退步？”小雨妈妈似乎不大放心，从杨老师手里接过成绩册反复查看，“哦。这次考试小雨还是第三名呀。”

“我就说嘛。她的成绩好像没有下降呀。”杨老师笑着说。

“不会吧？小雨考完后的感觉可不好啦。杨老师，成绩会不会搞错了呀？”小雨妈妈还是不放心。

“不会的。成绩怎么会搞错呢，都是我亲自统计和计算的。”杨老师继续忽悠。

“那为什么小雨感觉非常不好？”小雨妈妈还是不相信。

“其实，这次考试，孩子们都没有考好。原因就是，这段时间孩子们都很疲劳，精神状态也不是很好，因此，孩子们都没有考好。这很正常呀。”杨老师说这话时，显得特别认真。

“哦，那您要不要跟孩子解释解释？”看来，小雨妈妈终于相信杨老师啦。

“还是先不说了吧。让孩子的情绪稳定稳定再说吧。我先回家了。”知道来家访的目的已经完全达到，杨老师便起身告辞。

如此这般，杨老师把其他三个同学家里都跑了一趟。

果然，不出杨老师所料，第二天上午，小雨和那三个同学都开开心心到学校上学了。这次考试对小雨和那三个同学的影响也降到了最低。

以后的考试中，杨老师都如法炮制，尽量使同学们受考试成绩的消极影响大为降低。

几个月后的高考中，小雨和这三个同学都如愿以偿考上了理想的大学。

当小雨拿着大学录取通知书找杨老师报喜时，杨老师才把事情的原委告诉她。

“我就说嘛，我几门课都不如班上的前几位同学，可我妈妈却信誓旦旦地说，她看了您的成绩册，成绩单上我的成绩都是真的，排名确实是第三名。原来，老师您先‘骗’了我妈妈，然后，再诱导上了当的妈妈‘欺骗’我。”小雨看穿了老师的“把戏”，“连我妈妈这么‘老奸巨猾’的人都‘上当’了，我也只好跟着‘上当’了。”

“你可别这么说。我没有让你妈妈‘欺骗’你。她是自愿‘上当受骗’的。”杨老师装着一副无辜的样子。

“老师，我不跟你抬杠啦。”小雨顾不了那么多，急于想揭开老师骗过小雨妈妈的谜底，“不行，那个成绩册竟然骗过了我妈妈。我一定要看看那张让我逃过一劫的神奇的成绩册呀。”

“你的好奇心真强。”杨老师说着，就从办公室的抽屉里拿出了一叠成绩单，“不过，现在也该让你们知道答案了。要不然，你们一辈子都会骂我是‘骗子’。”

说完这句话，杨老师开心地大笑起来。

从杨老师手里拿过成绩单一看，小雨不禁大吃一惊："啊？怎么那么多第三名？！"

"怎么，这个时候怀疑起老师啦？"杨老师故意做了鬼脸。

"呵呵，老师，原来你每次考试都造了好多份假成绩单呀。到谁家，就给谁看对他有利的成绩单。" 小雨马上俏皮地说，"看来上当受骗的不只我一个呀。您是真正的大忽悠。不过，我们超级喜欢您这个大忽悠，简直爱死您了。"

在为这些孩子暗自高兴时，杨老师想起了班上另外一个自己没有关照好的孩子小松，不由得暗自叹息。

杨老师多年难以忘怀的这个学生叫小松。因为这个孩子的妈妈是班级科任老师，所以每次模拟考试完以后，小松妈妈都不听杨老师的劝告：直接把小松的考试成绩和排名告诉小松。本来小松是班上成绩最好的学生，但由于小松妈妈给孩子施加了很大压力，致使小松过分关注成绩和排名。

在那次模拟考试后，小松成绩和排名也出现了下滑，这使他的精神高度紧张，使本来就很短的睡眠时间再次减少，小松的压力随之越来越大，效率越来越低，成绩也逐渐从开始时的第一名，一路下滑到班上中上游。但由于小松妈妈不让杨老师给小松减压，杨老师只有干着急的份儿，一点办法也没有。

到当年高考前，小松已经完全丧失了信心，考试成绩也与原来比他差得很多的同学有了明显差距：同学们考重点的考重点，考本科的考本科，而小松却只考取了专科学校。

为了争气，小松和家里人商量后，决定放弃当年读专科学校的机会，在高三复读一年。结果，因为小松复读时，压力没有减轻，反而更大。第二年再考，还是只考上了专科学校。考完试后，小松父母担心孩子受不了这个打击，只好鼓动孩子上专科学校。本来上专科学校也没有什么大不了的，但因为小松不能面对原来基础不好的同学比他考得好的事实，因而在上大学过程中，患了精神分裂症，成了杨老师终身的遗憾。

【解读】

别太把排名当回事儿

超越排名

黄建海

善意的谎言，稳定了学习心理，维持自信；这么多第三名，鞭策了一众学生，比肩进步。案例的巧妙之处就在于：作为智育的仆人，排名服务且服从于智育的发展，而不是反客为主。排名只是手段，是老师手中的工具，灵活撬动学生学习的杠杆，操作得当的话，就会起到四两拨千斤的功效。

其实，想明白了，排名算个啥，搞清楚智育的真谛才是最紧要的。排名只是对学业成绩的一时评价，而智育却是一个综合体，是多元的、潜在的和动态的。因此，以追求分数为单向度的知识积累，对于智育没有多大的意义；多元智能开发，才是智育的不竭之源。只重视显在的分数与排名，却无视潜在的智能与品质，是智育最大的败笔。

人的潜能首先表现为强烈的求知欲，其次是求知的能力。缺乏潜能意识的人，往往对智育缺乏自信。而自信与否反过来又影响求知欲。排名的工具性特征也在于此。对主体潜能有足够认识的人，坚信任何一种事物和现象背后都有规律可循，世界是可知的。排名也是可以超越的。当然，没有这种见识的人，很可能被排名牵着鼻子走，最终沦为排名的牺牲品。

在夸美纽斯看来，只要接受合理的教育，任何人的智力都能够得到发展。如果因排名误以为自己智力不行，就会变得自卑，丧失学习的自信和动力。夸美纽斯反对借口“智力迟钝”而拒绝教育儿童。他说，智力极低，不能有所发展的人是极少的，“我们差不多找不出一块模糊的镜子模糊到了完全反映不出任何形象的地步，我们也差不多找不出一块粗糙的板子粗糙到了完全不能刻上什么东西的地步。……假如教员肯充分卖力气，人是可以琢磨好的……”

以开发潜能而不是以排名为目的的教育，往往保持一种积极主动的探究式学习状态。当然，对于孩子们来说，未必有明晰的潜能概念，但是他可以通过阅读，通过家长和老师的开导，比如从科学家成长的事迹和人类伟大的文明历史中，得出这样的判断。求知的冲动、探索的欲望就成为儿童少年学习进步的内驱力。接受智育就不再是遥不可及、高不可攀的事了。

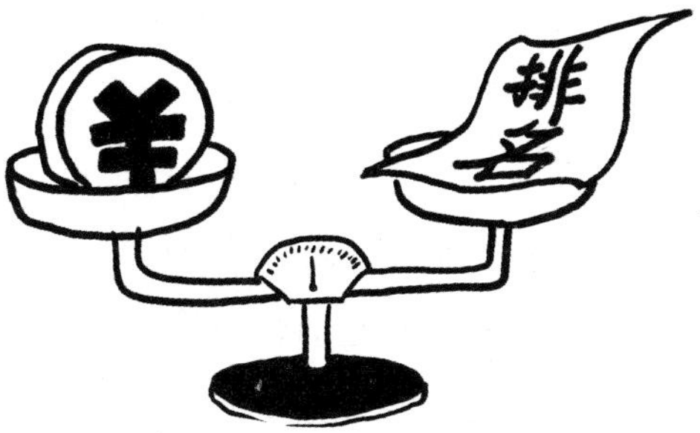

然而，智育是漫长的乃至伴随一生的过程。其中，既有快乐的时光，也充满痛苦的煎熬和各种挑战。但是不管怎么说，智育都是一个不停歇的过程。在这个过程中智育与生命的成长、精神的充实相互激荡，互为表里。将智育视为排名的需要，将考大学视为智育的终极目的，无疑是教育最普遍的失误。因此，老师和家长一定要防止学生仅仅把学校当成是学习知识的场所，把智育仅仅当成是阶段性获取分数的手段。

让孩子只跟自己比

秦九歌

国外虽然也有排名，但是从来不公布排名。我之所以知道国外学校有排名，是因为最后申请大学的时候，学校老师会把前十名学生的排名写在推荐信上。我也问过我的辅导老师，既然有排名为什么不告诉学生？老师说，他们在推荐信上只会写对学生有帮助的东西，不会写对学生不利的东西。比如，学生排名前十，老师就会非常清楚地写上前几名。而排名二十的，则会说前二十。排名五十，会说前百分之五十。要是学生排名一百多名，老师就不会把排名写上去，只会说学生排名前百分之多少。当然，这不是作假，只是用百分比证明学生的学习程度。

不管怎样写，只会有利于学生的申请，而不是有害的。这是很照顾学生的心理方式，是很人性化的。

为了对付家长和学生，老师就说从来不排名，我父母甚至专门问过我的排名，但老师会非常生气地告诉我父母，请不要问我任何关于孩子成绩和排名的事情，我们学校不排名，以此来表明他对这个排名的反感态度。学校虽然排名，但是不告诉学生和家长。非但如此，学校还从来不公布学生的成绩，甚至老师每次给学生发改好的试卷时，都是面朝下给学生的。例如，英语老师把写 A 或 B 的评分是折起来的，给某位学生的时候，其他学生是看不到这个评分的。物理老师会把学生叫到前面去领，即便那个学生是班上第一名，也没有人知道，当然也没有人理会这个排名。除非这个学生问过所有的学生，然后自己做排名，否则谁也不会知道自己在班上是什么位置。

这就是西方的教育理念，永远不让学生跟别人比，只跟自己比，学生的成功就在于他自己的进步。比如，上次考了八十分，这次考八十一分就是进步，不要管别人考多少分。我觉得，这是很好的办法，许多很好强的家庭，父母会给学校压力，就是想知道学生的排名，老师会对这些家长做出很多解释，比如，每个学生的课程安排是不一样的，所以他们没有办法把综合成绩排个名，他们都是网上自动算成绩的，他们没有办法去改任何成绩，网上软件不排名，老师也没有办法排名。而且，每次考试结束后，老师都会重复说，请家长不要问孩子的排名，因为这个学校班级是不排名的，年级也不排名，问谁都没有用。听说，国内学校现在也反对排名，但又公布前面好的学生的成绩，虽然有了进步，但依然不是尊重学生的做法，而且这种做法产生的是外部压力，而不是内部动力。

公布排名不可取

房超平

公布学生排名引发的悲剧确实非常多。也许看了这个案例后，老师和家长们都应该好好反思一下对待孩子成绩和排名的态度。我的看法，公布排名的做法除了能增加学生的学习压力外，没有任何价值和意义。何况，公布或变相公布排名虽然有给学生增加压力的作用，但这种压力能否转化成学生学习的内在动力，能产生多大的效果，则要打一个大大的问号。

仔细分析不难发现，老师公布学生排名的原因，不外乎希望通过排名影响家长和孩子，给成绩好的学生鼓劲加油，提醒成绩退步的同学多加注意，对成绩不好的学生施加一定的压力，让他们有适度的紧张感。我认为，这些目的要么通过学习成绩好的同学的经验分享来达到，要么通过私下告知成绩不好的学生或家长来达到，完全不必公布排名。除非老师、学校公布或变相公布排名的目的是，让成绩好的同学在全班同学面前有面子，让其他同学羡慕这些同学；或让成绩差的同学觉得自己没有面子，产生羞愧感，进而在以后的学习中更加努力。但前一个目的，对“优生”和“差生”都没有任何价值——对“优生”而言，容易让这些学生产生“一俊遮百丑”、忘乎所以的感觉；对“差生”而言，会让他们的自信心更差，更加缺乏向上的动力。后一个目的则有悖于老师的职业道德，并不会达到老师所期望的让这些学生更加努力的目的。因此，单纯从学校和老师的角度看，实在想不出来公布或变相公布成绩、排名的价值和意义。

家长们希望知道孩子排名的原因就更没有道理了。难道知道孩子的学习成绩比别人好，自己就能找到心理安慰，或者自己在别人面前才有面子？难道知道自己的孩子成绩比别人差，就能给孩子施加足够的压力，或者自己就找到了批评或教训孩子的理由？从本质上看，这样做，并不能帮助孩子解决学习上存在的问题。一言以蔽之，家长们希望知道这个排名的目的，充其量就是保证了自己的知情权而已，并不能从本质上让孩子继续保持优秀的状态，或帮助孩子提升不大好的学习成绩。因此，从家长的角度看，公开学生的学习成绩和排名也没有任何意义和价值。

诚然，作为一种研究学生问题的方法，了解学生每次学习成绩波动的状态，在教学上针对不同状态的学生采取适当的措施，是非常必要的。即便觉得某个学生的学习成绩波动过大，确实需要家长配合、支持，也只能通过家长了解孩子出现问题的原因，或者希望家长能够关注孩子的变化等方式，共同找到帮助孩子解决问题的方法。因此，如果从这个角度上看，公布排名也没有价值。

事实上，学生的学习成绩波动较大的情况不是很多（个别家长强制孩子学习的情况例外），即便一时出现偶然的波动也是正常的，老师大可不必上纲上线，兴师动众，让家长们莫衷一是。而家长更不要因为与其他学生有差距，所导致的孩子成绩排名落后的状况而忧心忡忡，进而使孩子的情绪更加糟糕，问题更加严重。

作为家长，万一遇到非得和排名较劲的老师和学校该怎么办？我的建议是，及时与孩子进行沟通和交流，帮助孩子分析成绩出现波动的原因，和孩子一起协商解决问题的对策。如果孩子对成绩波动的情绪较大时，还要做好安抚工作，告诉孩子别把一时的排名太当真，进步和退步都很正常，找到了退步的原因，就等于找到了解决问题的对策，千万别把压力转移给孩子。

5

化难为易：“学困生”摆脱梦魇的可行办法

【提要】

●老师讲得越多、越详尽，孩子的大脑越容易疲倦。相反，若是始终把孩子摆在主要位置，孩子的大脑就始终处于亢奋状态。

●教学主要的目的是提高孩子的思维力，而不是识记知识。孩子是课堂的主角，就意味着孩子是思维的主人。

●如果要让孩子对这个学科有所突破的话，就必须让孩子真正热爱、研究这个学科，而不是为了拿奖。

●好的学习习惯乃至生活习惯不是老师或家长培养出来的，而是基于学生的自我发现。这种自我发现必须伴随着效率的提高。

●学习动力不是靠老师、家长激发的，它来自于学生的自我需要。只有自我需要得到不断满足、成就感不断增强，学习动力才会不断强化。

●家长要让孩子获得学习、生活上的成就感，激励孩子在原有的基础上不断取得新的进步。

【案例】

七个三十分钟，她向数学落后说拜拜

导读：高一学生小王的家长因为孩子的数学成绩不好而颇感不安，只好找教导副主任王老师帮忙诊断，王老师接受了这个要求。在此后的七天时间里，每天半个小时，王老师从简单内容入手，和小王一起对话“聊”数学，接着，“抖包袱”叫小王做高考题获得自信，观察优秀同学的学习状态，“发现”学习策略，最终提高了小王学习的自信心，使孩子增强了战胜困难的勇气，为孩子奠定了成功的基础。三个半小时虽短，但却为一个孩子开启了美好未来之旅。

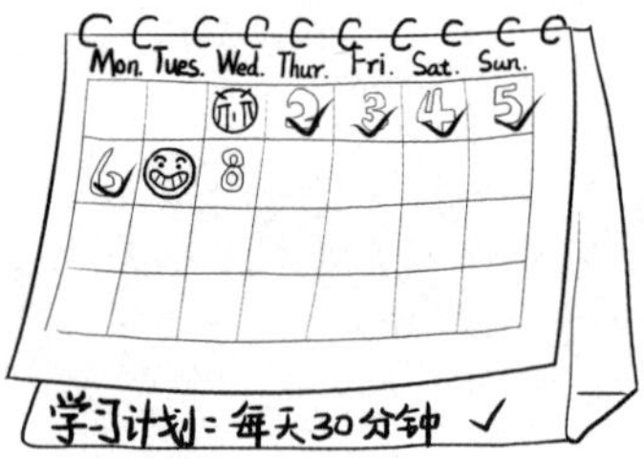

因为王老师长期负责高三工作（先是担任班主任，后成为主管高三工作的教导副主任），又因为王老师所在的学校高考升学率比较高，王老师在当地颇有名望，求王老师给孩子补课的家长还真不少。

一天，王老师的一位老同学找到王老师，对王老师说：“我想让你帮个忙，不知愿不愿意？”还没有等王老师开口，这位同学就说：“不难办，就是让你给‘诊断诊断’，看看我的孩子小王还有没有救了？”

闻听此言，王老师笑道：“我又不是医生，怎么个诊断法？”

“我知道你不是医生，但你能看出孩子参加高考有没有希望？”老同学终于说出了自己找老王的理由，“我的孩子今年中考数学只考了四十八分，不知道这样的成绩上了高中后还能不能考上大学？我原本想找个家教给孩子补一补，可人家都说数学不好补，孩子也没有积极性，因此心里没底，只好找你来看看。”

听了老同学的话之后，王老师寻思了很久，对这位老同学说道：“这样吧，我抽空到你家看看。至于让我‘诊断’下定义，说孩子行与不行，那要等到和孩子交流一段时间后再说。”

“好，一言为定。”虽然没有达到自己的要求，但听到老同学愿意出面了解情况，小王的母亲依然非常高兴。

认真翻阅了高中数学第一章《集合》的内容后，第三天晚上九点多，王老师来到了老同学的家里。

过了不久，小王上完晚自习回到家中。

看到孩子回来了，孩子母亲赶紧把王老师介绍给小王：“这是王老师，妈妈以前的老同学，是学校管高三的老师，很有经验。今天妈妈特意请她来给你谈谈。”

简单介绍完以后，王老师示意孩子母亲离开。

没有想到，还没等王老师开口，小王就说：“王老师，我认识你。你今天是给我来补课的吧？说句实话，我烦老师补课。”

王老师笑了笑说：“孩子，你怎么知道王老师给你补数学呢？再说，你也没有听我补过课，怎么知道我给你补课，就会让你烦恼呢？”

还没有等小王开口，王老师继续说道：“咱们先来个君子协定：如果老师给你讲了五分钟之后，你还是觉得烦，我们就自动终止。另外，即便你很喜欢我给你补课，我每天的补课时间也不会超过三十分钟。好不好？”

听王老师这样说，小王眉开眼笑，说道：“那好，咱们一言为定。开始吧。”

“现在，这个屋子里有几个人？”王老师问。

“这还不简单，两个人。”小王答。

“哦，屋子里‘人的集合’有两个元素。加上你妈呢，几个人？”王老师继续问。

“老师，你不会说，屋子里‘人的集合’有三个元素吧？”小王答。

“你说对了。是三个元素。”

“难道集合的元素数目是可以变化的？”

“那当然啦。”

“你家现在客厅里‘人的集合’有几个元素？”

“0个。”

“也就是说你家客厅‘人的集合’是空集。”

“屋子里‘男人的集合’有几个元素？屋子里‘女人的集合’有几个元素？”

“各一个。老师，一个集合可以分为两个？”

“你真聪明，自己也能总结出规律来。一个集合不但可以分为两个，也可以分为三个甚至多个。换句话说，两个集合、三个集合甚至许多集合也可以合并成一个集合。”

接着，王老师又用数学实例和小王继续探讨集合问题。

……

时间就这样不知不觉地过去了三十分钟，空集、并集等集合的基本概念在王老师和小王的交谈中不断出现，小王丝毫没有厌倦的感觉。

讲课结束时，小王缠着王老师：“老师，你再讲一会儿嘛，我喜欢你这样补课。”王老师笑答：“我们可是有君子协定的哦，大家都要遵守。”

就这样，王老师和小王第一次“聊”数学愉快地结束了。

经过四次这样的三十分钟后，小王对《集合》一章的基础知识和概念基本上熟记于心。

第五次补课开始时，王老师说：“现在我们做一些题目吧。”

“老师，我最怕做数学题了，你可不要给我出太难的题目。”

“不会的，都很简单，你经过认真思考一定能做出来。”

“那好，我们开始吧。”

……

讲解过程中，王老师从最简单的题目入手，等小王做完后，稍加变换，再让小王做，如此反复多次，小王就能够做比较复杂的题目了。其中，有的题目变换的难度已经接近高考的题目了。

整个练习过程中，除了变换或者让小王自己变换，王老师做必要的点拨外，所有练习全部由小王独立完成。

这样的两次习题课之后，王老师把十多个前几年高考与集合有关的题目变形后，尝试让小王独立完成。

在王老师的点拨下，小王经过不长时间的思索，基本上都能做出来。

第七次补课开始时，王老师说：“今天我们检查检查学习的效果，我这里有十道题，你试试，看自己能做对多少？”

“老师，我害怕测试，不会太难吧？”

“不难，你只要认真思考就一定能做出来。给你三十分钟时间。”

三十分钟过后，王老师看看小王的答卷，一道题目没有做，一道做错了。

“你很不简单，能做到八十分。”王老师惊喜地说。

“不是我厉害，而是题目太简单了。”

“是吗？连高考题你都认为简单，还说不厉害。如果高考时，你的数学得了八十分，你就可以上重点了。何况，你还没有经过高三的系统复习呢！”

说完，王老师拿出高考复习资料，把测试题目与之进行了一一对照。

小王看了后，不由得伸出了舌头。

“老师，这么简单的题目其他同学也做得出来。”小王想了想又说。

“其他同学也能做出来？那好，你明天拿着这些题请教你们班数学最好的同学，就说请他帮助你。看看他能做出来几道。你可以告诉他，是你妈妈要你做这几个题目，他帮你完成，你可以请他吃冰激凌。”王老师给小王出了个检验题目难度的主意。

第二天晚上回到家里，小王趴在王老师的耳边悄悄告诉她：“题目确实不是很简单，我们班的数学尖子只做对了七个。”

“看来，你比他还聪明。”

“老师，那我就不明白了，为什么我比他还聪明，他能学好数学，我却不能学好数学？”

“这个问题提得好。老师给你布置一个任务：明天，我跟你们班主任说一声，调换一下你的座位，让你和这个同学做同桌。你的任务是观察他一天在干什么，并记录下来。到晚上回家后，再跟我说说你的想法。你可以不听课，只要把这个任务完成好就行。你完成了这个任务，你就明白答案了。”

“好的。我一定会完成的。”

次日晚上，王老师把小王的父母亲都叫到一起，让他们一起等待着，以便了解小王观察一天后的体会和感受。

小王回到家后，神采飞扬地告诉王老师和她的父母：“我明白了，只要我像他那样学习，我也能学好。”

接着，小王把她记录的情况、感受说给王老师和她的父母听。

在小王叙述的时候，王老师不时插话，提出问题，让小王回答、总结。

此时，小王的母亲瞪大眼睛说：“什么？孩子，你说你能学好，你真的认为自己能行吗？”

“我行，我一定行！”小王毫不犹豫地说。

从此以后，小王的数学学习积极性得到了充分调动，其他功课也有了很大进步，学习习惯更是明显改变。而且，小王还主动要求家长给自己找培训机构培训数学。看到孩子的变化，小王的父母喜出望外，除了给小王找合适的培训机构进行培训外，与以前相比，更多了一份对孩子的信任和关心。小王也从这时起，开始用心补习初中的数学知识，并抓紧时间认真学习新的内容。

学期末，小王的努力得到了回报：期末测试，小王的数学得了七十多分。

三年后，小王考取了一所普通大学。

【解读】

创造使孩子自信心不断生长的机会

引导孩子发现优秀同学的诀窍

黄建海

这是个很有戏剧性和节奏感的案例，五分钟让学生喜欢上数学，三十分钟结束第一次数学启蒙，七天二百一十分钟圆满完成任务——让学生建立起了学习数学的兴趣，开启了向数学落后说拜拜的征程。尤其值得一提的是，最后一次活动的内容，通过观察学习成绩好的同学的行为习惯，激发自我学习的信心和自觉性。整个过程是那么的鲜活又充满教育内涵。

七天二百一十分钟，其实大部分时间老师只是客串，主要是让学生大脑兴奋起来，让学生的思维活跃起来。学生的大脑一旦开动起来，老师就退居二线。根据苏霍姆林斯基的观察和研究，学生天生都有对待智能劳动的积极性。“如果老师的思想少集中一些在教材上，那么学生的智能劳动就能取得较好的效果。”老师讲得越多、越详尽，学生大脑越容易疲倦。相反，若是始终把学生摆在主要位置，他的大脑就始终处于紧张状态。这里，有一个很重要的教育理念，教学主要的目的是提高学生思维力，而不是知识识记。学生做课堂的主角，那他就是思维的主人。相反，老师把持课堂话语权，学生就只是个听众。学生的思维一旦被激活，老师所要做的就是课堂组织，剩下的就看学生的了。

罗素在《社会改造原理》中认为，教育的目的是为了学生的思维，而不是让他们接受结论，“教育的实施应当非常不同：讲课应少些，而讨论应多些。应该多给学生表达他们意见的机会，并且应使教育多关注学生所感兴趣的问题”。其实，苏霍姆林斯基早就看出了问题的实质：“需要识记和巩固记忆的东西越多，越需要概括性地研究，越需要离开具体的事物去思考和推理。”也就是说，识记的效率与创造性思维呈正相关。罗素接触数学不久，就开始对公理的不证自明产生质疑。哥哥怎么也解释不清。罗素说：“如果它们不能被证明，为什么我们要接受它们呢？”哥哥却一再警告他，你不接受知识，就没法学下去了。但事实是，罗素后来成了数学家和哲学家。

这个案例还证明了这样一个简单的道理：幽默是激活学生思维的另一种方法。幽默是知识与智慧激荡后泛起的火花，它能使课堂气氛立竿见影地活跃起来。幽默的老师是可爱、可亲、可敬的，幽默的课堂是活跃、热烈、高效的。前苏联教育家斯维特洛夫指出：“教育最主要，也是第一位的助手是幽默。”幽默可使老师神采飞扬，使学生精神振奋。

恐龙玩偶让数学课妙趣横生

秦九歌

这个案例让我想起了中学时代的数学课。国外，除了中国和印度的孩子以外，其他国家的学生都不参加数学竞赛培训。一般来说，在数学竞赛的前一个星期，老师会在班上问谁要去报名参加竞赛，一不通知家长，二不在学校公布。学生有兴趣就考，没有兴趣也不勉强。而数学竞赛最厉害的人，通常都是白人，因为这些白人学生对数学有热情。我上学时，数学竞赛考得最好的一个同学，就非常喜欢做数学研究，而不像国内是为了拿奖。这充分证明，如果要对这门学科有所突破的话，就必须真正热爱这门学科。

通常老师会把数学竞赛带到课堂上来，让学生觉得这是一件很有趣的事情。我记得我们班有一个趣味数学社团，数学老师用了很多微妙、细小的手段，让我们在日常上课过程中觉得很有趣。比如，他在教室里放一只恐龙玩偶，上课的第一天，就告诉我们这个玩偶的名字叫什么，说这个恐龙玩偶特别喜欢数学，它待在家里学不到知识，所以我就带到课堂上了，希望你们多多教它，它会跟你们一块上课。那个小恐龙玩偶在教室有自己的位置。大家第一天觉得很无聊。然而，当老师看到我们快要睡着了，他就会把那个玩偶拿起来，用玩偶的语调说一些很有意思的话。比如，我们学三角形的时候，他就会拿它出来说，看恐龙背上有棱，这个就是三角形。慢慢地我们喜欢上了这个老师，也喜欢上了这个恐龙玩偶。一年下来，我们还为那个恐龙建了微博，传那个恐龙的照片，这导致很多不学这门课的学生逃课来上数学。后来，这个老师的名声也传开了，大家都要去上他的课，因为上他的课就可以看到那个恐龙。

老师还直接用这个恐龙玩偶作为奖励的方法。比如，要是哪个同学提了一个特别好的问题，他就可以抱着这个恐龙，直到下一个人提了一个特别好的问题为止。那个提了好问题的同学就兴奋得不得了，一直沾沾自喜地抱着恐龙。这样，老师创造了这样一种教育情景：让每一个孩子都愿意思考独特的问题。假如老师说，恐龙只跟考试最高分的孩子坐，那这个恐龙在很多孩子的心目中就失去价值了，因为最高分只有一个，恐龙就不属于每一个学生。特别是，每次考试都会有50% 的人是平均分以下的，这些学生就不会喜欢这个恐龙了。所以他从来没有把恐龙跟学习好联系在一块，甚至班上有学习差的孩子，经常调皮捣蛋的孩子，老师会把这个恐龙丢过去，说恐龙可喜欢说话了，让它陪着你们说话。老师把恐龙丢过去以后，那几个孩子就很尴尬，因为毕竟恐龙先生坐在这里监督着他们，他们就不说话了。

此外，这个数学老师花了很多心思编考试的题目，每个考试题目上都有恐龙的话题，比如，不是说小明和小芳走了多远，而是说恐龙和恐龙妈妈走了多远。最后一个题说，你要是能在这里写一个关于恐龙的诗的话，老师可以加多少分进行鼓励。老师改完所有的试卷以后，会把超级棒的试卷放在恐龙那里。有一次，我很好奇问老师，是怎么想到创造这样一个恐龙呢？老师说没什么，就是我有一天出家门的时候，看到我的孩子在玩恐龙，我就带上了。就这么一个普通的玩偶，伴随了我们一年。一年以后，我们都依依不舍。

我觉得，老师用恐龙玩偶特别微妙。无独有偶，我的一个社会学老师说，只要大家看到安静狼的手势就要安静。我们一开始觉得很荒谬，然而只要老师说安静狼，全班三十多个人都鸦雀无声，甚至一年下来，并不知道触犯了安静狼会有怎样的后果，因为没有人会触犯安静狼。老师这样做，第一，让这个班有了氛围；第二，让学生亲近他；第三，有一个共同的东西、共同的记忆会永远保存在学生的记忆里。

自信心是孩子不断获得成功的累积效应

房超平

其实，这个老师的行为只是遵循了人类认识事物的基本规律——开始时，并没有要求孩子完整或清晰理解数学概念，而是随着教学的深化，逐渐让学生对概念的认识变得清晰、完整起来，进而设法激发孩子的兴趣，让孩子在短时间内喜欢上数学。而只要孩子喜欢数学，就离学好数学不远了。

这个案例可以给老师和家长四点启示：

一是学生的自信心不是老师教育的结果，是学生的自我感觉，是学生不断获得成功的累积效应。换句话说，自信心是学生对自我能力的积极肯定，这种肯定是多次成功之后形成的，是内在的，仅有老师、家长的激励是远远不够的。老师和家长的作用就在于，不断地为学生创设成功的机会。

二是好的学习习惯乃至生活习惯不是老师培养出来的，必须基于学生的自我发现，这种自我发现可以是自己学习过程中的自觉感受与归纳，也可以是对他人好的学习习惯的主动接纳与转化，这种自我发现必须伴随着效率的提高。老师和家长的作用就在于，善于抓住各种教育时机，让学生去发现好的习惯。

三是学习动力不是靠老师、家长激发的，它来自于学生的自我需要，只有自我需要得到不断满足，学习的动力才会不断强化，而不断满足自我需要的充分、必要条件是学生学习兴趣、成就感的不断增强。老师、家长的作用就在于，创设条件，设法满足学生的自我成长需要。

四是学习的过程应该是快乐的，教学的神奇就在于化难为易、化繁为简，让学生感觉到学习是快乐的，难度过大、要求过高只能使学生望洋兴叹。

从这个案例的四点启示中，家长不难找到解决孩子学习落后面貌的有效办法：一是要牢记“信心比黄金更重要”的名言，在任何时候都不能打击孩子的自信心；二是要鼓励孩子在学习、借鉴别的同学学习经验的基础上，总结、完善形成自己学习的经验；三是要千方百计让孩子获得成就感（不论是学习，还是生活上的），激励孩子在原有的基础上不断取得新的进步。

6

建立知识框架和联系：“学渣”逆袭的必经之途

【提要】

●最初的作业是指“手工的”“技术的”及“身体的”作业，带有鲜明的活动意味。后来经过改进，才有了“头脑的”“书本的”及“学术的”作业。

●运动式的作业最终能上升为精神的激越和意志的自觉，比书本作业下的知识和分数重要得多。

●如果语言老师每天把自己授课的时间都限制在十五分钟之内，语法练习不重复讲解，这样的语言课一定会受到孩子的欢迎。

●除了必须巩固当天教的几个题型以外，老师布置的其他作业，孩子都可以选择做或者不做。

●在孩子面临学习困难局面时，家长尤须冷静处理，切不可抱怨孩子。

●把事后恶补变为事前预习，消除新知识学习的“拦路虎”，就能改变孩子学习落后的状态。

【案例】

“他的物理竟然从倒数变成了第一？！”

导读：面对物理学科学困生小罗，宋老师通过引导学生提炼章节核心内容和关键词，建立章节的知识结构和联系。接着，自然而然地进入与这章知识有关联的新知识的构建，形成了对新知识的基本印象和基本框架，再通过相关的练习和改编试题，使物理学习变得简单起来，进而树立了小罗学好物理的信心。最终，小罗逆转了原来物理学习的落后面貌，在本章的单元测试中获得了年级优秀成绩。

谈起物理学科，很多高中同学都会摇头：物理是高中最难的学科，每年高考物理的分数也是最低的，这也是很多学生不愿意选读理工科的重要原因之一。可是，某重点高中的宋老师的看法却正好相反：物理是最有趣、最好学的学科，并用自己的实践证明了这一点。不用说宋老师任教班级的物理学习成绩了，单就宋老师转化物理学科成绩较弱的学生而言，就足以证明这一点。其中，让宋老师最引以为自豪的是她对一个朋友的孩子小罗的成功转化。

小罗妈妈找到宋老师时，已经是高一第一学期结束了。看到孩子和妈妈焦急的状态，好心的宋老师接下了这个艰巨的任务。但一问起孩子的物理学习状态——学习成绩在孩子所在的重点班名列倒数，对学习物理一点信心也没有——对转化问题学生有一定经验的宋老师也不免吃了一惊。

看到宋老师惊讶的表情，小罗低头抱怨起自己的妈妈：“老师说我物理学习不开窍，建议我不要学理科。你有理科情结，还非得让我也学理科，还要找宋老师给我补课。我看还是算了吧，咱们就别麻烦宋老师啦，咱们回家吧。”

“没关系。老师相信你一定可以学好物理的。咱们现在就开始吧。”宋老师很快回过神来，知道自己的表情对小罗产生了影响。

“是吗？”小罗的脸上分明写满了怀疑。

“上学期，你们物理学的主要内容是啥？”宋老师温和地问道。

“好像是运动学吧？”小罗的回答显得很不自信。

不等宋老师说话，小罗又好奇地问宋老师：“老师，你补课不用书本呀？”

“不用。咱们随意聊聊。”宋老师看似漫不经心地说，“你给老师说说运动学涉及了哪些物理量？”

“速度、时间、加速度、位移……”小罗想了想随口说，“好像就这几个吧？”

“不假思索就能回忆起运动学的几个关键物理量，还说你物理没学好？”宋老师夸奖道。

“这都是最简单的内容，不值得老师表扬。”听到宋老师表扬自己，小罗有点不好意思。

“不少好学生还把位移说成是路程呢。”宋老师继续说，“那你说说位移和路程有何区别呀？”

“位移有方向，是矢量；路程没有方向，是标量。”得到宋老师的肯定后，小罗的胆子也大了起来。

“你对物理的理解很到位呀。速度、加速度和位移都是矢量。”宋老师借机提出了一个新问题，“矢量之间可否直接相加？比如，速度和速度能不能直接相加？”

“因为速度是矢量，所以不能直接加。”小罗努力搜索脑袋里仅存的物理知识，“要看它们的角度是怎样的。老师，我没有说错吧？”

“呵呵。你比我的很多学生都厉害，大胆说吧。”宋老师进一步鼓励。

“如果两个速度的夹角为0°，则直接相加；如果两个速度的夹角为180°，则用大的减去小的。”看宋老师要插话，小罗摆了摆手继续说，“我知道，老师想问我方向怎么确定。方向吗？两个为0°时，方向就是原来的方向，两个为180°，方向与大的一致。”

“你说得非常清楚。大胆说，没有关系。万一说错了，老师好帮你改正呀。”宋老师示意小罗继续，“要是两个的夹角不是0°或180°呢？”

“这个嘛……”小罗使劲抓头发，似乎在思考，想了半天才战战兢兢地说，

“好像有个平行四边形法则吧？两个速度作为平行四边形的两个边，合成的速度是对角线，大小与对角线的长短相等，方向是不是对角线的方向？”

“你用寥寥几句话就把速度合成的知识总结得非常好，怎么会学不好物理呢？”宋老师边夸奖小罗，边提出了新的问题，“如果把其中的一个速度当作坐标轴上的横轴或纵轴，把另外一个在坐标轴的横轴和纵轴上进行分解，会是什么样的情况呢？”

“老师，这个有点难度呀。容我想一想。”小罗想了半天后，试探着说道：“分解后，就可以通过简单的加法，先算出横轴和纵轴上的分速度，然后，再通过勾股定理直接计算出由两个坐标轴上的分速度组成的矩形的对角线的长度和方向，这个对角线就是合成速度。不知我说得对不对？”

“呵呵，你用几句话就把这个道理讲清楚了，不错。”夸奖之后，宋老师说：“下面我们做一些练习吧。我建议你根据自己总结的规律，编几道题目：有几个要求，一是两个速度之间的夹角分别为锐角和钝角，二是紧密联系生活实际。练习做完了之后，最好能总结出规律。”

接着，小罗编了两个速度夹角分别为60° 和150° ，轮船过河的实例，并很快做出了答案。完成编题和解题之后，宋老师要求小罗把速度和夹角分别变成v_1、v_2和 θ，总结其规律。

做完练习后，宋老师提出了新的问题，“既然你这么厉害，那试着再想一下，速度和加速度之间的夹角分别为0° 和 180° 时，是什么样的运动？”

“老师，0° 是匀加速运动，180° 是匀减速运动。直接按照匀变速运动的公式计算就可以啦。”小罗直接回答。

“真不错。”宋老师说着，提出了一个新问题，“你能不能再总结一下，速度与加速度夹角分别为0° 或 180° ，合成运动的联系与区别。”

看小罗又要回答，宋老师摆了摆手说：“今天就到这里了，你回去好好想想，明天咱们继续。”

回家路上，小罗对宋老师的任务还是有点担心，毕竟自己物理学得不是很扎实。因此，回到家后，小罗反复思考宋老师说过的话，然后在练习纸上反复尝试解决问题的方案。充分思考之后，对宋老师提出的问题也有了初步的答案。

第二天，小罗很早就按约定的时间来到宋老师家里。显然，他对宋老师和物理产生了一定的兴趣。

一进宋老师家门，小罗就急切地说出自己的看法：“相似之处就是，两者夹角在0°时，速度、位移的方向与加速度始终一致。不同之处，就是在180°时，速度、位移的方向开始和加速度相反，过了一段时间后，就和加速度的方向一致了。至于速度、位移大小的变化，按公式计算就得了。这些公式，我就不说了吧。”

“非常好，老师给你点个赞，这个总结太到位了。物理学不但要定性分析，而且要定量分析。相信你会计算出什么时间、速度、位移和加速度的方向一致。”宋老师给小罗一个大拇指，“怎么样？现在可以根据公式编两道练习题了吧。相信你一定会编出来，并能正确解决。特别提醒你注意，运动过程中，速度和位移的方向并不一定完全相同哟。你在计算时，要认真总结规律，最好能说出什么时候两者的方向一致。”

说完，小罗在宋老师的指导下，编了速度和加速度的夹角分别为0°和180°的两道题目，并总结了夹角为180°速度和位移方向不一致的规律。看着自己编写的练习题，小罗激动地说：“原来物理并不难，我对学好物理有信心了。”

“要是速度和加速度之间的夹角不是0°和180°时，该是什么样的运动呢？”宋老师继续发问。

“这个我们还没有学到。”小罗摇摇头说。

“没有学过，老师也相信你能正确解决。”看小罗有点丈二和尚摸不着头脑，宋老师启发道，“尝试借用两个速度不是0°和180°的办法，想一下，看看能不能找到解决办法？”

看小罗一时难以理解，宋老师看了看墙上的时钟说：“时间已经不早了。今天，就不用回答我了，回家好好想想。老师相信，你这么聪明的人应该会想明白的。想明白后，建议你根据自己的理解，编几道速度和加速度的夹角不是0°和180°的习题。”

第三天一进门，小罗就兴冲冲地跟宋老师说：“老师，我昨天回去认真想了想，夹角不为0°或180°的速度与加速度的运动问题，与两个速度不为0°或180°的运动问题有相似之处。”小罗到宋老师家后，迫不及待地说：“就是把速度（或加速度）的一个放在坐标轴的横轴上，将加速度（或速度）在纵轴上进行分解，然后……”

说到这里，小罗欲言又止。

“怎么不说了，老师正等着欣赏你的高论呢。”宋老师鼓励小罗继续。

“老师，上面都是我想的，不一定对。”小罗看了一眼宋老师，继续说：“所以怕说错了。”

“你讲得这么好，还担心什么。想到什么就说什么。”宋老师微笑着对小罗说，“再说，你说错了，还有老师在，可以帮助你纠正呀。”

“如果是分解加速度的话，在有初速度的那个轴上是初速不为0的匀变速运动；在另外一个轴上，是初速为0的匀变速运动。”受到宋老师的肯定后，小罗胆子大了起来，“这样的话，就可以根据匀变速运动的规律，计算两个坐标轴上的物理量啦。然后，再分别把两个轴上的速度、位移等相同的物理量按照平行四边形法则合成就可以啦。”

“啪啪啪！”宋老师对着小罗鼓起掌来，“你太聪明了。另外一种办法呢？”

“老师，如果是分解速度的话，那么有加速度的那一个轴是匀变速运动，而没有加速度的那个轴是匀速运动。接下来的计算，应该和上面的基本一致。”

“你总结得非常好。你比较一下，用哪一种计算比较简单呢？还有，计算分运动和合成运动时，有一个关键物理量没有提到。想一想，这个物理量在计算过程中，有什么作用？”宋老师追问。

“当然是后一种。因为有一个轴上的计算是匀速运动。”还没有等宋老师问完，小罗就脱口而出，“那个物理量是时间，我们在分析这些运动时，都有一个条件，那就是在同一时间点或同一时间段进行分析。”

“你真的很棒。”宋老师对小罗赞赏有加，“下面，还是你来尝试编练习题，如何？”

接着，小罗编出了速度和加速度夹角分别为30°、60°的两道练习题，并很快就把这些问题解决了。

第三天的学习结束之前，宋老师又给小罗提出了新的问题：“今天，你在讲解和编写题目时，没有考虑到夹角的变化。你再思考一下，当速度和加速度的夹角θ分别为锐角和钝角时，在分解速度或加速度时，有什么不同？”

“我想，现在就思考并回答这个问题。”小罗的积极性非常高。

“不了，今天时间太久了。还是明天吧。”宋老师示意小罗不用着急，“注意思考后，最好编出两道题目来。”

第四天，小罗早早就来到宋老师家里，并快速进入学习状态。

“老师，我想，当θ是锐角时，画图的时候，把30°稍微偏一点，然后，把 30° 写成 θ°，计算时，把 30° 改成 θ°，就可以啦。”得到宋老师肯定的眼神后，小罗继续说：“但问题是，θ 大于 90° 时，怎么办？”

“你不妨先说说自己的想法。”宋老师依然不着急。

“我说不好。总感觉，这个时候，加速度分解后，在横轴上的速度和加速度方向相反。”小罗一边说着，一边在草稿纸上尝试画图。

“你是担心，θ 大于 90° 时，加速度的方向无法呈现吧？”宋老师试图解释小罗的想法，“想想看，加速度分解到横轴上的是 asinθ 还是 acosθ 呢？速度分别到横轴上的是 vsinθ 还是 vcosθ 呢？”

“应该是 acosθ 或 vcosθ。”小罗一拍脑袋大声说，“老师，我知道了。θ 大于 90°，cosθ 是负值。当我们规定，开始的速度即初速为正方向时，负值就代表加速度或速度的方向和初速的方向相反。”

“你简直太棒了。”宋老师喜形于色，“现在，来一起欣赏欣赏你的练习吧。”

“老师，让我再看看。还有一点小毛病，一会儿改好后，再给您指导。”小罗想先把刚才的疑点补充到练习上。

之后，师徒俩又一起订正了练习。

“今天的学习就到这里。你进步很快呀，这样下去，你会成为物理王的。”第四天学习结束前，宋老师如是说，“明天的内容是，你先看看下面的运动：离地面 30 米高处，一个物体在水平方向上以 20 米 / 秒的速度飞出，然后，再研究一下它的运动规律。”

“这不是跟昨天的内容差不多吗？”小罗似乎觉得内容过于简单。

“呵呵，你回去研究后，就知道有没有差别了。先别急着下结论。”宋老师笑了笑说。

这一次，小罗对完成任务充满了信心。

第五天，小罗一进家门，就笑成了一朵花，宋老师随口赞扬道：“看来，你已经想明白了。”

“老师，仔细一想还是有区别的。”小罗对着宋老师说，“这个物体运动的是两个方向的合成运动，开始的速度和重力加速度成 90° 夹角。此外，还有一个条件，那就是物体离地面的高度，决定了物体运动是一个有限的运动，即物体在竖直方向上以自由落体运动到达地面后，运动就停止了。除了这个以外，和昨天交流的内容好像没有多少差别。”

“很好。那你对运动的轨迹研究的结论呢？”宋老师追问。

“这个问题并不复杂。物体在竖直方向上的运动按照自由落体计算，在水平方向上按照匀速运动计算。然后，选择一个时间点，分别计算某一时刻水平和竖直两个方向上的速度和位移，再按照平行四边形法则计算某一时刻的速度和位移，就可以在图上画出轨迹啦。”小罗自信地说。

“你的总结能力比老师还强，物理对你来说，肯定不是难事了。相信你一定可以学好物理的。”看小罗还有点疑惑不解，宋老师进一步解释道，“今天说的这个运动是你们高一下学期要学的第一章平抛运动的内容。课堂上要一周多才能学完，你一天就整明白了。如果这样都学不好物理，就没人能学好物理啦。”

“啊？第一章就这么点内容？”小罗似乎不相信自己的耳朵。

“没错，第一章就叫平抛运动——离地面一定高度，在水平方向上把物体抛出去。”宋老师非常形象地比喻道，“核心内容就这么多。只不过，在具体的学习过程中，会有一些变化，你可以尝试根据你自己总结的规律，改编一些题目。相信这一章你一定能学好。”

“接下来，你可以尝试编几道题了。”宋老师又提出了编题任务。小罗一口就答应了。

……

寒假才开始一周时间，宋老师给小罗的物理补习就结束了。

第二学期开学后，小罗学起物理来特别轻松，心情爽透了。

在随后举行的物理单元测试中，平抛运动一章小罗的成绩竟然获得了全班第一名。面对小罗取得的成绩，同学们赞叹不已：“逆天了，他的物理从倒数成了第一，真是不可思议。”

【解读】

大框架教学是提升教学效率的有效方法

重温作业的意义

黄建海

数学、物理两门主要理科学科，说难也易，说易也难。就像这个案例，难易的转变关键看老师的教法是否高明，学习者学习的主动性是否开启，一旦打通横亘在教与学、师与生之间的“任督二脉”，理科教与学就走上了坦途。在这个案例中，老师用很短的时间帮助学生实现从倒数到第一的逆转。我们在为这一戏剧性变化点赞的同时，有必要从广义上思考一下作业的意义这个话题。的确，今天人们关于作业的认知和实践，似乎已经走得太远，以至于我们忘了为什么而出发。因此，有必要重温作业的本意是什么。

记得小时候上学，临下课时老师开始布置作业。作业都是老师即兴板书在黑板上，学生抄写在作业本上。现在可好，作业的形式五花八门，总的特征是，量大、杂乱，结果是“减负”成了老大难，备受诟病，久治不愈。

姜琦著《现代西洋教育史》一书对作业的原意及其演进做了介绍，回到原点重新审视今天作业的乱象，使人感慨良多。作业最初的含义是指“手工的作业”“技术的作业”及“身体的作业”，带有鲜明的活动意味。后来，经过一批人文主义者的改进，才有了“头脑的作业”“书本的作业”“学术的作业”等。他说：“能有活动、行动、意欲等的作业的学校，依从这种练习使素质发达。”这是作业学校与现代学校不可同日而语的。作业教育原本有着如此经典的含义，却被今天的教育糟蹋成这等模样，实在让人觉得有些悲凉。

卢梭说过：“向来我以为懂教育法的人，他曾知道使学生依从身体的练习与手工，在不知不觉之间养成深思熟虑的习惯。”裴斯泰洛齐就特别注重作业的勤劳教育和工艺训练的意义。其他如费希特、赫尔巴特、福禄培尔等都强调作业教育中，勤快和肌肉的劳作具有特殊的价值，这就是作业教育最初的含义。尤以福禄培尔的贡献最大。德国人今天仍引以为傲，因为这奠定了德国工艺制造一流的根基。

这个案例中的宋老师，每天留给学生的任务——作业并不多，但每一个作业都是关键性问题，都是需要学生去研究、思考的（而非机械的运算），都会引发学生对问题的深入思考，所以学生对物理学习充满了兴趣，并最终喜欢上了物理，提高了物理学习成绩。

精选学习内容非常重要

秦九歌

这个案例中，每天给学生辅导时，老师给学生的学习任务都很少，但这并不影响学生学习的效果，因此精选学习内容非常重要。在国外上学时，我的英语老师每天会把自己授课的时间限制在十五分钟之内。特别是讲授语法课时，老师讲的题型、技巧基本不重复。老师每天都会教学生很多新的内容。在学生玩的时候，老师会重复、巩固一下学生这个星期所学的内容。比如，星期一到星期四的语法课，老师会教学生新的语法知识，考虑到语法很枯燥，老师还会选不同的语法题进行讲授，每个题目考的都是不同的语法点，绝不会让学生把一个知识点的练习做很多遍。而且，老师教语法的方法特别新颖，有的时候是用唱歌的方式来教，有的时候则是以小组比赛的方式，看哪些组能把语法规则背下来等，以巩固这个星期学习的语法内容。

国外老师对作业的概念与国内老师不一样。他们觉得，作业的意义是巩固课堂上学习的内容，能够让学生举一反三，或者启发学生往其他方向思考，而不是要求学生把老师给的所有题目都做完。所以，在课堂中，老师问我们哪个题目还可以变成别的题目的时候，学生已经在举一反三思考问题了。换句话说，老师教学生的时候，不只是教一题，而是教一个类型。这样，以后做与这个题目相似的题目时，学生应该都会做。

比如，我们的数学老师给学生的所有练习都是经过仔细筛选的。上课时，老师只会选择其中的几个题目进行讲解，讲授时会充分解释这些题目涉及的题型。

然后，老师会举例子说明题目的变化规律，并让学生尝试把这个题变成另外一个题。一般来说，老师刚教完一个题目，学生就会立即举手，通过简单变换题目的数字，把题目改成一个新题。在这个过程中，学生学会了举一反三，学会了变化思路。当天晚上的作业，除了必须巩固今天教的几个题型以外，老师布置的其他作业都是学生可以选择的：学生想做就做，不想做就不做。比如，老师会要求必须做五道题，而后面的二十或二十五道题则是学生可以选做的。如果学生愿意做的话，他们对这个学科的考试会更有信心一些，会考得更好。但是不想做也没有问题，老师不会检查，更不会强迫学生去做。

建立了知识联系和框架，学习就变得简单了

房超平

我想从另外一个角度来看这个案例，就是从概念教学和大框架教学两个维度进行思考。在给学生辅导时，这个老师没有从基本知识入手，而是从学生熟悉的运动学的基本物理量入手，引导学生梳理相关的基本概念，进而通过概念的变化，引导学生对相似问题进行比较和推论，归纳、总结并形成结论，最后再把这个结论运用到特殊的运动现象——平抛运动中，让学生非常清晰地建立本章知识与其他知识的联系和本章知识的基本框架。有了知识联系和基本框架，学生的学习就变得简单了，物理成绩的逆天变化就顺理成章了。

在日常的概念教学中（这里的概念是广义的概念，理科包括概念、原理、定理和公式，文科包括概念和基本规律），很多老师只是简单地说明概念的基本内容（其实，这时大多数学生未必能真正理解概念），然后就进入概念的应用环节——讲解练习、反复训练。这样做的结果就是，学生对概念囫囵吞枣，理解不清，老师就开始讲练习，致使相当一部分学生听不懂或一知半解。然后，老师要求学生课后反复练习，学生练习质量不高，老师只好再次讲解，悟性高的学生学明白了，悟性不高或基础较差的学生只好望题兴叹了。

大框架教学的基本思路是：首先，在组织学生复习的基础上，老师引导学生根据以前学习的相关知识和课本上的单元目录、单元前的说明文字，建立单元知识的基本框架，然后画出本单元的思维导图草图。第二，老师引导学生经过小组合作讨论对思维导图进行修改和完善，使知识框架进一步清晰。第三，让学生围绕思维导图，自学有关的基本知识，完成相应的基本知识练习，并在小组内交流，解决基础知识学习中的问题。第四，在知识连接点上，老师给出关键问题，引导学生思考或进行小组交流和讨论，并通过展示交流和老师的引导点拨，达成学习共识。最后，再围绕与本单元知识相关的学科规律，开展思维训练，促进知识的深化和理解。

需要说明的是，在面对孩子学习的困难局面时，家长尤须冷静处理，切不可抱怨孩子，怨天尤人。以下两种思路可供家长参考：一是改事后恶补、学生厌烦，为事前预习，消除新知识的“拦路虎”；二是选择合适的单元或章节，进行单元（章节）大框架学习，改变孩子学习的恶性循环局面，提升孩子的自信心。当然，不论是哪一种，都需要得到有经验的老师的指导。

第七章 走向创造学习之巅

【本章导读】

高中阶段学习内容多、难度大，因此，只有对教与学的过程进行符合学习规律的改造，才能提高教与学的效率。本章的六个篇章从思维导图的运用、对话语境的创设，到关键问题的改造、小组合作的实践，再到学习机制的变革、学生角色的变化，呈现了全新的教学理念和行为，让学生在创造学习中享受高峰体验，走向学习之巅。

1

思维导图：把书本“由厚变薄”的工具

【提要】

●任何形式的小组学习促进学习的道理都是一样的：自主性、探究性、积极性和全情投入。

●如果没有或者较少参与小组学习，或缺乏这方面的体验，不仅孩子的学习构成是残缺的，而且他的知识和智能结构也是不健全的。

●老师要多方面调动学习的因素，比如用图画、动手、展示等方式来切入同一主题。

●思维导图让教学和学习变得清晰、简洁和高效——总结知识、归纳内容、阅读书籍、整理笔记等都可以用思维导图。

●很多老师把“中考、高考”这些词挂在嘴边的原因是，他们的教学使知识、学习、思维的魅力荡然无存。

●如果家长学会了思维导图这种工具，不仅可以指导孩子的学习，还可以运用到自己的工作实践中，提高自己工作的效率。

【案例】

"啄木鸟""注射器"都可以变成"病句分析图"？

导读：在高一语文课堂上，王老师创造性运用思维导图，让同学们梳理课文内容，提炼核心内容。接着，同学们八仙过海各显神通，画出了兼具艺术性和思想性、图形各异的思维导图，并以学习小组为单位进行展示。展示过程中，各组同学根据各自的思维导图，复述课本内容，总结学习规律。由每组一名同学组成的评审小组的精彩评审，把这节课推向高潮。在享受创造乐趣的同时，同学们的学习能力也得到大幅提升。

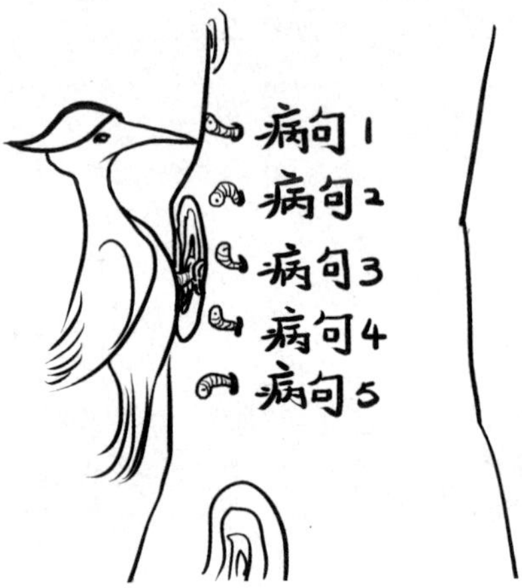

某重点高中普通班的高二语文课堂。学习的课文标题为《有话好好说——修改病句》。

"大家通过查阅资料，翻看注释，应该对课文的内容比较熟悉了。因此，这节课学习的主要任务是画出本文的思维导图。关于思维导图，大家不是第一次画，请同学们用三分钟时间，总结、梳理一下画思维导图的方法。"指导老师王老师开门见山，直奔主题。

三分钟后，王老师用抽签的方法，抽取两位同学归纳自己画思维导图的体会，基本要点如下：第一，逻辑关系要搞清楚；第二，尽量包含所有要点；第三，导图画面要有美感；第四，呈现方式跟别人不一样；第五，尽量用关键词来表达核心内容。

接下来，王老师布置了学习任务：用十五分钟时间，根据课文的主要内容，画出关于本篇文章的思维导图，既可以画病句分析图，也可以画病句修改图，还可以两者兼而有之。画完以后，小组讨论选出本组同学认为最好的思维导图，经过修改后，选派代表把集中本组智慧的思维导图画在黑板上相应的位置或用投影进行展示，并做好向全班同学进行展讲汇报的准备。

十五分钟后，每组同学在各自的黑板位置上画满了各自小组的思维导图。其中，一个组画了一个啄木鸟的图，图上一只啄木鸟正在叼树上的六条虫，每条虫的旁边写着一种病句的原因，另外一个小组则画出了一个装满“药品”注射筒的图，注射筒的旁边用文字标注了“药品”的成分——治疗病句的六种办法。

开始展讲前，王老师再次和同学们回顾了展讲的几点要求：言简意赅，适当解释，观察反应，注意互动，答疑解惑。“展讲结束前，展讲小组要按照三个层次，对其他组的同学进行提问：一、复述内容；二、讲解要求；三、点评建议。”王老师特别提醒道。

安排好接下来的活动后，同学们按照惯例，选派代表抽签决定了两个展讲的小组名单，每个组选派的评审同学也进入了工作状态。

只见，被抽中的第一个小组的展讲同学一边用手指着本组同学画的思维导图，一边侃侃而谈：“同学们，请大家把目光聚集到本组画的这幅图上，我们组画的这幅啄木鸟叼虫图，形象地归纳了病句的六种类型，一是语序不当，二是搭配不当，三是残缺赘余，四是结构混乱，五是表意不明，六是不合逻辑。下面，我们组其他同学分别在自己和本组同学的作文里找了每一种类型的病句，请同学们批评指正。”接着，这个组的同学一一列举不同类型的病句，并对列出的病句一一进行修改。

还没有等第一组的同学展讲提问完毕，第二组同学就齐刷刷站在讲台的左侧，等着出场了。

“刚才，第一组展讲的同学是通过举例对病句进行归类，讲得非常精彩。我们组展讲的内容是，归纳修改病句的方法，请大家看着我们的图，我先做个简单的说明，等会儿，我们组的其他同学还会通过具体的实例，分析修改病句的方法。下面，我来讲解这幅图……”第二组同学的展讲同样博得同学们的阵阵掌声。

待同学们展讲完成后，评审组代表发表了评审意见：“就思维导图而言，每个组都有自己的亮点，展示了大家天才的创意思维和绝妙的美术能力。第一组形象生动，印象深刻；第二组理性逻辑，归纳到位；第三组……就展讲看，第一组言简意赅，突出关键；第二组条分缕析，层次清晰。我们的评审结果是思维导图第一组得分 9.5 分，获得最佳创意奖，扣分点是缺少色彩和层次；第二组得分 9.4 分，获得最佳逻辑奖，扣分点是有个关键词表述不当；第三组获……就展讲结果看，第一组得分 9 分，获得思辨奖，扣分点是对下面一个同学的问题回答不够严谨；第二组得分 8.9 分，获得耐心奖，扣分点是一个同学的展讲稍显不精练。”

下课时间快要到了，没有抽到签的第四小组，申请发言，得到老师的允许后，全组同学站在了讲台上，组长开宗明义说了要补充展讲的理由：我觉得，两个组分别说了病句的类型和修改的方法，虽然归纳都很到位，但由于没有把两者结合起来进行展讲，所以未免两者的因果关系不是十分明显。因此，本组认为，需要通过我们的思维导图对两者的关系进行更加严密的逻辑分析。我先展讲总体思路，其他组员分别举例说明每种类型病句的问题、原因及修改办法……

虽然下课铃声响了，但同学们依然沉浸在忘我学习的快乐中。

【解读】

充分展现知识、学习和思维的魅力

小组学习好处多

黄建海

这个案例鼓励学生以小组形式展开学习，收到了意想不到的效果，尤为重要的是极大地调动了学生学习探究的积极性和主动性。课堂学习变得意犹未尽，学生迫不及待地期待下一节课的到来。

无独有偶，“文革”期间，有五名北京的中学生，自发组成学习小组，展开互助自学，还办了一份手抄小刊物《中学生》。1977 年恢复高考，他们全部考入大学数学系，接着又都考上了研究生，继而又获得国外大学的奖学金，全部走出国门深造。五人中四人是北京四中的学生，五人中有四人是下乡知青，只有一人留守北京。几个人之所以能走到一块儿，一拍即合，与他们共同的兴趣爱好有关。《中学生》其实就是他们自学交流的平台和自学成果展示的平台。留守北京的同学负责淘宝，将四处搜集来的书籍寄给其他几位。他们一起自学数学的目的并非高考，而是为了国家的名誉，为了不虚度青春。1969 年，他们总算首次在北京聚首，第一次会议的开场白是朗诵维纳《控制论》的序言。五人小组的举动感动了恩师，老师承诺无偿给他们辅导。这个时候，他们自学数学的深度与难度已经很大了。此后，小组经过几次风波和挑战，终于等到了 1977 年恢复高考。再后来，他们中有三人在美国一流软件公司任工程师，一人在纽约州立大学任数学教授，一人在中科院从事科研，后任英格兰大学教授。

因此，不论是课内小组学习还是课外小组学习，促进学习的原理是一样的：自主性、探究性、积极性和全情投入。将学习事务的主动权和责任主体交给学生集体。大家围绕一个共同的课题，每个人都是参与者、都是行为主体和直接责任人，没有人愿意置身事外。正如他们中有人说的那样：“假如没有‘五人小组’，那我们今天的生活，完全可能是另一种样子。”

小组式学习理应成为一种基本的教学形态，更应成为学生校园生活体验的有机组成部分。一个学生如果在学生时代，没有或者较少参与小组式学习，或缺乏这方面的体验，不仅他的学习构成是残缺的，知识和智能结构也是不健全的，甚或影响到他的身心发展和人格特征。一句话，少了小组式学习，教育就是残缺的。

眼下，随着新一轮教改的持续推进，小组学习再次浮出水面，走向教改的前沿。一些学校已经开始重新建构教室布局，教学评价也不再囿于一言堂。这节课就是一个案例。有学生如此感叹小组式学习：以前教学好像主要是老师的事，现在教学主要是学生自己的事；以前学习只是个人孤立地闷头苦学，现在是几个人组成的集体热烈而欢乐地学；以前是一言堂和灌输式单向被动的学习，现在是小组集体讨论，是多向主动的学习。总之，小组学习好处多多。

把游戏的“激励性”运用到学习上

秦九歌

“学习游戏化”是一种很好的组织形式，把游戏的“激励性”运用在本不是游戏的东西上，用在学语法、语言、思维导图、绘制图片上，或者进行小组讨论，让学生代表各自小组上台展讲本组的学习收获，能够充分调动学生学习的主动性和积极性。这个案例就给了一个很好的示范。

比如，我高中时的英语老师拿着一种儿童用的游戏枪，对答错的或答案不完整以及没有新观点的同学射出“子弹”，这些“子弹”贴在脑门上很好玩，很有意思。有一次，在学习《生命中不能承受之轻》这篇课文时，老师要求大家总结这篇课文的核心观念，坐在我旁边的白人女孩回答这个问题时，是这样说的：这篇文章的核心是“爱心”。说完这句话后，老师就给她射了一颗子弹。然后，引导大家讨论得出结论：这个同学的答案太模糊了，应该更清晰一点、更具体一点。同时，要根据课本内容说出自己的理由。有时候，老师还会用子弹射那些上课开小差的同学，提示那些同学上课时提高注意力。

我觉得，老师在教学中要多方面调动学习的因素，比如用图画、动手、展示等方式来切入同一主题；在分析事物时，可以采用类似于“语文图形化”或其他不同方式展现内容，加深学生的理解。国外类似的例子是，把单词贴在学生身上，他们自己是看不到单词的，其他同学运用各种方式去描述，让学生用心去体验单词。此外，采用各种方式开展小组比赛性质的活动，可以提升学生的竞争力。当然，小组成员的分配要合理，要特别注意不同类型的学生的强弱搭配。活动中，老师要即时点评“好在哪儿”，及时反馈学生的学习表现；要引导学生对各个小组的活动进行适当评价，说出每个组的优点和不足。

思维导图是知识内容的可视化思维图形

房超平

随着教育教学改革的深入，越来越多的老师在课堂教学中引入了思维导图这种表达发散性思维的图形思维工具，让教学和学习变得清晰、简洁和高效，受到了学生的关注和好评。由于思维导图都能通过辐射线形把中央关键词及其有关内容连接成一个层级放射状图形，因此每一幅思维导图都是一个章节知识内容的可视化思维图形，能够帮助学生提高记忆知识的效率。这个案例中，在老师的引导下，学生运用艺术的手段呈现思维导图，给课堂增色不少，也激活了学生的学习潜能。

我觉得，在学习过程中，老师引导学生编制单元（章节）思维导图，可以分为以下三个步骤。

第一步，整体感知预习，先根据学习的目标和自己的理解，以及课本的目录，做一个思维导图草图，以期形成对知识结构的初步理解。

第二步，学习过程中，根据知识内容的展开，不断添加、完善、丰富思维导图。

第三步，单元或章节学习结束时，根据自己的学习效果和个人对知识结构的深度理解，进一步修改、完善思维导图，使本单元（章节）的知识结构清晰地呈现在一张思维导图上，从而达到书本“由厚变薄”的目的。

其实，不仅在总结、归纳知识内容时可以运用思维导图，在阅读书籍、整理笔记时，也可以运用思维导图。例如，阅读书籍时，可以每读完一章整理一个思维导图，然后再把各章的关键词围绕书的关键词，整理成一本书的思维导图；也可以根据书的目录，整理一个章节或一本书的思维导图，然后再据此加深对书的结构体系的理解。还可以把书的重点内容整理成思维导图，同时将自己摘录、勾画的关键内容整理到思维导图的对应分支下面。整理笔记时，可以根据自己记录的内容，总结提炼某一章学习内容的关键词，以及与这个关键词有关分支的关键词，然后根据自己的理解，把中央关键词与分支内容的关键词整理成思维导图，使笔记的结构更清晰明了。

之所以很多老师把“中考、高考”这些词挂在嘴边，是因为他们缺乏思维导图等类似的有效的教学工具和手段，只能用“中考、高考”这些词汇来逼迫学生学习，是因为他们的教学没有激活学生的思维，使知识、学习、思维的魅力荡然无存。

如果家长学会了思维导图这种工具，不仅可以指导自己的孩子优化、整理、归纳知识，形成清晰的知识结构，还可以把思维导图运用到自己的工作实践中去，提高自己工作的效率。

2

在解决特殊问题中“发现”一般规律

【提要】

●交流与对话的意义重在激活孩子的思维，而非与老师达成共识。在对话过程中，老师只是配角，孩子才是主演。

●对话与交流的关键是：提出问题——思考——追问——解答，问题诱导就是贯穿对话的主线。

●当孩子只是默不作声地听课时，老师应该感到越来越紧张。

●在国外中小学，孩子大部分的学习任务都是在家里进行的，他们回家要看视频、做笔记。而上课时间，主要是解答问题。

●让孩子掌握规律的特点、变化，帮助孩子找到从已知领域到未知领域的“支架”，是化难为易的关键。

●家长应该理解孩子的苦衷，帮助孩子寻求解决问题之道：告诉孩子，抓住基本问题和基本知识，以一种轻松的态度面对暂时的学习困难。

【案例】

“发明数学定理，我能！”

> 导读：高中数学学科黄老师从解决初中学过的一元一次不等式问题入手，引导学生解决与之相关的特殊的一元二次不等式，进而归纳解一元二次不等式的一般规律，使本来难度较高的数学学习变得简单起来，也让同学们对数学学习产生了极大兴趣。

某重点中学高二年级数学课堂上，黄老师给出了一个非常简单的题目：“请大家看这样一个不等式：x−3>0。”

“老师，这个题目我们初一就学会了，太简单了。要知道我们是重点中学尖子班的学生。”黄老师刚写完题目，一个同学就有点不耐烦地大声说。

“呵呵。这个题目简单？”黄老师笑着说，“数学学习本来就很简单嘛。接下来的题目，大家也会觉得很简单。但简单的知识中包含着复杂的道理。大家别着急嘛。”

“‘x+3>0’这个题目呢？”还不等同学说完，黄老师又在黑板上写下另外一个题目：（x+3）（x−3）>0，接着，黄老师轻松地说道：“这个题目也很简单，虽然大家可能没有学过。我相信大家一定会根据初中学过的不等式 $ab>0$ 的性质，来解这道数学题。”

“根据 $ab>0$ 可以变化为两个不等式组的特点，我们可以把（$x+3$）当成 a，把（$x-3$）当成 b，这样（$x+3$）（$x-3$）>0 就和 $ab>0$ 一样，把原来不等式变成两个一元一次不等式组。而解一元一次不等式组对我们来说太简单了。这个题目确实很简单。”过了三分钟后，一个小个子男同学激动地大声说道。

接着，黄老师让学生根据这个学生的陈述，写出两个不等式组，并要求学生快速求解。

当同学们基本做完后，黄老师又写了一个题目：$x^2-9>0$。

“这题与上题不是一样的吗？”还没等黄老师开口，同学们就异口同声地说，“把 $x^2-9>0$ 变成（$x+3$）（$x-3$）>0，再按照刚才的方法做，不就得了。”

“同学们真是太聪明了。没有学过的不等式也会解。”黄老师夸奖道，“大家看看这个不等式，能不能给起个名字？”

“老师，$x^2-9>0$ 这个不等式是一元二次不等式，因为未知数 x 的最高次幂是 2。”

“我们班的同学真是数学天才，能不能再写几个一元二次不等式？”黄老师又一次赞叹道。

同学们纷纷在草稿纸上写出各自的不等式，并展示出来。“你们简直不得了，那么大家能不能再显示一下你们的数学才华，归纳出一元二次不等式的概念？”黄老师进一步鼓励道。

“老师，根据大家写出来的结果，我们小组总结了一下，凡是形如 $ax^2+bx+c>0$ 的不等式，都可以称之为一元二次不等式。a 不能等于 0，b 和 c 取任何值都可以。”一个平时不怎么说话的同学轻声回答。

“你说得真好，比老师想的和课本上总结的都好。要是再大声一点就更棒了。”表扬了这位同学后，黄老师进一步发问：“怎么解一元二次不等式呢？同学们可不可以尝试运用刚才的办法，归纳一下一元二次不等式的解法？”

“用因式分解法，先把不等式左边的二次多项式分解成两个因式，再求解。”

“还可以逆向运用公式法，把有关二次多项式变化成两个因式，再求解。”

“如果不能分解因式呢？”

“可以先把左边的二次多项式变成一元二次方程，求出这个方程的根，再根据方程的根把二次多项式拆分为两个因式，然后求解。”

……

同学们不由分说，展开了讨论。黄老师在旁认真观察，时不时插话提出问题，引导学生把讨论引向深入。

“如果二次多项式变成的一元二次方程没有根呢？”这是黄老师的问题。

“那说明这个一元二次不等式无解。”一个同学随口回答。

“无解？还有没有别的可能？”看同学们默不作声，黄老师继续提示，“比如，$x^2+2x+1+1>0$ 这个不等式无解吗？”

“这个不等式的解应该是所有实数。”细心的同学看出了老师把 2 变成 1+1 的奥秘。

“如果把上述不等式变成 $x^2+2x+1+1<0$ 呢？”黄老师追问。

“那当然就无解了。”另一位同学抢着回答。

“大家能不能总结一下这种类型的不等式的解题规律？”黄老师希望同学们自己总结规律。

……

看同学们总结得差不多了，黄老师又在黑板上写了一道题目：$(x+a)(x+b)>0$。

“老师，题目中 a 与 b 的值比较，哪个大？”沉不住气的学生马上发问。

“我也不知道。”黄老师摇了摇说，“大家可以分小组讨论下。”

随后，同学们又开始进行讨论。

“分两种情况讨论下：一种 $a \geqslant b$，另一种 $b>a$。然后，再按前面的办法计算。”

……

“能不能根据上面的题目，大家总结一下，一元二次不等式的解与相关的一元二次方程的根的关系？我想，凭着大家的聪明劲儿，这个问题不难解决。”黄老师提出了新的问题。

同学们持续投入热烈的讨论中。

……

“呵呵，原来解一元二次不等式，等于先把不等式左边的二次多项式变成一个一元二次方程，求出这个一元二次方程的根，再根据上述规律就可以写出一元二次不等式的解啦。”这个阶段的讨论结束前，一个同学自言自语地说。

“一元二次不等式的解与相应的一元二次方程的根的关系是……”另外一个

同学代表本组同学进行小结，“当方程在实数范围内没有根时，一元二次不等式或无解或所有实数。比如……”

“你们实在是太厉害了，我要加大难度了，把我不会的题目拿出来，让大家挑战一下老师：（x+3）（x−3）（x+5）>0。”

“这个简单，把它变成几个一元一次不等式组，就 OK 啦。”

“（x+a）（x+b）（x+c）>0 呢？”

“这个也不难，分别讨论 a 与 b 和 c 的关系，再把原不等式变成一元一次不等式组求解。”

……

“既然大家这么聪明，我们再换一种思路。如何？”看同学们兴致不减，黄老师让学生画出“y=x−3”的图像。

等学生把图像画完后，黄老师说，大家看看 x 取什么值时，y>0？

“这个图一看就明白，X>3 时，y>0。”

“那么，同学们，x−3>0 这个不等式是不是有了新的解决办法？大家可不可以用这个新发现的解法，解（x+3）（x−3）>0？”黄老师加大了问题的难度。

“这不是很简单呀。令 y=（x+3）（x−3），然后画出它的图像，一下子就可以写出它的答案啦。”这是个平时数学不怎么好的同学的声音。

“（x+3）（x−3）（x−4）>0 呢？”

……

这节数学课，同学们在黄老师的带领下，自觉不自觉地由最简单的内容变化到最复杂的内容，并且总结了求解复杂的特殊类型的高次不等式的规律。同学们都像狼群一样嗷嗷地展开学习，数学学习也显得非常容易了。

【解读】

在创造学习中，让孩子达到高峰体验

对话是有效的学习方式

黄建海

这个案例的要旨在于课堂形态发生了大翻转，课堂教学因不同的科目不同的章节，会演绎出不同的课堂形式。其中，对话是一种常见选项。

弗莱雷在其教育学专著《对话》中指出，“只有通过交流，人类生活才有意义。只有通过学生思考的真实性才能证明老师思考的真实性。老师不能为他的学生思考，也不能将他的思考强加于他们。真正的思考，即关于现实的思考，只能通过交流，不可能发生于孤立的象牙塔之中。只有要求批判性思考的对话，也才能导致批判性思考。没有对话，就没有交流，而没有交流就不会有真正的教育。”交流与对话的意义重在激活学生的思维，而非与老师达成共识。老师只是配角，学生才是主演。

显然，“对话”的目的既在于师生之间彼此真正了解各自的思想和认识，也在于激发受教育者的自主学习的意识。交流重在彼此思想的交锋和观点的碰撞，而非一定要达到某种所谓的共识。对话与交流的关键是，提出问题——思考——追问——解答。问题诱导成了贯穿整个课堂的主线。

“我们没有问题”这句话用不同的评价标准衡量，能得出截然不同的结论。用我们眼下的知识灌输为主的教学评价标准来看，学生听讲认真，能够把老师讲的东西或者课本上的内容完全弄懂，并加以接受和理解，使得知识的积累和对科学的理解能力提高，这是学习好的表现，考试能得高分。相反，美国老师却不这么看，他们认为教学不只是释惑，更重要的是对学生问题意识和质疑能力的培养。不仅在课堂上要求学生积极踊跃提问，发表各自的见解，而且要把这种问题意识与质疑能力应用到科学研究工作中去。

没有疑问哪来探究的动力，科学始于问题。孩子们生来就好问，疑问是孩子的天性。可最近有媒体报道说，高中生的质疑能力不如小学生。也就是说，随着受教育程度的提高，中国学生的质疑问题能力在递减。这是为什么呢？用一位退休中学语文老师的原话来解释这样的现象非常恰当：“好成绩的学生往往太听话，受害最深，丧失灵性。那些调皮捣蛋点的，从小学到中学，紧箍咒箍上十来年，差不多也一个个唯唯诺诺、充满奴性。只有少数人意志坚强，有反叛精神，加上被老师忽略，反而有空间生长。结果，挨了过去，还能成器。”

质疑能力是一种综合素养，包括求知的胆量、探索的欲望、活跃的思维以及动手与实践能力等。一般学习成绩好的学生，缺的就是这些东西。结果就像《《中国教师》杂志所指出的那样：“于是，一个个原本天真活泼的孩子，被训练得规规矩矩，被培养得老气横秋，死气沉沉。于是，一个个失败者和隐性失败者（虽然成绩不错，但对学习已经毫无兴趣和动力，甚至恨透了学习）便被这样的教育制造出来了。”

使项目学习常态化

秦九歌

我强烈赞同这种类似项目式的教学方法。

曾有一位美国老师，谈到在国内教育所遭遇的尴尬。他说，我讲课的时候，常常不由自主地等待学生提问题并与我交流看法。当学生只是默不作声地听课时，我就越来越紧张，最后忍不住对他们说：“你们现在上的是美国式的课，那么试试用一下美国的习惯，好不好？”几十双眼睛盯在我身上，但是没有人说话。我的确感到失败，也下意识地开始逼他们提问。下课后，我一个人嘀嘀咕咕地收拾东西，这个时候有一个学生温柔地对我说：“老师，我们上课不提问的原因很简单，你讲课很清楚，所以我们没有问题，你应该自信一点吧。”我愣了一刻，才感谢她的安慰。她向我甜蜜地微笑后走了，但我觉得别扭得很，这位同学没有听懂我的意思。这位老师事后回忆道，作为一个美国人在中国教书，用老师的权威逼学生改变自己的行为，和殖民主义不是一样的吗？

这种“围绕一件事物或内容”展开的学习，在美国非常风行，它的名字叫“research learning”，翻译过来就是“研究性学习”（注：这与我们国内不少学校专门开设的研究性学习课程有本质的差别）。这应该是美国最新颖的教学方式。在纽约就有这样的体验自然生活的课程。比如“抓蜗牛”，学生会在活动中去了解“蜗牛如何看？”“蜗牛耳朵在哪里？”“蜗牛如何负重？”等，学生会在活动中去主动研究课堂上学过的东西。我也参加过这样的课程，每个学生面前都有电脑，老师到处走动，老师在活动中起的是辅助作用，而不是主导作用。这种教育形式才是教育的未来。

跟大学里的研究生一样，中小学学生也要开展研究性学习，学生知道他们要研究什么，但不知道如何做。所以，在开展这样的学习时，孩子做活动主管，老师在旁边引导，根据学生的学习实际，不时给大家提出一些好的建议。

在美国的中小学，比如有名的“可汗学院”，学生大部分的学习任务都是在家里进行的，他们回家要看视频、做笔记。上课则是解答问题的时间，也就是说，上课时，老师的主要任务是解析学生课前已经完成的题目，并帮助学生纠正错题。这样的课堂非常重视学生思考问题的能力，其目的是把课堂变得更加有趣。

最简单的往往最复杂

房超平

从最简单的题目开始，遵循思维活动规律，由浅入深逐渐不断变化题目，让学生不自觉地由简单内容过渡到复杂内容，进而使学生不知不觉中进入未曾学习过的知识领域的学习，就会使复杂问题简单化。这就是这个案例的关键：老师试图引导学生运用以前学过的知识，通过与新学内容有关的特殊问题的解决，总结解决类似的一般问题的规律，或者是通过具体的简单问题的解决，引导学生归纳出一般的方法和规律。

这个案例上升到人类认识事物的规律就是，从特殊现象中总结一般规律，然后运用这个一般规律解释类似的特殊现象。据此，我们不难发现日常教学的弊端和诟病。在日常教学实践中，大多数老师是按照这样的逻辑顺序：先把基本概念和规律教授给学生，然后再归纳这个规律的注意事项。接着，再运用这个规律解决实际问题。正好与人类认识事物规律背道而驰。为什么学生越来越觉得难学呢？就是因为概念和规律不是学生自己归纳、总结出来的。

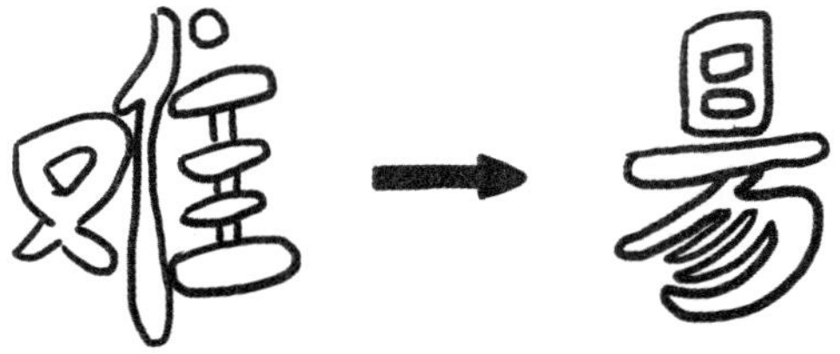

从等与不等的关系看，等是偶然的，不等是必然的。所以不等的变化太多，变化一多，难度就来了。如何让学生掌握变化的规律，帮助学生找到从已知领域到未知领域的“支架”，就成为减小难度的关键。在这一节课里，老师根据不等式由浅入深的规律和几个关键“支架”：$ab>0$ 的性质、$y = x-3$ 的图像以及方程与不等式的关系，把所有要归纳、整理的要素渗透到系列关联问题中，亦即通过系列关联、比较学习，从一元一次不等式和特殊的一元二次不等式的解法的关系这个偶然要素入手，寻求解决一般一元二次不等式这个必然现象的规律，然后通过不同的系列练习的解决，对所总结的规律进行完善，得出相关结论，并把这个规律运用到相应的练习中，去解决特殊的问题，从而使教学和学习变得简单起来。

为什么数学学习变得简单了？因为数学的逻辑性太强了，一环扣一环，这样，学生就会从最简单的问题入手，按照逻辑规律，逐步深入学会相对复杂的内容。反而逻辑性不是很强的学科，如语文和英语等学科，则是比较难学的，因为它是点状的，逻辑性不是很强，某些时候全靠记忆和背诵，从而使学习的兴趣大为减少。那么，在日常教学中，为什么数学、物理这些简单的学科反而变得复杂难学了，还是因为这些学科的逻辑性过强。道理很简单，如果前面的相关知识没学好，后面的学习就寸步难行。从一定意义上讲，逻辑性强是某门学科难学的原因，但也是这门学科易学的原因，正所谓，成也逻辑，败也逻辑。

这个案例和有关的点评，看似说的都是老师的教育和教学行为，与家长的关联度不是很大。其实，这个话题与家长也有非常密切的关系。道理很简单，当孩子的老师没有这种教学能力或者说无法专门针对自己的孩子进行类似的教育，让孩子感到学习困难甚至厌烦学习的时候，家长的态度十分重要。

大多数家长遇到这种情况时，往往采取下面两种态度：一是认为孩子不是学习的料，任其继续发展下去；二是抱怨、责怪孩子太笨，把孩子训斥一顿了事。这样做，只能使孩子最终厌恶这门学科，甚至厌恶学习。

看了这个案例和点评后，也许家长们会理解孩子的苦衷，帮助孩子寻求解决问题之道。我觉得，下面三种方法可以帮到家长：一是告诉孩子，这种现象很正常，不要过于计较一时的得失，抓住基本问题和基本知识，以一种轻松的态度面对暂时的学习困难；二是请有这方面能力的老师（随意找家教是无济于事的）帮助孩子渡过这个难关；三是有能力的家长，不妨自己学习一下这种方式，亲自上阵，给孩子有效的指导。

3

“胖问题”让学习成为创造

【提要】

●教育的微妙之处就在于抓最佳时机，一旦发现某个闪光点就借题发挥，将教学不断推向高潮。

●一个绰号、一个举动、一个建议对于树立孩子自尊和自信都有着异曲同工之妙。

●好老师会告诉孩子该往哪个方向看，而不是告诉孩子该去看什么。

●在平时教学时，老师应该更多地提出“胖问题”，而不是不经思考就能回答的“瘦问题”。

●从本质上看，“胖问题”就是探究性问题、开放性问题、挑战性问题，是能够形成问题串的问题。因此，能鼓励孩子交流与思考的问题都是“胖问题”。

●面对孩子学习停滞不前或兴趣不高的情况，家长要引导孩子把问题变“胖”，从而激活孩子学习的积极性和主动性。

【案例】

“‘老牛’，这个绰号我喜欢！”

导读：在高一物理运动学复习课上，李老师提出了三个“胖问题”。根据李老师提出的三个问题，学生先自学小结，然后，再展示呈现自学效果。在展示过程中，李老师不时追问，激励同学们不断把问题引向深入，致使同学们的学习热情一浪高过一浪。最后，一个同学因为出色的表现，被李老师送了一个绰号——老牛，让所有同学羡慕有加，跃跃欲试，课堂也渐入佳境。

某重点中学高一年级普通班的物理学科运动学模块的学习结束了。

在专家的指导下，担任教学工作的李老师按照惯例安排了一节复习课，不同的是，思维导学实验让这节复习课彻底变了模样。

这节复习课的要求看似非常简单，围绕以下三个要求让学生先自我复习：第一，请同学们用最简单的文字总结本章的知识；第二，每个同学把根据上一个要求提炼出的最简单的文字扩展成一张图，以表达这章知识的逻辑结构；第三，请同学们编一道与运动学有关的题目，题目的条件必须包含四个或以上要素。对第三个要求，李老师特别提醒：“哪个同学编的题目要素越多，就越说明这个同学对本模块的知识做到了学以致用。如果哪个同学把老师也难倒了，说明这个同学已经超越老师了。”

李老师把这三点要求告诉学生后，正准备组织学生自主复习。这时，一个男同学站起来质疑道：“老师，什么叫最简单的文字？是不是字越少越好？如果是的话，一个字可不可以？”“呵呵，你能用一个字把运动学的内容进行归纳，你就是班上最牛的同学。”李老师鼓励道。

二十分钟后，李老师组织学生进行学习效果展示。

刚才的那位男同学说：“老师，我总结出来了，运动学这一章可以用一个字来概括，那就是变。”

“啊？我想了半天，觉得至少也得七八个字，你那么厉害，一个字就总结出来了。快点分享给大家。”李老师的表情充满期待。

“不就是变化嘛。我觉得，运动学有五变：一是变速度，二是变加速度，三是变位移，四是变时间，五是变速度与速度以及速度与加速度之间的角度。下面我谈谈，怎么变的，会用到哪些公式……”这位同学不等老师说完，就把自己的观点和盘托出，一口气说了五分钟。

“好一个‘变’字了得呀。刚才，这位同学说变的时候，我只想到了四变，没有想到他总结了五变，真是不得了呀。看来，我得把讲台让给你，让这位同学来当老师。”李老师对学生的赞扬看似夸张，但却让同学们感到亲切自然，“还有哪个同学对这位同学的意见有不同看法？”

李老师话音刚落，另一位女生就举手发言：“老师，他说的不完全正确，一个‘变’字并不能说明问题，还要加上几个字，那就是‘变与不变’。”

接着，这位同学进一步补充：“变化的是物体运动的几个基本量，这个我完全认同，但不变的是物体运动的规律，是本章所包含的所有运动学公式。”

“啪啪啪。”李老师在用掌声回应第二位同学的同时，进一步夸奖道，“这个同学说的是科学的基本规律。变与不变，可以适用于所有章节的归纳、总结。老师要向这位同学致敬。如果刚才那位同学可以代替我担任老师的话，你可以成为我的老师。”

看同学们把赞许的目光都投向这位女同学，李老师话锋一转，提出了新问题：“大家想一想，适用于所有章节的复习的文字，可不可以再改一下，使之适合于本单元的内容？”

这时，一位平时不大爱学物理的女同学站起来说：“老师，我觉得可以用五个字来概括，那就是速度加速度。”

看同学和老师都把目光转向她，渴望她进一步说明时，这位同学不紧不慢地解释道：“这五个字可以从两个方面来理解：一方面，可以理解为速度加上速度，就是两个以上不同方向速度的合成运动，夹角可以是零度，也可以是180度，还可以是90度。当然，也可以是 θ 度。另一方面，可以理解为速度与加速度，它们之间的夹角是零度时，为匀加速直线运动；夹角为180度时，为匀减速直线运动；夹角始终为90度时，为匀速圆周运动……”

这个同学讲完时，李老师还用眼睛盯着她，那表情仿佛是说：继续呀，我还没有听完呢。直到同学们用热烈的掌声把李老师拉回到课堂现场。

“同学们，我刚才被这位同学的展讲陶醉了。”李老师郑重其事地对着这位同学说道，“今天，我得给你送一个绰号，不知你喜欢不喜欢‘老牛’这个绰号？”

“老师，你怎么可以随意给我起绰号？这个绰号是给男孩子的，我当然不喜欢。”这位女同学说话时脸上泛起了微微红晕。

“呵呵，你误会老师了。”原来，李老师刚才卖了个关子，“大家看看，运动学这一章是不是有一个姓牛的科学家。这个绰号是不是很适合她呀？”

说完，李老师哈哈大笑。同学们也跟着李老师大笑起来。

“这个‘老牛’我当然非常喜欢，只是觉得自己好像不够格。还有，老师，你没有说清楚。牛顿怎么在你那里变了姓呀。”见自己上了老师的当，这位女同学显得有点不自然，“老师，我平时不大喜欢物理。你现在给我送了这么一顶帽子，我再不认真学习物理，就太对不起‘老牛’这个绰号了。”

“老师，给我也送一个绰号吧。”

“老师，我们都想成为‘老牛’。”

……

接下来，学生根据“速度加速度”这个最简单的文字画出了本模块的知识结构图，进而展示他们自编的习题，物理课上高潮不断。

也许受“老牛”这个绰号的影响，也许看似要求不高的这三点要求激活了学生的思维，也许同学们对知识的归纳、理解非常到位，这节活力四射的复习课，让物理这门高中生望而却步的课程，成为同学们的最爱——课堂复习一直延续到晚饭前，同学们还不想结束。

在接下来的半年时间里，那个被李老师叫作“老牛”的女生经过努力成了班级最爱学物理的学生，向着“老牛”的目标迈出了坚实的步伐。

【解读】

思维课堂：科学家的摇篮

绰号能够放大孩子的学习热情

黄建海

绰号，公开的也好，地下的也罢，是校园的常见现象。多数是善意风趣而幽默的，能起到增进师生情感，松弛班级氛围的作用。正如案例中的女生获得“老牛”这个绰号一样，效果可以说是立竿见影：立马感到一种无名的自信和自尊，放大了学习热情。这样的精神状态远比会解一道题的教育意义大得多。

教育的微妙之处就在于抓最佳时机，将教学不断推向高潮，一旦发现某个闪光点就借题发挥，关键看老师的能耐和机智。苏霍姆林斯基说：“怎样才能使学生从自己取得进步和学到知识中体验到自尊感呢？我坚定地相信：通往这一目标的途径，就在于要使知识、智力的丰富性成为学生个性的自我表现……学生应当感到自己的知识、思想、技能是一种荣誉和尊严。如果学生集体只知道某某同学功课学得怎样，只听到他怎样回答问题，那么单靠这一点是绝不会达到上述目标的。”

一个绰号、一个举动、一个建议对于树立学生自尊和自信有着异曲同工之妙。北京有个十六岁的女孩，因心理问题产生严重的自杀倾向，已经在家休学好几年。她母亲求助于孙云晓。这女孩见孙先生第一句话就说：“孙叔叔，你甭劝我啦，我肯定活不过今年。”经了解，这女孩数次割腕自杀，有时从医院治疗回来，第二天又是一刀。原来，她是个有一定天才倾向的女生，很文静，可就是行为有些怪异，经常遭学生捉弄。老师也嫌弃她，因承受不了“屈辱”，于是崩溃了。开始装精神病，逃避这种羞辱，后来就演变成割腕自残。孙先生知晓这个女孩喜欢写作，于是便以非常坚定的口气说：“好！我可以收你做徒弟。保证你发表文章、出书。”条件是要求你写的文章必须完成，要你修改，你就必须修改。女孩接受了这个合约。事态很快出现了转机，女孩的文章写得非常精彩，也公开发表了。许多读者还给她写信交流感想。再后来，这个女孩在私人家庭老师家住了两年，身体恢复正常，并最终考取了一所重点大学。这个案例与孙云晓先生的做法何其相似呀。

团队合作完成创意作业

秦九歌

这个案例给我很多启发，也让我联想起了我们在国外学习时，高中老师给我们布置创意作业的做法。国外的高中学校每到学年年终时，老师们就会给学生布置五花八门、不同类型的作业：录像、情景剧、改名著等。一般来说，这些创意作业都不是由个人完成的，而是由临时组建的学习小组完成的。这些临时组建的小组成员全是同学们自愿报名决定的。对于个别特别调皮的学生，老师会通过与学生协商的办法，把他们分散开来。

在小组团队完成作业的过程中，同学们可以学会很多课堂之外的东西，比如，老师有时候会告诉学生，可以运用画图的方式表达自己的观点；有时候会教给学生作业所涉及的学习领域里的基本词汇，让学生查找相关资料，或通过合作实验，来完成相关的作业；还会让学生尝试当会计，合作完成企业盈利测算类的作业，等等。

在完成创意作业时，每组的小组长会根据各个同学的能力和特长，安排不同的角色和任务。小组作业完成后，每个小组会给老师提交本组的作业。为了把每个同学的表现呈现给老师，在给老师提交作业时，小组长会注明团队完成任务的分工情况，老师则会根据小组成员的分工和作业呈现的结果，给每个小组的成员打上“团体满意度”分数。虽然是同一个作业，但由于每个同学在完成时的分工不同，每个同学的得分是不一样的。然后，老师会把每个同学完成作业的成绩分别装在信封里发给相应的同学。这样，每个人只能看到自己的分数，而不会看到别人的成绩。如果通过查看团体分工和作业，发现有人消极怠工，老师就会给这些学生予以“警告”和教育。

高一时，我们数学课学完指数函数的内容后，老师给我们布置了一道作业：要求我们根据指数函数的公式，解释一个社会现象。我和三个数学比较好的同学自愿组成了一个小组。大家先一起商量用这个公式解释哪个社会现象。开始时，我们先想到解释“网红”以及西尼罗河病毒传播等社会问题。后来，大家一致认为，用这个公式解释欧洲的黑死病现象比较合适。于是，我们对小组做了这样的分工：一个同学负责收集、整理数据和资料，两个同学负责推导公式和计算。作为组长，我负责制作 PPT，设计演讲内容，并给全班同学进行汇报。我们同学都比较喜欢这样的创意作业，课堂上下，大家的学习都非常嗨，热情很高。

把问题变“胖”的策略

房超平

这个案例中老师给学生的问题并不多，却引发了学生的激烈讨论，原因就在于，老师给学生的问题不同寻常。相较于一般老师给学生提出的，不能引起学生深度学习、不能形成问题串的单一问题，这节课老师提出的问题应该称之为“胖问题”。

英国学者泰德 · 雷格分析了一千名国外老师课堂中提出的问题。他把这些老师在课堂上提出的问题分成三类，并做了数据统计：57% 属于管理类问题，35% 属于检查知识和理解性问题，只有 8% 属于鼓励学生交流与思考的问题。我们不难推测，不善于鼓励学生交流与思考的国内课堂，第三类问题的比例会更低。这组数据应该引起老师的警觉。

鼓励学生交流与思考的问题应该是“胖问题”。从本质上看，“胖问题”就是探究性问题、开放性问题、挑战性问题，是能够形成问题串的问题。据此，“胖问题”应该具有如下特点：

（1）没有简单的“正确”答案，不可能在书本上找到现成的答案，学生必须根据所学知识思考后，才能形成关于问题的回答。

（2）“胖问题”是能够让学生产生高峰体验的问题，或能够引发学生高水平思考的问题。

（3）“胖问题”需要学生根据核心概念、基本知识、生活阅历，经过讨论和探究，才能形成对问题的认识。

（4）“胖问题”的结论能够“透过现象看本质”，可能触及某一个主题或某一学科的核心内容。

（5）“胖问题”能够引发其他重要的问题，需要学生运用发展的、辩证的、联系的观点分析解决。

（6）“胖问题”能够挑战未经验证的假设，质疑某些想当然的观点。

其实，在平时学习时，老师可以按照如下三种思路，引导学生把一个简单的记忆性问题变成“胖问题”：

（1）要求学生思考所有可能的答案，而不是让学生想出正确答案。例如：把“请解释欲盖弥彰的意思”这个问题可以改为“欲盖弥彰的人心里都有鬼吗”；把“什么是指数函数”这个问题可以改为“指数函数 $y=a^x$ 中的 a 可以是任意实数吗”。

（2）千万不要这样提问：告诉学生答案，并问为什么这是正确的。例如：把“诗歌《登高》是否运用了比兴手法？为什么？”这个问题可以改为“请举出诗歌《登高》中运用比兴手法的句子”；把“不等式 $x^2+x+2>0$ 没有解吗？为什么？”这个问题可以改为“为什么 $x^2+x+2>0$ 在实数范围内无解？”

（3）把需要记忆的问题变成一个可能引起争议的判断。例如：把“诗歌《登高》运用了什么写作手法？”这个问题改为“杜甫的诗歌中都运用了与《登高》一样的写作手法吗？”把“圆的标准方程是什么？”改为“为什么 $ax^2+by^2=r^2$ 不是圆的标准方程？”等等。

面对孩子学习停滞不前或兴趣不高的情况，家长完全可以借用上述办法引导孩子把问题变“胖”，从而激活孩子学习的积极性和主动性。

4

把该是孩子的任务彻底交给孩子

【提要】

●放手让孩子做学习的主人，就一定能释放极大的能量。

●现在的孩子学习非常被动，即使学得好，将来也不会有多大的用处。

●只要老师努力尝试,任何学科都可以与生活实际紧密联系起来。

●数学天才每个周末去拉斯韦加斯赌钱，把那套系统学会后，就来教其他同学玩转这个系统。

●教改效果好不好，与老师怎么看、怎么想、怎么说没有关系，而只与老师怎么做有关。

●家长对合作学习的不认同甚至反对，是合作学习阻力较大的因素之一。而多数情况下，家长不认同的原因与老师私下向家长宣泄不满情绪有关。

【案例】

“自选学习任务和小组，真是太棒了！”——合作学习案例两则

导读：两节课：一节是语文课，一节是化学课。语文课是学习新课，化学课是复习旧知。但两节课都是小组合作学习的新型课堂，而且都是学生根据自己的优势和兴趣，自选学习内容组成动态小组展开学习。这样的课堂能充分发挥学生的主观能动性，能满足学生选择学习的需要，也有助于取长补短，相互学习，共同提高，因而深受学生欢迎。

案例一：“只有进行现代化、中国化、脸谱化改造，作品才能让观众喜欢”

这是发生在某重点高中高一语文课上的案例，学习内容是俄国作家契诃夫的名篇《装在套子里的人》。

执教的余老师上课后，先卖了个关子：同学们，有个影视投资公司的老板知道我们班同学非常厉害，准备来我们班选择拍摄电影《装在套子里的人》的策划、导演、编剧、音乐、美术和主演。怎么样，大家有没有这个兴趣和能力接受这个挑战？

同学们听闻此言，跃跃欲试：“没问题，我们当然愿意干。老师，你就布置任务吧。”

看同学们热情高涨，余老师索性直接说出自己的想法：“策划就是为了达到一定的目的，充分调查市场环境及相关联的环境的基础之上，遵循一定的方法或者规则，对未来即将发生的事情进行系统、周密、科学预测并制订科学的可行性的方案。说白了，就是千方百计让观众愿意观看电影，提高电影的上座率；导演就是拍摄电影的组织者和领导者，是用演员表达自己思想的人，是把影视文学剧本搬上银幕的总负责人；编剧是以文字的形式对需要拍摄的文章或书目进行整体设计，即把文章改写成演员可以表演的剧本，是电影的表演蓝本；而美术、音乐和主演的作用我就不说了，大家都懂的。我们每个同学都可以选择自己喜欢的类型。现在，大家思考五分钟，自由选择六个不同的组，然后讨论形成你们的意见。怎么样？没有意见就干起来。”说完，余老师指定了每个组的位置，要求学生思

考后，自由分组进行讨论。

接着，班上就像炸锅了似的，一下子热闹异常，同学们按照老师的要求，自愿组成了六个小组，展开了热烈讨论。之后，所有小组都争着要展示自己的学习成果，由于时间有限，余老师只邀请了策划组和美术组的代表进行了展示。

只见策划组的代表慷慨陈词："我们认为，这部电影要卖钱是很难的，理由有以下三点：一是小说很久远了，当代人不一定能接受。比如……二是这个片子写的是俄国的事情，中国观众不一定能接受。比如……三是这个片子的主人翁太猥琐了，没有任何优点。还是那句话，投资有风险，投资需谨慎。如果一定要拍，我们认为，必须进行三方面改造，一是要进行现代化改造，把故事情节和当代结合起来，让当代人能接受。比如……二是要进行中国化改造，给中国观众看嘛，那里面俄国的语言特点和文化要素一定要变成中国人能接受的东西。比如……三是要进行脸谱化改造，主人公要有血有肉，不能没有任何优点。我们计划给主人翁进行这样一些变化……如果这样改造的话，这部片子宣传还有卖点。我们组的意见就是这些。谢谢大家！"

美术组的代表画了一张主人公的肖像，强调这部电影的色彩必须是冷色调的，因为这个片子的基调太低沉了，拍成彩色的效果不是很好。整个建筑和人物服装的颜色搭配也应该强调以冷色调为主。

虽然这节课很快就结束了，但学生的讨论并没有结束，课下还在交流、讨论，积极为第二天的学习分享活动做准备。令余老师喜出望外的是，以前从来都不受学生欢迎的语文自习，被学生自动变成了当天晚上的第一节自习，同学们自学的热情极高。

第二天早上刚到学校，一个男生见到余老师就开心地说道："老师，昨天晚上我做梦了。我梦见我自己成为主演，在电影里演别里科夫了（小说的主人公），真是高兴死了！"

案例二：一堂课可以搞出八种复习方案？！

这是某重点高中普通班的化学复习课，复习的内容是《卤族元素》这一单元，执教的老师姓罗，是一位教学经验非常丰富的骨干老师。

与一般的复习课不同，这节复习课完全改变了老师独自"整理知识，建立体

系，化解疑难，突出关键，强化练习，避免误区”的复习课套路，把老师独角戏的复习巩固课变成了全体同学全员参与的交流提升课，让复习课充满了挑战。

上课伊始，罗老师直接交代了这节课的学习任务：每个小组先用二十分钟时间交流自我复习的效果，自我复习的任务是课前老师布置的复习内容。接着，围绕本组承担的任务，讨论形成本组的结论，写在黑板相应的位置，并做好小组展讲的积极准备。

这里简要说明一下，课前罗老师布置给学生的复习任务是，根据罗老师提示的八种方式，每个组选择其中的一种或自己认为更加合理的复习方法，对本章的知识内容进行归纳和总结。

罗老师课前给出的八种方式是：

一是按照老师平时的复习方法，画出本章的知识结构图或思维导图；

二是把卤族元素跟氧族元素的化学性质进行比较复习，以表格的形式列出这两族元素的异同点；

三是列出这章所有的化学变化及反应方程式，并进行归类分析；

四是列举本章涉及的颜色变化，并进行归类分析；

五是列出本章所有的离子反应方程式，并说明这些方程式的特点；

六是对本章所涉及的计算题进行归类分析，并说明各种类型题目的解题规律和注意事项；

七是对本章老师布置的所有练习进行归类分析，说明每一类题目的解题要点和注意事项；

八是搜集、整理全班同学本章出错的题目，并进行归类分析，说明出错的原因，并给同学们提出避免发生类似错误的建议。

二十分钟后，八个小组分别在黑板上写下了各自的复习内容，除了老师建议的方法外，有的组对本章涉及的化学基本概念和原理进行了归类分析，有的组则把本章知识在生产生活中的应用事项进行了整理。

接着，全班每个组进行了精彩的展讲……

课下，同学们对这节课赞不绝口：

“这样的复习课太精彩了！”

“众人拾柴火焰高，大家复习效果好。”

“每个组用一种方法复习，八个组就是八种方法，一堂这样的课比老师上八堂课的效果都大。”

……

下课后，同学们意犹未尽，自发行动起来，在自习时间继续进行交流和分享，沉浸在合作学习的快乐和享受之中。

【解读】

选择学习使因材施教成为可能

“颠覆”传统还是回归常识？

黄建海

这两个案例直抵课堂核心，撼动常规教学。几次听两个案例，感受都不同：第一次，有点像听天书，觉得如此神奇的教学效果，心里难免有些嘀咕，这可能吗？第二次，记得那是几位教育界朋友聚会的场合，高潮迭起，精彩纷呈，有身临其境之感，内心深处的偏见与疑虑渐渐消退了，一种强烈的冲动油然而生，如鲠在喉不吐不快，特想向世人发出学生学习潜能无限，三尺讲台可以放射万般光彩，小小教室可无限放大学生学问与才艺的呼声。激情过后，冷静思考为什么这么精彩的教学，到底是颠覆了传统，还是回归教育常识。答案当然是后者。因为这样的设计符合因材施教、激发潜能的教学常识，只不过方式、形式上与传统区别较大而已。

一般来说，习以为常的常规课堂教学，老师抱着多一事不如少一事的态度，鲜有人想着去突破，或因新式课堂教学费时费力，干脆想都不想；或因对自己缺乏信心，担心搞砸了；或因对学生心存偏见，担心学生缺乏热情、怀疑学生的能力，教学不好组织，实施起来有一定难度。因此，不少高中老师死守一言堂、满堂灌的正统教学，习惯于驾轻就熟地唱独角戏。其实，像案例所展示的课堂，只要老师们愿意尝试，真的做起来没有想象中那么难。

从技巧上讲，主要是抓住学生的兴趣点，撬动学生自主学习的兴奋点和表现欲，以此为原则对教学内容进行筛选。当然，要选准选好，是要花一番心思的。特别是要多关注最新课改案例，了解最新学科动向，勤于学习，不断思考。

整体教学法是案例又一重要启示。整体教学法有两层含义，一是全员参与，二是多学科多才艺联动。全体学生无一例外地动员起来，参与其中，八仙过海各显神通。教学过程中，学生们始终处于兴奋状态：全情投入，所有学习细胞都调动起来了。就连平时在正统课堂上表现平平的学生，忽然发现自己也有表现的机

会。于是，大家都热情高涨、激情四溢，智慧自然会迸发出来。正像案例中显示的那样，以至于课后很多学生意犹未尽，沉浸在欢腾与愉悦之中。

一个班的一堂课能产生如此大的效应，要是全校所有班级都参与进来，整个校园还不得沸腾起来？一旦形成这样的气候，学风教风校风还用发愁？这就涉及学生在课堂教学中的角色定位问题，有一个词用在这里再贴切不过了：好为人师。我的理解是，好老师善于给学生创造当先生的机会，甘愿把三尺讲台让出来，事实上学生也的确可以成为小先生。陶行知指出，把知识变成空气最好的办法就是运用小先生。知识变成空气，是说教室里每一位学生都是智慧的源泉，老师所要做的就是打开这些智慧源泉的阀门，钥匙就是放手让学生当一回小先生。

多学科联动、多才艺协同有利于促成多种学习方案，结出多种学习成果。原因是多样性与多元化顺应了人的差异性和个性化。案例打动家长的，是他们能从那些学生身上看到自家孩子的影子。我想告诉家长朋友的是，相信吧，孩子学习的潜能大着呢！每一个孩子都有属于自己独特的智力结构和思维类型，都能在自己特长的学科、感兴趣的知识点超常发挥。一位留学哈佛的博士生打趣说，估计把哈佛全校的课程名单一一排列出来，那还不得绕赤道几圈啊。话虽有些夸张，但哈佛开出的课程之多是出了名的，多到人人皆可在其中选到自己中意的课程。这说明，名校充分认识到人的知识需求和心智构成的多样性与差异化。这两个案例遵循的就是选择性原则。有选择，才有个性化教学，人与人之间的差异为个性化选择提供了理论依据。因此，第斯多惠说："不能也不应该使一切人都成为一模一样的人，并教以一模一样的东西。"要满足个性教育的需求，选择就是必然。

让学习与生活的联系更紧密

秦九歌

只要让学生感兴趣，任何学科都可以与生活实际联系起来。我觉得，这在国外应该是一个基本的教学方法。把学习内容与生活联系起来，容易让孩子感兴趣的就是把抽象的东西变得具体化，跟身边的东西有所联系，这样就会让学生比较感兴趣。

之所以语文课那么受欢迎，除了分组学习调动大家的积极性外，更重要的是因为语文最容易联系到生活，学生学习语文就是为了学以致用，分析人物就是为了理解人，从而学会怎么跟人相处。当然，数学课程比较抽象一点，比如学习统计知识就可以和生活联系起来。在学习这一课时，老师教我们赌博，让我们看电影《21 点》，班上很多数学天才每个周末去拉斯韦加斯赌钱，就把这套系统学会了，为的就是教我们玩转这个系统。他还告诉我们，要是你们五六个人一块儿去赌场的话，不要说是我教你的。因为这个牌出现是什么概率，这个花色出现是什么概率，都与统计学有关，全都是关于概率的事情。

化学对我印象最深的就是《化学与食物》这个内容，专门用化学的原理把人们吃的变成各种各样奇怪的东西。比如，我们喝珍珠奶茶，里面的珍珠永远是圆的，老师就让我们结合学习内容，分析为何珍珠是圆的。生物就是让大家认识身边的植物、动物，外出春游基本就是去海洋馆，让我们去摸一摸动物的皮肤，亲自感受。而物理学习时，让我们去游乐场，思考为什么坐过山车不会掉下来，还有就是坐冲天塔时，我们几百个孩子每个人都拿着速度记录仪，记录速度的变化和加速度的变化，下来以后，我们就抓紧时间把加速度和速度的关系搞明白。

至于化学小组学习，让每个组用不同的方法复习，与国外学校的基本一致，值得其他老师学习借鉴。

教育改革从改变自己做起

房超平

小组合作学习是近年来教育改革中关注的热点话题。但说实话，虽然各地非常重视，也投入了很大精力，但大多效果不好，以至于很多学校和老师会产生这样的担心和疑问：这样的改革会不会有点水土不服？这两个案例无疑会给人眼前一亮的感觉。说到底，教改效果好不好，与老师怎么看、怎么想、怎么说没有关系，而只与老师怎么做有关系。东施效颦只会本末倒置，思想不通，本能拒绝，更是得不偿失。

毋庸置疑，很多学校和老师开展教改只是做给上级领导看的。上级领导喜欢什么，学校就跟风做什么。今天，领导对合作学习感兴趣，学校就大肆宣扬自己做了合作学习改革。明天，换了个领导说反转课堂值得借鉴，学校马上推出相应的改革举措。当这样的伪改革、假改革充斥于教育和学校时，教育改革就难以收到明显的成效。

回头来再反思一下这两个案例，有没有形式上的小组不重要，小组交流有没有规矩不重要，学习任务是否事先布置不重要，老师是否参与小组的指导也不重要。重要的是，老师心中有没有合作学习的意识，能不能把合作学习的思路贯穿到教学实践中，会不会提出有效的问题，有没有进行有效的教学设计。为什么很多学校和老师反对改革，不是因为改革本身有问题，而是因为不愿意反思自己在教学中的问题，更不想在教学中投入更多的精力，而是习惯于照本宣科，习惯于旧有的、效率不高的教学行为，习惯于形式化的备课。当然，没有一定的形式，就不可能有真正的内容。但只有小组的形式，没有内容的设计，再有效的形式都无济于事，都会产生相反的效果。如果以不要形式为名，行否定内容之实，则是对教育改革的本能拒绝，这种心态更值得警惕和纠正。

教学效率问题从来都是教学改革争论的焦点。为什么合作学习饱受诟病，还有一个重要原因，就是很多老师认为，合作学习效率不高。听起来，对这个理由的解释也冠冕堂皇：老师讲三分钟就能让学生清楚的内容，学生讨论十分钟也未必能弄清楚。殊不知，老师以为自己讲清楚了，而学生并不一定能学明白。且不说两天以后老师讲的内容学生基本上忘得一干二净，关于合作学习不适合中国学生实际的一个理由也甚嚣尘上：国外没有升学压力，而中国国情不同，考试压力比较大，提升素质会抵消提高成绩的努力。其实，从本质上看，教育教学工作的核心任务不外乎两个，一是解决想不想学的问题，二是解决会不会学的问题。而合作学习的本质，就是通过学生的交流与合作，改变老师单向传递造成的学习厌倦情绪，调动学生学习的内动力，解决学生不想学的问题。之所以在合作学习实践中没有解决好这个问题，就在于老师没有精心设计交流的内容和过程，让学生对意义不大或没有意义的交流与合作产生了新的厌烦。会不会学的问题，在合作学习中也能得到有效解决——相互学习、讨论交流，搞清问题的来龙去脉，就能把概念和知识变成学生自己的话语体系。

家长对合作学习的不认同甚至反对，也是合作学习阻力较大的原因。家长的这种态度，一是与家长自身的认知水平有限有关，二是与部分老师私下给家长宣泄自己的不满情绪有关。家长的认知水平有限可以通过学校的宣传与解释来引导，老师私下把自己的情绪宣泄给家长，希望借家长之口阻挠改革，则需要引起学校的高度关注。简而言之，能不能落实教育改革，还在于老师的观念，老师想通了，全力以赴去做，家长的问题就不是问题，改革的目标就一定能实现。套用一句话就是，观念改革永远在路上。

5

身临其境，学习才会如醉如痴

【提要】

●在任何情况下，孩子都是学校真正的主人。

●老师、家长不应该希望孩子对自己言听计从，变成自己的影子。

●让孩子参与到教学中去，老师就会越教越轻松。到了最后，孩子就会自己教自己，甚至还会教老师了。

●这样学习历史，就是创造学习：置身于历史环境中，身临其境地感受历史；把自己当成历史人物，对历史进行改进和延伸；以历史学家的身份，对历史人物的是非功过给出“评判”。

●把学习变成创造过程，老师需要思考这样一个问题：本学科的核心价值是什么。

●孩子所要学习的任何知识都是“新”的知识，完全可以根据自己的已有知识产生新的认识——“发展知识”，形成新的“规律”——创造“规律”。

【案例】

“我是‘李大钊’，请大家关注当下的中国现实！”

导读：在老师的指导下，同学们或以《百家讲坛》形式慷慨激昂地陈述史实，或以模拟话剧灵活多样地重现场景，或以快板表演言简意赅地总结规律，或以反转话剧合理大胆地“改造”进程，或以专家身份掷地有声地评点过往……仿佛置身于历史事件中，俨然一个个历史人物，学习也因此变得兴致盎然、魅力无穷。

“欢迎大家收看第二期“百家讲坛”，我是讲解员……”听到这样的开场白，读者也许会感觉自己真的置身于中央电视台的《百家讲坛》节目现场。其实，这一幕发生在某重点高中一年级历史主题教学《近代前期的西学东渐》的课堂上。在张老师的组织和策划下，同学们用鲜活的手段,真实再现或者“改写”历史——课堂氛围高潮迭起，趣味盎然。更为重要的是，他们“讲的是故事，说的是道理”，他们寓教于乐，将历史中的智慧演绎得淋漓尽致。

在每个小组展示之后，由每个小组一名同学组成的评审团对各个小组的表现予以点评和小结。

场景一 “百家讲坛”——《李鸿章》

“我今天要给大家讲的人物极富传奇色彩。他身为重臣，对外建功，对内立业。但由于他的身世及其所处时代的特殊性，他成了一个背黑锅的天王。为什么我称之为‘背黑锅的天王’呢？且听我详细地说来给大家听一听。”……“弱小的中国出了这么一个有才华的李鸿章却一点用也没有，所以说历史的发展归根结底还是取决于制度。一个好的制度能使一个国家、一个民族走向繁荣昌盛。所以我们不仅仅要崇拜英雄，也要崇拜那些好的制度。只有好的制度才能推动一个国家的前进，推动一个民族的发展。有了好的制度，国家发展了，也就不会出现李中堂这样背黑锅的人了。”

听完该同学主持的“百家讲坛”，张老师赞不绝口：“你的语言有非常气势，而且能寓教于乐。讲的是故事，说的是道理。非常棒！”

“一个民族只靠英雄，是不能强大的。有了好的制度，才能立于不败之地。”该同学又补充道，“确实，一个国家光有英雄是不够的，还必须要有好的制度。客观地说，李鸿章是一个非常有才华的人，也是一个非常有视野的人。但就是这样一个人，却背上了卖国贼的骂名。你说他愿意去签《马关条约》吗？当然不愿意，他当时也是服从国家的需要。所以，一个坏的社会、坏的制度，能使人变为鬼；一个好的社会、好的制度，能使鬼变为人。”

该同学发言之后，评审团的同学做了精彩点评：“从中我们不难看出，这位同学，为了刻画好李鸿章这样一位历史人物，课前一定做了充分的准备。更重要的是，通过讲述李鸿章这一历史人物，阐述了这样一个唯物主义的历史规律，那就是时势造英雄，英雄人物可以对历史的发展起到推动作用，但不能起决定作用，英雄人物的作用是有限的，不能无限夸大，个人在历史的洪流中是渺小的。”

场景二　快板——《中国近代史》

大家喜闻乐见的娱乐形式——快板也走进了历史课堂，请看同学们的精彩表演：

则徐虎门销鸦片，海国图志魏源编；中英南京条约签，大冤！
洪秀全起义金田，太平天国南京建；慈禧洋枪华尔命，西天！
英法烧我圆明园，宗棠新疆缓急战；俄国抢地百多万，太贪！
甲午中日大海战，邓世昌敢撞敌舰；李伊马关条约签，现眼！
山东直隶义和团，扶清灭洋不简单；廊坊打得八国鬼，逃窜！
自强求富搞洋务，造船开矿学织布；水师学堂和运输，新路！
康梁公车来上书，天演译述有严复；光绪变法慈禧哭，颠覆！
中山同盟三主义，武昌起义得胜利；民国政府一建立，临时的！
独秀上海新青年，白胡狂鲁李大胆；民主科学大旗展，新鲜！
北京五四好青年，爱国精神世代传；一大党建新面貌，焕然！
中山创办黄埔校，培养人才最重要；北伐叶挺克两桥，快刀！
南昌起义在八一，秋收井冈插红旗；红军长征大转移，被逼！

九一八事变在沈阳，东北三省全沦亡；张杨西安竟敢抓，老蒋！

七七事变卢沟桥，全国抗日战火烧；南京屠杀土变焦，没人道！

宗仁血战台儿庄，日军哭爹又喊娘；德怀百团大战场，真爽！

七大召开在延安，抗战胜利光明现；百年耻辱党驱冤，关键！

国共双十协定签，重视重庆去谈判；老蒋假和真内战，揭穿！

全面进攻扑个空，重点进攻化泡影；刘邓大军一阵风，真猛！

辽淮平津大决战，百万雄师过江南；南京政府一垮台，全完！

通过这段脍炙人口的快板，同学们将一百多年的中国近代历史简单而又形象地勾勒出来，既形象生动，又线索清晰。正如同学们所说："学习历史最简单，就像近代三句半，找对方法最好办！"

"历史的发展纷繁复杂、千头万绪，但在这个表演中，同学们抓住了中国近代史上的一些关键事件，从政治、经济、思想文化、军事、外交等角度，全方位、立体地将一整部中国近代史呈现在大家的面前，构建了中国近代的历史框架，从宏观上把握了历史。这种学习，比任何的传统历史课堂更有意义、更有效率，也更能培养同学们的能力，提高同学们学习历史的兴趣。"评审团的同学对这个快板予以高度赞扬。

场景三　话剧——《李大钊》

"去掉一个最高分,去掉一个最低分,我宣布第四小组的最终得分是67.5分。"这一幕不是发生在电视台的选秀栏目，也不是出现在这次历史展示课上，而是评审团的同学们对各组同学们的表演进行点评、打分。

且看同学们的精彩表演：

"先谢谢大家来参加这次会议。大家都是明眼人，咱们多么清楚地看到，北洋军阀这些年都做了些什么？政局不但没有任何改观，反而更加混乱。整个中国可谓是乌烟瘴气，群魔乱舞，廉耻丧尽，贿赂横行。现在，人心思变，江河日下，国之不国！"这段慷慨激昂的陈词，来自由小牛同学饰演的"李大钊"。

除了"李大钊"之外，参加这次"会议"的还有基尔特社会主义者、无政府主义者。他们在这次"会议"上与"李大钊"展开了激烈争辩：

"在我看来，用暴力推翻政府，用革命手段打破现有的制度，只会让国家更加贫困、人民更加痛苦，所以必须走改良主义道路！"

“中国要想富强不受洋人欺负，就必须学习西方国家的制度。现如今中国产业落后，工农无知，没有实施社会主义的物质条件和阶级基础，共产主义运动急不得。眼下，咱们应该依靠资产阶级，发展资本主义，这才是打倒军阀、富强中国的上上策！”

“共产主义一定能救中国！但前提是必须实现无政府的共产主义。废除国家、废除阶级、废除组织纪律，实行绝对的自由，那才是最美好的社会！”

“个人与社会、自由与秩序，原是不可分割的东西。离开社会，已无所谓人。中国想要实现共产主义，必须要走社会主义道路。只有效法俄国共产党，走十月革命道路，中国暴力革命，国势正喧，建立无产阶级专政的、人民当家做主的新型国家！”

看完同学们的表演，张老师若有所思：“这段话剧表演，同学们不但营造了很好的历史氛围，而且对中共成立的这段历史有了进一步了解，特别是话剧里提到的基尔特社会主义者、无政府主义者这些历史知识，教材里并没有提及，这无疑是对教材内容的拓展和提升，不仅增加了同学们的知识面，而且激发了同学们去主动探究历史、学习历史的兴趣，并用史实来说明历史发展的潮流和规律。”

评审团的同学们也为这个组的同学点赞：“他们以开会辩论的形式，为同学们再现了当年的历史。这种形式比较新颖，在会议中，他们主要讨论了中国该怎样走、走什么道路的问题，指出了资本主义在中国是行不通的，只有无产阶级才能领导中国人民革命走向胜利。”

场景四　话剧（反转剧）——《戊戌变法》

康有为：“皇上！如今外国列强侵略我大清，中国已经到了生死存亡的关头，想要打败侵略者，唯有变法！”

光绪皇帝：“那太后那边怎么办？”

梁启超：“皇上，您不能再这样了！……如果您一味地软弱下去，估计太后就要登基了！”

慈禧：“千年沿袭之旧制，怎能说改就改？简直有违纲常！大清的江山，本就该按着祖宗的做法来治理，这一代一代，不都富贵繁荣吗？哀家断不能相信这变法能变出个花儿来？！”

光绪皇帝：“如今这形势您不是不知道，唯有变法自强，才能使大清江山永固！”

慈禧："皇帝要这样做，不仅哀家看不起你，恐怕爱新觉罗祖宗一辈都看不起你，变法不可！"

皇上见慈禧太后不支持变法，转而向手握重兵的袁世凯寻求支援："朕有一事相求。相信朕要变法之事你也知道，可是一班大臣还有太后百般阻挠，你的话对太后最有用，要不你在太后面前说一说如何？"

"皇上，恕臣难以从命！太后是最尊敬老祖宗的了。况且，她老人家对康有为等人是什么态度，您也知道。臣不敢得罪太后！"

光绪皇帝请求袁世凯支持变法遭拒，于是，趁有一天，在慈宁宫进见太后的机会，联合侍卫发动政变，囚禁慈禧太后，推行变法措施，一举取得成功，中国历史进入新的历史发展征程。

话剧表演结束，张老师提问："你们的话剧表演非常特别，把真实的历史'改写'了，那你们想要通过这种改变来说明什么样的历史规律呢？"

对老师的疑问，这个小组的一名同学马上回答："我们要说明的是，治国要顺应历史规律。维新变法本来是一个正确的选择，但真实的历史是在慈禧太后的干预下失败了，我们把这个结局反转了。所以，在节目的最后，我们也借'慈禧'之口，点出了一个历史规律，那就是我欲以旧制治世，看来，与时俱进才是真理。

张老师进一步点评："历史人物对历史是有推动作用的。如果光绪是像康熙一样的皇帝的话，可能事情也会发生新的变化。"

"这场话剧一方面再现了当年戊戌变法背后的宫廷政治，折射出当时中国政局的复杂性，同时，同学们在编写话剧时开展大胆的想象，并'改写'历史，这不能不说是一种崭新的尝试。"评审团的同学对这个话剧给出了最高评价。

在课程结尾时，张老师用几句话对同学们的表现给予首肯："世界名画中的蒙娜丽莎，你如果觉得她是忧伤的，她就是忧伤的；你觉得她是微笑的，她就在对你微笑。因此，同学们，历史学科就像学习中的'蒙娜丽莎'，大家觉得它是有趣的，它就十分有趣！"

……

九十分钟的课堂学习，每一个同学都如醉如痴，下课铃声对他们而言，不再是一种解脱，而是下一节更为精彩的课堂学习的集结号。

【解读】

孩子才是学习的主人

为思想的个性化表达创造机会

黄建海

我们不妨设想一下，课堂上学生你方唱罢我登场，轮番表达自己的看法和见解，既是讲师又是听众，既是学生又是老师，既是编剧又是主演。这该是多么活泛的一堂课。其实，课堂上的“百家讲坛”做起来并不难，难的是老师的策划与舍得。

德国学者凯斯特纳在开学致辞中规劝新生们说：“不要把教师的讲台看作是皇帝的宝座或是传道的讲坛！老师坐得高一点，不是为了让你们向他祈祷，而是为了使你们彼此看得清楚一些。老师不是教官，也不是上帝，他不是一切都知道，他也不可能一切全知道。假如他装作知晓一切的样子，那么你们宽恕他就是，但不要相信他！相反的，他若承认，他不是一切都知道，那你们要爱戴他！因为他是值得你们爱戴的。另外，正因为老师并不是理应受到这么大的爱戴，所以你们对他的仰慕将会使他感到由衷的高兴。还要说的一点是：老师不是魔术家，而是一个园丁。他可以并且将抚育和培植你们，但成长全靠你们自己！”

这段话是要明确地告诉孩子们，他们尽管还只是个孩子，可是他们才是学校真正的主人。这倒不是因为孩子小，需要格外予以关照，才把他们当成是主人。而是叮嘱孩子们从踏入学校大门的那一刻起，就一定要坚信：你就是你自己。作为主人，学生享有精神与思想的独立性。学校应当为实现思想与精神的个性化表达创造条件和机会。否则，完全遵循学校现行体制，学生很可能被教育成委曲求全的工具而不是一个大写的人。

“我最不喜欢 me too。”这是著名生物学家、诺贝尔生理和医学奖得主查理 · 罗伯茨最为推崇的一句教育口头禅。当然，这也是对他本人教育历程和科学研究实践的总结。他说：“你知道吗，我从来都是一个让老师头疼的学生。但老师们并没有因为我调皮而不喜欢我，他们希望我不要听从权威，变成他们的影子。

他们不想让我和他们一样。”针对中国学生的实际，他特别指出：“每一个中国学生也要挑战自己的老师，不要盲信老师教你的一切。”当然，在中国式应试教育大环境下，这是需要一定勇气的。

学校是什么？学校就是给学生展示各种潜能的地方。什么是真正的教育？真正的教育就是百花齐放，百家争鸣。绝不是老师独霸三尺讲台。就像出彩中国人、阳光达人以及中国好声音等节目所表现的那样，只要有合适的土壤、充足的水分和阳光，禾苗总会茁壮成长起来的。

浸润在学生的成就感与幸福感之中

秦九歌

我们能够明显地看到信任是如何在案例中体现的。看来，那些并没有把自己看得很重要的老师或家长，或者那些通常不把自己置于权威地位的老师或家长，能够真正地浸润在学生取得的成就感与幸福感之中。这样的老师和家长值得所有老师、家长学习。

我上高一时，有一个白人男同学做任何事情都非常执着。为了实现在学校里盖一个有太阳能屋顶的房子的想法，他查找了很多资料，设计了图纸，并通过各种方法拉赞助、找资源，并最终建成了他设想的建筑。完成这个建筑后，校长在全校同学面前表扬了这个同学。他说：“如果我现在是这位同学小时候的同学，我一定会这样想：我长大以后，要成为他那样的人。”这样的语言对这个学生是多大的鼓舞呀。

2017 年大年初一，我妈妈带的学生在家里分享收获和体会。一个以前性格非常内向的姓徐的高中男孩对大家说："以前，我总以为，自己的父母就是为了让我能考上好大学，因此各门功课我都不认真学，成绩也比较差。"他说，经过刘老师（也就是我妈妈）的引导和教育，他慢慢体会到，父母对他的爱远远胜过让他上大学的期待，因此学习逐渐变得认真了，在两年不到的时间里，他除了英语外，各门功课都拿到了 A，而且还参加了各种夏令营，性格也变得非常开朗。在旁边听他叙说的父母亲激动得泪流满面，沉浸在孩子的成就感和幸福感中。

我觉得，在家庭教育方面，你小时候养孩子养对了，越养越轻松。学生学习也是一样的道理，老师一开始抓住的观点抓对了，之前想东西想对了，也是越教越轻松。很多时候，国内的老师教书蛮辛苦的，每天说话两个多小时多不容易呀，站两个多小时也不容易呀。我教课的时候，最烦的就是学生不喜欢，无精打采的样子，这对老师来说是最大的折磨。老师要尽最大努力让学生对自己的科目感兴趣，这会有很多精力上的消耗。但如果老师让学生都参与到自己的教学当中去，老师就会越教越轻松，到最后就是学生教自己了，或者学生教老师了，老师也就不用花很多的精力教他们。

如果老师能让学生沉浸在获得的成就感和幸福感之中，对老师来说，备课也变得更加容易了，学生也会更喜欢老师，这是多赢的情况，学生学得更多，跟老师的关系更好，老师也会轻松一些。此外，举行一些友好型的竞赛，特别是那些旨在发展参赛者对于学科的热情或培养基础型技能特长的竞赛，是一种使课堂更加丰富、完整的越来越重要的方式，老师应该不遗余力去实践。

"创造"规律，其乐无穷

房超平

这节历史课例是真正的创造学习。在这个课堂上，学生学习历史知识，不是机械重复过去的知识内容，而是置身于历史环境中，身临其境感受历史；或者，把自己当成历史人物，按照自己的设想对历史进行“改进”和“延伸”；或者，处于当时条件下，设想历史可能的演进或变化；或者，以当代中学生的身份“采访”历史人物，对历史人物的是非功过给出“评判”。如此这般，学生学起历史来，就会乐此不疲，就会主动把课堂学习延续到课外，期待着进入后一阶段的学习。

改进历史是一个非常开放性的话题。回到历史学科本身，老师需要思考：历史学科是干什么的？历史学科的核心价值是什么？难道就是要孩子们记住那些冰冷的知识吗？绝对不是。历史科学的核心价值就是以史鉴今，就是让历史告诉未来，就是通过学习历史，让学生知道怎样在今后的社会化进程中改变人类发展的进程，这些都应该是学习这门课的根本目的。而为了这个目的去学习历史的时候，历史学习应该是最有趣的。这个时候的历史学习，就超越了低阶和中阶思维，已经到了创造性思维这个高级思维阶段。我觉得，每一门学科的老师都应该思考本学科的核心价值和追求。

对于学生而言，学生所要学习的任何知识（其实质是人类通过实践创造获得的对客观世界的认识）都是“新”的知识。因此，在教学设计过程中，老师可以通过对知识（包括概念、理论）的形成和发展过程（这也是我们为什么提出要学习学科史的原因）的认真分析中，提炼出人类认识这些理论或概念过程中所必须知道的重要信息或必须实践的重要活动，引导学生在从已知的知识（亦即我们所述的预备知识）、信息、经验中，思考、分析产生新的认识——“发展知识”，形成新的“规律”——“创造规律”。在“发展知识”“创造规律”的过程中提高学生的学科观念和学科素养，提升创造性思维和创造能力。

创造性学习需要创造性思维，创造性思维能够引发学生的高峰体验，能够让学生感到知识的价值、学习的乐趣、思维的魅力。家长和老师在追求高分的同时，应该更多关注学生的创造性思维活动，因为有了创造性思维，就有了学生学习用之不竭的内动力，而有了强劲的内动力，学生的学习不愁学不好。

6

把练习课变成高级思维训练过程

【提要】

●会编题的孩子就一定会解题。

●课堂教学应该不断地“制造”问题，从而使教学始终处于问题—追问—答案—新问题—继续追问—新答案的无限循环。

●文科学科可以用因果对调、增减条件、情境变化及问题分解四种办法改编习题。理科学科还可以用变化数字、数图变换、数变字母等方法改编习题。

●家长一定要鼓励孩子有效反思，多做改题、编题训练，从而激活孩子的思维。

【案例】

“我也能编高考题！”

> 导读：五个环节，五个步骤；多次展示，多次挑战，使一节普通的物理习题课变成了一次高级思维训练活动。同学们根据老师给出的题目改编模板，尝试改造题目，学习改编规律，开展思维训练，强化能力提升。

某重点中学高三年级年轻物理老师小胡，不喜欢因循守旧。因为第一次担任高三复习课教学，小胡老师没有任何经验。即便如此，小胡老师也不想像他的前辈那样设计复习课。

经过反复思考，小胡老师决定改变学、练、考、讲的“四步”传统教学流程，设计了新颖的复习课教学思路：让学生根据各自的基础和能力进行改题训练。

为了把这个思路落到实处，达到激发学生学习积极性的目标，小胡老师选择“机械能守恒定律的应用”这个内容，设计了包含五个具体环节的教学流程。下面是这节课实施的具体过程。

第一环节，实例示范，指点迷津。这个环节时长三分钟。

在这个环节，小胡老师在电教平台上事先给出了一个题目变化的实例，并让学生通过这个变化，了解把一个识记性问题逐步转化为理解、分析、应用、评价和创造五类问题的途径。

小胡老师给出的识记类问题是：机械能守恒定律的内容是什么？转化的步骤为：

第一步，转化为理解类问题。下列两种情况下，机械能是否守恒，并说明原因：1. 合外力为零；2. 没有外力。

第二步，转化为应用类问题。物体只发生动能和势能相互转换时，机械能一定守恒。这个判断为什么是正确的？

第三步，转化为分析类问题。一个物体从H米高的光滑斜面顶部滑到斜面底部，与这个物体从H米高处落到地面时的速度一样，这两个运动过程中的机械能守恒吗？

第四步，转化为评价类问题。某同学说，没有摩擦力和阻力做功的情况下，机械能一定守恒。请你对他的说法进行驳斥。

第五步，转化为创造类问题。请结合下列实例，按照所学的知识，推导机械能守恒定律：物体以初速为V从高度H的光滑斜面顶部下滑到斜面底部。

第二环节，整理思路，揭示规律。这个环节时长四分钟。

在这个环节，小胡老师根据上述实例，讲解了如何把一个识记类问题转化为其他类型问题的思路。

首先，小胡老师对识记类问题做了解释：识记类问题表达的方式是：说出_____的意思。

其次，小胡老师逐一说明其他类别问题的表达方式。

一、理解类问题表达的是：_____的主要意思是什么？

二、应用类问题表达的是：如果有关条件变化了，______会发生什么样的变化？

三、分析类问题表达的是：________与哪些内容有相似（相异）之处？

四、评价类问题表达的是：请你对________的主要观点进行辩护（或驳斥）。

五、创造类问题表达的是：关于________，你还有其他的想法吗？

最后，小胡老师告诉同学们，要根据不同类型的问题表达方式，进行问题转换，这样，大家就可以改编题目了。

第三环节，人人动脑，创编练习。这个环节时长十三分钟。

在这个环节，小胡老师先是给出了三个识记类问题的实例：1.运用机械能守恒定律的前提和条件是什么？ 2.运用机械能守恒定律时，要注意哪些事项？3.机械能守恒定律与动能定律、势能定律有什么关系？然后，要求学生根据自己的学习基础和能力选择一道题目或几道题目进行改编，并告诉学生：不一定每个题目都要改编成五类问题，而是要根据自己的实际，转化成一个类别或几个类别的题目。当然，如果大家能够选择别的识记类问题或自己编一个识记类问题进行改编更好。

小胡老师布置完任务后，同学们以小组为单位纷纷行动起来，投入到改编题目的创造活动中。小胡老师则在班级内对小组进行巡回指导，对各组学生学习过程中的疑问进行解答和指导，并及时做好相应的记录。

第四环节，小组交流，集思广益。这个环节时长十分钟。

在这个环节，小组内对同学们改编的题目进行了充分讨论，要求每个同学说明自己的改编思路，并讨论改编问题的解决思路。然后，通过互帮互学，解决其他同学不懂的问题，并选出本组同学公认的比较优秀的题目，加以认真修改完善。之后，写在黑板上老师指定的位置。

呈现在黑板上的六个小组的问题中，有四个小组写的是分析类问题，一个小组写的是评价类问题，还有一个小组写的是创造类问题。

接着，由各组代表组成的评审小组选出三个最优秀的小组，并讲解选择的理由，等全班同学认可后，小胡老师对学生改编的题目进行简短点评。

第五环节，交流对话，挑战权威。这个环节时长十分钟。

在这个环节，上个环节选出的三个小组对本组改编的题目分别进行展讲，并逐一说明改编的理由。接着，小胡老师要求其他组同学用三分钟选择其中的一个题目进行解答，对三个小组发起挑战。

挑战的游戏规则是：第一个完成的同学把自己的答案通过投影仪展示出来。如果回答正确的话，可以评为物理小博士。回答不正确，再由其他组的同学继续回答。而没有人能正确解答的题目的改编小组，则成为本节课的学霸组。结果，两名同学获得物理小博士称号，一个小组成为本节课的学霸组。

第六环节，反思小结，巩固提升。这个环节时长五分钟。

在这个环节，小胡老师要求学生反思改编题目时存在的问题，以及本节课的收获体会，并通过电脑抽签方式，选择两个学生分享自己的学习体会。

课程结束前，小胡老师在归纳总结同学们在改编题目中存在的几个小问题后，对同学们的表现做了精彩点评："本节课，同学们的表现真不简单，有两个组改编的题目与前几年的全国高考题非常相似，还有一个小组编的题目超过了高考题的水平，因为这道题目没有明确的唯一答案，具有一定的创造性。我相信，能编高考题，就一定会解高考题，高考对大家来说，就会是一次愉快的学习体验。"然后，小胡老师对哪些题目与哪一年高考的哪一道题目相似进行了具体说明。

"哇，我也能编高考题了。真是难以置信，我一定要尽全力学好物理，成为真正的物理王，将来要为物理科学发展做出自己的贡献，不辜负物理小博士的称号。"获得物理小博士的同学在自己的课后日记中这样写道。

【解读】

反串老师，做到“青出于蓝胜于蓝”

教孩子学会编题是最精湛的教学艺术

黄建海

学生客串老师，角色互换往往能获得超常的教学效果，这一招老师们可以大胆使用。这个案例说的就是这个道理。这个案例有点像供给侧改革，将学生的注意力由被动地解答题目，提前到出题这个环节。编出高考题目，距离正确解答高考题的目的就不远了。编题不仅是老师的事情，也可以是学生的事情。就像会写书就一定会读书一样：会编题，就一定会解题。因此，苏霍姆林斯基说：“只有当学生会自己编习题时，他才能最顺利地学会解题。”

布鲁巴克认为：“最精湛的教学艺术，遵循的最高原则就是让学生自己提出问题，自觉学习。”学生通过编题，将学习过程大大提前，融入教学的全程，有利于增强对所学知识全面而深入地理解。编题首先是要提出问题，对于习惯了听老师讲解和灌输的学生来说，编题并不是一件容易的事。在课堂教学中常见这样的场面：让学生编题，大部分学生不是摇头，就是干瞪眼。

这里涉及一个教育观念：课堂教学究竟是去“问题”的过程，还是不断“制造”问题。去问题的结果使得学生失去探究的动机；而“制造”问题的结果，使学生始终处于问题——追问——答案——新问题——继续追问——新答案的无限循环，思维始终处于探寻问题的兴奋之中。继而达到促进学习，提高学习能力，培养探究创造能力的效果，而不是简单的知识积累。

自编习题无疑是助推主动学习的好办法。1980 年诺贝尔化学奖获得者、美国生物化学家保罗 · 伯格上小学高年级时，学校老师带他们参观纽约自然博物馆。博物馆众多的展品令保罗 · 伯格对科学心驰神往。中学时，保罗 · 伯格喜欢上了生物学。于是，他积极参加学校的生物课外兴趣小组。在这里他遇到了一生最重要的一位老师——索菲亚 · 沃尔沃，这不是因为这位老师的学识有多么渊博，而是她独特的科学教育方式。她特别善于激发保罗 · 伯格对于科学问题的兴趣，这一点对保罗·伯格影响深远。索菲亚老师最为见长的地方就是善于启发学生对科学问题的敏锐性。她特别重视对学生发现问题并自觉主动地寻求解决问题的能力的培养。

让学生出题是培养创造力的重要途径

秦九歌

采取让学生出题来激励学生的办法，确实是一个很好的方式，学生会出题，就说明学生彻底了解了这个内容。这种教育方法让我特别喜欢，因为在这个过程中，学生才可能有所创新。这也可以说是国内体制内的特殊创新，是一种有效的创造力的引导方式。正如一句名言所说："一个好老师会告诉学生该去往哪个方向看，而不是告诉学生该去看什么。"

在国外高中上学，老师经常会要求学生出题。比如，高二生物上完动物保护的内容时，老师要求我们每个小组选择一种保护动物进行展示。展示的要求有以下三点：一是至少要搜集这种保护动物五张照片；二是要演讲关于这种动物的习性、饮食等内容十五分钟以上；三是要准备一个展板，展示内容包括：这种动物的濒危度、生活地区以及保护这种动物的办法。我们小组选择了雪豹这种动物。我记得，我们当时提了三种保护雪豹的方法，其中有一种，就是在农家周围围一圈铃铛，当雪豹要进攻农家时，就会碰到铃铛。而铃铛一响，雪豹听见了，就不会进攻农家，农民们也就不会射杀雪豹了。特别重要的是，在展示结束时，必须出几道题来考其他同学。我们小组出了五道题：包括画一种雪豹的天敌、估计一头雪豹的重量相当于哪些物质的重量的选择题，等等。这些题目都很好玩，都隐含在我们的演讲中，同学们如果认真听，一定会解答出来。当然，这些题目出好以后，老师会进行审查。然后，老师会帮我们打印好，并在我们展示之前，反放在每个同学的桌面上。待我们讲完，才允许同学们作答。他们回答完之后，我们还要根据自己确定的标准，给大家评分。

要让学生学会创新，学生和老师相处融洽与否非常重要。学生不太应该去挑战老师的“权威”，在国外的老师也是非常权威的，学生也很喜欢。其实，学生是要去征服的。国外对老师的要求是“会把视角放在学生上来教课”，学生“该玩玩”、“该学学”，该学的时候，学生会静下来。老师也要有足够自信，去跟学生平等沟通。这样，学生才会听老师的话，老师也才能对学生进行人生引导。因此，在国外，经常能看到师生共餐的场面。比如，我们上体育课时，有位体育老师跟学生相处极好，与学生互相称彼此为“哥们儿”，还会帮助男生去追女生。在分组的时候，把他们配成一个组，还会对男生眨眼示意一下。当然，师生之间想要达到这种友好的关系，双方都要付出很多很多。

改题、编题并不难

房超平

在这节课上，老师根据不同层次的思维训练，要求学生根据自己的学习基础和思维能力，选择按照六个层次的要求改编题目（其实，这六个层次可以归纳为低阶、中阶、高阶三个层次）。这样做，对好、中、弱三个不同层次的学生都有诱惑力和挑战性，能够满足不同层次学生的学习需求。显然，这是一种能够激活学生思维的有效的复习、训练方法。

具体来说，第一层次是低阶思维训练。这个层次的练习主要围绕识记和理解层次的内容展开，学生只要抓住规律的关键词的理解，就可以通过填空或简单问答的方式编题或改题。第二个层次是中阶思维训练，这个层次的练习主要围绕分析和应用层次的内容展开。这个层次不仅要求抓住关键内容，而且要求学生能够搞清规律的应用范围和适用条件，以及与相关规律的联系和区别。第三个层次是高阶思维训练，这个层次的练习主要围绕评价和创造层次的内容展开。对于这个层次的内容而言，学生必须用发展、辩证的思维把握概念与规律的实质，搞清概念与规律的形成、发生和发展过程。

一般来说，在现行考试中基本上都是涉及低阶思维和中阶思维的题目（起码这两种类型的题目要占到全部考试试题的 90% 以上）。而高阶思维的题目由于无法给出标准、统一的答案，评卷难度极大，一般不会出现在考题中。但由于高阶思维训练能激活学生的思维，满足学生挑战学习的欲望，容易让学生产生高峰体验，进而激发学生学习的内动力。因此，虽然考试中不一定会考这样的题目，但却应该设法运用在学生的学习过程中。正所谓法乎其上取其中。反之，如果考什么就练什么，不但不容易培养学生的创造性思维，而且也难以调动学生的学习积极性和主动性，使学生厌烦学习和训练。因此，我们必须为这样的改革点赞。

我觉得，除了按照六类问题转化进行问题改编外，文科学科可以借鉴以下四种办法改编问题：一是因果对调，就是把已知条件中的一个变成未知条件，把未知条件变成已知条件中的一个；二是增减条件，就是增加或减少已知条件的数量；三是情境变化，即改变题目所给的情境；四是问题分解，把复杂问题分解成若干简单问题。而理科学科除了因果对调、增减条件、问题分解三种方法外，还可以借鉴以下三种方法改编问题：一是变化数字，就是改变题目已知信息的数字，注意数字变化后，概念适用性的变化；二是数图变换，就是把数字变成图表，或者把图表变成数字；三是数变字母，即把数字变成字母，亦即把特殊问题变成一般问题（当然在这种改题训练时，要注意进行适当的讨论）。

从家长角度看，一定要鼓励孩子有效反思，多做改题、编题训练，从而激活孩子的思维。而不宜在学校布置的练习之外，给孩子布置更多的练习，避免进一步加大孩子已经很重的学习负担。家长有能力的话，不妨按照案例中的方法引导孩子尝试学习改编题目。

主要参考文献（按引用顺序排列）

1. [德]福禄培尔：《人的教育》，孙祖复译，人民教育出版社，2001。
2. [德]福禄培尔：《福禄培尔幼儿教育著作精选》，单中惠等编译，华东师范大学出版社，2009。
3. [德]贝蒂娜·施蒂克尔编：《诺贝尔奖获得者与儿童对话》，张荣昌译，生活·读书·新知三联书店，2003。
4. [苏]苏霍姆林斯基：《帕夫雷什中学》，赵玮等译，教育科学出版社，1999。
5. 吴文俊编：《世界著名数学家传记》，科学出版社，2003。
6. [法]法布尔：《昆虫记》，陈筱卿译，中国文联出版社，2014。
7. [美]维妮弗里德·斯特娜：《斯特娜夫人自然教育全书》，樊彤、李丽珍译，广西科学技术出版社，2009。
8. [英]赫伯特·斯宾塞：《斯宾塞的快乐教育》，雒真真译，青岛出版社，2012。
9. [日]多湖辉：《幼儿才能开发：铃木的早期教育方法》，李镜流译，教育科学出版社，1984。
10. [美]沃尔特·艾萨克森：《富兰克林传》，杨颖译，中国社会出版社，2008。
11. 刘嘉硕编著：《诺贝尔奖得主的中学时代》，文汇出版社，2005。
12. 阿卜杜斯·萨拉姆国际理论物理中心编：《成为科学家的100个理由》，赵乐静译，上海科学技术出版社，2011。
13. 雷宇、王兵编著：《院士的中学时代》，湖北人民出版社，2016。
14. 王增藩：《苏步青》，浙江科学技术出版社，2010。
15. 董宝良主编，喻本伐、周洪宇选编：《陶行知教育论著选》，人民教育出版社，2012。
16. 闫学：《跟苏霍姆林斯基学当班主任》，教育科学出版社，2010。
17. 何丹：《陶行知的教育思想》，吉林文史出版社，2014。
18. 安维民：《冯友兰境界说的人生意义追思》，《中州学刊》，2008年第2期。
19. 王国维：《人间词话》，上海古籍出版社，1998。
20. [美]托马斯·弗里德曼：《上海的秘密》，《中国教育报》，2013年11月19日。
21. [美]托马斯·阿姆斯特朗：《最棒的学校》，陈佩正译，首都师范大学出版社，2011。

22. 朱永新：《新教育之梦》，人民教育出版社，2004。
23. [新西兰] 史蒂文·罗杰·费希尔：《阅读的历史》，李瑞林译，商务印书馆，2009。
24. [美] 唐纳德·R. 克里克山克等：《教师指南》，祝平译，江苏教育出版社，2007。
25. [智利] 加·米斯特拉尔：《女教师的祈祷》，《语文新圃》，2005 年第 1 期。
26. 郭延庆：《应用行为分析与儿童行为管理》，华夏出版社，2012。
27. [德] 凯斯特纳：《开学致辞》，包智星译，《基础教育课程》，2007 年第 9 期。
28. 张纯美主编：《中外名言金库》，上海文化出版社，1995。
29. [美] 马克·吐温：《汤姆·索亚历险记》，郑炜译，少年儿童出版社，2001。
30. 孙云晓：《教育就是以爱育爱》，安徽教育出版社，2010。
31. [苏] 苏霍姆林斯基：《公民的诞生》，黄之瑞等译，教育科学出版社，2002。
32. [苏] 苏霍姆林斯基：《爱情的教育》，世敏、寒薇译，教育科学出版社，2004。
33. [苏] 苏霍姆林斯基：《给教师的建议》，杜殿坤编译，教育科学出版社，1984。
34. [英] 赫·斯宾塞：《斯宾塞教育论著选》，胡毅、王承绪译，人民教育出版社，2007。
35. [瑞士] 裴斯泰洛齐：《裴斯泰洛齐教育论著选》，夏之莲等译，人民教育出版社，2001。
36. 杨建邺编著：《化学家的故事》，武汉出版社，2006。
37. 雷夫与《第 56 号教室的奇迹》特别报道，《中国教育报》，2012 年 3 月 19 日。
38. [日] 大田尧：《把自然还给孩子——关于当代教育问题的思考》，朱浩东等译，商务印书馆，2006。
39. [日] 白川英树：《我的诺贝尔之路》，复旦大学出版社，2002。
40. 严凌君等主编：《青春读书课·成长教育必读书》，海天出版社，2012。
41. 姚娟编选：《流行哲理小品·外国卷》，中国三峡出版社，2007。
42. 叶圣陶：《生活教育：叶圣陶随笔》，北京大学出版社，2007。
43. 江菲：《在理想面前崩溃》，《中国青年报》，2004 年 6 月 16 日。
44. [美] 费曼：《别闹了，费曼先生》，吴程远译，生活·读书·新知三联书店，2005。

45. 余中根：《裴斯泰洛齐教育思想研究》，云南大学出版社，2009。
46. 王崇：《孙周兴给七宝中学生的哲学课》，《新闻晨报》，2014 年 7 月 13 日。
47. 张剑、陈一凡：《南开大学举办哲学夏令营》，《科学时报》，2011 年 7 月 26 日。
48. [英] 罗素：《罗素论教育》，杨汉麟译，人民教育出版社，2009。
49. 高平叔编：《蔡元培教育论著选》，人民教育出版社，1991。
50. [英] 伯特兰·罗素：《社会改造原理》，张师竹译，上海人民出版社，2001。
51. 张霞、邵正红：《论教学过程中的幽默技巧》，《山东教育》，1994 年第 2 期。
52. 托尔斯泰、盖达尔等：《一块烫石头：外国儿童小说精粹》，任溶溶等译，人民文学出版社，1994。
53. 姜琦：《现代西洋教育史》，东方出版社，2013。
54. 姜澎：《中国好作业调查：太多太单一为反感首因》，《文汇报》，2013 年 9 月 21 日。
55. 周凯：《中小学生期盼"中国好作业"，讨厌没有质量的作业》，《中国青年报》，2013 年 10 月 12 日。
56. [捷] 夸美纽斯：《大教学论》，傅任敢译，教育科学出版社，1999。
58. 吴蓓：《请让我慢慢长大：亲历华德福教育》，天津教育出版社，2008。
59. 摩罗：《耻辱者手记——一个民间思想者的生命体验》，内蒙古教育出版社，1998。
60. 黄武雄：《童年与解放》，首都师范大学出版社，2009。
61. [日] 木村久一：《早期教育与天才》，凌泽贤译，漓江出版社，2015。
62. 孙云晓：《孙云晓教育作品集》，江苏教育出版社，2009。
63. 林清玄：《林清玄散文精选·青少卷》，长江文艺出版社，2014。
64. 林新华、傅喜群：《三个女生的世界巨献》，《中学生》，2004 年第 5 期。
65. [巴西] 保罗·弗莱雷：《被压迫者教育学》，顾建新等译，华东师范大学出版社，2001。
66. [法] 蒙田：《蒙田散文》，梁宗岱、黄建华译，人民文学出版社，2005。
67.《北京青年报》社、《发现·图形科普》杂志社主编：《与诺贝尔大师面对面》，文化艺术出版社，2002。
68. [英] 伊恩·史密斯：《提更好的问题》，教育科学出版社，2010。

以感恩之心翻越“四座大山”——后 记

也许是因为我对问题学生转化和优秀学生培养等家长关注的问题有所研究，也许是因为我的两个孩子都能在关键时刻实现学习逆袭，很多家长和朋友经常会向我咨询有关孩子教育的问题，不少班主任和科任老师经常会与我交流关于“熊孩”教育的看法。久而久之，这些咨询和交流使我有了写作本书的冲动：为了让更多的孩子健康成长，为了给更多的家长提供帮助，也为了使更多的老师少走弯路。

但有冲动和创作是两回事。直到2015年5月下旬，与在西方环境成长的哈佛才女秦九歌和她母亲刘琼女士的邂逅，才促使这种冲动变成了行动。其实，准确地说，应该是秦九歌和她母亲刘琼女士关于亲子教育话题的讲座，使我对家庭教育在孩子成长中的至关重要性有了更深刻的认识，写作本书的冲动才真正转化为创作的实践。

于是，2015年暑假放假前的最后一周，趁秦九歌在深圳交流的短暂时间，我邀请少数家长和班主任老师，以及两位解读者一起座谈、交流、探讨相关话题，开启了这趟看似简单的创作之旅。之所以说这趟创作之旅看似简单，是因为我开始以为只要速记员把自己叙说的内容和三人讨论的语言记录成文字，再稍加整理，就可以形成书的初稿。但实际上，记录下来的原始文字离成书差距甚远，创作过程几乎是重起炉灶。

归纳起来，创作过程如此艰难，原因不外乎有以下四个方面：一是交流和探讨时基本上说的都是口语，而要把口语变成书面语言绝非易事；二是案例陈述和学者解读缺少结构性和系统性，整体梳理结构、系统集成观点，需要消耗大量的时间和精力；三是三个人在解读时角度难免交叉和重叠，甚至有的内容与案例没有多大关联，对解读内容进行理顺，结构进行调整，是一项非常艰巨的任务；四是三人时空距离较大，仅凭邮件和微信等间接沟通方式，很难实现既相对独立又三位一体的创作目标。从一定意义上讲，这四点构成了创作过程的“四座大山”，严重影响创作思路、阻碍创作进程，以至于很多时候，我都怀疑自己能否顺利翻越这“四座大山”。

好在自己有幼儿园、小学、初中和高中四个学段的教育工作经历；好在自己曾指导过许多不同学科老师的教学和不少家长的家庭教育；好在这四十五个案例中有二十九个案例是本人亲自实践过的（包括教育自己孩子的八个案例），其余均为亲自调研或指导过的案例；好在黄建海、秦九歌两位解读者能积极配合工作，并给予我充分的修改权；好在有众多领导、好友和家人的支持和帮助，特别是众多家长、朋友的期待和鼓励，才使我有了无穷的动力，成功翻越这“四座大山”，顺利完成创作任务。

在此，我要特别感谢黄建海、秦九歌两位合作者的辛勤工作，特别是黄建海先生对完善本书结构做出的贡献；特别感谢我曾经的领导和兄长唐海海、林建宏的指导和教诲；特别感谢深圳市教育局范坤副书记、赵立副局长、赖群阳副巡视员，深圳市南山区政协副主席、区教育局刘根平局长等领导的关心和鼓励；特别感谢《中国教育报》翟博社长、教育科学出版社刘灿主任、全国校长会徐启建理事长、中国教育报《读书周刊》王珺主编、广东教育国际化专业委员会刘晓明理事长、深圳市罗湖区教育局王水发局长、深圳市盐田区教育局李志利局长、深圳大学师范学院常务副院长李臣之教授、深圳职业技术学院徐平利教授、深圳第二实验学校鲁江校长、深圳科学高中尚强校长、深圳大学城管理办公室综合与发展处周仕清处长、《南方都市报》首席记者庄树雄、《南方教育时报》黄浩执行主编等专家的建议和意见；特别感谢毕成艳、郭永新、闫永昌、侯晓平、王秋英、李禾田、郝智源、江涛、赵伟、杨璋等好友的热情帮助；特别感谢深圳市南山区教育局各位领导、南山区各位兄弟学校校长、深圳大学城丽湖实验学校各位同事以及陕西师范大学深圳校友会等机构的大力支持；特别感谢张洁慧老师为本书绘制了精美的插图。

需要感谢的人和单位很多，但由于篇幅有限，不再一一列举。千言万语汇成一句话，没有你们的辛勤付出，就没有本书的付梓出版。

房超平

2017 年 2 月 6 日于深圳

图书在版编目（CIP）数据

好教育成就好孩子：解密熊孩变学霸的45条法则 / 房超平著. -- 北京：作家出版社，2017.4（2017.9重印）
ISBN 978-7-5063-9488-8

Ⅰ. ①好… Ⅱ. ①房… Ⅲ. ①家庭教育 Ⅳ. ①G78

中国版本图书馆CIP数据核字（2017）第101841号

好教育成就好孩子：解密熊孩变学霸的45条法则

作　　者：房超平
责任编辑：张　平
封面设计：肖　晓
版式设计：丁奔亮
内文插图：张洁慧
出版发行：作家出版社
社　　址：北京农展馆南里10号　　**邮　　编**：100125
电话传真：86-10-65930756（出版发行部）
86-10-65004079（总编室）
86-10-65015116（邮购部）
E-mail:zuojia@zuojia.net.cn
http://www.haozuojia.com（作家在线）
印　　刷：三河市北燕印装有限公司
成品尺寸：170×240
字　　数：450千
印　　张：28.25
版　　次：2017年6月第1版
印　　次：2017年9月第2次印刷
ISBN 978-7-5063-9488-8
定　　价：45.00元
